Gezielt informieren und produktiv anwenden ...

Ohne dafür viel Geld investieren zu müssen – so lautet das Prinzip der Computertaschenbücher von DATA BECKER. Hier findet man alles zum produktiven Umgang mit Software: nämlich Know-how, hinter dem die langjährige Fachkompetenz eines der erfolgreichsten Computerbuchverlage steht. Und zwar leichtverständlich und engagiert geschrieben, fachkundig und dabei äußerst preiswert.

Die Computertaschenbücher sind also direkt auf die Bedürfnisse der PC-Anwender ausgelegt: handliche und mobile Bücher, die man in nahezu jeder Lebenslage lesen kann.

... ohne dabei tief in die eigene Tasche greifen zu müssen

Dr. M. Kirstein

Visual Basic 6

DATA BECKER

Wichtiger Hinweis

Die in diesem Buch wiedergegebenen Verfahren und Programme werden ohne Rücksicht auf die Patentlage mitgeteilt. Sie sind für Amateur- und Lehrzwecke bestimmt.

Alle technischen Angaben und Programme in diesem Buch wurden vom Autor mit größter Sorgfalt erarbeitet bzw. zusammengestellt und unter Einschaltung wirksamer Kontrollmaßnahmen reproduziert. Trotzdem sind Fehler nicht ganz auszuschließen. DATA BECKER sieht sich deshalb gezwungen, darauf hinzuweisen, daß weder eine Garantie noch die juristische Verantwortung oder irgendeine Haftung für Folgen, die auf fehlerhafte Angaben zurückgehen, übernommen werden kann. Für die Mitteilung eventueller Fehler ist der Autor jederzeit dankbar.

Wir weisen darauf hin, daß die im Buch verwendeten Soft- und Hardwarebezeichnungen und Markennamen der jeweiligen Firmen im allgemeinen warenzeichen-, marken- oder patentrechtlichem Schutz unterliegen.

Die wiedergegebenen Produktbezeichnungen sind für die jeweiligen Rechteinhaber markenrechtlich geschützt.

1. Auflage 1998 el

Reihenkonzept Peter Meisner

Lektorat Peter Meisner

Schlußredaktion Sibylle Feldmann

Umschlag Inhouse-Agentur DATA BECKER

Buchinnengestaltung DTP Studios Herten/**Marl**
DTP Studios@BusinessNet.de

ISBN 3-8158-1525-8

Inhaltsverzeichnis

1. Visual QuickGuide – Visual Basic 6 in 10 Minuten

1.1 Visual Basic in der 6. Generation

(Fast) alle Jahre wieder offeriert uns Microsoft eine neue Version von Visual Basic, dieses Mal zusammen mit den übrigen Entwicklungspaketen der Visual Studio-Suite in der 6. Generation. Wenn auch die Innovationen in der aktuellen Version insgesamt nicht ganz den Stellenwert haben wie der fast revolutionäre Entwicklungssprung beim Wechsel zur vorigen Version, so ist die mit einer Vielzahl von Neuerungen und Verbesserungen ausgestattete Version 6.0 sicherlich dazu geeignet, die führende Stellung von Visual Basic unter den Entwicklungssystemen für Windows zu festigen und weiter auszubauen.

Mehr Infos: **➨Ausführliche Informationen über die neuen Features von Visual Basic 6.0 finden Sie in Kapitel 2.**

Der Stammbaum von Visual Basic läßt sich über mehr als 20 Jahre zurückverfolgen, in eine Zeit also, als die ersten Homecomputer auf den Markt kamen. Die Programmiersprache BASIC – das Kurzwort steht für **B**eginners **A**llpurpose **S**ymbolic **I**nstruction **C**ode, was soviel wie "Allzweck-Programmiersprache für Anfänger bedeutet", – wurde rasch populär, da sie schnell zu erlernen war und es allen Interessierten gestattete, die unterschiedlichsten Aufgaben selbständig mit dem PC zu lösen. Im Laufe der Jahre traten neben einer wahren Flut von BASIC-Varianten andere leistungsfähigere Programmiersprachen auf den Plan und drängten BASIC in den Hintergrund.

Mit Beginn der Windows-Ära zu Anfang dieses Jahrzehnts erlebte die Sprache jedoch in der Gestalt von Visual Basic, das indes mit seinem Uhrahn nur noch wenige Gemeinsamkeiten aufweist, eine kaum für möglich gehaltene neue Blüte. Die Methode der visuellen Programmierung befähigte in Verbindung mit dem Einsatz vorgefertigter Komponenten auch den Hobbyprogrammierer, schnell und problemlos Windows-Software zu erstellen. Mit jeder neuen Version wurde Visual Basic zwar professioneller, ist aber seiner Linie treu geblieben, dem Programmierer nahezu alle Facetten des komplexen Betriebssystems Windows zugänglich zu machen, ohne selbst kompliziert zu sein. Inzwischen ist es zu einem ausgereiften Produkt avanciert, das wegen seines auch im Vergleich zu Konkurrenzerzeugnissen wie C++ oder Delphi stattlichen Leistungspotentials selbst bei Programmierprofis in hohem Ansehen steht.

Trotz des mit den neuen Möglichkeiten wiederum gewachsenen Umfangs bleibt Visual Basic ein leicht zu erlernendes, einfach zu bedienendes und zugleich universelles Entwicklungswerkzeug. Die Vielseitigkeit dieser Sprache wird nicht zuletzt dadurch verdeutlicht, daß sie in abgespeckten Varianten als VBA (Visual Basic for Applications) zur Automatisierung und Anpassung der Microsoft Office Applikationen und als Skriptsprache VBScript im neuen Betriebssystem Windows 98 zum Einsatz kommt. Ziel dieses Buchs ist es, Ihnen als Einsteiger, Umsteiger oder Aufsteiger zu zeigen, wie komfortabel und zügig sich mit der Professional Edition von Visual Basic solide Windows-Anwendungen schreiben lassen.

1.2 Installieren und konfigurieren

Installationsvoraussetzungen

Der von einem Installations-Assistenten gesteuerte Setup-Prozeß geht recht bequem vonstatten. Voraussetzung ist, daß Ihr Computer folgende Mindestanforderungen erfüllt:

- Pentium-PC mit 90 MHz
- 24 MByte RAM
- CD-ROM-Laufwerk
- SVGA-Monitor
- Maus oder kompatibles Zeigegerät
- Windows 95, 98 oder NT 4.0 (SP 3) als Betriebssystem

Außerdem sollten Sie über freien Plattenspeicher verfügen, der - je nachdem, wie viele Bestandteile von Visual Basic und welche Zusatzprodukte Sie installieren möchten - in der Größenordnung von 150 bis 850 MByte liegen sollte. Ferner sollten Sie sich etwas Muße gönnen, denn solche Datenmengen von den Liefer-CDs auf Ihren PC zu transferieren und zu entpacken sowie die Komponenten einzurichten, braucht seine Zeit.

Ablauf der Installation

Nach Einlegen der ersten CD startet der Installations-Assistent, es sei denn, für das CD-ROM-Laufwerk ist der automatische Start (durch Deaktivieren der Option *Automatische Benachrichtigung beim Wechsel* im Geräte-Manager von Windows) abgeschaltet. In diesem Fall wählen Sie aus dem *Start*-Menü den Befehl *Ausführen*, geben in das Textfeld des Dialogfensters *x:\setup* ein, wobei Sie x durch den Buchstaben Ihres CD-ROM-Laufwerks ersetzen, und klicken die Schaltfläche *OK* an.

Wenn Sie im ersten Fenster des Setup-Assistenten auf *Info-Datei anzeigen* klicken, werden Sie unter Umständen von dem Ergebnis verblüfft sein: Der Installations-Assistent teilt Ihnen mit, daß als erstes der Internet Explorer 4.01 (SP 1) installiert oder ein Update auf diese Version durchgeführt werden muß. Der Grund liegt darin, daß Microsoft die Online-Dokumentation (Info-, Hilfe- und Handbuchdateien) zu allen Produkten der Visual Studio-Reihe ab Version 6.0 im HTML-Format veröffentlicht.

Ganz easy: HTML, WWW

HTML ist das Kürzel für **H**yper**T**ext **M**arkup **L**anguage und stellt den Sprachstandard für die Darstellung von Seiten im WWW (**W**orld **W**ide **W**eb) dar, dem bekanntesten Internet-Dienst.

Beim Setup des Internet Explorer können Sie zwischen *Standardinstallation* und *Vollständiger Installation* wählen. Erstere bringt neben dem Web-Browser das E-Mail-Programm Outlook Express und eine Reihe von Multimedia-Erweiterungen auf Ihren PC und erfordert etwa 40 MByte an Speicherplatz, die andere Alternative benötigt rund 20 MByte mehr für Internet-Zubehör wie NetMeeting oder NetShow. Wenn Sie nicht über eine Internet-Verbindung verfügen oder auf die Zusätze verzichten können, genügt die Standardinstallation. Die in einem separaten Fenster angebotene Option *Aktualisierung des Windows Desktops* verleiht der Oberfläche von Windows 95 das Look & Feel von Windows 98, ist aber für Visual Basic nicht notwendig.

In gewohnter Windows-Manier schließt die Installation eines Softwareprodukts mit einem Neustart des Systems ab. Unterbrechen Sie diesen Ablauf bitte nicht, der Installations-Assistent meldet sich automatisch zurück!

Tip: Unterbrochene Installation fortsetzen
Sollte der Installations-Assistent (aus welchen Gründen auch immer) seine Tätigkeit nicht von selbst fortsetzen, so können Sie ihn durch Aufruf der Datei *Setup.exe* im Stammordner der ersten CD dazu bringen, an der richtigen Stelle weiterzumachen.

Falls auf Ihrem PC der Internet Explorer nebst Komponenten in der verlangten Version (inklusive Service Pack 1, das einige Programmfehler korrigiert) vorhanden ist, entfällt natürlich dieser erste Installationsabschnitt.

Der Setup-Assistent fährt auf jeden Fall in der beschriebenen Weise fort, die Existenz benötigter Systemkomponenten zu überprüfen, diese gegebenenfalls zu installieren oder zu aktualisieren und einen Neustart durchzuführen.

Als Installationsart für das eigentliche Visual Basic-Paket können Sie *Benutzerdefiniert* wählen. Auch wenn Sie an den voreingestellten Optionen nichts ändern, erhalten Sie so einen guten Überblick über Art und Umfang der installierbaren Komponenten. Zunächst nicht berücksichtigte Teile nachträglich zu installieren oder nicht benötigte später wieder zu entfernen, stellt kein Problem dar: Das mit *Start/Einstellungen/Systemsteuerung/Software* zu öffnende Dialogfenster gibt Ihnen auf der ersten Registerkarte die Möglichkeit, den Installationsumfang des in der Liste markierten Produkts über die Schaltfläche *Hinzufügen/Entfernen* zu modifizieren.

Zum Schluß sollten Sie unter Verwendung der mitgelieferten MSDN-Library-CDs (Microsoft Developer Network) die Online-Referenz auf Ihren PC einrichten. Dabei empfiehlt es sich, die teilweise recht informativen Programmbeispiele ebenfalls auf die Festplatte übertragen zu lassen. Sie werden im Ordner *...\MSDN98\...\Samples\VB98* abgelegt. Um sich beim Zugriff aus der Entwicklungsumgebung heraus die lästige „Klickerei“ durch diese Ordnerstruktur zu ersparen, können sie mit dem Windows-Explorer in einen unterhalb des Visual Basic-Ordners erstellten Ordner (etwa mit dem Namen *Beispiele*) verschoben werden.

Entwicklungsumgebung konfigurieren

Beim erstmaligen Start (*Start/Programme/Microsoft Visual Studio 6.0/Microsoft Visual Basic 6.0*) zeigt Visual Basic das Dialogfeld *Neues Projekt* an.

Das Dialogfeld Neues Projekt

Das Fenster enthält die drei Registerkarten *Neu*, *Vorhanden* und *Aktuell*; auf der ersten können Sie den Typ eines neu zu entwickelnden Projekts bestimmen, die zweite läßt Sie ein bereits existierendes Projekt laden und die letzte offeriert eine Liste der bisher geöffneten Projekte. Wenn Sie auf der Registerkarte *Neu* den ersten Eintrag *Standard-EXE* für ein „normales" Visual Basic-Programm durch einen Klick auf die Schaltfläche *Öffnen* bestätigen - diese Wahl erfolgt bei künftigen Starts automatisch, falls das Kontrollkästchen links unten aktiviert wird -, präsentiert sich die Entwicklungsumgebung von Visual Basic in ihrer Grundkonfiguration. Innerhalb des Hauptfensters, das die Windows-Standardelemente Titel-, Menü- und Symbolleiste enthält, sind fünf untergeordnete Fenster geöffnet:

- Werkzeugsammlung (links)
- Formular-Designer (Mitte)
- Projekt-Explorer (rechts oben)
- Eigenschaftenfenster (rechts Mitte)
- Formular-Layout-Fenster (rechts unten)

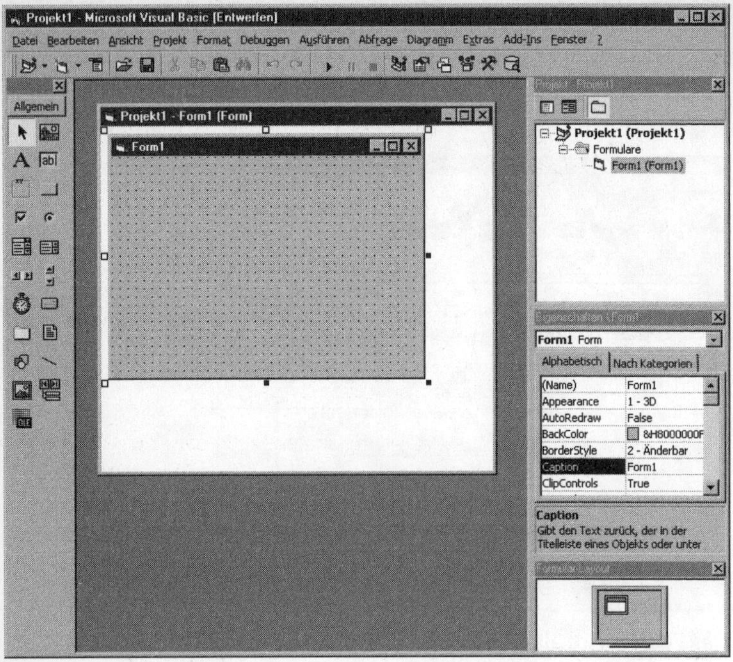

Die Entwicklungsumgebung nach dem Start

Mehr Infos: ➡ **Handhabung und Verwendung sämtlicher Elemente der Entwicklungsumgebung sind Thema des 3. Kapitels**

Die integrierte Entwicklungsumgebung von Visual Basic (IDE, **I**ntegrated **D**evelopment **E**nvironment) läßt sich hinsichtlich des Erscheinungsbilds und der Funktionsweise individuell einrichten.

Es ist ratsam, einige Einstellungen vorzunehmen, bevor Sie Ihr erstes Projekt in Angriff nehmen. Dazu rufen Sie im *Extras*-Menü den Befehl *Optionen* auf.

1. Auf der Registerkarte *Editor* tragen Sie durch das Markieren des Kontrollkästchens *Variablendeklaration erforderlich* dazu bei, gewisse Programmierfehler von vornherein zu vermeiden.

2. Ferner können Sie die *Tab-Schrittweite*, die festlegt, um wieviel Leerzeichen Programmzeilen beim Drücken der [Tab]-Taste eingerückt werden, ohne weiteres auf zwei Stellen reduzieren.

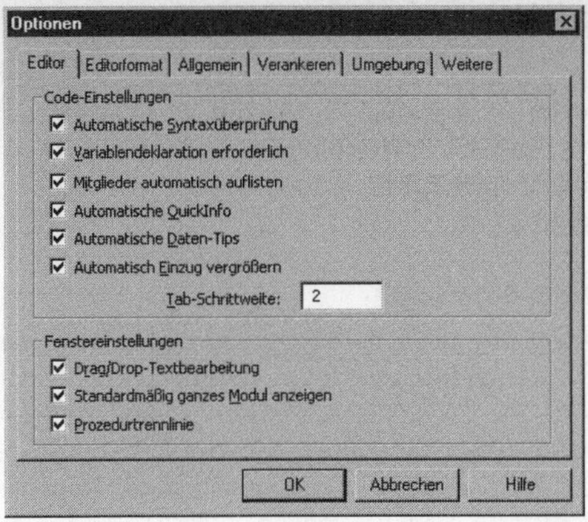

Optionen der Registerkarte Editor

3. Auf der Registerkarte *Umgebung* sollten Sie in der *Kategorie Beim Starten eines Programms* eine der beiden ersten Optionen wählen.

Optionen der Registerkarte Umgebung

Auf weitere sinnvolle Einstellungen wird an späterer Stelle noch einzugehen sein.

1.3 Ihr erstes Visual Basic-Projekt: Einen Windows-Wecker erstellen

Bei der Erstellung Ihres ersten Projekts, eines „Weckers", der Sie an einen Termin erinnern soll, gehen Sie in vier Schritten vor.

1. Schritt: Bedienungsoberfläche erzeugen

Die meisten der mit Visual Basic erzeugten Anwendungen besitzen mindestens ein Formular. Formulare (engl. Forms) sind die Basis der Bedienungsoberfläche. Sie fungieren als Container für Steuerelemente wie Befehlsschaltflächen oder Textfelder, mit denen Sie die Oberfläche nach Ihren Vorstellungen gestalten.

Größe des Formulars einstellen

Nachdem Sie Visual Basic wie auf S. 16 beschrieben gestartet haben, sehen Sie im Formular-Designer-Fenster ein leeres Formular namens *Form1* (siehe Titelleiste). Die Größe dieses Fensters verändern Sie in der üblichen Weise, indem Sie den Mauszeiger (Cursor) z. B. auf die rechte untere Fensterecke plazieren (er wird zu einem diagonalen Doppelpfeil), ihn bei gedrückter Maustaste diagonal ziehen, bis das Fenster die gewünschte Größe (durch einen rechteckigen Rahmen angedeutet) erreicht hat, und dann die Taste loslassen. (**1**)

Steuerelemente einfügen

In diesem Programm verwenden Sie folgende Steuerelemente:

Optionsfeld (OptionButton)

Zeitgeber (Timer)

DateTimePicker (DTPicker)

Während die beiden ersten stets in die Werkzeugsammlung integriert sind, muß das DateTimePicker-Steuerelement (Datums-/Zeitauswahl) gesondert eingefügt werden. Dazu klicken Sie mit der rechten Maustaste in die Werkzeugsammlung, wählen aus dem Kontextmenü den Befehl *Komponenten*, aktivieren auf der Karte *Steuerelemente* das Kontrollkästchen vor dem Listeneintrag *Microsoft Windows Common Controls-2 6.0* und schließen das Dialogfeld mit *OK*. (**2**/**3**)

1. Durch Ziehen an einer Ecke verändern Sie die Größe des Fensters.

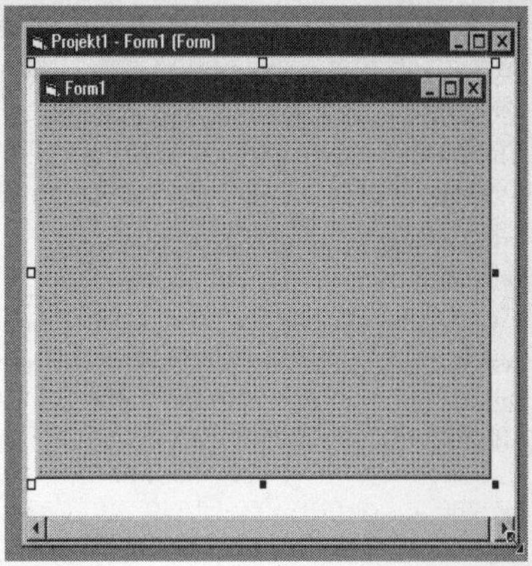

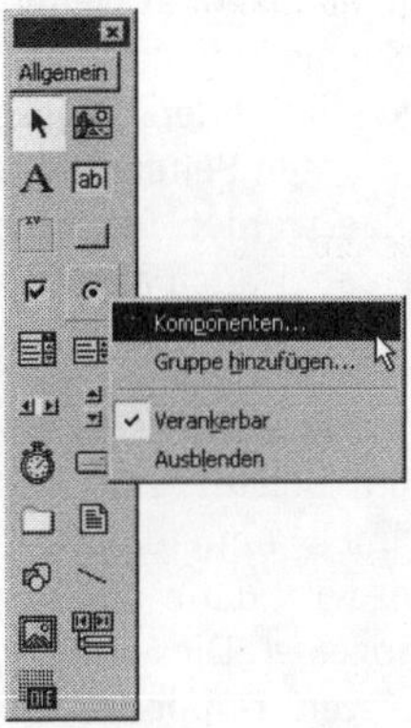

2. Im Kontextmenü der Werkzeugsammlung klicken Sie auf *Komponenten*.

3. Aus der Liste der einfügbaren Steuerelemente wählen Sie *Microsoft Windows Common Controls-2 6.0.*

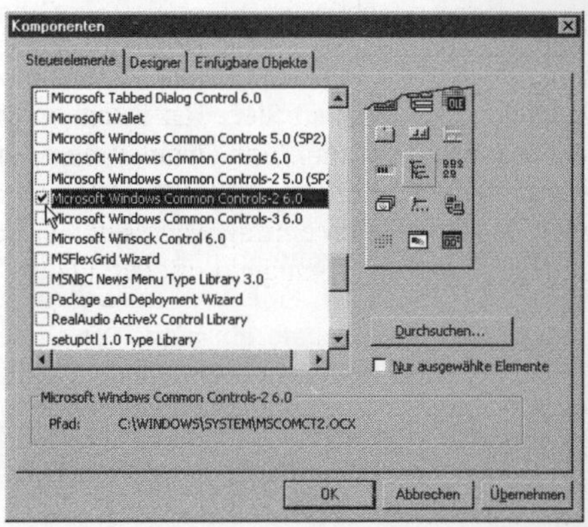

Danach tauchen in der Werkzeugsammlung die Symbole von fünf zusätzlichen Steuerelementen auf, darunter auch die Schaltfläche für das benötigte DateTimePicker-Element. Um dieses Steuerelement in das Formular einzufügen, klicken Sie in der Werkzeugsammlung auf das entsprechende Symbol. (**4**)

Hilfreich bei der Wahl des richtigen Werkzeugs sind die QuickInfos, kurze Erläuterungen zur Funktion der Symbole in der Werkzeugsammlung oder in den Symbolleisten. Sie erscheinen in der Nähe des Mauszeigers, wenn dieser für einen Moment auf einer Schaltfläche verweilt. Bei den Schaltflächen der Werkzeugsammlung erscheint als QuickInfo die englische Bezeichnung des Werkzeugtyps, in diesem Fall *DTPicker*.

Bewegen Sie nun den Cursor auf das Formular, wobei er die Form eines Fadenkreuzes annimmt; plazieren Sie das Kreuz an die Position der linken oberen Ecke des Steuerelements und ziehen Sie es diagonal weiter, bis die beabsichtigte Größe erreicht ist. Nun lassen Sie die Maustaste los, damit das Steuerelement eingefügt wird. Das gerade gezeichnete Objekt ist mit Ziehpunkten (kleinen rechteckigen Feldern auf den Seitenmitten und Ecken des Steuerelements) versehen. Ziehpunkte werden in erster Linie zur Größenänderung per Maus benutzt, dienen aber auch als Markierung des aktuellen Objekts. (**5**)

Eine alternative Methode, das Formular mit einem Steuerelement zu bestücken, besteht darin, auf der entsprechenden Schaltfläche der Werkzeugsammlung einen Doppelklick (zwei schnell hintereinander ausgeführte Klicks) auszuführen. Das Steuerelement wird dann in einer Standardgröße im mittleren Bereich des Formulars abgelegt. Dies können Sie sofort mit dem Zeitgeber-Steuerelement ausprobieren: Doppeltes Anklicken des zugehörigen Symbols (als QuickInfo erscheint *Timer*) fügt das Steuerelement ein. (**6**)

Zum Schluß zeichnen Sie noch in einem freien Bereich des Formulars ein Optionsfeld (QuickInfo: *OptionButton*) und haben damit alle benötigten Steuerelemente eingebaut. (**7**)

Wenn Sie jetzt einwenden, daß der Zweck von Optionsfeldern darin besteht, den Benutzer eine von mehreren Möglichkeiten auswählen zu lassen, und daß deshalb ein einzelnes Optionsfeld sinnlos ist, so haben Sie völlig recht: Ein zweites Optionsfeld muß her!

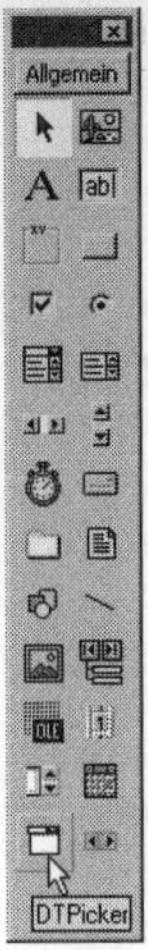

4. Zur Selektion des Steuerelements zur Datums- und Zeitauswahl klicken Sie auf dieses Symbol der Werkzeugsammlung.

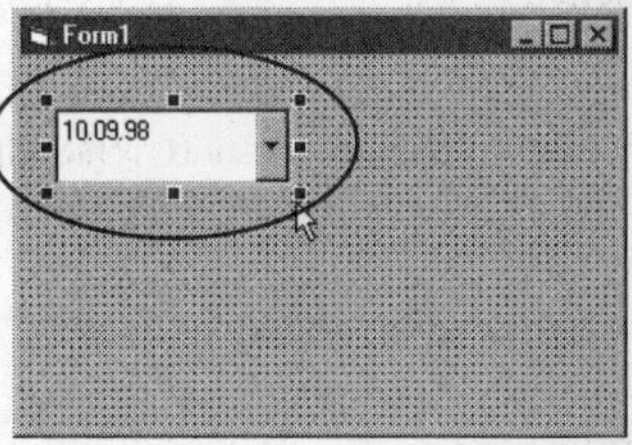

5. Das gerade gezeichnete Steuerelement ist durch Ziehpunkte markiert .

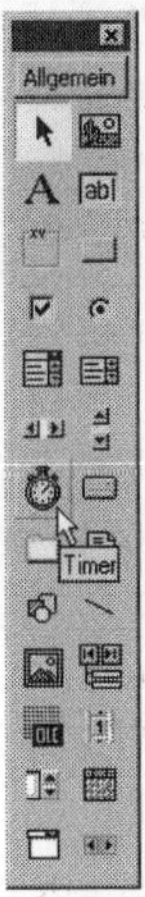

6. Durch einen Doppelklick auf diese Schaltfläche fügen Sie das Zeitgeber-Steuerelement ein.

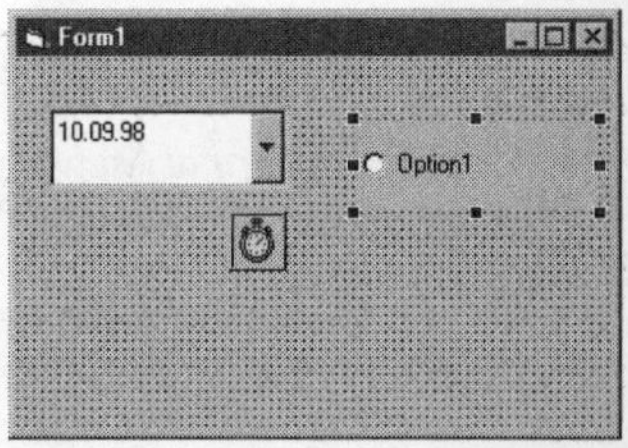

7. So sieht das Formular mit eingefügtem Optionsfeld aus.

Steuerelemente kopieren

Statt Steuerelemente auf die bisher benutzte Weise in das Formular einzubringen, können Sie auch bereits vorhandene kopieren. Das noch markierte Optionsfeld – falls die Markierung nicht mehr existiert, genügt es, auf das Objekt zu klicken – bringen Sie mit der Tastenkombination Strg+C in die Windows-Zwischenablage und fügen mit Strg+V eine Kopie ein. Die im jetzt erscheinenden Dialogfenster gestellte Frage, ob Sie ein Steuerelementefeld erstellen wollen, verneinen Sie durch Anklikken der entsprechenden Schaltfläche. (**8**)

Visual Basic positioniert die Kopie in der linken oberen Ecke des Formulars. Sie läßt sich durch Ziehen unter das erste Optionsfeld verschieben, wobei darauf zu achten ist, daß man das Steuerelement nicht an den Ziehpunkten (Größenänderung!), sondern im Bereich innerhalb des Markierungsrechtecks mit der Maus „anfaßt". (**9**)

Steuerelemente in Form bringen

Um die Oberfläche Ihrer Anwendung bedienungsfreundlich und optisch ansprechend zu gestalten, verändern Sie die Größe und Lage der Steuerelemente. Dabei erweisen sich die QuickInfos als sehr nützlich. Beim Verschieben zeigen sie die augenblickliche Position als Zahlenpaar an, dessen erste Zahl die X- und dessen zweite Zahl die Y-Koordinate wiedergibt, wobei der Nullpunkt des Koordinatensystems in der linken oberen Ecke des Formularinneren (also unterhalb der Titelleiste) liegt. Bei einer Größenänderung hingegen repräsentiert das Zahlenpaar Breite und Höhe des Steuerelements. (**10**)

Oft steht man vor der Aufgabe, Steuerelemente im Formular gleichmäßig anzuordnen oder ihre Größe zu vereinheitlichen. Am einfachsten gelingt dies mit den Befehlen des *Format*-Menüs. Um das DateTimePicker-Steuerelement vertikal zu zentrieren, genügen drei Mausklicks:

- Markieren des Steuerelements durch Anklicken.
- Öffnen des *Format*-Menüs mit einem Klick auf die gleichnamige Schaltfläche in der Menüleiste.
- Aktion ausführen durch Anklicken von *Vertikal* im Untermenü des Befehls *Im Formular zentrieren*. (**11**)

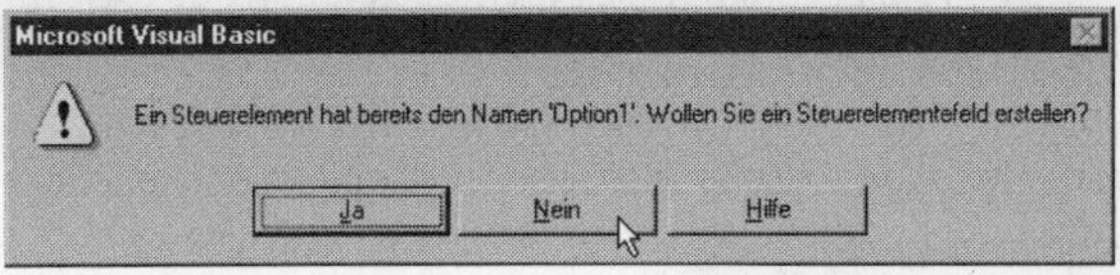

8. Diese Frage verneinen Sie.

9. Das Formular hat nach dem Verschieben der Optionsfeldkopie dieses Aussehen.

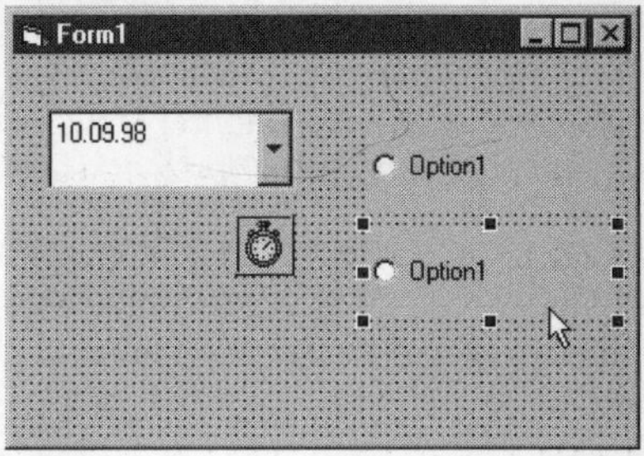

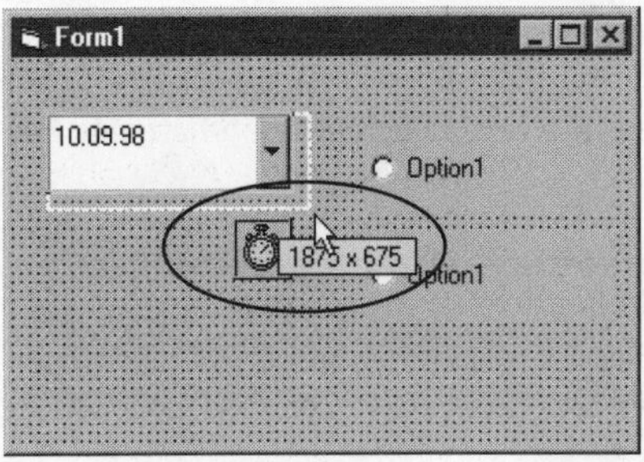

10. Bei einer Größenänderung werden Breite und Höhe als QuickInfo angezeigt.

11. Mit diesem Menübefehl zentrieren Sie das markierte Steuerelement in der Vertikalen.

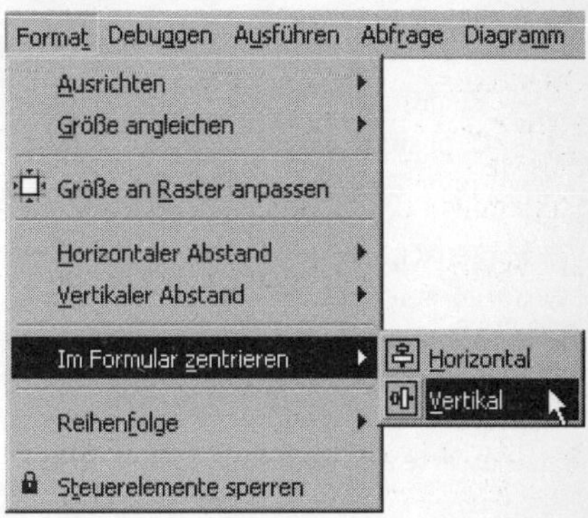

Damit die gleich großen Optionsfelder punktgenau fluchten, markieren Sie beide durch Anklicken bei gedrückter Strg- oder Umschalt-Taste und wählen z. B. den Eintrag *Ausrichten/Links* im *Format*-Menü; mit dem Befehl *Im Formular zentrieren/Vertikal* werden sie gemeinsam senkrecht zentral ausgerichtet. (**12**)

Die aus dem DateTimePicker-Element und den Optionsfeldern bestehende Gruppe können Sie schließlich als Ganzes waagerecht in der Mitte plazieren, indem Sie alle drei Steuerelemente markieren und den Befehl *Im Formular zentrieren/Horizontal* ausführen. (**13**)

Ein unbeabsichtigtes Verschieben der Steuerelemente verhindern Sie durch die Fixierung ihrer Position mit *Steuerelemente sperren*, dem untersten Befehl des *Format*-Menüs.

„Und was ist mit dem Zeitgeber?", werden Sie sich vielleicht fragen. Weder um seine äußeren Abmessungen noch um seine Lage brauchen Sie sich zu kümmern, denn er gehört zu den Steuerelementen, die beim Ausführen der Anwendung unsichtbar bleiben. Deswegen kann seine Größe auch gar nicht modifiziert werden und seine Position innerhalb des Formulars ist ohne Belang.

Aufgrund des Kopiervorgangs stimmen die beiden Optionsfelder in Größe und Beschriftung überein, einheitlich sind aber auch (bis auf die Positionen) ihre übrigen Eigenschaften. Im nächsten Schritt werden Sie lernen, wie man die von Visual Basic vorgegebenen Standardeigenschaften abändert.

2. Schritt: Eigenschaften festlegen

Jedes Visual Basic-Objekt (zum Beispiel ein Formular oder ein Steuerelement) besitzt gewisse Eigenschaften, die Merkmale (wie Größe oder Farbe) oder Zustände (aktiv, inaktiv) kennzeichnen.

Das Eigenschaftenfenster zeigt für alle Objekte eines Formulars und das Formular selbst eine Liste sämtlicher Eigenschaften mit deren aktuellen Einstellungen an und ermöglicht die Änderung dieser Werte. Daß Visual Basic amerikanischen Ursprungs ist, wird an den Eigenschaftsnamen deutlich: Sie stammen ebenso wie viele Bezeichnungen für Eigenschaftswerte aus dem Englischen. (**14**)

12. Dieses Untermenü enthält Befehle, die eine exakte Positionierung von Steuerelementen relativ zueinander ermöglichen.

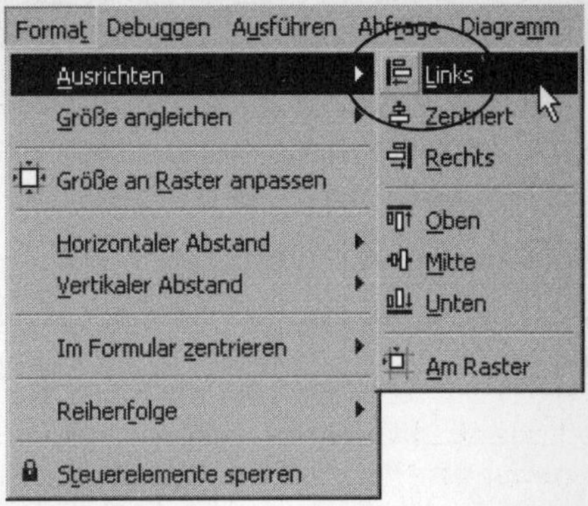

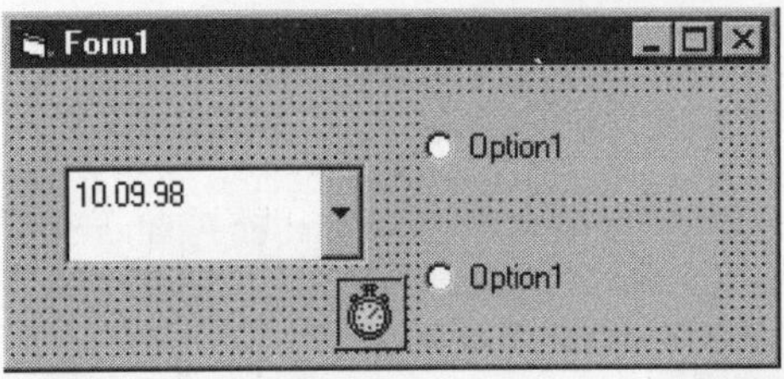

13. Die (beim Ausführen des Programms sichtbaren) Steuerelemente sind zentriert.

14. Im Eigenschaftenfenster lassen sich die Merkmale des Formulars und seiner Steuerelemente ändern.

Im Objektfeld (unterhalb der Titelleiste des Fensters) sehen Sie den Namen desjenigen Objekts, auf dessen Eigenschaften Sie momentan Zugriff haben. Um zu einem anderen Objekt zu wechseln, öffnen Sie mit einem Klick auf die mit einem Pfeil versehene Schaltfläche rechts vom Objektfeld die Objektliste und wählen es aus. **(15)**

Benennung von Objekten

Welchen Namen Sie den Objekten Ihrer Benutzeroberfläche geben, ist ganz in Ihr Belieben gestellt. Da aber die von Visual Basic automatisch vergebenen Bezeichnungen wie *Form1*, *Option1* oder *Option2* wenig aussagekräftig sind und es insbesondere bei umfangreicheren Anwendungen von Vorteil ist, aus der Bezeichnung eines Objekts auf seine projektinterne Funktion schließen zu können, sollten Sie ein prägnantes Schema für die Namensgebung verwenden. Der damit verbundene Aufwand ist nur gering und macht sich später in der Programmentwicklung mit Sicherheit bezahlt. Die in diesem Buch benutzte Benennungssystematik verwendet ein aus drei oder mehr Buchstaben bestehendes Präfix, das sich vom Namen der Objektklasse herleitet; diesem folgt eine nähere Beschreibung des Objekts; zwecks besserer Lesbarkeit wird das Präfix in Kleinbuchstaben, der Folgeteil des Namens mit großem Anfangsbuchstaben geschrieben.

Einstellungen ändern

Um den Namen des Formulars zu ändern, suchen Sie im Eigenschaftenfenster den obersten Eintrag *(Name)*. Falls im Objektfeld als aktuelles Objekt nicht das Formular angezeigt wird, genügt ein Klick auf eine freie (nicht von einem Steuerelement belegte) Stelle des Formulars. Klicken Sie die *Name*-Eigenschaft an, geben Sie *frmÜbung00* als Eigenschaftswert ein und drücken Sie die [Enter]-Taste. Der neue Name überschreibt im zugehörigen Einstellungsfeld die alte Bezeichnung *Form1* und erscheint auch in der Titelleiste und dem Objektfeld des Eigenschaftenfensters. **(16)**

Von der Eigenschaft *Name* wohl zu unterscheiden ist die *Caption*-Eigenschaft; sie legt den Text fest, der in der Titelleiste eines Formulars oder in einem Steuerelement dargestellt wird. Wenn Sie nun die Objekteigenschaften gemäß nachstehender Tabelle ändern, bemerken Sie, daß beispielsweise die Eigenschaft *Value* des zweiten Optionsfelds nur Werte (*True* oder *False*) aus einer vorgegebenen Liste annehmen kann, die sich durch Anklicken des Pfeils im rechten Teil des Einstellungsfelds aufklappen läßt. **(17)**

15. Mit dieser Schaltfläche rechts vom Objektfeld wird die Objektliste geöffnet.

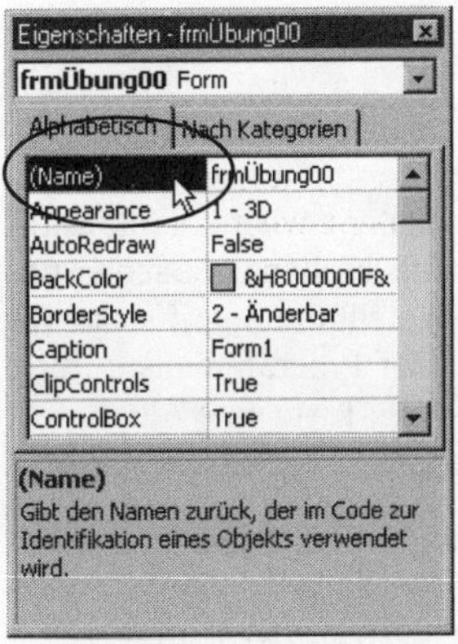

16. Die Eigenschaft *Name* wird angeklickt und ihre alte Einstellung durch die Bezeichnung *frmÜbung00* ersetzt.

17. Die Eigenschaft *Value* können Sie ändern, indem Sie die Liste der verfügbaren Werte durch einen Klick auf den Pfeil rechts im Einstellungsfeld aufklappen und *True* auswählen.

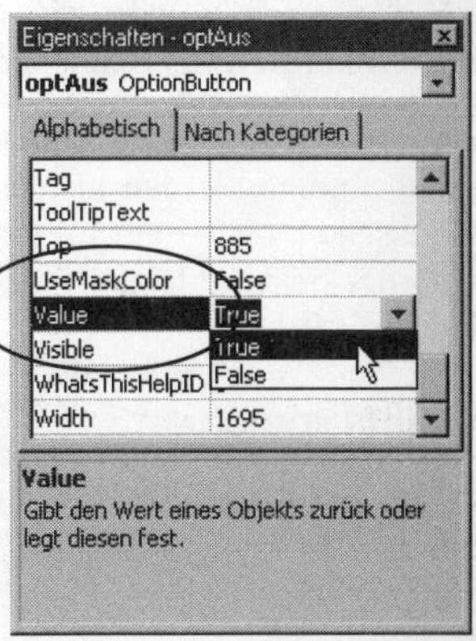

Objekt	Eigenschaft	Einstellung
Form1	Name	frmÜbung00
	Caption	Wecker
Option1	Name	optEin
	Caption	Wecker &ein
Option2	Name	optAus
	Caption	Wecker &aus
	Value	True
Timer1	Name	timWecker
	Interval	1000
DTPicker1	Name	dtpWecker
	Format	2 - dtpTime
	Time	12:00:00

Das in den *Caption*-Eigenschaften der Optionsfelder vorkommende kaufmännische Und-Zeichen (&) bewirkt, daß das nachfolgende Zeichen unterstrichen wird. Dieses unterstrichene Zeichen stellt die Zugriffstaste für das betreffende Steuerelement dar. Während der Programmausführung bildet die Zugriffstaste in Kombination mit der [Alt]-Taste eine Alternative zum Anklicken des Steuerelements.

Eine weitere Besonderheit begegnet uns im Eigenschaftenfenster des DateTimePicker-Steuerelements. Wie bei einer Reihe anderer Steuerelemente erscheint auch für dieses zuoberst der Eintrag *(Benutzerdefiniert)*. Die mit drei Auslassungspunkten versehene Schaltfläche rechts davon läßt beim Anklicken das Dialogfeld *Eigenschaftenseiten* erscheinen. (**18**)

Auf der ersten Registerkarte verändern Sie den Wert der *Format*-Eigenschaft, indem Sie den Listeneintrag *2 - dtpTime* wählen, und die *Time*-Eigenschaft stellen Sie auf *12:00:00* ein, indem Sie entsprechend oft auf eine der beiden kleinen Pfeil-Schaltflächen neben dem Einstellungsfeld klicken. (**19**)

Projekt speichern

Um die bisherige Arbeit abzuspeichern, klicken Sie in der Symbolleiste auf die Schaltfläche *Projekt speichern*. (**20**)

18. Die Schaltfläche hinter *(Benutzerdefiniert)* öffnet das Dialogfeld *Eigenschaftenseiten.*

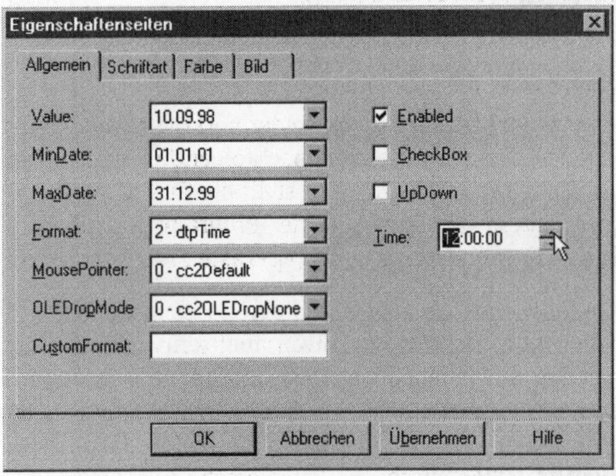

19. Hier verändern Sie die Werte von *Format* und *Time.*

20. Mit dieser Schaltfläche in der Symbolleiste leiten Sie die Speicherung des Projekts ein.

Hierdurch öffnet sich das Dialogfeld *Datei speichern unter*, in dem Sie für Ihre selbst erstellten Projekte über die Schaltfläche *Neuen Ordner erstellen* unterhalb des Visual Basic-Stammordners *VB98* einen Unterordner anlegen sollten. (**21**)

Der vorgegebene Name *Neuer Ordner* läßt sich in die treffendere Bezeichnung *_Übungen* abwandeln, wobei der initiale Unterstrich lediglich dazu dient, den Ordner in der alphabetisch sortierten Liste oben anzusiedeln, so daß er leicht zu erreichen ist. Die Schaltfläche *Öffnen* macht den neuen Ordner zum aktuellen.

In ihm wird nun das Formular in einer Textdatei mit der Namenserweiterung *frm* abgelegt. Klicken Sie in das Textfeld vor den aus dem Formularnamen abgeleiteten Dateinamen *frmÜbung00.frm*, verkürzen Sie diesen mit Hilfe der [Entf]-Taste zu *Übung00.frm* und speichern Sie das Formular durch Anklicken der entsprechenden Schaltfläche. Als nächstes fordert Sie Visual Basic zum Speichern des Projekts auf. Den bereits markierten Dateinamen *Projekt1.vbp* können Sie mit *Übung00* direkt überschreiben. Die Projektdatei, die unter anderem eine Liste der zum Projekt gehörenden Formulare und sonstigen Module enthält, legen Sie mit einem Klick auf *Speichern* im selben Ordner ab, wobei die Namenserweiterung *vbp* automatisch ergänzt wird. (**22**)

3. Schritt: Programmcode eingeben

Nachdem Sie Objekte im Formular plaziert und deren Eigenschaften eingestellt haben, ist die erste Etappe der Anwendungsentwicklung, die visuelle Programmierung, bewältigt. Die nächste Etappe, die Code-Programmierung, nehmen wir jetzt in Angriff.

Ereignis und Ereignisprozedur

Visual Basic-Objekte können Aktionen erkennen, die z. B. der Benutzer durch einen Mausklick oder eine Systemkomponente wie die PC-Uhr durch Aussenden eines Signals bewirkt. Mit Hilfe solcher Ereignisse läßt sich der Ablauf einer Anwendung flexibel steuern, indem ihnen ein entsprechender Programmcode zugeordnet wird.

Visual Basic-Code wird mit dem Code-Editor eingegeben und bearbeitet. Ihn können Sie öffnen, indem Sie im Projekt-Explorer auf die Schaltfläche *Code anzeigen* klicken. (**23**)

21. So erstellen Sie einen neuen Ordner für Ihre Projekte.

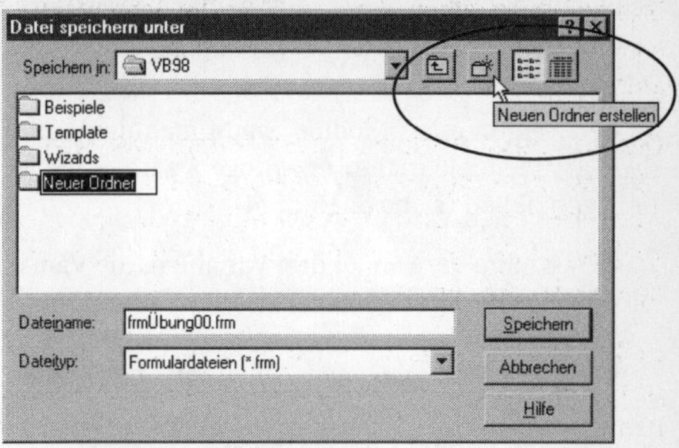

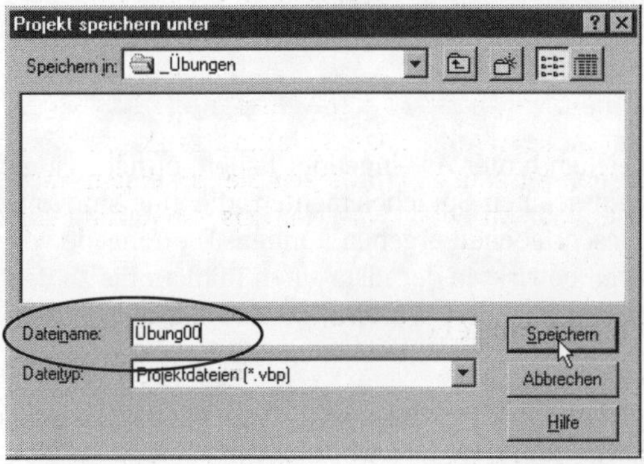

22. Die Projektdatei wird im selben Ordner unter dem Namen *Übung00* abgelegt.

23. Die Schaltfläche *Code anzeigen* des Projekt-Explorers öffnet den Code-Editor.

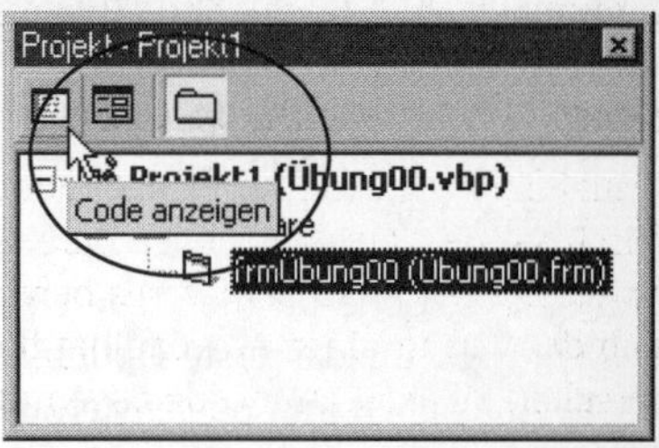

Das Codefenster enthält bereits eine Zeile, ohne daß Sie etwas eingegeben hätten. Visual Basic setzt nämlich selbsttätig die Anweisung

```
Option Explicit
```

an den Beginn eines Moduls, wenn man den Editor so konfiguriert, daß die Variablendeklaration erzwungen wird. Dies ist in unserem Fall bereits geschehen (siehe S. 16). (**24**)

Das Programm verwendet drei Variablen, die Visual Basic durch die *Dim*-Anweisung bekannt gemacht werden. Hinter den Variablennamen folgt jeweils mit *As Date* bzw. *As Boolean* eine Spezifizierung ihres Datentyps. Schreiben Sie die folgenden Zeilen ins Codefenster, wobei Sie jede Zeile mit der [Enter]-Taste abschließen. (Detailliert wird auf die Deklaration von Variablen in Kapitel 5 eingegangen.)

```
Dim blnGemeldet As Boolean
Dim blnGestellt As Boolean
Dim dtmWeckzeit As Date
```

Nachdem Sie das Leerzeichen hinter *As* eingetippt haben, öffnet sich eine alphabetische Liste mit solchen Sprachelementen, die eine sinnvolle Ergänzung des vorher Geschriebenen ergeben können. Die Eingabe von *b* als nächstem Buchstaben bewirkt in der Liste einen Bildlauf bis zu den mit diesem Buchstaben beginnenden Wörtern, so daß Sie den Eintrag *Boolean* bequem per Doppelklick auswählen können. (**25**)

Während die Namen der Variablen in schwarzer Schrift erscheinen, werden die im Sprachschatz von Visual Basic integrierten Wörter blau dargestellt. Auf deren korrekte Schreibweise ist natürlich zu achten, denn Visual Basic kann nur ihm bekannte Befehle befolgen; um ihre Groß-/Kleinschreibung brauchen Sie sich aber nicht zu kümmern, sie wird automatisch angepaßt, sobald der Schreibcursor in eine andere Zeile gesetzt wird.

Nun gilt es, Code für die Steuerelemente unserer Anwendung bereitzustellen, z. B. für das erste Optionsfeld. Klicken Sie auf die Pfeil-Schaltfläche links oben im Codefenster, um eine Liste der vorhandenen Objekte aufzuklappen, und wählen Sie das Objekt anhand seines Namens (hier *optEin*) aus. (**26**)

Im Objektfeld links von der soeben gedrückten Schaltfläche sehen Sie den Namen des Objekts, und das Prozedurfeld rechts daneben zeigt den Namen der aktuellen Prozedur (hier *Click*).

24. Nach dem Öffnen enthält das Codefenster die Anweisung *Option Explicit*.

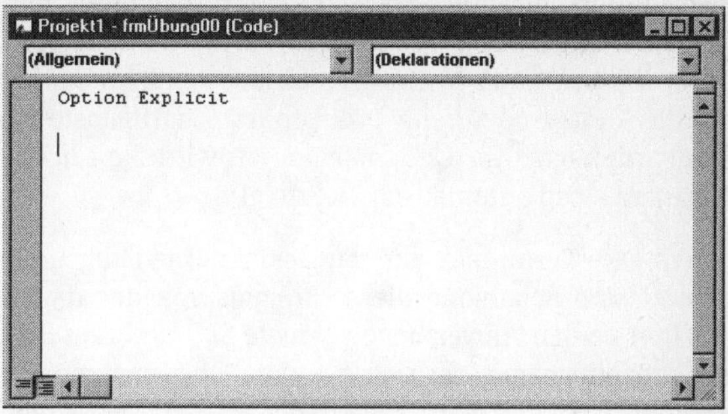

25. Als Codierungshilfe erscheint eine Vorschlagsliste für die Fortsetzung der Codezeile.

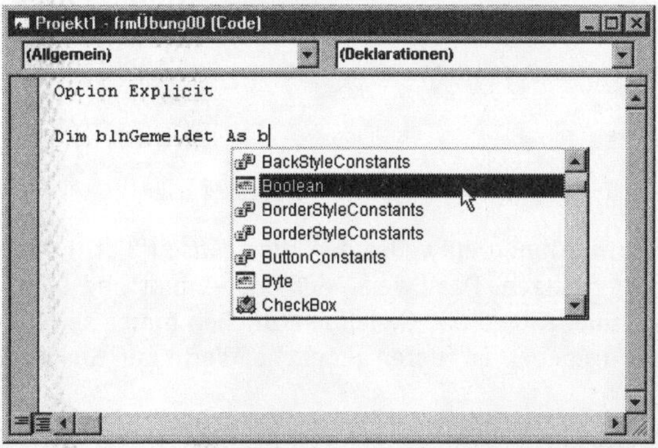

26. Diese Liste läßt Sie ein Objekt aussuchen.

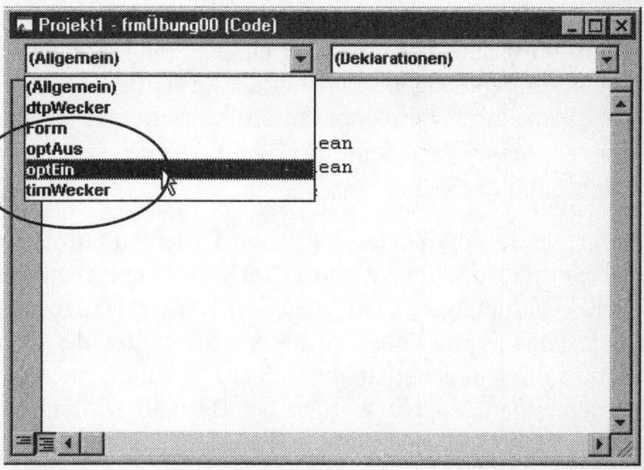

Prozeduren sind Codeblöcke, aus denen sich der Programmcode einer Anwendung zusammensetzt; Ereignisprozeduren enthalten den beim Eintreten eines Ereignisses auszuführenden Code. Uns interessiert hier unter den zahlreichen Ereignissen das *Click*-Ereignis, das beim Klicken auf das Objekt oder beim Drücken der Zugriffstaste eintritt. Da dies das Standardereignis für Optionsfelder ist, wird die *Click*-Prozedur nach der Objektauswahl automatisch angezeigt.

Durch eine Trennlinie von den Deklarationen abgegrenzt, wird im Codefenster eine Schablone dieser Ereignisprozedur dargestellt. Sie besteht aus den beiden Anweisungen *Private Sub* und *End Sub*. Hinter *Sub* folgt der Prozedurname, der sich aus dem Objektnamen (*optEin*), einem Unterstrich (_) und dem Namen des Ereignisses (*Click*) zusammensetzt (*optEin_Click*). (**27**)

Geben Sie nun in den Prozedurrahmen die nachstehenden Zeilen ein:

```
blnGemeldet = False
blnGestellt = True
dtmWeckzeit = Format(dtpWecker.Value, "Short Time")
```

Daten des Typs *Boolean* können entweder den Wert *False* (falsch) oder den Wert *True* (wahr) besitzen. Das „weiß" der Code-Editor und bietet Ihnen als Codierungshilfe, sobald das Gleichheitszeichen hinter der entsprechen Variablen eingegeben ist, deren mögliche Werte zur Auswahl an. (**28**)

Nach Eingabe der öffnenden Klammer hinter *Format* erscheint eine QuickInfo mit Angaben zur Syntax dieser Visual Basic-Funktion, auf die wir an dieser Stelle nicht näher einzugehen brauchen. Um insbesondere längere Codepassagen übersichtlich zu halten, hat es sich eingebürgert, die Zeilen durch Einrücken zu strukturieren. Drücken Sie dazu am Beginn der jeweiligen Zeile die [Tab]-Taste. Die erste Prozedur ist damit fertiggestellt. (**29**)

In ihr werden die beiden logischen Variablen auf Anfangswerte gesetzt. Der dritten Variablen wird der im DateTimePicker-Element eingestellte Wert (*Value*-Eigenschaft von *dtpWecker*) zugewiesen. Die *Value*-Eigenschaft enthält aber in diesem Fall neben der sichtbaren Zeitinformation auch unsichtbar die Angabe darüber, an welchem Datum das Steuerelement erstellt worden ist. Deshalb wird mit Hilfe der *Format*-Funktion der hier allein interessierende Zeitanteil extrahiert.

27. Eine Ereignisprozedur wird durch *Private Sub* eingeleitet und mit *End Sub* abgeschlossen.

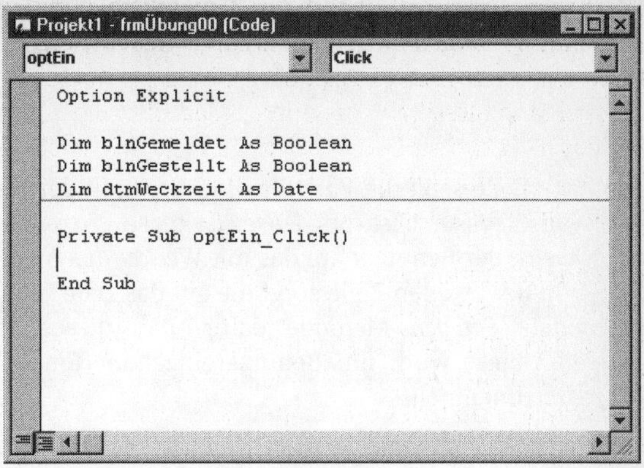

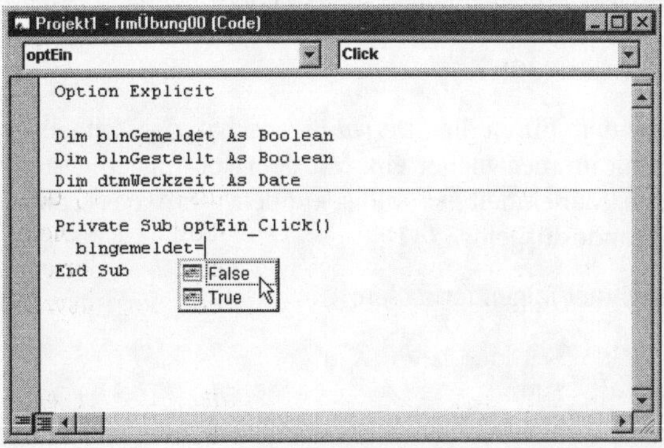

28. Bei *Boolean*-Variablen bietet der Editor die beiden möglichen Werte zur Wahl an.

29. Die erste Prozedur ist komplett.

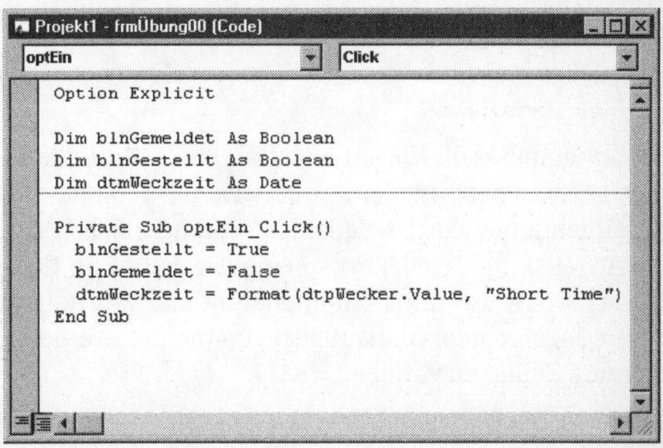

Wechseln Sie jetzt anhand der Objektliste zum zweiten Optionsfeld (*optAus*) und fügen Sie folgenden Code in seine *Click*-Prozedur ein:

```
blnGestellt = False
dtpWecker.SetFocus
```

Die erste Zeile setzt die Variable *blnGestellt*, in der festgehalten wird, ob der Wecker gestellt ist, auf *False*, da diese Prozedur dann abgearbeitet wird, wenn der Benutzer auf das mit *Wecker aus* beschriftete Optionsfeld klickt. In der zweiten Zeile sorgt die auf das DateTimePicker-Element angewendete *SetFocus*-Methode dafür, daß dieses Steuerelement zum aktiven Objekt wird, um Benutzereingaben (Einstellen der Weckzeit) entgegenzunehmen.

Im Gegensatz zu den meisten anderen Steuerelementen erkennt der Zeitgeber nur ein einziges Ereignis, nämlich das *Timer*-Ereignis. Deshalb gibt es auch nur eine Ereignisprozedur des Steuerelements *timWecker*, die *timWecker_Timer* heißt. (**30**)

Dieses Ereignis tritt in dem durch die *Interval*-Eigenschaft des Zeitgebers festgelegten Zeitabstand immer wieder ein. Mit dem von uns eingestellten Wert 1000, seine Maßeinheit ist Millisekunden, wird das *Timer*-Ereignis also jede Sekunde ausgelöst. (**31**)

Der zugehörige Code lautet folgendermaßen:

```
If blnGestellt And Not blnGemeldet And _
  Time >= dtmWeckzeit Then
  Beep
  MsgBox "Es ist jetzt " & _
    Format(Time, "Short Time") & " Uhr", , "Wecker"
  blnGemeldet = True
  optAus.Value = True
End If
```

In der ersten Zeile folgen auf das zweite Vorkommen des Wortes *And*, ein Leerzeichen und ein Unterstrich (_) direkt hintereinander. Diese Kombination stellt das Zeilenfortsetzungszeichen dar. Es dient dazu, eine Anweisung, deren Text so lang ist, daß er im Codefenster nur jeweils ausschnittsweise unter Zuhilfenahme der am unteren Rand angebrachten waagerechten Bildlaufleiste betrachtet werden kann, auf mehrere kürzere Zeilen zu verteilen. (**32**)

30. Die *Timer*-Prozedur ist die einzige Ereignisprozedur des Zeitgebers.

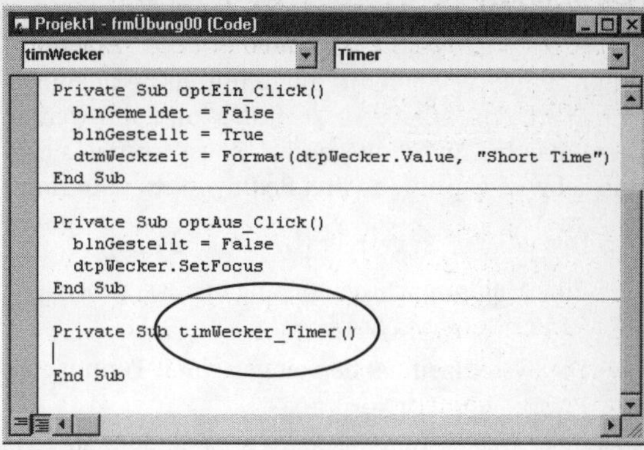

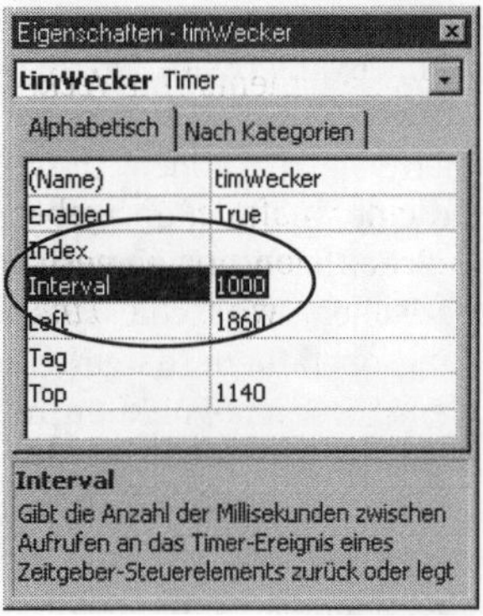

31. Der Wert der *Interval*-Eigenschaft legt fest, wieviel Millisekunden zwischen den Aufrufen des *Timer*-Ereignisses liegen.

32. Mit dem Zeilenfortsetzungszeichen verteilen Sie Codetext auf mehrere Zeilen.

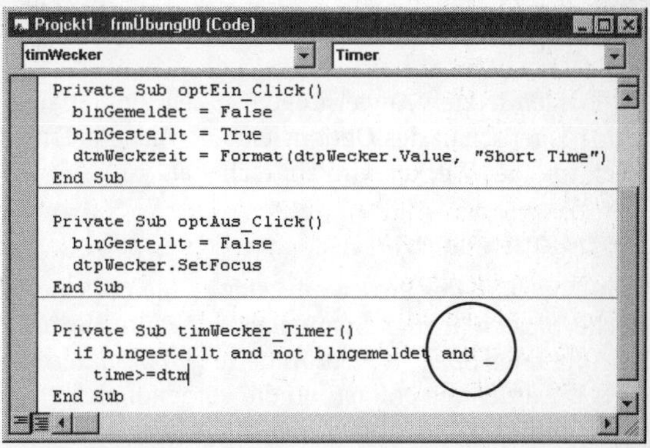

In diesem Codeblock kommt eine der meistbenutzten Kontrollstrukturen von Visual Basic zum Einsatz, die *If...Then*-Anweisung. Sie testet, ob die hinter dem einleitenden *If* aufgeführten Bedingungen logisch wahr sind (den Wert *True* ergeben). Trifft das zu, dann werden die folgenden Anweisungen bis *End If* ausgeführt, sonst werden sie ignoriert. In unserem Beispiel wird geprüft, ob drei Bedingungen zutreffen:

- Der Wecker ist gestellt (`blnGestellt`).
- Eine Meldung wurde noch nicht ausgegeben (`Not blnGemeldet`).
- Die Systemzeit hat den eingestellten Termin erreicht (`Time >= dtmWeckzeit`).

Wenn die Auswertung für jede einzelne Bedingung den Wert *True* ergibt, dann gilt das auch für die aus ihnen durch den logischen Operator *And* gebildete Gesamtbedingung, und die Anweisungen innerhalb der Kontrollstruktur kommen zum Zuge. Die *Beep*-Anweisung läßt das in der Windows-Systemsteuerung als Standard definierte Signal ertönen. Durch die *MsgBox*-Funktion wird in einem Dialogfeld eine Meldung angezeigt, auf die der Benutzer durch Anklicken einer Schaltfläche reagiert. Der Meldungstext besteht aus drei in Anführungszeichen eingeschlossenen Zeichenfolgen, die mit Hilfe von zwei Verkettungsoperatoren (dargestellt durch das &-Zeichen) zusammengefügt werden. Die *Time*-Funktion im zweiten Textstück liefert die aktuelle Systemzeit, die dann von der *Format*-Funktion in Kurzform (Anzeige von Stunden und Minuten) dargestellt wird. Die Zeichenkette am Ende der Anweisung gibt den Text für die Titelleiste des Dialogfelds vor. In der hier verwendeten vereinfachten Form der *MsgBox*-Funktion erscheint im Dialogfeld als einzige die *OK*-Schaltfläche. (**33**)

Die beiden letzten Anweisungen setzen die Variable *blnGestellt* und die *Value*-Eigenschaft des Optionsfelds *optAus* auf *True*: Die Meldung ist erfolgt, und der Wecker wird abgeschaltet.

Probelauf starten

Den Stapellauf des Programms starten Sie mit einem Klick auf die Schaltfläche *Starten* in der Symbolleiste. Wenn Sie bei der Festlegung der Startoptionen *Speichern der Änderungen bestätigen* gewählt haben (siehe S. 17), werden Sie gefragt, ob die vorgenommenen Änderungen am Projekt (Einfügen der Codezeilen) nun gespeichert werden sollen. Diese Frage bejahen Sie durch Anklicken der entsprechenden Schaltfläche. (**34/35**)

33. Wenn der eingestellte Termin erreicht ist, wird eine Meldung angezeigt.

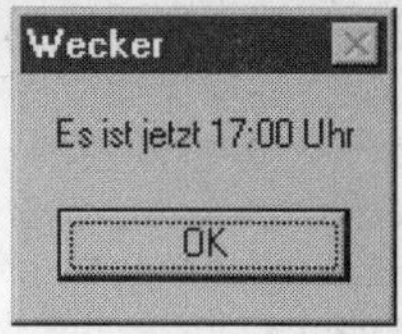

34. Mit dieser Schaltfläche können Sie das Programm starten.

35. Die Frage nach Speicherung der geänderten Dateien sollten Sie bejahen.

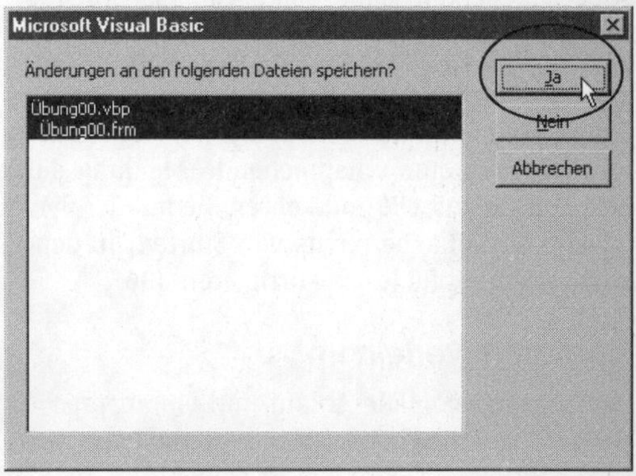

Jetzt werden einige Fenster der Entwicklungsumgebung ausgeblendet und im Bildschirmvordergrund erscheint die Oberfläche Ihrer Anwendung; Visual Basic ist vom Entwurfs- in den Ausführungsmodus übergegangen, was auch in der Titelleiste der Entwicklungsumgebung explizit angezeigt wird. Um zu testen, ob das Programm wie vorgesehen arbeitet, legen Sie (falls nötig) einen Termin fest, der schon verstrichen ist, und schalten den Wecker ein.

Wenn die Anwendung korrekt funktioniert, erscheint das Dialogfeld und nach dessen Schließen wird der Wecker ausgeschaltet. Das Programm beenden Sie durch Schließen des Formulars, indem Sie auf die Schaltfläche rechts oben in seiner Titelleiste klicken.

Nun kommt es aber vor, daß man sich bei der Eingabe des Codes vertippt hat. Wenn Visual Basic dies bei der Ausführung bemerkt, wird der Programmablauf unterbrochen, im Codefenster die fehlerhafte Stelle markiert und eine entsprechende Meldung ausgegeben. Quittieren Sie die Meldung mit *OK* und kehren Sie mit der Symbolschaltfläche *Beenden* (zweite Schaltfläche rechts von *Starten*) in den Entwurfsmodus zurück, um den Schreibfehler zu korrigieren. (**36**)

Programm verfeinern

Der ordnungsgemäße Ablauf und ein ansprechendes Oberflächendesign eines Programms sind zwei verschiedene Dinge. Bei der Ausführung wird deutlich, daß die Schrift sowohl des DateTimePicker-Elements wie auch der Optionsfelder etwas klein geraten ist.

Dem abzuhelfen stellt kein Problem dar. Markieren Sie im Formular-Designer-Fenster beide Optionsfelder (Strg-Taste nicht vergessen!), suchen Sie im Eigenschaftenfenster die Eigenschaft *Font* aus und klicken Sie auf die Schaltfläche im zugehörigen Einstellungsfeld. In dem so geöffneten Dialogfeld können Sie eine Schriftart nebst Schriftschnitt und Schriftgrad auswählen; gut geeignet für die Beschriftung von Steuerelementen ist z. B. die Schrift System, die nur in Größe 10 und mit den Schnitten Fett und Fett-kursiv angeboten wird. (**37/38**)

Dem DateTimePicker-Element weisen Sie auf die gleiche Art eine andere Schrift zu, etwa Fixedsys mit dem Schnitt Standard. Wollen Sie die von ihm eingenommene Fläche verkleinern, damit diese die angezeigten Ziffern eng umschließt, so heben Sie zuvor die Fixierung der Steuerelemente mit dem Befehl *Format/Steuerelemente sperren* wieder auf.

36. Auf Fehler im Code wird mit einer Meldung hingewiesen.

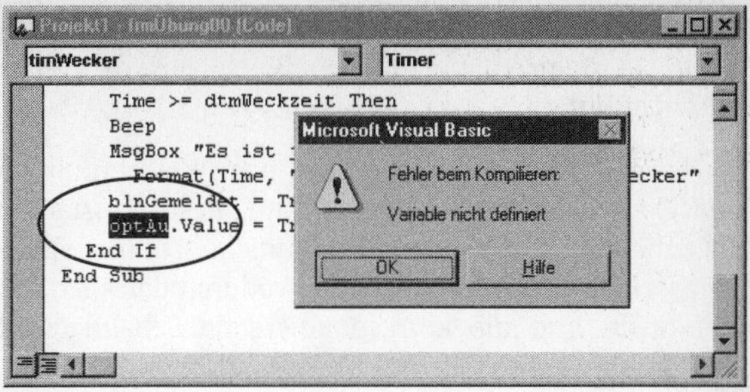

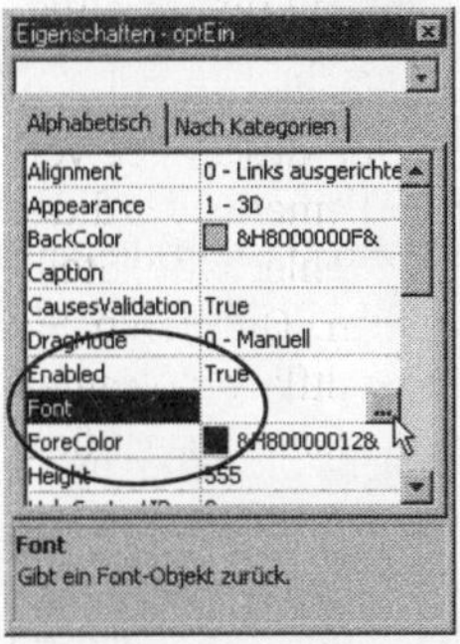

37. Diese Schaltfläche öffnet das Dialogfeld *Schriftart*.

38. Hier wählen Sie Art, Schnitt und Grad der gewünschten Schrift aus.

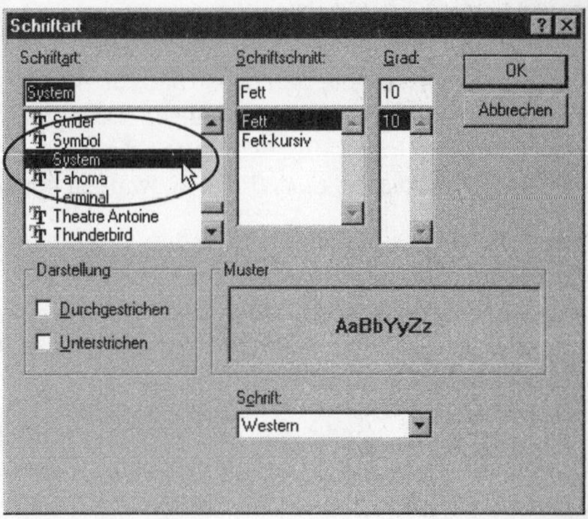

Eine erneute vertikale Zentrierung des Steuerelements im Formular ist dann mit dem entsprechenden Befehl aus dem *Format*-Menü schnell durchgeführt.

Auch am Formular selbst können noch Korrekturen vorgenommen werden. Zum einen macht es wenig Sinn, dieses Fenster auf Bildschirmgröße auszudehnen (außerdem sieht es nicht schön aus); also ändern Sie die Eigenschaft *MaxButton* in *False*, wodurch der *Maximieren*-Befehl im Systemmenü und die korrespondierende Schaltfläche in der Titelleiste deaktiviert werden.

Den Richtlinien für Windows-Programme gemäß soll ein Formular nach dem Start der Anwendung in der Bildschirmmitte erscheinen. Obwohl Microsoft selbst sich nicht immer daran hält, wollen wir das Prinzip befolgen, zumal es uns nur zwei Mausklicks kostet: Klicken Sie im Formular-Layout-Fenster mit der rechten Maustaste auf das verkleinerte Formularabbild und wählen Sie in dem Kontextmenü *Startposition* und dann *Zentrieren auf Bildschirm*. (**39**)

Visual Basic versieht Formulare mit Standardsymbolen, die links in der Titelleiste das Systemmenü kennzeichnen und beim Ausführen des Programms und minimiertem Fenster vor dem Titelleistentext angezeigt werden. Um unserem Formular ein passenderes Symbol zuzuweisen, klicken Sie die Schaltfläche im Einstellungsfeld der *Icon*-Eigenschaft an und öffnen damit das Dialogfeld *Symbol laden*. Mit der Schaltfläche *Übergeordneter Ordner* gelangen Sie zur nächsthöheren Ebene und mit vier Doppelklicks auf die jeweiligen Ordnernamen zum Ordner *Common\Graphics\Icons\Misc*, wo Sie mit einem abschließenden Doppelklick z. B. die Symboldatei *Clock03.ico* auswählen können. (**40/41**)

Eine letzte Verbesserung betrifft den Programmcode: Wenn das Formular zur Laufzeit des Programms in normaler Größe angezeigt wird, ist mit einem Blick zu erfassen, ob und auf welche Zeit der Wecker eingestellt ist. Im minimierten Fensterzustand steht diese Information nicht mehr zur Verfügung.

Bei jeder Größenänderung des Fensters wird das *Resize*-Ereignis des Formulars ausgelöst. Um die zugehörige Ereignisprozedur mit Programmcode auszustatten, suchen Sie in der Objektliste des Codefensters das Objekt *Form* aus. Der Editor fügt dann die Prozedurschablone von *Form_Load*, dem Standardereignis für Formulare, ein.

39. Im Kontextmenü des Formular-Layout-Fensters läßt sich die Startposition des Formulars festlegen.

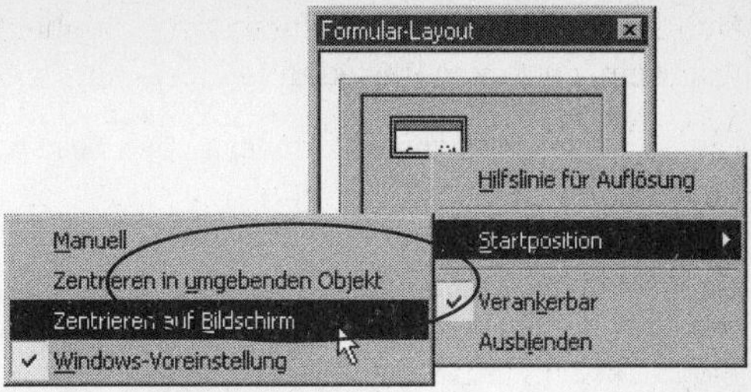

40. Mit dieser Schaltfläche gelangen Sie in die nächsthöhere Ordnerebene.

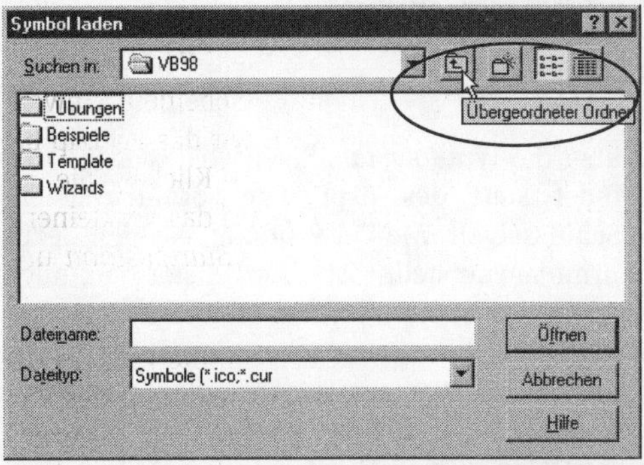

41. Ein passendes Uhrensymbol (z. B. *Clock03.ico*) finden Sie im Ordner *Common\Graphics\Icons\Misc*.

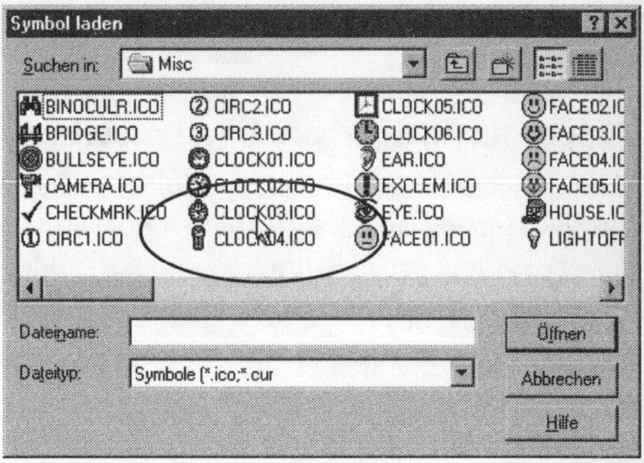

Nun klappen Sie die Prozedurliste rechts oben im Codefenster auf und wechseln zur *Resize*-Prozedur. (**42**)

Die Eingabe der folgenden Anweisungen beseitigt das erwähnte Informationsmanko:

```
Private Sub Form_Resize()
  If Me.WindowState = vbMinimized Then
    Me.Caption = "Weckzeit: " & _
      IIf(blnGestellt, dtmWeckzeit, "")
  Else
    Me.Caption = "Wecker"
  End If
End Sub
```

Mit einer *If*-Abfrage wird über die *WindowState*-Eigenschaft der Fensterstatus geprüft. Dabei findet statt des expliziten Formularnamens *frmÜbung00* das kürzere Schlüsselwort *Me* Verwendung, das den Bezug zum jeweils aktuellen Formular herstellt. Ist das Fenster minimiert (*WindowState* hat den Wert der Konstanten *vbMinimized*), erscheint als Text „Weckzeit: “ und gegebenenfalls die Zeitangabe, sonst aufgrund der Anweisung im *Else*-Zweig der *If*-Struktur der Titelleistentext „Wecker“. Die *IIf*-Funktion liefert, falls *blnGestellt* den Wert *True* hat, die Weckzeit, ansonsten eine leere Zeichenfolge zurück. Nach einem erneuten Start zeigen sich die Auswirkungen der am Formular vorgenommenen Änderungen. (**43/44**)

4. Schritt: Ausführbare Datei erstellen

Häufig möchte man ein fertiges Projekt nicht nur innerhalb der Entwicklungsumgebung ablaufen lassen, sondern es auch direkt aus Windows heraus starten, an Bekannte weitergeben oder kommerziell vertreiben. Dazu muß die Anwendung als ausführbare Datei gespeichert werden.

Den erforderlichen Befehl finden Sie im *Datei*-Menü. In unserem Fall lautet er *Übung00.exe erstellen*, Visual Basic leitet also aus dem Projektnamen einen Vorschlag für die Benennung der *exe*-Datei ab. Durch Anklikken dieses Eintrags öffnet sich das Dialogfeld *Projekt erstellen*, in dem Sie die Voreinstellung für Ordner und Namen der ausführbaren Datei mit *OK* akzeptieren können. Die Datei wird daraufhin erzeugt und kann im angegebenen Ordner aus dem Windows-Explorer heraus direkt ausgeführt werden. (**45**)

42. Aus der Prozedurliste wählen Sie *Resize*.

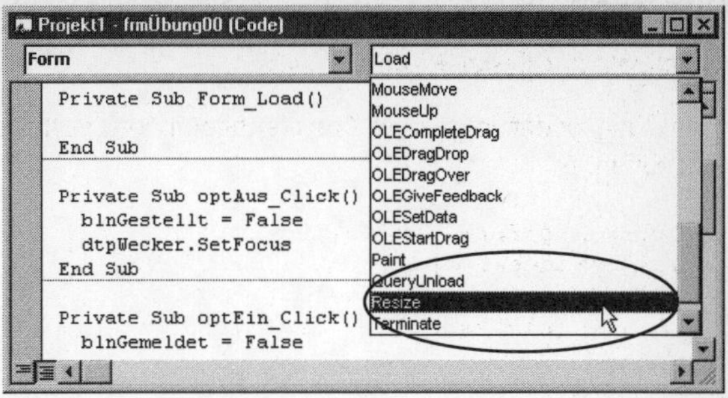

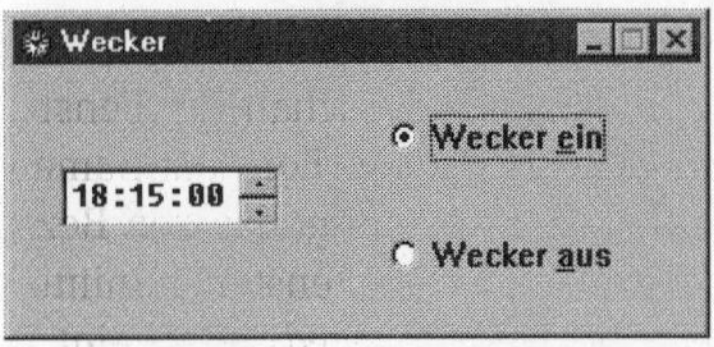

43. Nach den Ergänzungen hat das Formular sein Erscheinungsbild verändert, sowohl in der normalen Größe ...

44. ... als auch im minimierten Zustand.

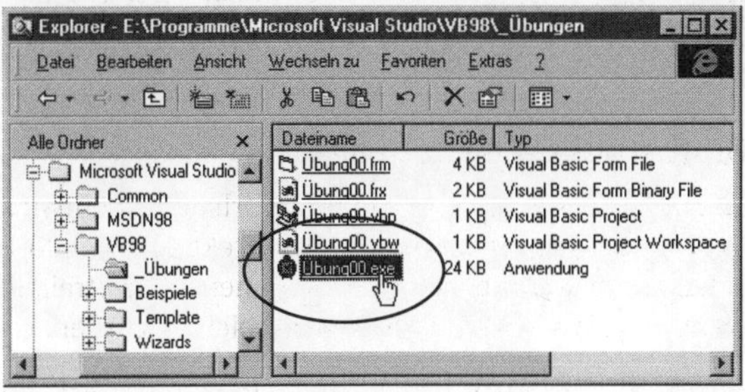

45. Die *exe*-Datei kann direkt im Windows-Explorer gestartet werden.

2. Was bietet Visual Basic 6.0 an Neuem?

Eine akribische Auflistung sämtlicher Neuheiten von Visual Basic kommt auf eine Zahl von fast 100. Unverkennbar ist dabei das Bestreben von Microsoft, die starke Stellung des Produkts als relativ leicht zu handhabende Entwicklungsumgebung für Applikationen der vielfältigsten Art auszubauen.

Neue Designer erleichtern nun auch die Datenbank- und Internet-Entwicklung, indem sie die umständliche manuelle Codierung durch visuelle Programmiermethoden, wie vom Formular-Designer von jeher gewohnt, weitgehend ersetzen.

Daten- und Internet-Applikationen sind die Anwendungsgebiete, die am meisten von den Verbesserungen der aktuellen Visual Basic-Version profitiert haben.

Die folgenden Seiten machen Sie mit den wesentlichsten Neuheiten sowohl in diesen beiden als auch in den übrigen Bereichen bekannt.

2.1 Welche Edition ist die geeignete?

Auch die neue Version von Visual Basic wird in drei Paketen unterschiedlichen Umfangs und Preises angeboten. Allen liegen zwei MSDN-CDs mit der kompletten Online-Dokumentation bei.

Die **Einsteiger Edition** ist für Einsteiger in Visual Basic vorgesehen. Mit einem Grundvorrat an Steuerelementen und Assistenten ausgestattet, ist sie voll funktionsfähig. Zudem enthält sie eine Multimedia-CD, die in das Einmaleins des Programmierens einführt.

An versiertere Entwickler wendet sich die **Professional Edition**. Über den Umfang der Learning Edition hinaus gibt es eine ganze Reihe zusätzlicher Steuerelemente und Assistenten sowie integrierte Werkzeuge für den Datenzugriff.

Mit der **Enterprise Edition** werden Programmierprofis in die Lage versetzt, komplexe Server-Anwendungen für konventionelle unternehmenseigene Netzwerke wie auch für modernste Internet-/ Intranet-Applikationen zu erstellen. Eine Palette nützlicher Hilfsmittel unterstützt dabei die teamorientierte Entwicklungsarbeit.

Grundlage dieses Buchs, insbesondere der Programmbeispiele, ist die Professional Edition.

2.2 Verbesserungen des Datenzugriffs und des Datenbankkonzepts

ADO

„Jet, DAO und RDO sind tot, es lebe ADO!“, so könnte das Motto für die neuen Datenbankfeatures lauten. Aber bitte keine Hektik, die (alt)gewohnten Techniken werden nach wie vor von Visual Basic unterstützt. Bei neu begonnenen Projekten empfiehlt es sich aber, auf die neue Technologie umzusteigen.

ADO (**A**ctiveX **D**aten **O**bjekte) stellt ein universelles Objektmodell für den Datenzugriff dar. Es besteht aus nur sieben Objekten, deren strukturellen Zusammenhang die folgende Grafik wiedergibt.

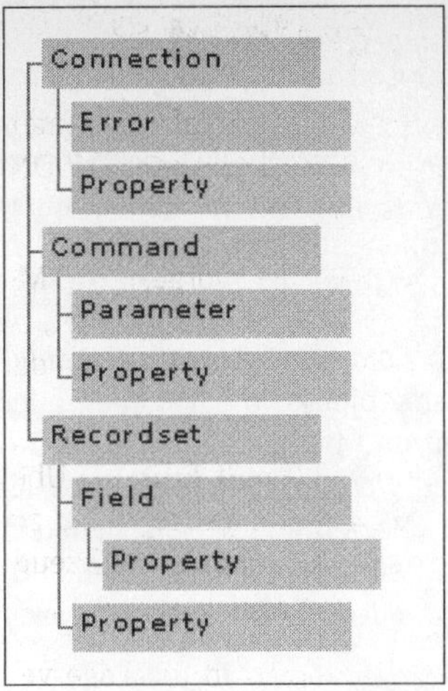

Das ADO-Objektmodell

Die Ergebnisse eines Datenzugriffs durch ADO werden in Tabellenform geliefert. Weil eine Tabelle im Extremfall nur ein einziges Feld umfassen kann - sie enthält dann genau eine Zeile und eine Spalte -, ist es möglich, beliebige Daten zurückzugeben.

Auf der systemnahen Seite wird die Ansteuerung einer Datenquelle über eine neue Schnittstelle namens OLE-DB realisiert. Visual Basic enthält eine Reihe solcher (Provider genannten) datenbankspezifischen OLE-DB-Komponenten. Dabei hat sich Microsoft nicht auf die hauseigenen Produkte wie SQL-Server oder Jet-Datenbanken beschränkt, sondern mit dem Oracle-Provider gezielt ein Fremdprodukt ins Auge gefaßt und mit dem Provider für ODBC die angestrebte universelle Datenanbindung so gut wie erreicht.

Der Anwendungsentwickler hat auf diese Weise ein einheitliches Programmiermodell zur Hand, das nicht nur sehr flexibel ist, sondern im Vergleich zu den älteren Methoden auch mit deutlich besserem Leistungsverhalten glänzen kann.

Datenumgebung

Der Datenumgebungs-Designer stellt einen der Glanzpunkte von Visual Basic 6.0 dar. Integriert in die Entwicklungsumgebung ermöglicht er es, die Datenbankanbindung eines Projekts mit ein paar Mausklicks herzustellen.

Beim Hinzufügen einer Datenumgebung zu einem Visual Basic-Projekt erstellt der Designer automatisch ein *ADO-Connection*-Objekt (*Verbindung*), dessen Eigenschaften - Name, Datenbanktyp (OLE-DB-Provider), Datenbankname, Zugriffsberechtigung usw. - ähnlich wie bei Steuerelementen festgelegt werden können. Die Verbindung wird dann einmalig hergestellt, um strukturelle Informationen aus der Datenbank zu übertragen.

Einem *Connection*-Objekt lassen sich dann *Command*-Objekte (*Befehle*) zuordnen. Diese können sich auf Datenbankobjekte, wie Tabellen oder Ansichten, oder auf SQL-Abfragen gründen und bestimmen, welche Daten durch den Datenbankzugriff geliefert werden. Für Visual Basic-Anwender völlig neu ist die Möglichkeit, Beziehungen zwischen den *Command*-Objekten einer Verbindung zu definieren, um so hierarchische Abhängigkeiten von zusammengehörenden Daten auch in dieser Form darzustellen und abzurufen.

Die folgende Abbildung zeigt eine Datenumgebung mit einer Verbindung zu der mitgelieferten Datenbank *Nwind.mdb*. Wie man sieht, spiegelt sich die Struktur der hierarchischen Beziehung zwischen den beiden Tabellen *Lieferanten* und *Artikel* - in Microsoft Access auch Master/Detail-Relation genannt -in der optischen Darstellung wider.

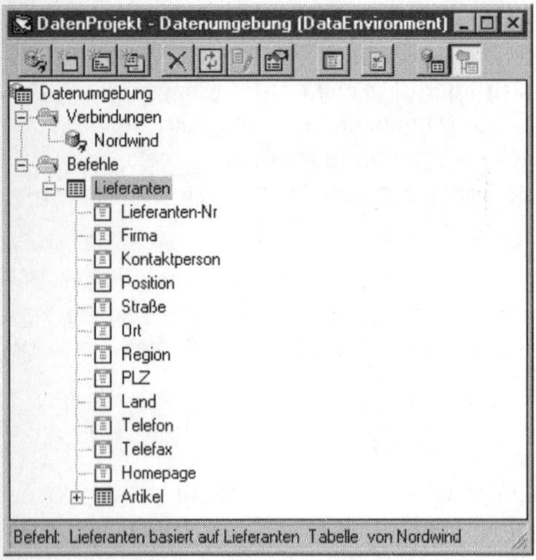

Die Datenumgebung mit einer Verbindung zum Zugriff auf die abhängigen Tabellen Lieferanten und Artikel

Datenbericht

Mit dem Datenbericht-Designer betritt der nächste neue Designer die Visual Basic-Bühne. Er ersetzt den bisherigen Berichtsgenerator Crystal Reports und präsentiert sich im Stil des in Microsoft Access verwendeten Reportmoduls.

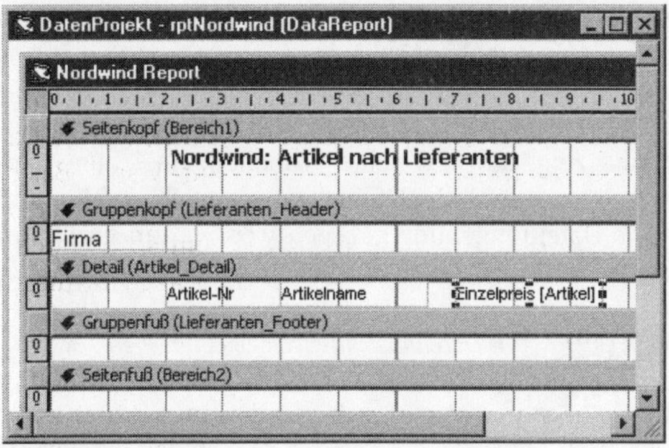

Der Datenbericht-Designer in Aktion

Das Zusammenspiel mit der Datenumgebung ist perfekt: Einzelne Felder (auch ein ganzes *Command*-Objekt) können per Drag & Drop im Datenbericht-Designer abgelegt werden, wobei die erforderlichen Steuerelemente im Datenbericht automatisch erstellt werden. Sowohl in der Entwurfsphase wie auch zur Laufzeit kann der Bericht generiert und in einem Vorschaufenster angezeigt werden; aus ihm heraus läßt er sich dann drucken oder als Datei im HTML- oder Textformat exportieren.

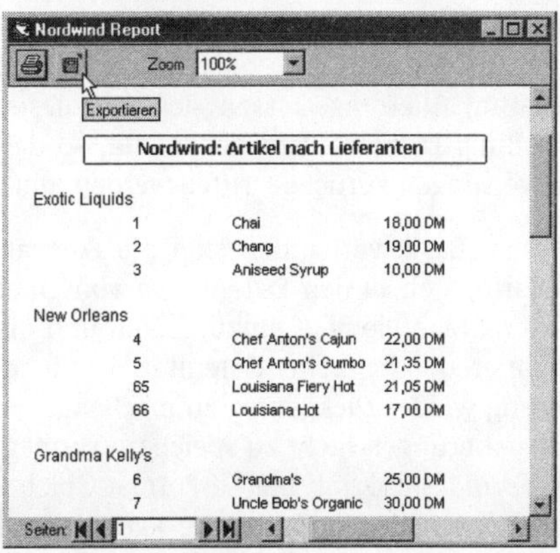

Ein Datenbericht in der Seitenansicht

Der Datenbericht-Designer besitzt eigene Steuerelemente, die als Gruppe *DataReport* in der Werkzeugsammlung bereitstehen. Ihre Zahl ist mit 6 nicht gerade imposant. Außerdem gibt es nicht die in Crystal Reports vorhandene Möglichkeit, Berichtsfelder mit selbst formulierten Bedingungsausdrücken zu hinterlegen, um die Anzeige bestimmter Daten zu unterdrücken. In diesem Punkt darf sich Microsoft etwas mehr anstrengen.

Datenansicht

Das Datenansichtfenster faßt alle mit einem Projekt verknüpften Datenquellen zusammen und zeigt deren Objekte (Tabellen, Ansichten, Diagramme, gespeicherte Prozeduren) als Baumstruktur an. Objekte können aus dem Fenster in die Datenumgebung gezogen werden, um dort automatisch Befehle zu erstellen.

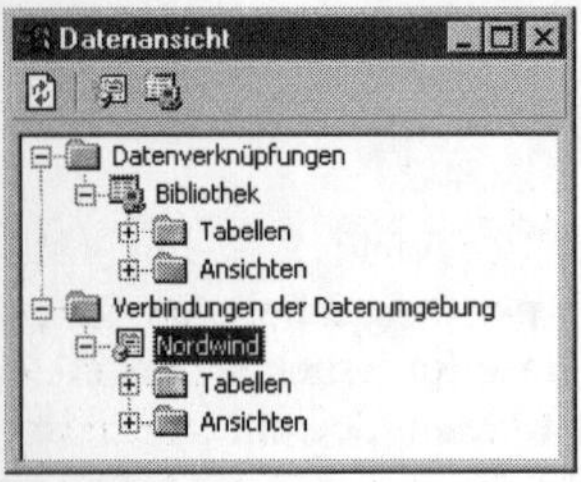

Das Datenansichtfenster zeigt im Überblick die mit einem Projekt verknüpften Datenbanken

Objekte

Die neuen **Dateisystem-Objekte** bieten einen objektorientierten Zugriff auf eine Reihe von Funktionen, mit denen auf elegante Weise die Dateistruktur von Laufwerken untersucht und das Lesen oder Schreiben von Dateien bewerkstelligt werden kann. Allerdings lassen sich mit diesen Methoden Random-Access- und Binär-Dateien nicht behandeln, so daß für sie auf die hergebrachten Anweisungen zurückgegriffen werden muß.

Ebenfalls zum ersten Mal in Visual Basic vorhanden sind die **Format-Objekte**. Ihre Aufgabe besteht darin, sich in den Datenstrom von einer Datenquelle zu einem gebundenen Steuerelement einzuklinken und die Daten benutzergerecht zu formatieren oder beim Datenfluß in umgekehrter Richtung eine Formatierung wieder rückgängig zu machen, z. B. weil die Datenbank spezielle Formatierungen nicht zu speichern vermag. Gegenüber der herkömmlichen *Format*-Funktion bieten Format-Objekte mehr Formatierungsmöglichkeiten und die Formatierung kann bereits zur Entwurfszeit innerhalb der Entwicklungsumgebung erfolgen.

2.3 Windows 98-like: Neue Steuerelemente vorgestellt

Drei der neuen Steuerelemente versehen Visual Basic vor allem mit einem moderneren, an andere Microsoft-Erzeugnisse angepaßten Look.

Coolbar-Steuerelement

Cool ist in! Dieser Modetrend hat mit dem Internet Explorer auch die Windows-Welt ergriffen, warum sollte er also vor Visual Basic haltmachen? Das *Coolbar*-Steuerelement stellt nicht nur optisch eine Alternative zu konventionellen Symbolleisten dar, denn es ermöglicht, Symbolleisten (Coolbars) zu erstellen, die vom Benutzer konfiguriert werden können.

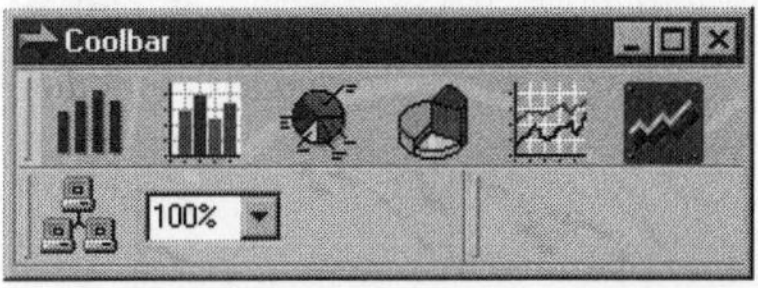

Eigene Coolbars - kein Problem

Eine Coolbar besteht aus einem oder mehreren Bereichen, Bänder genannt. Jedes Band fungiert als Container für jeweils ein untergeordnetes Steuerelement. Um mehrere Steuerelemente in einem Band unterzubringen, fügt man ein geeignetes Container-Element (z. B. ein Bildfeld) ein und plaziert in ihm die benutzerrelevanten Steuerelemente.

Durch das Festlegen der verschiedensten Eigenschaften kann das äußere Erscheinungsbild einer Coolbar variiert werden. Die Abbildung davor vermittelt einen ersten Eindruck.

FlatScrollBar-Steuerelement

Bei diesem Steuerelement handelt es sich um eine „flache" Variante des Standard-Bildlaufleisten-Elements. Ihr Äußeres kann je nach Einstellung der *Appearance*-Eigenschaft in der vertrauten dreidimensionalen Art oder in zwei verschiedenen 2-D-Stilen (nach Art des Internet Explorer bzw. der Encarta Enzyklopädie) gestaltet werden.

Das Steuerelement vereinigt in sich beide Richtungen (horizontal oder vertikal) der Bildlaufleiste, unterscheidendes Merkmal ist der Wert der *Orientation*-Eigenschaft.

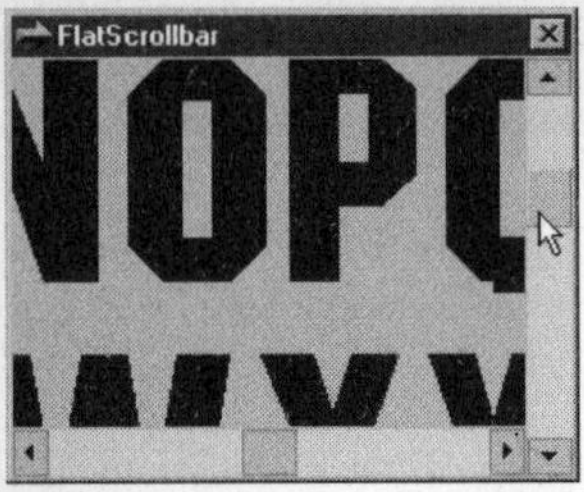

FlatScrollbar-Steuerelemente im 2-D-Look

ImageCombo-Steuerelement

Mit dem *ImageCombo*-Steuerelement bietet Visual Basic 6.0 eine Alternative zum Kombinationsfeld. Rein äußerlich unterscheidet es sich von diesem durch die Möglichkeit, vor jedem Element der Auswahlliste eine Grafik anzuzeigen und die Elemente zur besseren Strukturierung einzurücken.

Weniger augenfällig ist ein anderer, vielleicht aber noch wichtigerer Unterschied. Die Verwaltung der Einträge erfolgt bei diesem Steuerelement objektorientiert: Jeder Eintrag ist ein *ComboItem*-Objekt, in ihrer Gesamtheit bilden sie die *ComboItems*-Auflistung. Mit den üblichen Methoden (*Add*, *Remove*) werden dem Steuerelement zur Laufzeit Einträge hinzugefügt bzw. aus ihm entfernt. Zur Darstellung und Eingabe von Datums- und Zeitinformationen hält Visual Basic 6.0 zwei neue Steuerelemente bereit.

MonthView-Steuerelement

In Form eines Kalenderblatts stellt das *MonthView*-Steuerelement eine Monatsübersicht zur Verfügung, die von einem einzelnen Monat bis zu zwölf Monaten reichen kann. In ihr lassen sich vom Benutzer einzelne Tage wie auch ganze Datumsbereiche, deren Länge einstellbar ist, mit Maus oder Tastatur markieren.

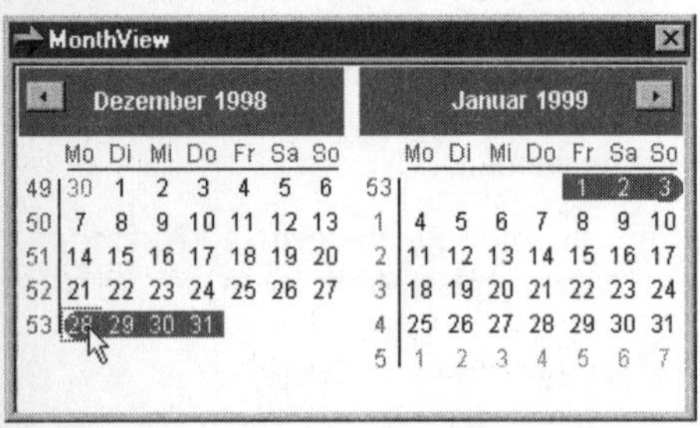

Die Woche um den Jahreswechsel ist in dieser Zweimonats-Übersicht markiert

Eine Vielzahl an Eigenschaften, Methoden und Ereignissen macht dieses Steuerelement bei der Gestaltung von Benutzeroberflächen zu einer flexibel einsetzbaren und praxisgerechten Komponente.

DateTimePicker-Steuerelement

Zur Anzeige und schnellen Eingabe eines Datums oder einer Uhrzeit dient das *DateTimePicker*-Steuerelement. Es stellt sich standardmäßig als Dropdown-Kalender dar, der jeweils einen Monat anzeigt und über die meisten Funktionen des nahe verwandten *MonthView*-Steuerelements verfügt.

Das DateTimePicker-Steuerelement mit selbst definierter Formatierung

Im alternativen Zeitformat-Modus (vgl. das Wecker-Projekt in Kap. 1.3) fällt der Kalenderteil fort. Die Daten können mit Hilfe der in Visual Basic eingebauten Datums- und Zeitformate dargestellt werden; es lassen sich aber auch eigene Formate definieren und zuweisen.

Daten- und datengebundene Steuerelemente

Daß die Verbesserungen im Datenbankbereich von Visual Basic sich auch bei den Steuerelementen niederschlagen, ist nur konsequent. So gibt es nun zu jedem der integrierten Daten-Steuerelemente ein auf ADO basierendes Pendant:

- Das **ADO-Datensteuerelement** erlaubt ähnlich dem altbekannten *Daten*-Steuerelement, mit minimalem Programmieraufwand Datenquellen und gebundene Steuerelemente zu koppeln.
- Die datengebundenen Steuerelemente **DataCombo** und **DataList** sind die ADO-Varianten des *DBKombi*- bzw. *DBListe*-Steuerelements und – das wird Entwickler freuen – mit diesen codekompatibel.

- Mit dem **DataGrid-Steuerelement** läßt sich auf einfache Weise eine Anwendung erstellen, mit der Datensätze in Tabellenform angezeigt und bearbeitet werden können. Im Gegensatz zum bisherigen *DBTabelle*-Steuerelement kann es jedoch nicht im ungebundenen Modus eingesetzt werden.
- Das überarbeitete **MSHFlexGrid-Steuerelement** (Microsoft Hierarchical FlexGrid) ist, wie sein Name schon andeutet, auch zur Anzeige von Datenhierarchien geeignet und insofern noch flexibler als sein Vorgänger MSFlexTabelle. Die Daten sind allerdings schreibgeschützt, in Verbindung mit einem Textfeld und mit einigen Programmzeilen kann aber auch hier eine Bearbeitungsfunktion bereitgestellt werden.

Ganz neuartige Möglichkeiten der Datenpräsentation eröffnet das **DataRepeater-Steuerelement.** Es dient als Container für ein Benutzersteuerelement, das aus dem Fundus der vorhandenen datengebundenen Steuerelemente so zusammengesetzt wird, daß es auf den anwendungsspezifischen Informationsbedarf optimal abgestimmt ist. Zur Laufzeit ist das *DataRepeater*-Steuerelement dann dafür verantwortlich, daß das Benutzersteuerelement zeilenweise wiederholt und in jeder Zeile ein anderer Satz der Datenquelle angezeigt wird.

2.4 Inter-/Intranet mit Visual Basic aufbauen

Machte schon Visual Basic 5.0 die Entwicklung von Inter-/Intranet-Anwendungen auch für normale Sterbliche praktikabel, so vereinfacht die neue Version diese Aufgabe noch um ein wesentliches Stück mehr, indem sie zwei neue Projekttypen zur Verfügung stellt. Beide verfolgen und erfüllen den Zweck, die oft lästige Programmierung von Script-Code durch echten Visual Basic-Code abzulösen, der in der gewohnten Entwicklungsumgebung geschrieben, überprüft und von Fehlern bereinigt werden kann (Debuggen).

IIS-Anwendung

Eine IIS-Anwendung läuft auf dem Internet Information Server von Microsoft und ist unabhängig von der Rechnerplattform und dem auf der Client-Seite eingesetzten Web-Browser. Sie besteht einerseits aus HTML zur Gestaltung der Benutzeroberfläche und andererseits aus einem Visual Basic-Objekttyp namens *WebClass*, der das Funktionszentrum der

Anwendung beinhaltet. Ein *WebClass*-Objekt kann mehrere *WebItem*-Objekte enthalten, die auf Browseranfragen reagieren: als *HTML-Vorlagen-WebItems*, indem sie eine HTML-Datei zurückgeben, oder als *Benutzerdefinierte WebItems*, indem sie gemäß dem in ihrem *Respond*-Ereignis implementierten Code antworten.

Jedes *WebClass*-Objekt ist eine ActiveX-DLL-Komponente und bringt demzufolge ihren eigenen Designer als visuelles Entwurfsfenster mit.

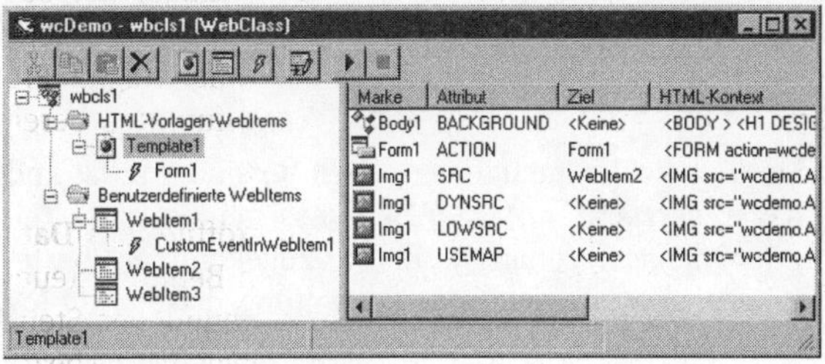

Der WebClass-Designer

DHTML-Anwendung

Eine DHTML-Anwendung, die aus mindestens einer DHTML-Seite (Dynamic HTML) und einer Visual Basic-DLL besteht, kann als clientseitiges Gegenstück einer IIS-Applikation angesehen werden. Wegen ihrer Bindung an den Internet Explorer ab 4.0 und die Windows-Plattform sind DHTML-Projekte in erster Linie für den Einsatz im Intranet vorgesehen.

Die Gestaltung der DHTML-Seiten kann mit einem externen Werkzeug wie FrontPage erfolgen, innerhalb der Entwicklungsumgebung steht dafür der DHTML-Seiten-Designer zur Verfügung. Er zeigt im linken Fenster die Struktur des Dokuments, im rechten Fenster kann die Seite durch HTML-spezifische Seitenelemente (Schaltfläche, Textfeld, Kontrollkästchen usw.) aufgebaut werden.

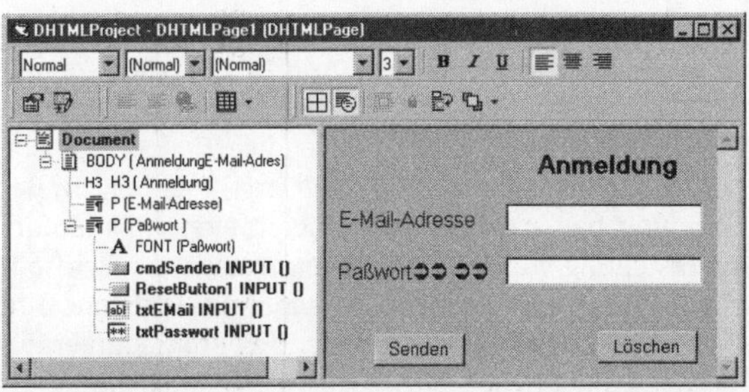

Der DHTML-Seiten-Designer

Visual Basic erzeugt den zugehörigen HTML-Code automatisch im Hintergrund und speichert ihn nach Wunsch im Designer oder in einer Datei. Vorhandene komplexere oder professioneller gestylte Seiten können in das Projekt eingebunden werden. Wie bei Formularen sind mit Benutzeraktionen (Tastendrücke, Mausklicks) Ereignisse korreliert, auf die in den entsprechenden Ereignisprozeduren mit normalem Programmcode, der leistungsfähiger und schneller als VBScript-Code ist, reagiert werden kann.

2.5 Neue Assistenten nutzen

Visual Basic steht dem Entwickler auch in der neuen Version mit Rat und Tat zur Seite, und das in verstärktem Maße: Neue Assistenten (zum Teil auch Generatoren oder Manager genannt) sind hinzugekommen, bestehende haben Verbesserungen erfahren. Die Verwaltung dieser Add-Ins übernimmt der **Add-In-Manager**, der durch eine Frischzellenkur an Flexibilität gewonnen hat.

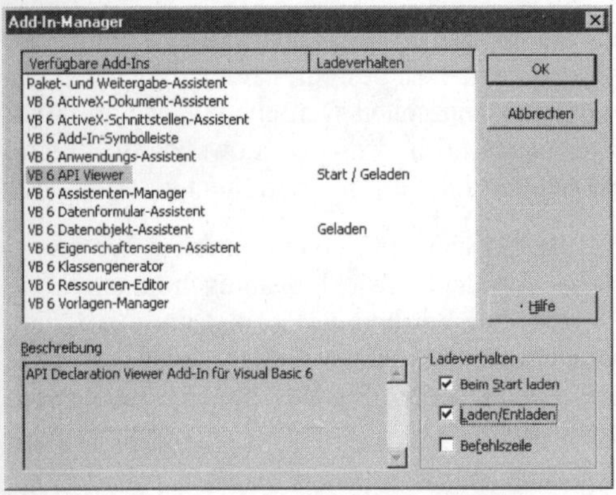

Der verbesserte Add-In-Manager

Die Erzeugung eigener Add-Ins geht mit dem **Add-In-Designer** schnell von der Hand. Nach Eingabe grundlegender Informationen wie Ladeverhalten und Zielanwendung steuert er das notwendige Codegerüst zur korrekten Registrierung der entstehenden *dll*- oder *exe*-Datei bei. Im Bereich der Datenanbindung bieten neben dem überarbeiteten **Datenformular-Assistenten** (Erstellung von reinen Codeformularen möglich) ein **MSHFlexGrid-Assistent** und der brandneue **Datenobjekt-Assistent** ihre Unterstützung an. Der zuletzt genannte hilft bei der Programmierung von benutzerdefinierten Datenquellen oder Steuerelementen, die Daten mittels gespeicherter Prozeduren verarbeiten sollen.

Der **Anwendungs-Assistent** ist jetzt mit der sehr nützlichen Funktion ausgestattet, Einstellungen als Profil zu speichern, um so mehrere in Aussehen und Bedienung homogene Anwendungen zu erzeugen. Deren Menüs können nun frei nach Entwicklerwünschen gestaltet werden.

In Kooperation mit dem Anwendungs-Assistenten oder auch separat läßt sich der **Symbolleisten-Assistent** einsetzen. Er ist bei der Erstellung und Modifikation individueller Symbolleisten behilflich, indem er eine Palette häufig benutzter Symbole zur Verfügung stellt, die sich visuell plazieren lassen. Der Assistent fügt selbständig die entsprechenden Schaltflächen in die Symbolleiste und den benötigten Symbol-Container in Form eines Abbildungsliste-Steuerelements in das Formular ein.

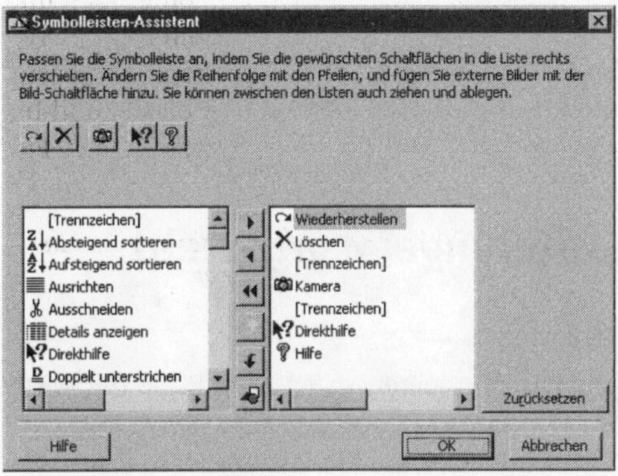

Der neue Symbolleisten-Assistent

Der **Paket- und Weitergabe-Assistent** löst den Installationsassistenten ab. Er stellt insofern einen Fortschritt dar, indem er die zu installierenden Dateien zu einer oder mehreren *cab*-Dateien komprimiert, die dann wahlweise für die Installation über Wechselmedien, Netzlaufwerke oder eine Web-Site konfektioniert werden.

2.6 Wie Sie effizientere Komponenten entwickeln

Basierend auf benutzerdefinierten Steuerelementen oder Klassen können mit dem neuen Visual Basic **eigene Datenquellen** und **eigene Datennutzer** erstellt werden; die hierfür zuständigen Objekteigenschaften heißen *DataSourceBehavior* und *DataBindingBehavior*. Zusammen mit der erweiterten Datenanbindung, die Kopplungen zwischen beliebigen Datenlieferanten und -konsumenten ermöglicht, öffnet sich ein weites

Feld für die Entwicklung von Komponenten, die auf spezielle Datenformate zugeschnittenen sind. Endlich werden nun Entwickler in die Lage versetzt, **fensterlose Steuerelemente** zu realisieren. Solche „Leichtgewichte“ (Beispiel: Bezeichnungsfeld), die wegen der fehlenden *hWnd*-Eigenschaft (Fensterzugriffsnummer) weniger Systemressourcen beanspruchen, erhält man durch Setzen der *Windowless*-Eigenschaft auf *True*. Selbstverständlich dürfen keine nicht-fensterlosen Komponenten in diesen Steuerelementen enthalten sein.

Die **CreateObject**-Funktion wurde um das optionale Argument *Servername* erweitert, so daß Objekte auch auf anderen Rechnern im Netzwerk erzeugt werden können.

Datenbeständigkeit war bei ActiveX-Dokumenten schon immer durch das *PropertyBag*-Objekt gegeben. Dieses wird nunmehr auch beliebigen Klassen zugänglich gemacht, um dort Eigenschaften von einer Instanz zur nächsten zu speichern.

2.7 Spracherweiterungen vorgestellt

Prüfung von Eingaben

Seit der Version 1.0 klagen Programmierer, daß Visual Basic die Mittel für eine vernünftige Eingabeüberprüfung fehlen. Das auf den ersten Blick als der passende Ort für den Validierungscode erscheinende *LostFocus*-Ereignis entpuppt sich bald als nutzlos, denn wenn es auftritt, hat der Fokus schon gewechselt. Hilfe verspricht - und hält bis zu einem gewissen Grad - das Zusammenspiel des *Validate*-Ereignisses der Steuerelemente (auch der benutzerdefinierten), ihrer Eigenschaft *CausesValidation* sowie der *ValidateControls*-Methode von Formularen.

Ein Textfeld für Altersangaben von Erwachsenen könnte etwa wie folgt überprüft werden:

```
Private Sub txtAlter_Validate(Cancel As Boolean)
  Cancel = Not IsNumeric(txtAlter.Text) Or _
    Val(txtAlter.Text) < 18

  If Cancel Then<
    MsgBox "Alter muß größer als 17 sein!"
  End If
End Sub
```

Falls die Eingabe unzulässig ist, wird das Argument *Cancel* der *Validate*-Prozedur auf *True* gesetzt und der Fokus bleibt im Textfeld. Ausgelöst wird das Ereignis in dem zu prüfenden Steuerelement nur, wenn der Fokus zu einem Steuerelement verschoben wird, dessen *CausesValidation*-Eigenschaft den Vorgabewert *True* hat.

Steht dieser Wert auf *False*, wird keine Validierung durchgeführt. Diese Technik ist sinnvoll, denn Formulare enthalten häufig eine Schaltfläche zum Abbrechen des Eingabevorgangs, und in dem Fall wäre eine Gültigkeitsprüfung unnötig und hinderlich.

Einen Haken hat die Sache aber noch, denn beim Wechseln zu einem Menü wandert der Fokus nicht mit. Abhilfe schafft hier die Methode *ValidateControls*, mit der die Validierung des letzten noch nicht geprüften Steuerelements erzwungen wird.

Stringfunktionen

Von VBScript hat Visual Basic insgesamt 13 Stringfunktionen übernommen. Sechs von ihnen liefern formatierte Zeichenfolgen zurück:

- FormatCurrency
- FormatDateTime
- FormatNumber
- FormatPercent
- MonthName
- WeekdayName

Sie sind einfacher einzusetzen als die *Format*-Funktion, weil man sich nicht um die doch recht vielen Formatierungszeichen kümmern muß, und außerdem sind sie durchweg schneller.

Die Art der Formatierung ist leicht am Funktionsnamen abzulesen. So enthält zum Beispiel die Variable *strName* nach der Zuweisung

```
Dim strName As String

strName = MonthName(Month(Now))
```

den aktuellen Monatsnamen.

Die Gruppe aus den drei Funktionen

- Filter
- Join
- Split

zergliedert Zeichenfolgen aufgrund eines Trennkriteriums in einzelne Bruchstücke oder baut Teile wieder zusammen.

Unter den restlichen vier Funktionen

- InstrRev
- Replace
- Round
- StrReverse

sind zwei hervorzuheben.

Die *Replace*-Funktion ermöglicht es, Teile einer Zeichenfolge beliebig oft zu ersetzen. Durch die *Round*-Funktion werden Dezimalzahlen auf eine angebbare Zahl von Stellen gerundet, aber wie!

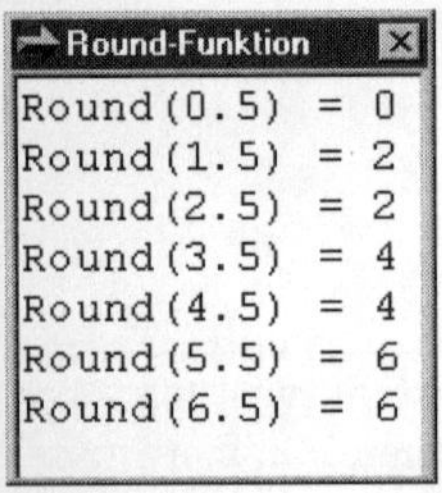

Überraschende Ergebnisse liefert die Round-Funktion

Die Resultate sind gelinde gesagt verblüffend, denn Werte wie 1,5 und 2,5 liefern dasselbe Ergebnis. Der eingesetzte Algorithmus rundet offenbar immer auf die nächste gerade Ziffer. Ganz gleich was sich das Visual Basic-Team bei dieser Implementierung gedacht haben mag, um die in Europa üblichen Rundungsregeln anzuwenden, müssen Sie (weiterhin) Ihre eigene Rundungsfunktion benutzen.

Tip: Neuerungen vor dem Einsatz testen

Testen Sie gemäß der Devise „Vertrauen ist gut, Kontrolle ist besser" neue Features eines Entwicklungswerkzeugs möglichst gründlich, bevor Sie mit ihnen Anwendungen erstellen.

An markanten Erweiterungen sind schließlich noch zu erwähnen:

- **Datenfelder** (Arrays) lassen sich einander zuweisen und auch als Ergebnis einer Funktion zurückgeben.
- **Benutzerdefinierte Datentypen** (UDTs) dürfen als Argumente oder Rückgabewerte von Eigenschaften und Methoden öffentlicher Klassen verwendet werden.
- Mit der **CallByName**-Funktion können zur Laufzeit Eigenschaften und Methoden von Objekten über deren Namen angesprochen werden.
- Die *Add*- bzw. *Remove*-Methode der *Controls*-Auflistung von Formularen ermöglicht es, **Steuerelemente dynamisch** einem Formular hinzuzufügen oder aus ihm zu entfernen.

3. Die Entwicklungsumgebung im Detail: Jede Menge Fenster mit viel Durchblick

Die Entwicklungsumgebung von Visual Basic 6.0 ist mit einer Fülle von Fenstern ausgestattet, die sich vielfältig manipulieren lassen (Anordnen, Verankern, Ein-/Ausblenden usw.).

Damit Sie trotzdem den Durchblick gewinnen und den Überblick behalten, werden in diesem Kapitel die einzelnen Fenster in Wort und Bild vorgestellt und hinsichtlich ihrer Funktion erläutert.

3.1 Der Tätigkeitsbereich: Arbeitsfläche und Titelleiste

Wenn man Visual Basic mit einem neuen Projekt (Registerkarte *Neu* des Eingangsdialogs) startet und dann so viele Fenster wie möglich schließt, wird die Entwicklungsumgebung auf die drei Kernelemente Arbeitsfläche, Titelleiste und Menüleiste reduziert.

Die Arbeitsfläche

Standardmäßig präsentiert sich die Entwicklungsumgebung als MDI-Oberfläche mit einem umrahmten Arbeitsbereich, der den größten Teil des Bildschirms ausfüllt.

Im optional einstellbaren SDI-Modus wird die Arbeitsfläche vom gesamten Windows-Desktop gebildet, auf dem die einzelnen Fenster beliebig zu verschieben sind.

Ganz easy: MDI, SDI

Eine MDI-Oberfläche (**M**ultiple **D**ocument **I**nterface) kann mehrere Dokumente (Formulare) aufnehmen, während eine SDI-Oberfläche (**S**ingle **D**ocument **I**nterface) jeweils nur ein einzelnes Dokument beherbergen kann.

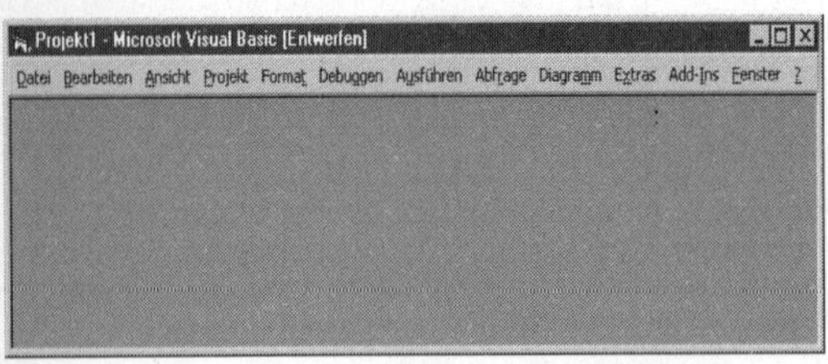

Die auf die Kernelemente reduzierte Entwicklungsumgebung

Tip: Entwicklungsumgebung in den SDI-Modus schalten

Um zwischen den beiden Oberflächenmodi umzuschalten, aktivieren oder deaktivieren Sie das Kontrollkästchen *SDI-Entwicklungsumgebung* auf der Registerkarte *Weitere* des Dialogfelds, das Sie mit den Menübefehlen *Extras/Optionen* öffnen. Die geänderte Einstellung wird erst nach einem Neustart von Visual Basic wirksam. Obwohl manche Autoren den SDI-Modus bei kleinen Bildschirmauflösungen empfehlen, ist er eher Geschmackssache; bei der Vielzahl von Bedienungselementen, die Visual Basic auch mit nur einem geöffneten Dokument zur Verfügung stellt, können Bildschirmfläche und -auflösung gar nicht groß genug sein.

Die Titelleiste

Auf der Titelleiste befindet sich, wie für Windows-Anwendungen üblich, links ein Symbol (Icon), nach dessen Anklicken das System-Menü aufklappt. Die dort vorhandenen Befehle zum Verschieben und zur Größenänderung des MDI-Fensters werden normalerweise mit der Maus durch Ziehen an der Titelleiste bzw. am Fensterrand und durch Anklicken der Schaltflächen auf der rechten Seite ausgeführt. Rechts vom System-Menü wird der Name des Projekts (Vorgabe bei einem neuen Projekt: *Projekt1*), dann die Identifikation von Visual Basic als aktiver Anwendung und dahinter in eckigen Klammern der momentane Modus der Entwicklungsumgebung angezeigt. Diese befindet sich jeweils in einem von drei Zuständen:

- *[Entwerfen]* – Im Entwurfsmodus designen Sie eine Anwendung durch das Hinzufügen von Steuerelementen, Festlegen von Eigenschaften und Schreiben von Programmcode.
- *[Ausführen]* – Im Ausführungsmodus wird der Programmcode abgearbeitet, und Sie interagieren mit der Anwendung wie ein Benutzer.
- *[Unterbrechen]* – Im Unterbrechungs- oder Haltemodus wird die Ausführung für einen befristeten Zeitraum angehalten, so daß Sie die Anwendung testen, schrittweise ausführen und von Laufzeitfehlern befreien können.

3.2 Ihre Wahl: Die Menüleiste

Unterhalb der Titelleiste liegt die Menüleiste mit insgesamt elf Menüs. Sobald sich der Mauszeiger auf einem Menütitel befindet, wird dieser als plastisch hervorgehobene Schaltfläche dargestellt, und ein Klick läßt das Menü nach unten aufklappen (Pulldown-Menü).

Eine Bedienungsalternative besteht darin, die Zugriffstaste (Alt + unterstrichener Buchstabe des Menünamens) zu drücken. In der Praxis wird man beide Methoden anwenden: Weil sich beim Editieren von Programmcode die Hände bereits auf der Tastatur befinden, bietet die Zugriffstaste den schnelleren Zugang, während sich beim Designen von Formularen per Maus die Menübedienung durch Anklicken anbietet.

Die Menüleiste

Hinweis: Primäre Maustaste
Sofern nicht ausdrücklich anders angegeben, beziehen sich Mausaktionen immer auf das Niederdrücken der primären (bei Rechtshändern: linken) Maustaste.

Die Menüs enthalten eine Vielzahl von Befehlen, die auf verschiedene Arten aufgerufen werden können:

- durch Anklicken
- mittels Zugriffstaste (Bei aufgeklapptem Menü genügt das alleinige Drücken der dem unterstrichenen Buchstaben zugeordneten Taste!)
- ohne Öffnen des Menüs per Tastenkürzel oder Shortcut, also über die Funktionstaste oder eine Tastenkombination, die hinter dem Befehl aufgeführt ist (zum Beispiel Strg+P für den *Drucken*-Befehl)

Grafische Hilfsmittel ermöglichen die Orientierung in den manchmal langen Befehlslisten:

- Icons am linken Rand der Menüs dienen als Blickfang für oft benutzte Befehle.
- Eingefügte Trennlinien gruppieren zusammengehörende Befehle optisch.
- Menübefehle, die durch ein kleines schwarzes Dreieck am rechten Rand kenntlich gemacht sind, lösen nicht direkt eine Aktion aus, sondern verzweigen zu einem Untermenü mit weiteren Befehlen.
- Drei Auslassungspunkte unmittelbar hinter einem Eintrag weisen darauf hin, daß zunächst ein Dialogfeld angezeigt wird, in dem spezifische Angaben zu machen sind, bevor der Befehl ausgeführt werden kann.

Außer den integrierten Menüs, die in der Menüleiste angezeigt werden, gibt es in Visual Basic wie in jeder Windows-konformen Applikation auch Kontextmenüs, die mit der rechten (sekundären) Maustaste zur Ansicht gebracht werden (Popup-Menü).

Es enthält in Abhängigkeit vom angeklickten Fenster der Entwicklungsumgebung oder vom Visual Basic-Objekt die jeweils am häufigsten verwendeten Befehle.

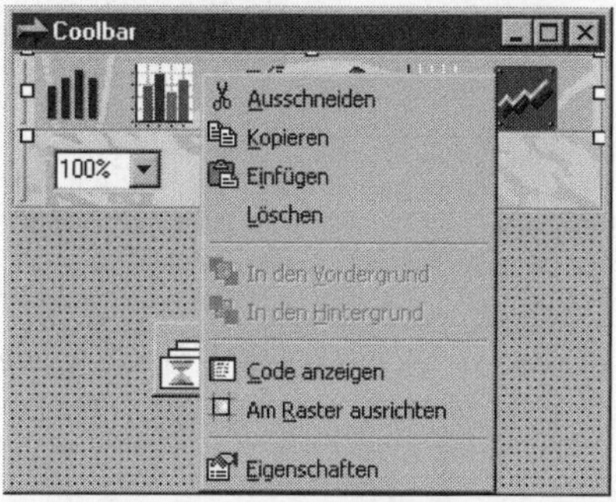

Das Kontextmenü eines Steuerelements

Für beide Arten von Menüs gilt, daß je nachdem welches Fenster der Entwicklungsumgebung gerade aktiv ist oder in welchem Modus sich Visual Basic momentan befindet, bestimmte Befehle nicht verfügbar sein können, was am abgeblendeten (grau erscheinenden) Text zu erkennen ist.

Hinweis: Menüs und Menübefehle ohne Funktion

Die Entwicklungsumgebung der Professional Edition enthält die beiden Menüs *Abfrage* und *Diagramm* sowie einige Menübefehle, die im Zusammenhang mit den erweiterten Datenbankfähigkeiten der Enterprise Edition verwendet und deshalb hier nicht besprochen werden.

Datei-Menü

Dieses Menü enthält Befehle für das Arbeiten mit einzelnen oder allen Dateien eines Projekts. (Mit Projekt wird die Gesamtheit der zu einer Anwendung gehörenden Module bezeichnet.)

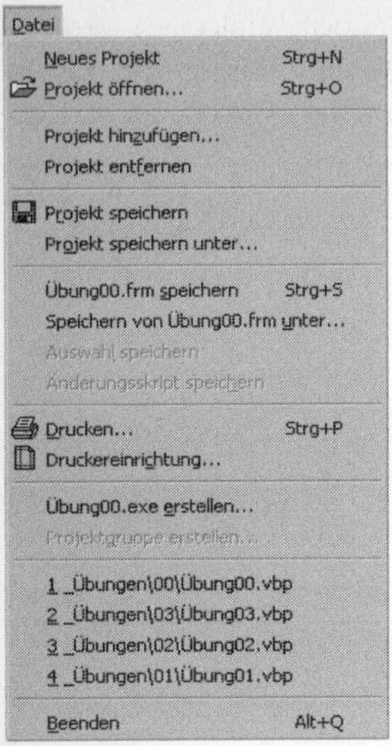

Das Datei-Menü

Der Befehl *Neues Projekt* zeigt das gleichnamige Dialogfeld an, in dem der Typ des zu erzeugenden Projekts ausgewählt werden kann. Ein bereits geladenes Projekt wird entladen; wenn Änderungen an dessen Modulen noch nicht gesichert sind, fordert ein Dialogfeld zum Abspeichern auf. Mit *Projekt öffnen* laden Sie ein bestehendes Projekt. Ordner und Name des Projekts werden in einem Dialogfeld abgefragt, das unter Windows allgemein zum Öffnen oder entsprechend modifiziert zum Speichern von Dateien benutzt wird und in Gestalt des *Standarddialog*-Steuerelements für eigene Anwendungen zur Verfügung steht.

Mehr Infos: Dialogfelder verwenden ➨ Kapitel 6.3

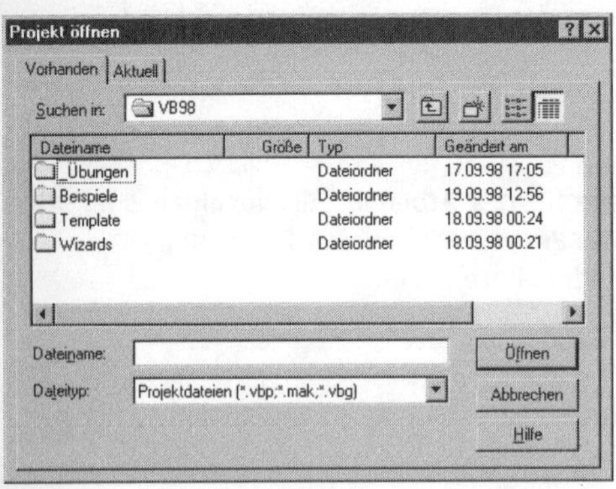

Das Dialogfeld Projekt öffnen

Dieses Dialogfeld stimmt mit den beiden hinteren Registerkarten des Startdialogs überein. Die Karte *Vorhanden* erlaubt es, irgendein Visual Basic-Projekt auszuwählen, während auf der Karte *Aktuell* die zuletzt geöffneten Projekte aufgelistet sind. Die Bedienungselemente des Dialogfelds dienen dazu, durch die Ordnerstruktur zu navigieren, um die gewünschte Datei auszuwählen. Die meisten von ihnen sind aus dem Windows-Explorer bekannt und haben auch dieselbe Funktion.

Die vier Symbole rechts oben bewirken folgendes.

	Übergeordneter Ordner	Bringt den Ordner der nächsthöheren Ebene zur Ansicht.
	Neuen Ordner erstellen	Legt einen neuen Ordner unterhalb der aktuellen Ebene an.
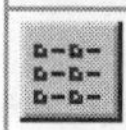	Liste	Zeigt eine Liste der Ordner und Dateien mit einem Symbol und Namen an.
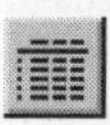	Details	Zeigt eine Liste an, die zusätzlich Informationen über Größe, Typ und Zeitpunkt der letzten Änderung enthält.

Der Befehl *Projekt hinzufügen* des *Datei*-Menüs ermöglicht es, die bestehende Projektgruppe über ein entsprechendes Dialogfeld um ein neues oder existierendes Projekt zu erweitern. Sollte erst ein einziges Projekt geladen sein, so bildet Visual Basic nach dem Hinzufügen eine Projektgruppe.

Projekt entfernen nimmt das im Projekt-Explorer markierte Projekt (nach Speicherung eventuell ungesicherter Bestandteile) aus der Projektgruppe heraus.

Der Menüpunkt *Projekt speichern* veranlaßt die Sicherung des aktuellen Projekts einschließlich aller Komponenten im festgelegten Ordner und unter den zugewiesenen Namen. Der erstmalige Aufruf dieses Befehls hat denselben Effekt wie *Projekt speichern unter*, indem nämlich in aufeinanderfolgenden Dialogfeldern Speicherort und Namen der Module abgefragt werden. Zudem wird eine Projektdatei mit der Namenserweiterung *vbp* erzeugt, die unter anderem die Namen der zugehörigen Module enthält.

Wenn eine Projektgruppe geöffnet ist, heißen diese beiden Befehle *Projektgruppe speichern* und *Projektgruppe speichern unter* und führen die gleichen Aktionen für die in einer Gruppe zusammengefaßten Projekte aus. Die zugehörige Projektgruppendatei hat die Endung *vbg*.

Die Namen der beiden folgenden Befehle reflektieren das jeweils aktive Modul. Sie lauten allgemein *<Objektname> speichern* und *Speichern von <Objektname> unter* und dienen zur Sicherung eines einzelnen Moduls in derselben Weise wie die gerade besprochenen Befehle.

> **Tip: Komplettsicherung eines Projekts anfertigen**
>
> Um ein Projekt mit allen Dateien unter neuen Namen abzuspeichern, genügt es nicht, den Befehl *Projekt speichern unter* auszuführen, da durch ihn lediglich eine neue Projektdatei angelegt wird. Vor Benutzung dieses Befehls müssen deshalb sämtliche Module einzeln mit *Speichern von <Modulname> unter* gesichert werden.

Der *Drucken*-Befehl öffnet ein Dialogfeld, in dem zunächst der Druckbereich (markierter Teil des Programmcodes, aktuelles Modul oder ganzes Projekt) bestimmt wird. Ferner wird hier festgelegt, ob der Visual Basic-Code, das grafische Abbild eines Formulars oder seine Definition als Text, wie sie in der Formulardatei (Namensendung *frm*) vorliegt, ausgedruckt werden soll. Abhängig vom Druckbereich können hier auch mehrere Optionen ausgewählt werden.

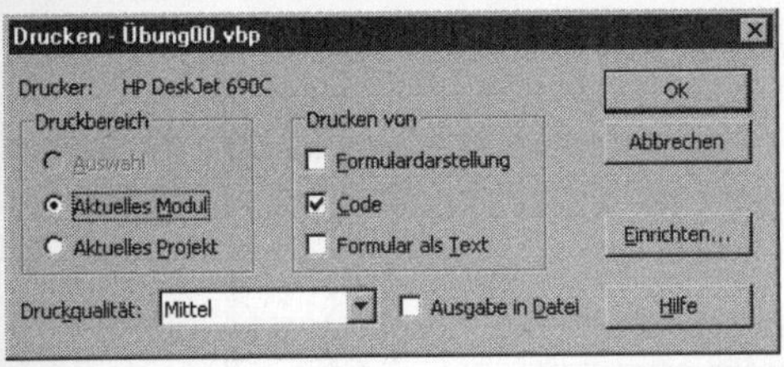

Das Drucken-Dialogfeld

Das Dialogfeld erlaubt die Wahl der Druckqualität (*Hoch, Mittel, Niedrig, Entwurf*) und ermöglicht es auch, die Druckausgabe in eine Datei zu leiten, deren Name in einem weiteren Dialogfeld anzugeben ist, das sich nach Anklicken von *OK* öffnet.

Die Ausgabe erfolgt auf dem in der Windows-Systemsteuerung angegebenen Standarddrucker. Wenn Sie den Drucker wechseln wollen, können Sie sich der Schaltfläche *Einrichten* bedienen, die wie der Menübefehl *Druckereinrichtung* zu einem Dialogfeld führt, in dem außer dem neuen Drucker auch Papiergröße, -ausrichtung und -zufuhr sowie weitere druckerspezifische Optionen eingestellt werden können.

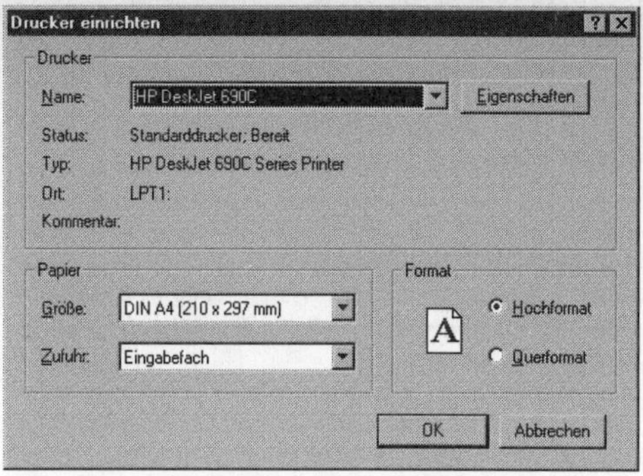

Das Dialogfeld zum Einrichten des Druckers

Der nächste Befehl *<Projektname>.xxx erstellen* kompiliert alle Module eines Projekts und faßt sie zu einer einzigen Datei zusammen. Je nach Typ des Projekts bekommt diese eine der Namenserweiterungen *exe* (eigenständig ausführbar), *ocx* (ActiveX-Steuerelement) oder *dll* (Laufzeitbibliothek, DLL = **D**ynamic **L**ink **L**ibrary), die auch im Menütext dieses Befehls an die Stelle von *xxx* tritt. In einem Standarddialog werden Speicherort und Name der zu generierenden Datei festgelegt. Mit der Schaltfläche *Optionen* wird das Dialogfeld *Projekteigenschaften* mit zwei Registerkarten eingeblendet. Auf der Karte *Erstellen* kann man verschiedene Attribute wie Versionsnummer, Name der Anwendung und zugeordnetes Symbol sowie Angaben zum Copyright oder Firmennamen festlegen, die dann in die kompilierte Datei übernommen werden. Argumente, die Visual Basic beim Ausführen an die Anwendung übergeben soll, und Definitionen von Konstanten für eine bedingte Kompilierung können ebenfalls eingegeben werden.

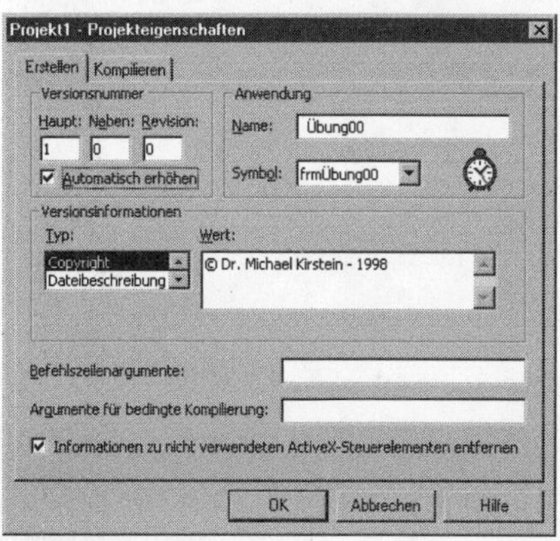

Die Registerkarte Erstellen des Dialogfelds Projekteigenschaften

Die Registerkarte *Kompilieren* erlaubt die grundlegende Entscheidung, ob Visual Basic P-Code oder System-Code erzeugen soll.

Ganz easy: P-Code, System-Code

Mit P-Code oder Pseudo-Code wird ein Codeformat bezeichnet, das zwischen den in Visual Basic als Quelltext geschriebenen Anweisungen und dem vom Prozessor ausgeführten System- oder Maschinen-Code angesiedelt ist. System-Code wird wesentlich schneller verarbeitet, ist aber CPU-spezifisch und muß daher, wenn er auf einer anderen Plattform als dem Entwicklungssystem laufen soll, neu kompiliert werden.

Bei der Kompilierung in System-Code gibt es ähnlich wie in C++, dessen Compiler-Technologie in adaptierter Form übernommen wurde, eine Reihe von Optionen zu Optimierung und zum Testen der Anwendung. Ihre Funktion erklärt sich anhand der Beschriftung der Optionsfelder und Kontrollkästchen von selbst. Hinter der Schaltfläche *Weitere Optionen* verbirgt sich ein Dialogfeld mit sechs zusätzlichen Optimierungsoptionen. Ihre Verwendung verspricht eine weitere Steigerung der Ausführungsgeschwindigkeit, erhöht aber zugleich wegen des Abschaltens von Fehlerüberprüfungen das Risiko eines Programmabsturzes und ist deshalb eher Programmiergurus vorbehalten.

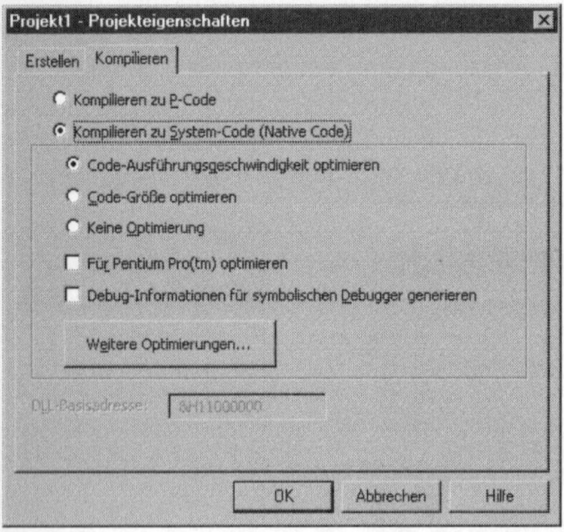

Die Registerkarte Kompilieren des Dialogfelds Projekteigenschaften

Der folgende Menübefehl *Projektgruppe erstellen* führt die gerade beschriebenen Maßnahmen mit allen Mitgliedern einer Projektgruppe durch. Schließlich offeriert das *Datei*-Menü mit der Liste der vier zuletzt gespeicherten Projekte (oder Projektgruppen) eine bequeme Möglichkeit, diese wieder zu öffnen, und mit dem Befehl *Beenden* eine von mehreren Alternativen, das aktuelle Projekt (eventuell nach Speicherung noch nicht gesicherter Änderungen) zu schließen und die Visual Basic-Sitzung zu beenden.

Bearbeiten-Menü

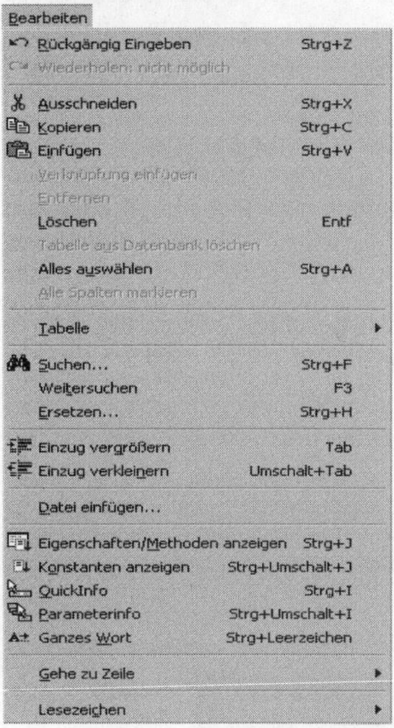

Das Bearbeiten-Menü

Dieses Menü, dessen Befehle die beim Erstellen der Benutzeroberfläche, vor allem aber beim Schreiben von Code verwendet werden, ist das umfangreichste.

Rückgängig und *Wiederholen* bilden ein Befehlspaar, durch das sich viele der zuletzt vorgenommenen Bearbeitungsaktionen (Löschen eines Steuerelements, Eingaben im Codefenster usw.) zurücknehmen oder gerade rückgängig gemachte Änderungen am Text widerrufen lassen. Beide Befehle stehen nur dann zur Verfügung, wenn unmittelbar zuvor eine Modifikation und danach keine andere Operation stattgefunden hat. Beim Editieren von Text erstreckt sich die Bearbeitungstiefe auf maximal 20 Schritte. Visual Basic benennt mit einem Zusatz hinter den Befehlswörtern die Operation, auf die sich die Befehle beziehen; im Falle der Nichtverfügbarkeit steht dort *nicht möglich*.

Die Befehle *Ausschneiden*, *Kopieren* und *Löschen* führen mit dem gerade markierten Steuerelement oder Text exakt die Operation aus, die ihr Name bezeichnet.

Ausschneiden und *Kopieren* bedienen sich dabei der Zwischenablage, eines von Windows bereitgestellten temporären Speichers. Der Inhalt dieses Speichers läßt sich mit dem Befehl *Einfügen* an der aktuellen Position einsetzen. Handelt es sich dabei beispielsweise um ein Steuerelement, das in ein Formular eingefügt werden soll, so erscheint es in dessen linker oberer Ecke.

Verknüpfung einfügen wird benutzt, um über die Zwischenablage eine Verbindung mit einer externen Datenquelle nach dem OLE-(**O**bject **L**inking and **E**mbedding = Objekt-Verknüpfung und -Einbettung) oder dem älteren DDE-Standard (**D**ynamic **D**ata **E**xchange = Dynamischer Datenaustausch) herzustellen.

Mit *Alles auswählen* selektiert man den gesamte Codetext des aktiven Codefensters oder alle Objekte eines Formulars.

Die restlichen Befehle im *Bearbeiten*-Menü beziehen sich auf die Bearbeitung von Programmcode. Nach dem Starten des *Suchen*-Befehls wird ein Dialogfeld angezeigt, in dessen Textfeld *Suchen nach* Visual Basic die Zeichenfolge erwartet, nach der gefahndet werden soll. Wenn zuvor schon Text markiert war, erscheint dieser hier automatisch; sonst muß er eingegeben, aus der Zwischenablage eingefügt oder aus der Liste der vier zuletzt benutzten Einträge ausgewählt werden, die mit der Pfeil-Schaltfläche rechts vom Textfeld geöffnet wird.

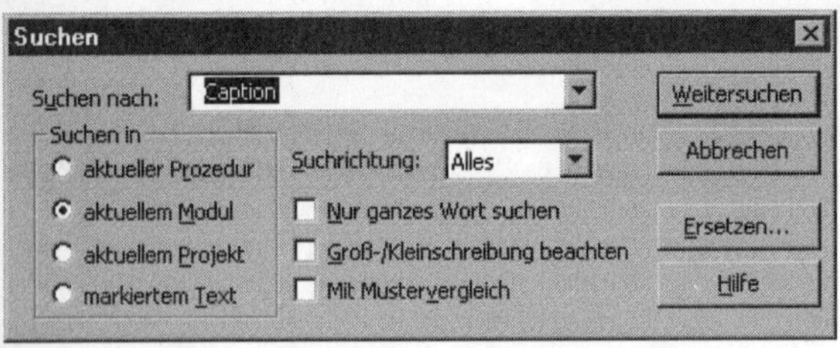

Das Suchen-Dialogfeld

Der Suchbereich wird aus der Optionsgruppe *Suchen in* und die Suchrichtung (*Alles*, *Abwärts*, *Aufwärts*) aus einer Liste ausgewählt. Die Suche läßt sich durch weitere Wahlmöglichkeiten (zum Beispiel die Festlegung auf ganze Wörter) näher eingrenzen, bevor sie mit der Schaltfläche *Weitersuchen* erstmalig oder erneut gestartet wird. War die Suche erfolgreich, so wird der gefundene Text markiert; eine erfolglose Suche quittiert Visual Basic mit einer entsprechenden Meldung.

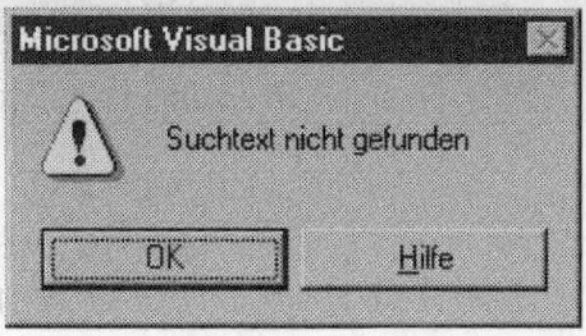

Meldung nach erfolgloser Suche

Wenn die Suche nach einem Erfolg fortgesetzt und das Ende des Suchbereichs erreicht wird, zeigt Visual Basic ein Meldungsfenster an, dessen Text je nach gewählter Suchrichtung leicht differiert und das die Weitersuche im Rest des Bereichs gestattet.

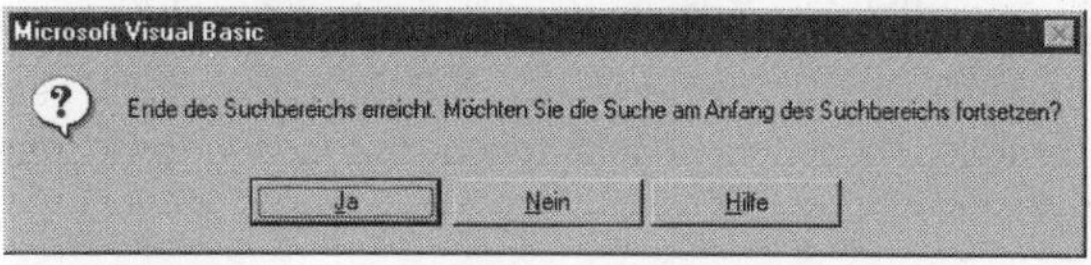

Meldung nach Erreichen des Suchbereichendes

Mit *Abbrechen* läßt sich das *Suchen*-Dialogfeld vor oder nach einer Suchoperation schließen, eine Fortsetzung der Suche kann man dann über den Menübefehl *Weitersuchen* initiieren. Die Schaltfläche *Ersetzen* öffnet wie der Befehl gleichen Namens den *Ersetzen*-Dialog, allerdings mit dem Unterschied, daß die bereits eingegebenen Informationen übernommen werden.

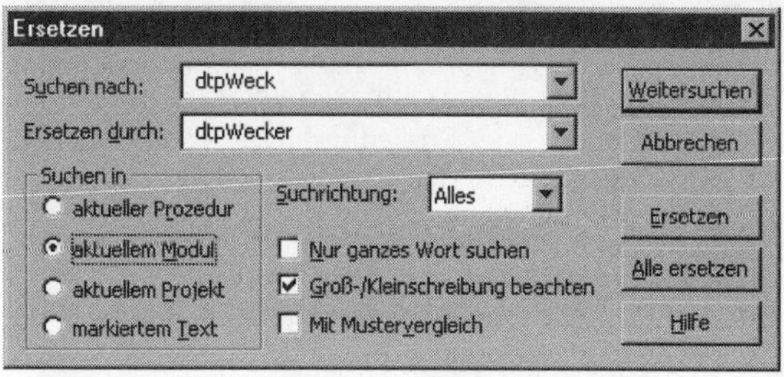

Das Ersetzen-Dialogfeld

Dieses Fenster ist analog zum *Suchen*-Dialog aufgebaut. Es unterscheidet sich von ihm hauptsächlich durch das zweite Textfeld *Ersetzen durch*, das den Text aufnimmt, der an die Stelle des Suchtextes treten soll. Mit der Schaltfläche *Ersetzen* wird bei jeder Fundstelle explizit zur Bestätigung des Austauschs aufgefordert, während *Alle ersetzen* den Ersetzungsvorgang ohne Rückfrage an allen Fundstellen durchführt.

> **Tip: Mehrfach vorkommenden Text schnell löschen**
>
> Möchten Sie eine Zeichenfolge, die im Programmcode mehrfach vorkommt, schnell löschen, so definieren Sie sie im *Ersetzen*-Dialogfeld als Suchtext und geben als Ersetzungstext nichts ein, lassen das Textfeld also leer. Durch Ausführen von *Alle ersetzen* wird die Zeichenfolge überall im angegebenen Bereich entfernt.

Mit den Befehlen *Einzug vergrößern* und *Einzug verkleinern* werden die markierten Codezeilen zur nächsten respektive vorigen Tabulatorposition verschoben. Die Verwendung der Shortcuts [Tab] und [Umschalt]+[Tab] dürfte hierfür aber der bequemere Weg sein.

Datei einfügen dient dazu, Text aus einer anderen Datei, die mit Hilfe eines Standarddialogs ausgewählt wird, ab der momentanen Cursorposition im Codefenster zu plazieren.

Die nächsten fünf Befehle sind Teil der IntelliSense-Technologie, mit der die Eingabe von Programmcode einfacher, schneller und sicherer wird:

- *Eigenschaften/Methoden anzeigen* öffnet eine Liste mit den Eigenschaften und Methoden, die für das eingegebene Objekt zur Verfügung stehen.
- *Konstanten anzeigen* listet die gültigen Konstanten für Eigenschaften (und Funktionen mit konstanten Argumenten) auf.
- *QuickInfo* stellt die komplette Syntax für die markierte Variable, Funktion, Anweisung, Methode oder Prozedur dar.
- *Parameterinfo* zeigt Informationen zu den Parametern von Anweisungen und Funktionen an.
- *Ganzes Wort* komplettiert die eingegebenen Zeichen automatisch, sobald das beabsichtigte Wort von Visual Basic erkannt wird. Das gilt neben Schlüsselwörtern auch für benutzerdefinierte Namen.

Der letzte Menüpunkt *Lesezeichen* öffnet ein Untermenü mit vier Einträgen. die bei umfangreichem Code ein schnelleres Navigieren im Codefenster ermöglichen.

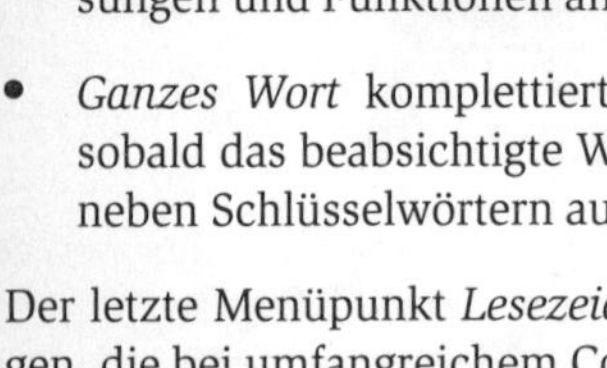

Das Untermenü zum Befehl Lesezeichen

Hinweis: Lesezeichen

Dieses Symbol zeigt in der Kennzeichenleiste am linken Rand des Codefensters ein gesetztes Lesezeichen an.

Ansicht-Menü

Die meisten Befehle in diesem Menü haben die Aufgabe, ein Fenster der Entwicklungsumgebung anzuzeigen und zu aktivieren. Ein noch nicht geöffnetes oder durch andere Fenster verborgenes Fenster wird damit in den Bildschirmvordergrund gebracht; bei einem nur teilweise verdeckten Fenster genügt auch ein Mausklick in dessen sichtbaren Bereich.

Das Ansicht-Menü

Während der Befehl *Code* das Codefenster für das aktuelle Modul aktiviert, stellt *Objekt* seine Oberfläche im Formularfenster dar.

Hinweis: Shortcut für Code-Befehl

Obwohl es im Menü nicht vermerkt ist, gibt es für den Befehl *Code* einen Shortcut, nämlich [F7].

Die beiden nächsten Befehle *Definition* und *Letzte Position* kommen bei der Codebearbeitung zum Einsatz. Ersterer zeigt die Stelle im Code an, an der die Definition einer Prozedur oder Variablen zu finden ist; befindet sich diese in einer Bibliotheksdatei, so wird sie im Objektkatalog angezeigt. Der andere Befehl ermöglicht es, sukzessive auf die letzten acht bearbeiteten Codezeilen zurückzukehren.

Der Objektkatalog wird mit dem Befehl gleichen Namens angezeigt. Er präsentiert sich als Dialogfeld, das einen vollständigen Überblick über die Objektklassen einschließlich ihrer Eigenschaften, Methoden, Ereignisse und Konstanten verschafft, die in Visual Basic-Projekten verwendet werden können. Eine Suchfunktion, die auch über mehrere Bibliotheken hinweg funktioniert, ist integriert. Neben den zu Visual Basic gehörenden Objektbibliotheken werden auch die verfügbaren Bibliotheken anderer Anwendungen (etwa des Office-Pakets) und die im eigenen Projekt definierten Objekte und Prozeduren aufgeführt.

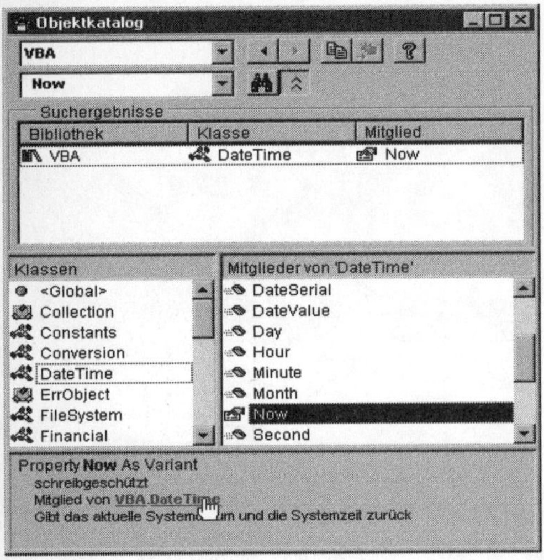

Der Objektkatalog

Im Listenfeld *Projekt/Bibliothek* werden die Bibliotheken aufgeführt, auf die im aktuellen Projekt Bezug genommen wird. In das kombinierte Listen-/Textfeld (Kombinationsfeld) *Suchtext* wird die zu suchende Zeichenfolge eingetragen, der Listenteil enthält die zuletzt benutzten Suchbegriffe zur schnellen Verfügung. Im Fenster *Suchergebnisse* werden alle Fundstellen mit Angabe von Bibliothek, Klasse und Element in alphabetischer Reihenfolge aufgelistet.

Das Fenster *Klassen* besteht aus einer alphabetisch sortierten Liste aller in der Bibliothek/im Projekt verfügbaren Klassen, wobei solche Klassen, für die Programmcode vorhanden ist, in Fettschrift dargestellt werden.

Die Elemente der markierten Klasse werden im Fenster rechts davon angezeigt. Um den Typ des Eintrags in den drei Teilfenstern *Suchergebnisse*, *Klassen* und *Mitglieder von …* näher zu kennzeichnen, wird der Name jeweils mit einem vorangestellten Symbol versehen. Die Bedeutung der einzelnen Symbole kann der folgenden Tabelle entnommen werden.

	Bibliothek
	Projekt
	Klasse
	Modul
	Global
	Ereignis
	Eigenschaft
	Standard-Eigenschaft
	Methode
	Standard-Methode
	Aufzählung (Enumeration)
	Konstante
	Integrierter Typ oder integriertes Schlüsselwort
	Benutzerdefinierter Typ

Das Details-Fenster enthält Informationen zur ausgewählten Klasse/zum ausgewählten Element, die auch eine Sprungstelle zur entsprechenden Bibliothek/Klasse einschließen. Diese Hyperlinks werden durch eine grüne, unterstrichene Schrift gekennzeichnet und der Mauszeiger verwandelt sich über ihnen in das Symbol einer Hand. Vor allem aber wird die Definition des jeweiligen Elements im Details-Fenster angezeigt, sie läßt sich (wie der übrige Text auch) direkt aus dem Fenster durch Drag & Drop in das Codefenster kopieren.

Zwei waagerechte und ein senkrechter Fensterteiler ermöglichen die flexible Größenanpassung der angrenzenden Teilfenster. Die Schaltflächen im oberen Teil des Dialogfelds haben folgende Funktion:

Symbol	Bezeichnung	Beschreibung
	Zurück	Geht in der Folge der gewählten Einträge (Liste *Klassen* oder *Mitglieder von* ...) einen Schritt zurück.
	Vorwärts	Geht in der Folge der gewählten Einträge (Liste *Klassen* oder *Mitglieder von* ...) einen Schritt vor.
	In Zwischenablage kopieren	Kopiert den gewählten Eintrag oder den markierten Text im Details-Fenster in die Zwischenablage.
	Definition anzeigen	Markiert im Codefenster die Definition des gewählten Eintrags.
	Hilfe	Ruft die Hilfe zum gewählten Eintrag auf.
	Suchen	Startet die Suche und öffnet das Fenster mit den Suchergebnissen.
	Suchergebnisse ausblenden	Schließt das Fenster mit den Suchergebnissen, falls es geöffnet ist.
	Suchergebnisse anzeigen	Öffnet das Fenster mit den Suchergebnissen, falls es geschlossen ist.

Die nächsten drei Befehle des *Ansicht*-Menüs *Direktfenster*, *Lokal-Fenster* und *Überwachungsfenster* aktivieren jeweils das bezeichnete Testfenster. Sie sind aufs engste mit dem Testen einer Anwendung verbunden und werden an späterer Stelle noch zur Sprache kommen.

Der nur im Haltemodus verfügbare Befehl *Aufrufliste* öffnet ein Dialogfeld, in dem alle zum aktuellen Zeitpunkt aktiven (noch nicht abgearbeiteten) Prozeduraufrufe aufgelistet sind.

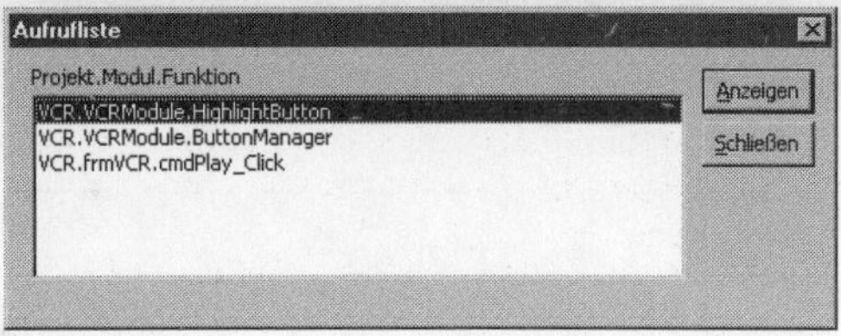

Das Dialogfeld Aufrufliste

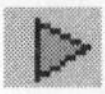

Die Aufrufkette erscheint in der Liste auf den Kopf gestellt, die zuletzt angesprochene Prozedur steht also zuoberst. Mit der Schaltfläche *Anzeigen* wird der Cursor im Codefenster an die Stelle gesetzt, an der die zuvor in der Liste markierte Prozedur aufgerufen wurde. Diese Zeile wird außerdem durch das oben gezeigte Symbol in der Kennzeichenleiste markiert.

Daß mit *Projekt-Explorer, Eigenschaftenfenster* und *Formular-Layout-Fenster* die im Befehlsnamen angesprochenen Fenster der Entwicklungsumgebung aktiviert werden, bedarf wohl keiner näheren Erläuterung. Der Befehl *Eigenschaftenseiten* stellt die Eigenschaftswerte von selbst entwickelten Steuerelementen in einem Dialogfeld dar und ermöglicht so deren Änderung. Die Menüpunkte *Werkzeugsammlung, Datenansichtfenster* und *Farbpalette* zeigen die entsprechenden Fenster an; der Befehl *Symbolleisten* verzweigt in ein Untermenü, mit dessen Optionen Symbolleisten ein- und ausgeblendet oder nach eigenen Wünschen modifiziert werden können. Das Untermenü ist äquivalent zum Kontextmenü der Symbolleiste und wird dort eingehender beschrieben.

Projekt-Menü

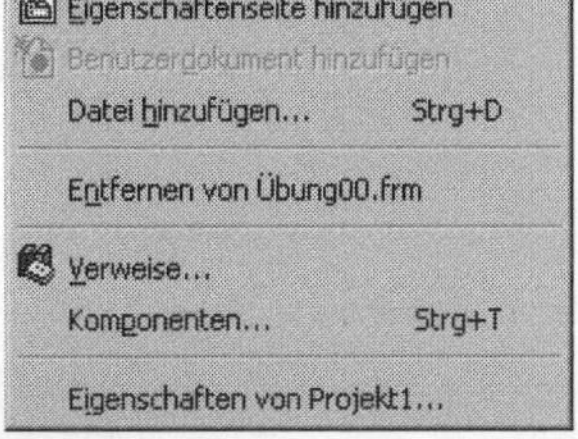

Das Projekt-Menü im Minimalzustand

Im Minimalzustand umfaßt das Menü in der ersten Gruppe acht Befehle, mit denen das aktive Projekt oder die Entwicklungsumgebung erweitert werden:

Befehl	Bemerkung
Formular hinzufügen	(Fast) beliebig viele Formulare pro Projekt möglich.
MDI-Formular hinzufügen	Nur ein MDI-Formular je Projekt möglich.
Modul hinzufügen	Ein Modul besteht aus Deklarationen, Prozeduren und Funktionen.
Klassenmodul hinzufügen	Ein Klassenmodul enthält die Definition einer Klasse, seiner Eigenschaften und Methoden.
Benutzersteuerelement hinzufügen	Der Code eines Benutzersteuerelements wird eingefügt, nicht eine neue Instanz in ein Formular gebracht.
Eigenschaftenseite hinzufügen	Fügt eine Seite zur Änderung der Eigenschaften von ActiveX-Steuerelementen ein.
Benutzerdokument hinzufügen	Einfügen eines ActiveX-Dokuments in ein ActiveX-EXE- oder ActiveX-DLL-Projekt.
Datei hinzufügen	Fügt (ähnlich wie *Bearbeiten/Datei einfügen*) eine vorhandene Datei ein.

Diese Befehlsgruppe wird aufgestockt, wenn ActiveX-Designer in die Entwicklungsumgebung geladen werden. Die ersten vier von ihnen erscheinen als Einträge der Form *<ActiveX-Designer> hinzufügen* vor dem Befehl *Datei hinzufügen*. Eventuelle zusätzliche Designer sind über das Untermenü *Weitere ActiveX-Designer* zu erreichen.

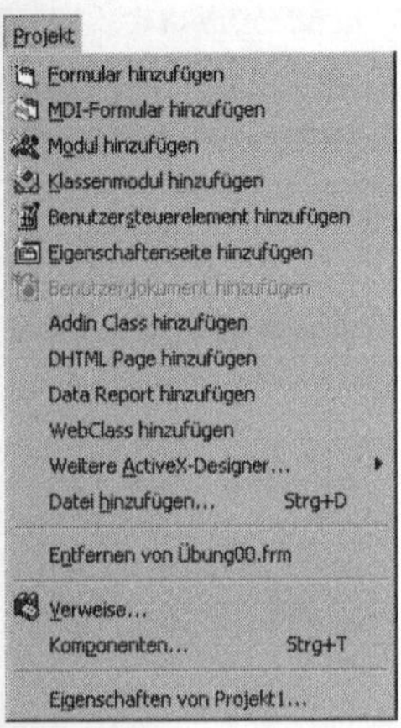

Das Projekt-Menü mit mehr als vier ActiveX-Designern

Mit dem Befehl *Entfernen von <Objektname>* wird das ausgewählte Objekt aus dem Projekt entfernt (nicht aber von der Festplatte gelöscht).

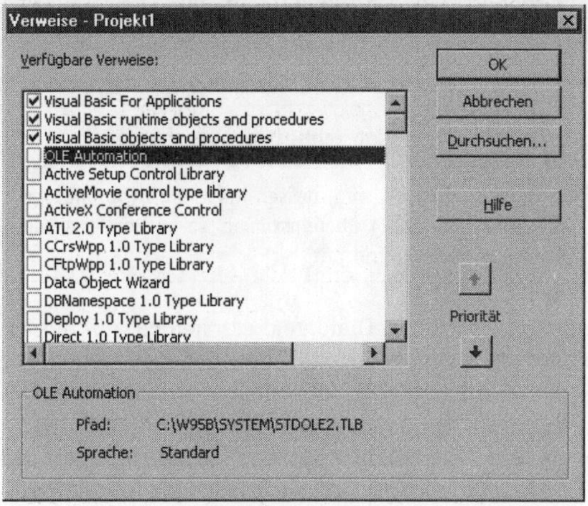

Das Dialogfeld Verweise

Der Zweck der beiden nächsten Befehle besteht darin, die Funktionalität von Visual Basic zu erweitern. Der Befehl *Verweise* öffnet ein Dialogfeld, in dem Referenzen auf die Objektbibliotheken anderer Anwendungen (durch Ein- und Ausschalten des Kontrollkästchens vor dem Bibliotheksnamen) eingerichtet oder gelöscht werden können.

Referenzierte Bibliotheken erscheinen im Objektkatalog und stellen ihre Objekte der eigenen Anwendung zur Verfügung.

Tip: Kompilierungszeit verkürzen

Verweise auf nicht benutzte Bibliotheken sollten entfernt werden, um die Zahl der von Visual Basic aufzulösenden Objektverweise herabzusetzen und so die Zeit für das Kompilieren der Anwendung zu verkürzen.

Hinweis: Drei Referenzen können nicht gelöscht werden

Die ersten drei Verweise auf die Bibliotheken *Vba5.dll* (*Visual Basic For Applications*), *Msvbvm60.dll* (*Visual Basic runtime objects and procedures*) und *Vb6.olb* (*Visual Basic objects and procedures*) lassen sich nicht aus der Liste entfernen, da sie zur Ausführung von Visual Basic benötigt werden.

Mit den Pfeil-Schaltflächen *Priorität* verschiebt man die referenzierte Bibliothek in der Liste aufwärts oder abwärts. Wenn im Programmcode ein externes Objekt angesprochen wird, durchsucht Visual Basic die Liste der verfügbaren Verweise in absteigender Priorität (von oben nach unten).

Tip: Richtiges OLE-Objekt bei Namensgleichheit ansprechen

Falls im Programm auf ein Objekt verwiesen wird, dessen Name mit dem eines anderen Objekts (in einer anderen Bibliothek) übereinstimmt, so verwendet Visual Basic die Objektbibliothek mit der höheren Priorität.

Der Menüpunkt *Komponenten* läßt ein Dialogfeld erscheinen, mit dessen Hilfe (auf drei gleichartigen Registerkarten) entweder Steuerelemente und einfügbare Objekte (zum Beispiel Excel-Diagramme oder Word-Dokumente) der Werkzeugsammlung oder ActiveX-Designer der Entwicklungsumgebung hinzugefügt oder aus ihr entfernt werden können. Im Projekt benutzte Steuerelemente lassen sich natürlich nicht eliminieren. Erst nachdem hier ein zusätzlicher Designer geladen worden ist, erscheint er als neuer Eintrag im *Projekt*-Menü.

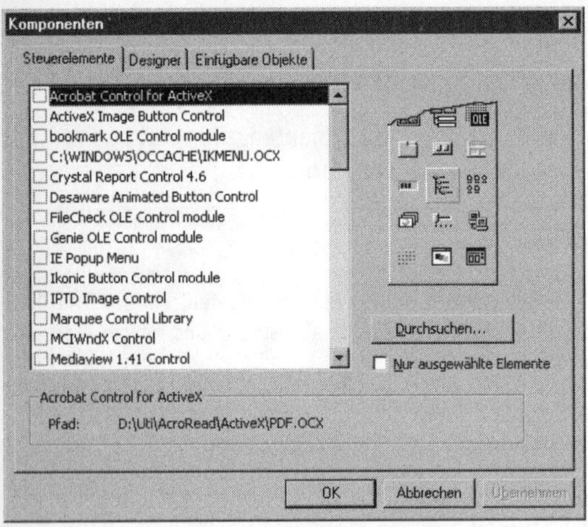

Das Dialogfeld Komponenten

Durch Aktivieren des Kontrollkästchens *Nur ausgewählte Elemente* wird die Liste auf die im aktuellen Projekt vorhandenen Elemente begrenzt. Die Schaltfläche *Durchsuchen* ermöglicht in einem Standarddialog, nach Elementen in anderen Ordnern als im normalerweise zuständigen Ordner *\Windows\System* zu suchen und sie in die Liste einzufügen.

Mit der Schaltfläche *Übernehmen* wird die Auswahlaktion auf der betreffenden Registerkarte abgeschlossen, ohne das Dialogfeld zu schließen, während *OK* zusätzlich den Dialog beendet.

Der Befehl *Eigenschaften von <Projektname>* schließlich bringt das vollständige Dialogfeld *Projekteigenschaften* zur Ansicht. Auf den bisher noch nicht gezeigten Registerkarten lassen sich weitere Merkmale für das aktuelle festlegen. Während die Karte *Allgemein* bei allen Projekttypen Einstellungen zuläßt, haben die Karten *Komponente* und *Debuggen* nur für Projekte mit ActiveX-Komponenten Bedeutung. Rufen Sie den Befehl einmal selbst auf und fordern Sie von Visual Basic Erläuterungen zu den verschiedenen Optionen über die *Hilfe*-Schaltfläche an!

Format-Menü

Dieses Menü vereinigt in seinen Untermenüs eine Vielzahl von Operationen, die beim Formulardesign eingesetzt werden, um die Anordnung und die Größe der verwendeten Steuerelemente zu verändern.

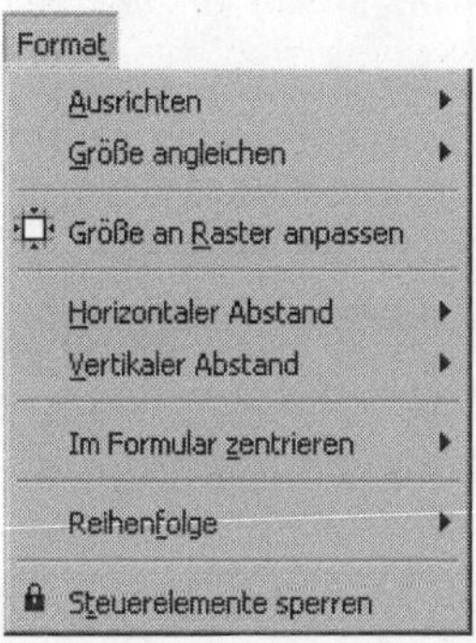

Das Format-Menü

Standardmäßig wird im Entwurfsmodus jedes Formular mit einem Raster angezeigt, dessen Größe sich (mit dem Befehl *Extras/Optionen*) in weiten Grenzen einstellen läßt, das aber auch ganz ausgeblendet oder ausgeschaltet werden kann. Die meisten Befehle des *Format*-Menüs betreffen Steuerelemente, die durch sukzessives Markieren zu einer Gruppe zusammengefaßt worden sind, in der das zuletzt ausgewählte Objekt den Bezugspunkt für die jeweilige Aktion darstellt.

Durch *Ausrichten* werden die Steuerelemente entweder horizontal verschoben, damit ihre Kanten (*Links*, *Rechts*) oder vertikalen Mittellinien (*Zentriert*) mit denen des Bezugsobjekts fluchten, oder sie werden vertikal neu positioniert, wobei *Oben* und *Unten* die Kanten und *Mitte* die horizontalen Mittellinien aneinander ausrichten. Die Option *Am Raster* bewirkt, daß die linke obere Ecke eines Steuerelements auf den nächstgelegenen Schnittpunkt zweier Rasterlinien fixiert wird.

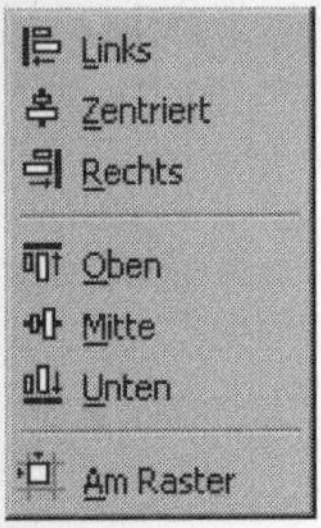

Das Untermenü des Befehls Ausrichten

Mit dem Befehl *Größe angleichen* lassen sich die Abmessungen der ausgewählten Steuerelemente in einer (*Breite*, *Höhe*) oder beiden Dimensionen (*Beides*) an die des Bezugsobjekts anpassen.

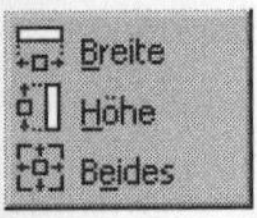

Das Untermenü des Befehls Größe angleichen

Der Menüpunkt *Größe an Raster anpassen* bringt alle Kanten des markierten Steuerelements mit den nächsten Rasterlinien zur Deckung.

Die beiden Befehle *Horizontaler Abstand* und *Vertikaler Abstand* verändern die Distanz zwischen den markierten Steuerelementen:

- *Angleichen* stellt einen gleichmäßigen Abstand her, wobei die beiden äußersten Objekte ihre Position beibehalten.
- *Vergrößern/Vermindern* erhöht/verringert den Abstand zum Bezugsobjekt um eine Rastereinheit.
- *Entfernen* verschiebt die Steuerelemente so weit (in Richtung auf das Bezugsobjekt), daß ihre Kanten aneinanderstoßen.

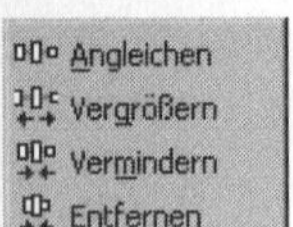

Das Untermenü der Befehle Horizontaler Abstand und Vertikaler Abstand

Mit dem Punkt *Im Formular zentrieren* lassen sich Steuerelemente mittig (*Horizontal* oder *Vertikal*) im Formular ausrichten.

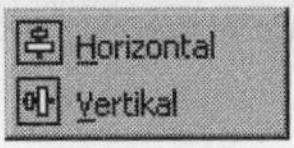

Das Untermenü des Befehls Im Formular zentrieren

Der Befehl *Reihenfolge* ist auf Objekte anzuwenden, die so übereinanderliegen, daß sie sich ganz oder teilweise verdecken. Er dient dazu, das ausgewählte Steuerelement vor (*In den Vordergrund*) oder hinter (*In den Hintergrund*) die übrigen Elemente des Stapels zu plazieren.

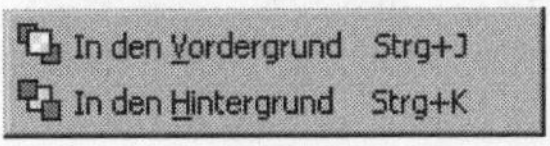

Das Untermenü des Befehls Reihenfolge

Durch den Befehl *Steuerelemente sperren*, der wie ein Wechselschalter funktioniert, wird die Position aller Steuerelemente im aktuellen Formular eingefroren, um ein unabsichtliches Verschieben zu verhindern, oder diese Sperrung wieder aufgehoben. An dem Befehlstext läßt sich der augenblickliche Zustand nicht ablesen, er bleibt nämlich unverändert, wohl aber an dem zugeordneten Symbol, das bei eingeschalteter Sperrung als in die Menüfläche eingedrückt dargestellt wird.

Debuggen-Menü

Wie der Name schon sagt, werden die Befehle dieses Menüs (in der vorigen Version noch *Testen*-Menü genannt) beim Programmtest und zur Fehlerbeseitigung (Debuggen) eingesetzt und zwar hauptsächlich im Haltemodus.

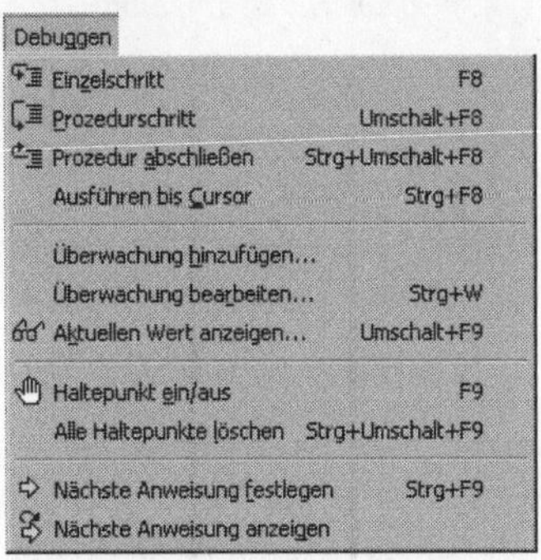

Das Debuggen-Menü

Mit dem Befehl *Einzelschritt* wird der Programmcode schrittweise Zeile für Zeile abgearbeitet. Im Entwurfsmodus angewählt, bewirkt der Befehl den Programmstart und wechselt vor Ausführung der ersten Anweisung in den Unterbrechungsmodus.

Der Unterschied von *Prozedurschritt* zum vorigen Befehl tritt dann zutage, wenn die aktuelle Anweisung einen Prozeduraufruf enthält. Dann wird die aufgerufene Prozedur nämlich nicht Schritt für Schritt, sondern in einem Zug (wie eine Einzelanweisung) ausgeführt. Bereits fehlerbereinigte Prozeduren müssen somit nicht mehr zeilenweise durchlaufen werden.

Mit *Prozedur abschließen* hat man die Möglichkeit, aus einer Prozedur, die in Einzelschritten durchlaufen wird, direkt zur Anweisung hinter dem Prozeduraufruf zu gelangen.

Im Unterbrechungsmodus läßt sich mit *Ausführen bis Cursor* eine im nachfolgenden Code befindliche Anweisung bestimmen, an der die Ausführung unterbrochen werden soll. Dies ist zum Beispiel dann nützlich, wenn umfangreiche Codeschleifen zu überspringen sind.

Nach Anwählen des Befehls *Überwachung hinzufügen* wird ein Dialogfeld angezeigt, in dem ein Überwachungsausdruck definiert werden kann. Ein Überwachungsausdruck ist eine Variable, eine Eigenschaft, ein Funktionsaufruf oder ein anderer gültiger Visual Basic-Ausdruck. Sein Verhalten, das sich während der Ausführung der Anwendung im Überwachungsfenster beobachten läßt, kann insbesondere bei logischen Programmfehlern Hinweise auf die Fehlerquelle geben.

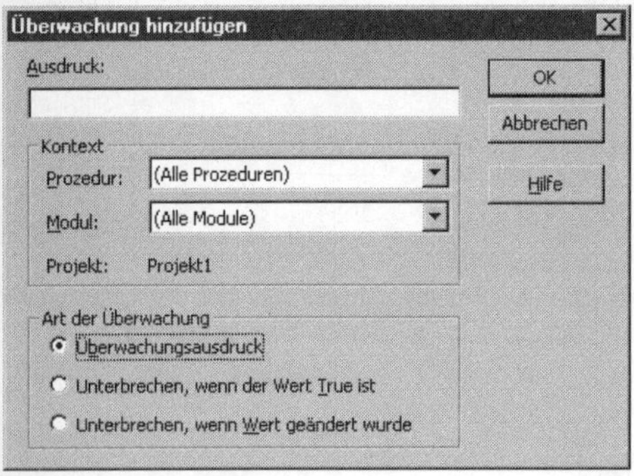

Das Dialogfeld Überwachung hinzufügen

Im Textfeld *Ausdruck* ist der Überwachungsausdruck einzugeben; war zuvor im Programmcode ein Ausdruck markiert, so wird er automatisch in dieses Feld übernommen.

Im Fensterbereich *Kontext* wird der Gültigkeitsbereich der im Ausdruck überwachten Variablen abgesteckt. Man kann hier festlegen, daß der Überwachungsausdruck in allen Prozeduren und/oder Modulen oder nur in einem bestimmten Prozedur-/Modulkontext ausgewertet wird. Da Ausdrücke außerhalb des aktuellen Projekts nicht überwacht werden können, erfolgt die Anzeige des Projektnamens nur zu Informationszwecken.

Die Optionen zur *Art der Überwachung* bestimmen, wie Visual Basic auf den Überwachungsausdruck reagiert. Die reine Überwachung bewirkt, daß der Ausdruck im Überwachungsfenster angezeigt und sein Wert beim Wechsel in den Haltemodus aktualisiert wird. Die beiden anderen Optionen veranlassen die Entwicklungsumgebung dazu, in den Haltemodus zu wechseln, wenn der Ausdruck den Wahrheitswert *Wahr* (*True*) annimmt oder seinen Wert ändert.

Der Menübefehl *Überwachung bearbeiten* öffnet ein ganz ähnliches Dialogfeld, in dem der im Überwachungsfenster markierte Ausdruck hinsichtlich des Kontextes oder der Überwachungsart verändert oder auch gelöscht werden kann.

Im Haltemodus dient der Befehl *Aktuellen Wert anzeigen* dazu, den Wert eines Ausdrucks zu überprüfen, der nicht als Überwachungsausdruck definiert worden ist. Der Ausdruck muß vor dem Befehlsaufruf im Code- oder Direktfenster ausgewählt werden. In dem sich öffnenden Dialogfeld werden neben dem Kontext, bestehend aus Projekt-, Modul- und Prozedurnamen, der Ausdruck sowie sein momentaner Wert wiedergegeben. Mit der Schaltfläche *Hinzufügen* läßt sich der Ausdruck direkt in das Überwachungsfenster übernehmen.

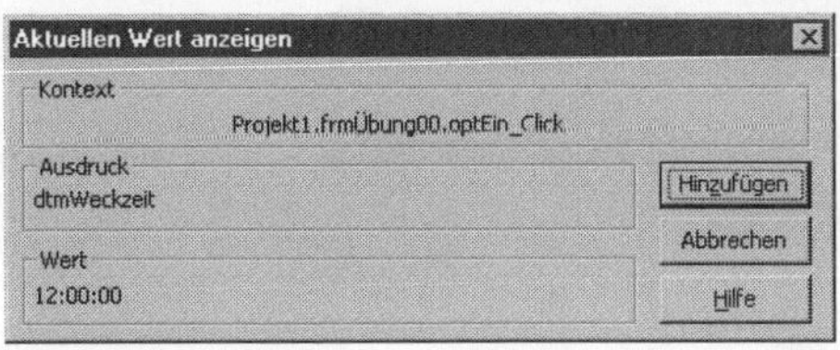

Anzeige des aktuellen Werts eines Ausdrucks

Hinweis: QuickInfo

Wenn nur der Wert eines Ausdrucks interessiert, ist es einfacher, sich diesen als QuickInfo (zum Beispiel mit Hilfe von *Bearbeiten/QuickInfo*) anzeigen zu lassen.

Der Befehl *Haltepunkt ein/aus* ist im Entwurfs- oder Haltemodus verfügbar und setzt in der aktuellen Zeile einen Haltepunkt oder entfernt ihn von dort. Haltepunkte (Breakpoints) sind markierte Stellen im Programmcode, an denen die Ausführung automatisch unterbrochen wird.

In Zeilen ohne ausführbaren Code (zum Beispiel Kommentarzeilen) kann kein Haltepunkt eingefügt werden.

Hinweis: Haltepunkte

Dieses Symbol zeigt zusätzlich in der Kennzeichenleiste des Codefensters Haltepunkte an.

Mit *Alle Haltepunkte löschen* werden die Haltepunkte im gesamten Projekt entfernt; der Befehl kann nicht rückgängig gemacht werden.

Durch *Nächste Anweisung festlegen* wird im Unterbrechungsmodus eine Codezeile bestimmt, die als nächstes abgearbeitet werden soll. Sie kann sich vor oder hinter der aktuellen Zeile, nicht aber außerhalb der betreffenden Prozedur befinden. Mit diesem Befehl lassen sich Codeabschnitte überspringen oder Anweisungen mehrmals hintereinander ausführen.

Der Befehl *Nächste Anweisung anzeigen* markiert im Haltemodus die Codezeile, die als nächste ausgeführt wird. Das ist beispielsweise dann von Nutzen, wenn ein Codeabschnitt zur Behandlung von Laufzeitfehlern untersucht wird und man nicht sicher ist, bei welcher Anweisung die Ausführung fortgesetzt wird.

Hinweis: Nächste Anweisung

In der Kennzeichenleiste verweist dieses Symbol auf die nächste Anweisung.

Ausführen-Menü

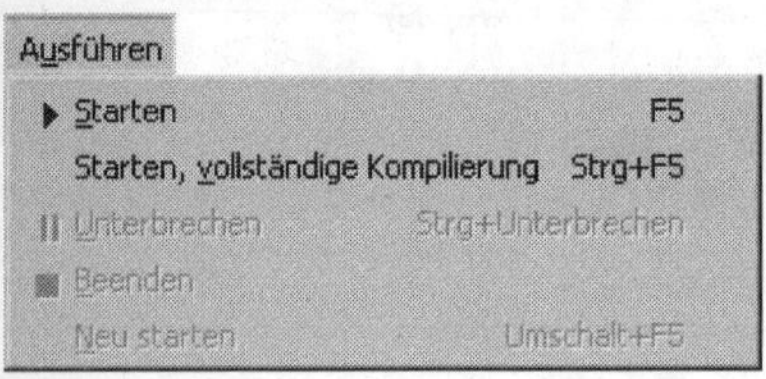

Das Ausführen-Menü im Entwurfsmodus

Der erste Befehl dieses Menüs steht im Entwurfsmodus unter dem Namen *Starten* zur Verfügung und führt nach vorbereitenden Maßnahmen wie dem Schließen aller Formulare und dem Initialisieren von Variablen die Anwendung aus. Im Haltemodus mutiert er zum Befehl *Weiter*, mit dem die Programmausführung wieder aufgenommen werden kann.

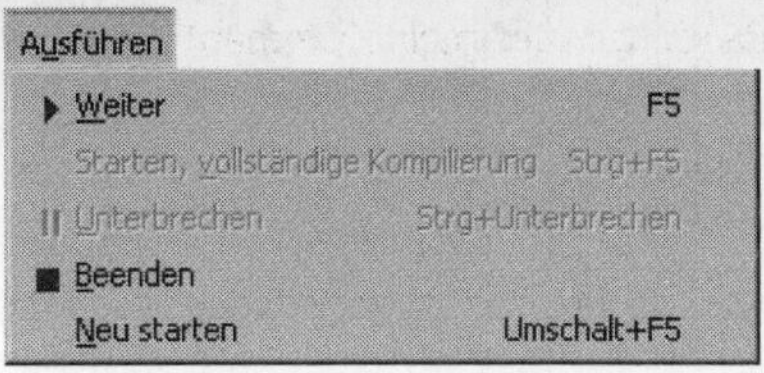

Das Ausführen-Menü im Haltemodus

Normalerweise wird von der Entwicklungsumgebung nur der Teil des Codes kompiliert, der benötigt wird, um das Programm anlaufen zu lassen; die restlichen Codezeilen werden dann während der Ausführung im Hintergrund kompiliert. Mit dem Befehl *Starten, vollständige Kompilierung* läßt sich die Kompilierung des gesamten Codes vor dem Start erzwingen.

Hinweis: ActiveX-Server

Bei der Entwicklung von ActiveX-Servern sollte man diese Startmethode benutzen, weil es sonst unter Umständen zu Kompilierungsfehlern kommen kann.

Mit *Unterbrechen* wird die Programmausführung angehalten. Änderungen am Code, die im Haltemodus erfolgen, erfordern eventuell einen Neustart, auf den Visual Basic mit einer entsprechenden Meldung hinweist. Durch *Beenden* wird die Ausführung der Anwendung ganz gestoppt, und Visual Basic kehrt in den Entwurfsmodus zurück; *Erneut starten* beginnt nach jeder Art von Unterbrechung die Programmausführung von vorn.

Extras-Menü

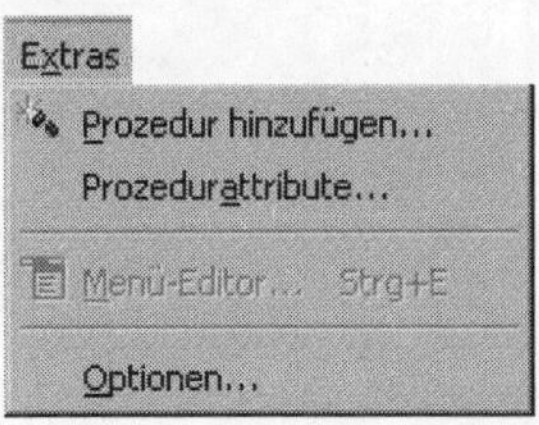

Das Extras-Menü

Der Menüpunkt *Prozedur hinzufügen* dient dazu, im aktuellen Modul eine neue Prozedur anzulegen. Aufgrund der im angezeigten Dialogfeld getroffenen Festlegungen schreibt Visual Basic nach einem Klick auf *OK* ein entsprechendes Prozedurgerüst in das Codefenster.

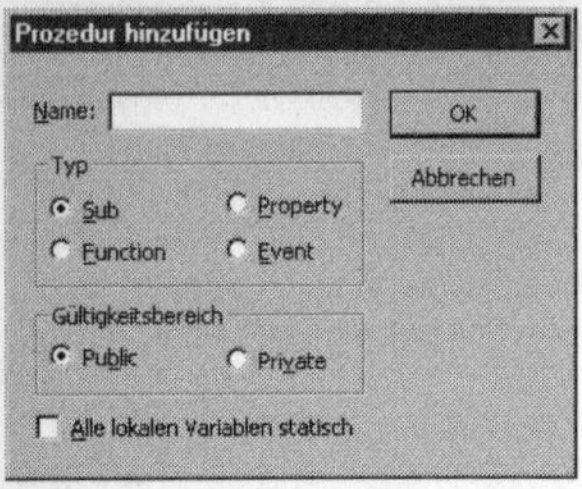

Das Dialogfeld Prozedur hinzufügen

Merkmalswerte für Eigenschaften, Methoden und Ereignisse selbsterstellter Steuerelemente werden in dem durch *Prozedurattribute* aktivierten Dialogfeld festgelegt. Der Befehl *Menü-Editor* führt zu einem Dialogfeld, mit dessen Hilfe benutzerdefinierte Menüs erstellt, umgestaltet oder entfernt werden können. Er steht nur bei aktivem Formular-Designer zur Verfügung.

Mehr Infos: Menüs: Pulldown oder Popup ➨ Kapitel 6.1

Ein Dialogfeld von grundsätzlicher Bedeutung öffnet sich nach Wahl des Menüpunkts *Optionen*. Auf sechs Registerkarten verteilt finden sich dort mannigfache Möglichkeiten, Aussehen und Verhalten fast aller Bestandteile der Programmierumgebung festzulegen. Nicht alle Aspekte werden an dieser Stelle einzeln angesprochen, teils weil sie aufgrund der Beschriftung der Auswahlfelder evident sind, teils weil auf sie bei den praktischen Übungen auf den nachfolgenden Seiten hingewiesen wird.

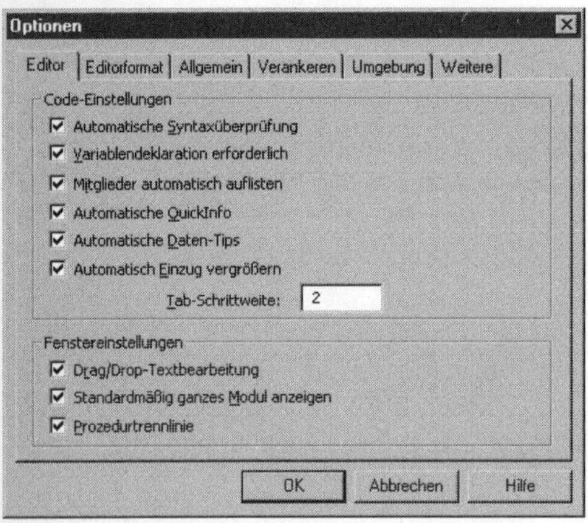

Die Registerkarte Editor des Optionen-Dialogfelds

Auf der Registerkarte *Editor* werden Einstellungen für das Codefenster vorgenommen. Die meisten Optionen in der Kategorie *Code-Einstellun-*

gen schalten die verschiedenen Arten von automatischer Editierhilfe ein oder aus. Auf die Bedeutung des Kontrollkästchens *Variablendeklaration erforderlich* wurde schon in Kapitel 1.2 hingewiesen.

Mehr Infos: **Per Deklaration:**
Variablen, Konstanten und Datentypen ➠ Kapitel 5.2

Der auf 4 Leerzeichen voreingestellten *Tab-Schrittweite* kann ein Wert im Bereich von 1 bis 32 (Wer braucht so viele?) zugewiesen werden. Durch Aktivieren von *Automatisch Einzug vergrößern* werden die Zeilen, die auf eine eingerückte Zeile folgen, um denselben Betrag eingezogen.

Tip: Code durch Einrücken übersichtlich gestalten

Das Einrücken von Zeilen verbessert die Übersichtlichkeit Ihres Programmcodes erheblich, insbesondere bei verschachtelten Strukturen. Die Tabulator-Schrittweite sollte aber nicht zu groß gewählt werden, sonst wird im Codefenster Platz verschwendet, und längere Zeilen sind nur zu einem kleinen Teil zu sehen. In der Praxis hat sich ein Wert von 2, maximal 4 Leerzeichen als angemessen erwiesen.

In der Rubrik *Fenstereinstellungen* bewirken die in obiger Abbildung aktivierten Optionen, daß sowohl im Codefenster als auch zwischen ihm und anderen Fenstern Drag & Drop-Aktionen möglich sind, daß sämtliche (nicht leeren) Prozeduren eines Moduls hintereinander aufgelistet und durch Trennlinien voneinander abgegrenzt werden.

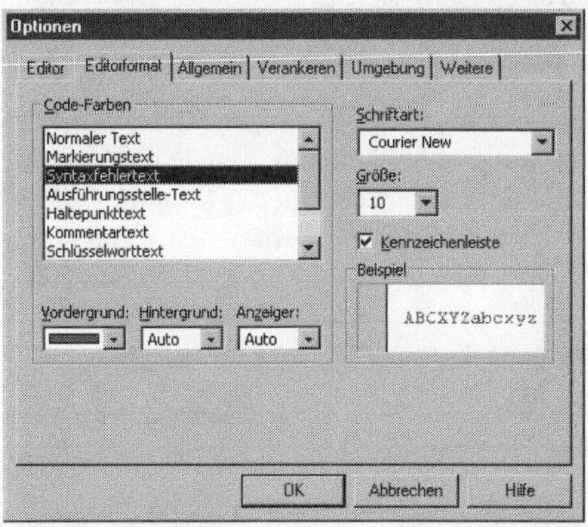

Die Registerkarte Editorformat des Optionen-Dialogfelds

Auf der Registerkarte *Editorformat* wird das Erscheinungsbild des Codes festgelegt, indem mit Hilfe der verschiedenen Listen Schriftart, Schriftgröße und die Farbe der einzelnen Textarten ausgewählt werden.

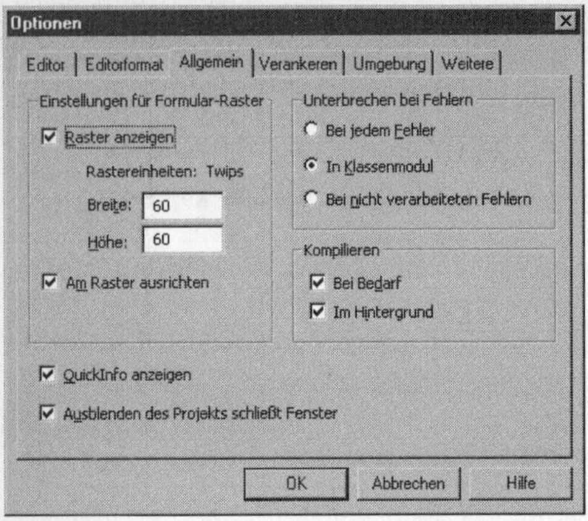

Die Registerkarte Allgemein des Optionen-Dialogfelds

Die Karte *Allgemein* bietet Wahlmöglichkeiten, die in unterschiedlichen Stadien des Entwicklungsprozesses benutzt werden. Für Einsteiger in Visual Basic vielleicht am befremdlichsten ist das Maß Twip für die Abmessungen des Rasters, das im Entwurfsmodus in ein Formular eingeblendet werden kann.

Ganz easy: Twip

Die Maßeinheit Twip ist die Standardeinheit in Visual Basic und entspricht dem zwanzigsten Teil eines Druckerpunkts (Point); daher leitet sich auch ihre Bezeichnung ab (**Tw**ent**i**eth **P**oint). Da 1 Point = 1/72 Zoll ist, entsprechen 1.440 Twips einem Zoll.

Durch die Verwendung dieses bildschirmunabhängigen Maßes wird erreicht, daß, obwohl die Abmessungen der Oberflächenelemente einer Anwendung mit Größe und Auflösung des verwendeten Monitors variieren, ihre Proportionen und Positionen auf verschiedenen Anzeigesystemen gleichbleiben.

Hinweis: Option QuickInfo anzeigen

Die Option *QuickInfo anzeigen* bezieht sich nicht wie die ähnlich lautende in der Karte *Editor* auf das Codefenster, sondern auf die Schaltflächen in den Symbolleisten und der Werkzeugsammlung.

Die beiden Wahlmöglichkeiten zum Punkt *Kompilieren* können die Ausführungsgeschwindigkeit innerhalb der Entwicklungsumgebung steigern: Wenn der Programmcode *Bei Bedarf* (also nicht vollständig vor der

Ausführung des Projekts) kompiliert wird, kann die Anwendung schneller gestartet werden; ein Kompilieren *Im Hintergrund* (nur möglich, wenn die vorige Option gewählt worden ist) nutzt Leerlaufzeiten der CPU im Ausführungsmodus, um den Kompilierungsvorgang abzuschließen.

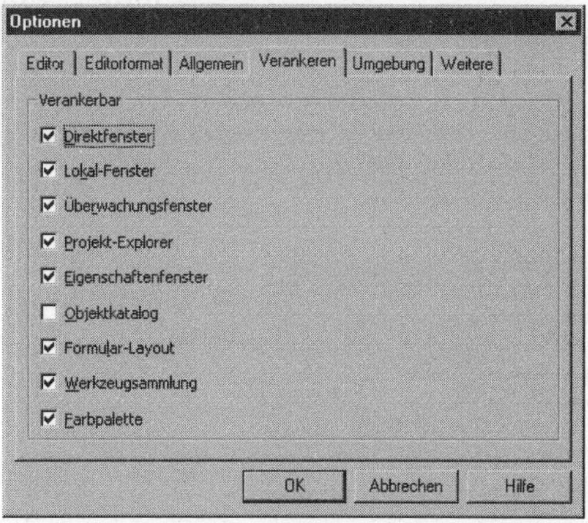

Die Registerkarte Verankern des Optionen-Dialogfelds

Die Registerkarte *Verankern* ermöglicht mit einer Liste aller verankerbaren Fenster der Entwicklungsumgebung die Wahl, welches von ihnen verankert werden soll. „Verankern" eines Fensters bedeutet im Windows-Jargon, daß es automatisch zu einem Rand des Bildschirms oder eines anderen Fensters bewegt wird.

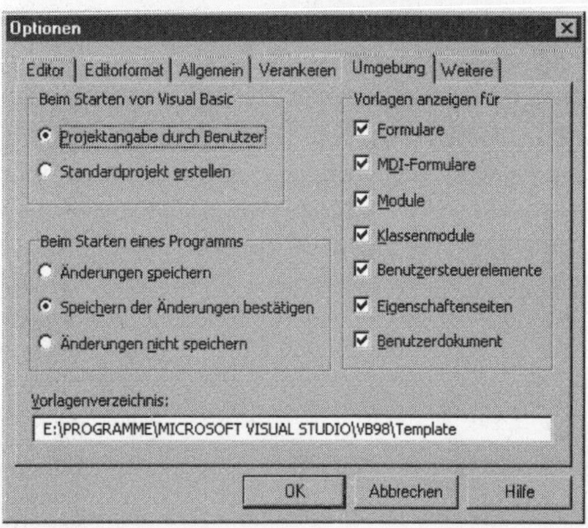

Die Registerkarte Umgebung des Optionen-Dialogfelds

Die wichtigste Kategorie der Karte *Umgebung* ist *Beim Starten eines Programms*. Dies können viele Programmierer aus eigener (leidvoller) Erfahrung bestätigen. Hier wird bestimmt, ob alle veränderten Dateien vor der Ausführung der Anwendung automatisch, erst nach Bestätigung oder nicht gespeichert werden sollen.

Tip: Vor Ausführung Dateien speichern

Vor dem Starten Ihrer Anwendung in der Entwicklungsumgebung sollten alle editierten Dateien gespeichert werden, damit Ihre Änderungen nach einem eventuellen Absturz von Visual Basic nicht verloren sind. Dazu wählen Sie in der Registerkarte *Umgebung* eine der beiden ersten Optionen.

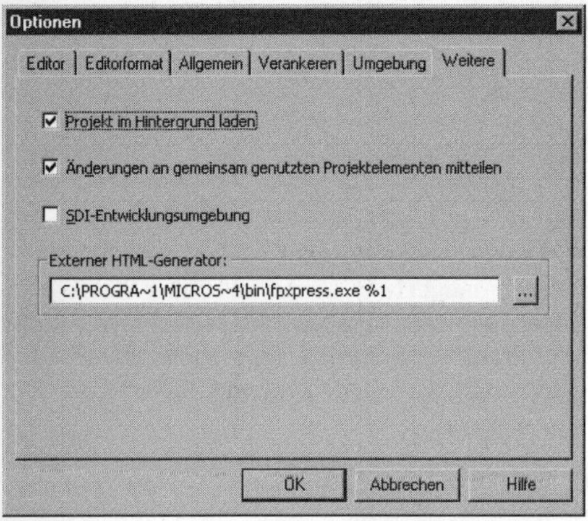

Die Registerkarte Weitere des Optionen-Dialogfelds

Auf der letzten Karte *Weitere* des *Optionen*-Dialogfelds findet man die bereits erwähnte Möglichkeit, zur SDI-Variante der Entwicklungsumgebung zu wechseln. Darüber hinaus läßt sich festlegen, daß der Code eines Projekts im Hintergrund geladen wird, wodurch man als Entwickler den Zugriff auf die Entwicklungsumgebung früher zurückerhält, und daß man nach Änderung eines von mehreren Projekten genutzten Elements (zum Beispiel eines Formulars) entscheiden kann, ob diese Modifikation für alle beteiligten Projekte Gültigkeit haben soll. Neu hinzugekommen ist die Option, statt des integrierten HTML-Editors ein anderes leistungsfähigeres Werkzeug zu benennen.

Add-Ins-Menü

Das Add-Ins-Menü

Im Urzustand gibt sich dieses Menü mit nur zwei Einträgen sehr karg.

Der Befehl *Visual Data Manager* startet die mit Visual Basic 6.0 erzeugte Anwendung VisData, ein fest eingebundenes Zusatzprogramm (Add-In). Dieses Programm, das als kleiner Bruder eines ausgewachsenen Datenbank-Management-Systems wie Access anzusehen ist, wird auch als Beispiel-Projekt im Quellcode mitgeliefert und ist eine Fundgrube für alle, die sich in das Thema Datenbankprogrammierung einarbeiten möchten.

Mit dem verbesserten Add-In-Manager lassen sich die verfügbaren Zusatzprogramme in die Entwicklungsumgebung laden oder aus ihr entfernen. Über das *Ladeverhalten* (*Beim Start Laden*) kann festgelegt werden, daß die betreffenden Add-Ins bei jedem Start von Visual Basic eingebunden werden.

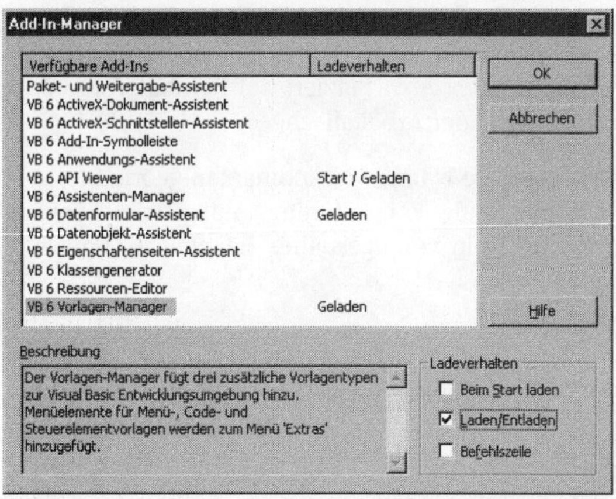

Der Add-In-Manager

Geladene Add-Ins erscheinen mit ihren Aufrufbefehlen im *Add-Ins*-Menü, mit zwei Ausnahmen: Der *Vorlagen-Manager* fügt drei neue Einträge und der *Ressourcen-Editor* einen Befehl in das *Extras*-Menü ein.

Fenster-Menü

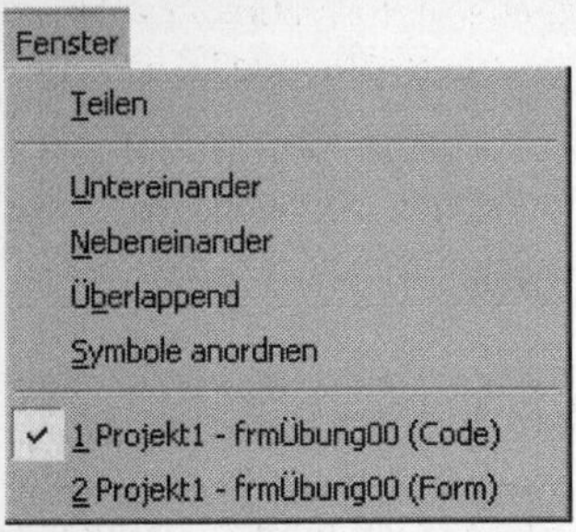

Das Fenster-Menü

Wie fast alle Windows-Anwendungen besitzt auch Visual Basic ein *Fenster*-Menü. Mit ihm läßt sich die Anordnung der projektspezifischen Fenster im Arbeitsbereich der Entwicklungsumgebung (Formular- und Codefenster) festlegen.

Der Befehl *Teilen* wirkt nur auf ein Codefenster, indem er dieses horizontal in zwei Hälften unterteilt, in denen verschiedene Codeabschnitte angezeigt und bearbeitet werden können.

Die Befehle *Untereinander*, *Nebeneinander* und *Überlappend* arrangieren alle Fenster des Arbeitsbereichs in einer Weise, die mit ihrem Namen korrespondiert, und *Symbole anordnen* plaziert auf Symbolgröße minimierte Fenster am unteren Rand der Arbeitsfläche.

Die folgenden Einträge geben die Namen der momentan geöffneten Fenster wieder. Das zu aktivierende kann durch Anklicken ausgewählt werden und wird dann durch ein vorangestelltes Häkchen (✓) gekennzeichnet.

Hilfe-Menü (?)

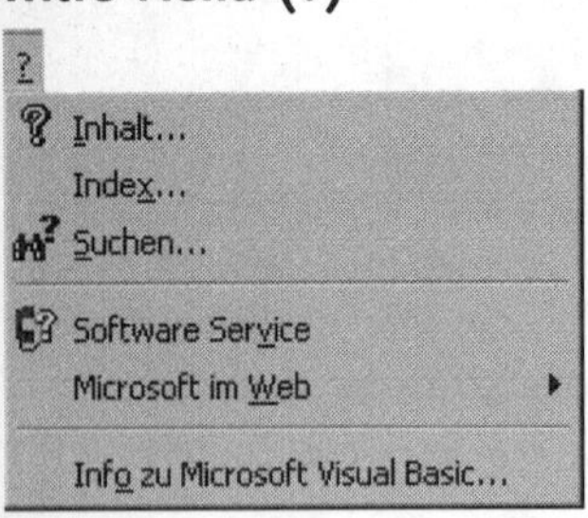

Das Hilfe-Menü

Die Online-Hilfe von Visual Basic, die sich nun im HTML-Format präsentiert, stellt eine riesige Bibliothek mit nützlichen Informationen zur Verfügung, unter anderem auch Hunderte von Programmierbeispielen und Dutzende von Tabellen.

Die ersten drei Befehle *Inhalt*, *Index* und *Suchen* verzweigen zu den gleichnamigen Registerkarten der mit dem (funktionsreduzierten) Internet-Explorer angezeigten MSDN Library.

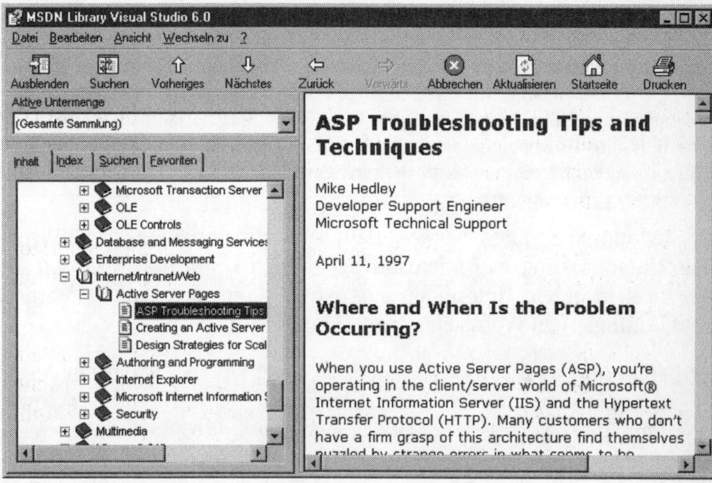

Die MSDN Library im Browser-Fenster

Auf der Karte *Inhalt* wird im linken Navigationsfenster die Hierarchie der Hilfebücher nach Art einer Ordnerstruktur im Windows-Explorer angezeigt. Wie diese wird die Bücherliste durch sukzessives Klicken auf die Pluszeichen vor den Buch- und Kapitel-Symbolen geöffnet, bis die gewünschte Hilfeseite nach Anklicken im rechten Themenfenster dargestellt wird.

Zur gezielten Suche nach Begriffen kann man sich der Registerkarten *Index* oder *Suchen* bedienen. Im ersten Fall wird im Index nach dem eingegebenen Schlüsselwort gefahndet, im zweiten Fall startet eine Volltextrecherche, wobei durch die Verknüpfung von Suchwörtern die Ergebnismenge eingegrenzt werden kann. Häufiger verwendete Hilfethemen lassen sich in einer Liste auf der Registerkarte *Favoriten* verwalten, um schnell auf sie zugreifen zu können.

Einen alternativen Zugang zum Hilfesystem bietet die kontextsensitive Hilfe. Aufgerufen mit der Taste [F1] liefert sie Informationen zum jeweils markierten Element; dabei kann es sich ebenso um ein Wort der Basic-Sprache im Codefenster handeln wie um eine beim Programmablauf erscheinende Fehlermeldung oder irgendeinen Bestandteil der Entwicklungsumgebung.

Tip: Rascher Zugriff auf das Hilfesystem

Um einzelne Themen oder ganze Themenkomplexe auszudrucken, markiert man sie und ruft im Browser-Fenster den Befehl *Datei/Drucken* auf. Ausführliche Anleitungen zur Benutzung des Hilfesystems liefert der Befehl *MSDN Library-Hilfe* des browsereigenen Hilfe-Menüs. Wenn Ihr PC genügend Speicher enthält, sollten Sie eine Hilfeseite als Symbol in der Task-Leiste von Windows ablegen und so den Zugriff auf weitere Hilfethemen deutlich beschleunigen.

Der Menüpunkt *Software Service* erläutert, wie man bei Fragen zu Visual Basic Unterstützung von Microsoft bekommen kann, und *Microsoft im Web* listet in einem Untermenü eine ganze Reihe von Links (Internet-Verknüpfungen) zu Web-Seiten von Microsoft auf.

Der Befehl *Info zu Microsoft Visual Basic* zeigt ein Dialogfeld mit Angaben zum Lizenznehmer und zur Seriennummer des Produkts sowie Copyright-Hinweisen. Die Schaltfläche *System-Info* öffnet ein weiteres Dialogfeld, mit dem sich eine Flut an Hard- und Softwareinformationen über den gegenwärtigen PC-Zustand abrufen läßt, die auch in kritischen Fällen bei der Fehlersuche von Nutzen sein kann.

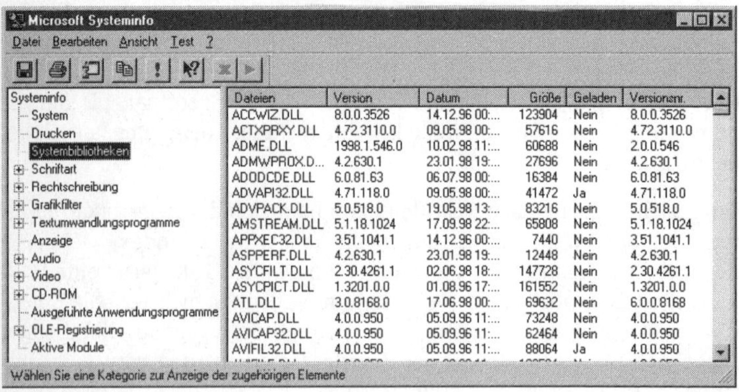

System-Informationen aus der Visual Basic-Hilfe

3.3 Kurze Wege: Die Symbolleisten

Symbolleisten und Menüs anpassen

Ähnlich wie Kontextmenüs erfüllen Symbolleisten die Aufgabe, Befehle – ohne langwierige Suche in Menüs und Untermenüs – durch Anklicken einer Schaltfläche zugänglich zu machen. Die Entwicklungsumgebung ist mit fünf integrierten Symbolleisten ausgestattet. Diese können nicht nur an den persönlichen Arbeitsstil oder Geschmack angepaßt werden, sondern sie lassen sich auch um eigene Symbolleisten erweitern. Dazu dient der Befehl *Anpassen* des Kontextmenüs, das durch Anklicken der Menüleiste oder einer Symbolleiste mit der rechten Maustaste (oder mit Hilfe von *Ansicht/Symbolleisten*) aufgerufen wird.

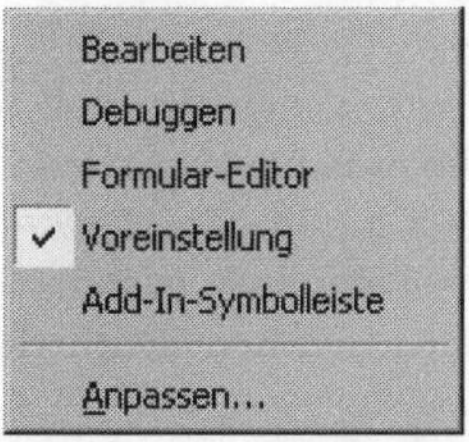

Das Kontextmenü der Symbolleisten

Das Dialogfeld *Anpassen* zeigt auf der ersten Registerkarte die verfügbaren Symbolleisten, die durch Aktivieren oder Deaktivieren des zugehörigen Kontrollkästchens ein- oder ausgeblendet werden.

Daß die Menüleiste, die innerhalb des Objektmodells von Visual Basic zur selben Auflistung wie die Symbolleisten gehört, hier mit aufgeführt ist, hat einen guten Grund: Zwar läßt sie sich nicht ausblenden (das Kontrollkästchen bleibt stets eingeschaltet), wohl aber können die integrierten Menüs ebenso wie die Symbolleisten modifiziert werden, so daß man sich seine individuelle Arbeitsumgebung schaffen kann. Mit *Zurücksetzen* wird die jeweils markierte Leiste wieder in den ursprünglichen Zustand versetzt.

Die *Add-In-Symbolleiste* erscheint in dieser Liste erst, wenn sie zuvor mit dem Befehl *Add-Ins/Add-In-Manager* geladen wurde. Die Schaltfläche *Kontextmenü* erlaubt es, auch die zu den verschiedenen Komponenten der Entwicklungsumgebung aufrufbaren Kontextmenüs nach Wunsch umzugestalten. Diese Symbolleiste ist temporärer Natur: Sie erscheint nur während des Anpassungsprozesses, danach wird sie wieder ausgeblendet.

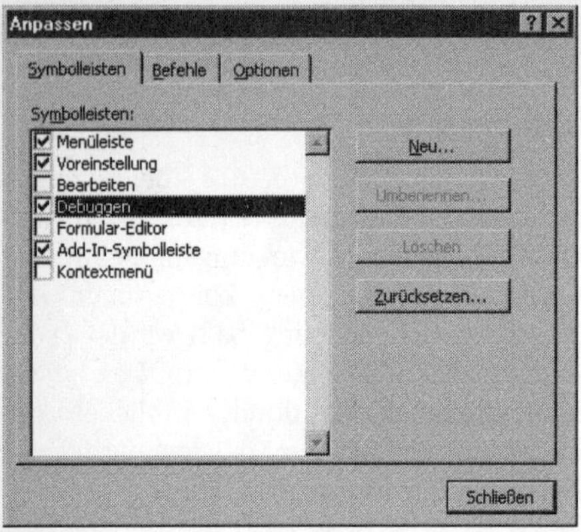

Das Anpassen-Dialogfeld

Um eine benutzerdefinierte Symbolleiste zu erstellen, klickt man auf *Neu* und vergibt einen Namen, der noch nicht vorkommt, oder beläßt es bei dem Namensvorschlag von Visual Basic. Es erscheint dann eine kleine, frei verschiebbare Symbolleiste, die manchmal erst hinter dem Dialogfeld hervorgeholt werden muß. Nach einem Wechsel auf die Registerkarte *Befehle* läßt sie sich dann mit den Symbolen derjenigen Befehle durch Drag & Drop bestücken, auf die man per Mausklick zugreifen will. Auch vollständige Menüs aus der Kategorie *Integrierte Menüs* kann man dort unterbringen.

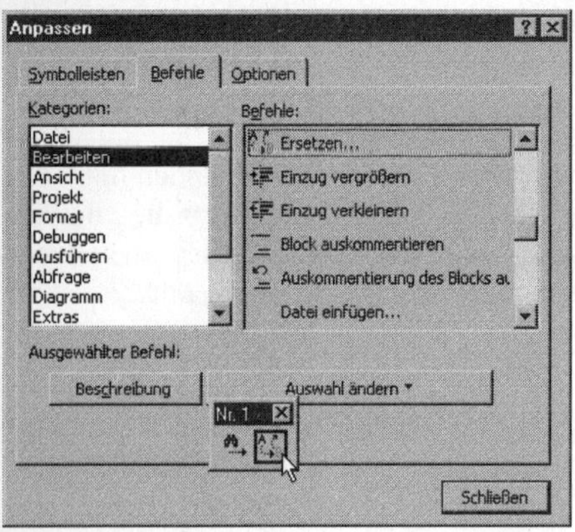

Das Erstellen einer neuen Symbolleiste

Das Erscheinungsbild sämtlicher Symbolleisten und Menüs der Entwicklungsumgebung läßt sich noch vielfältig variieren. Die dazu notwendigen Befehle enthält das Menü, das mit der Schaltfläche *Auswahl ändern* oder als Kontextmenü des betreffenden Symbols oder Menüpunkts geöffnet wird.

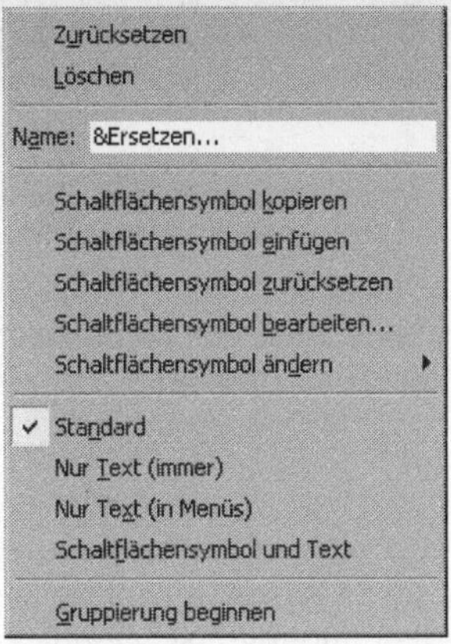

Die Befehle zum Abändern des Erscheinungsbilds von Symbolleisten und Menüs

Symbole und Befehle können durch Trennlinien, beginnend beim markierten Element, zu Gruppen zusammengefaßt werden (*Gruppierung beginnen*). Jedes Symbol kann durch ein per Zwischenablage eingefügtes oder aus der Tabelle, die sich hinter dem Menüpunkt *Schaltflächensymbol ändern* verbirgt, ausgesuchtes Symbol ersetzt werden.

Der Befehl *Schaltflächensymbol bearbeiten* startet den Schaltflächen-Editor, ein Pixel-Zeichenprogramm zum Ändern bestehender oder zum Malen neuer Symbole in der Größe 16 x 16 und mit 16 Farben.

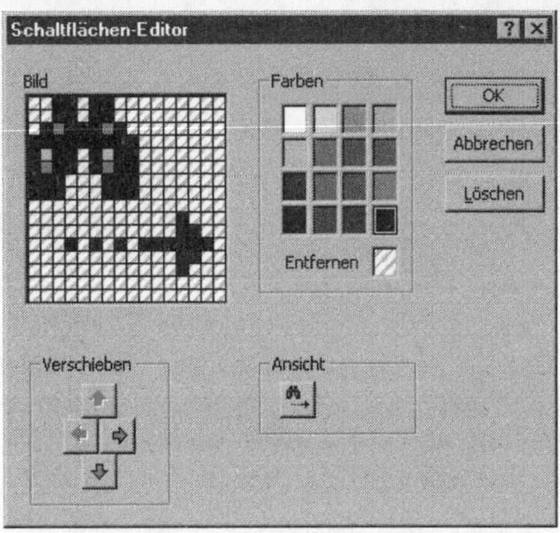

Der Schaltflächen-Editor

Der Name des durch das Symbol repräsentierten Befehls läßt sich ebenfalls verändern, wobei der auf ein &-Zeichen folgende Buchstabe die Zugriffstaste definiert. Dabei läßt sich festlegen, ob der Text das Symbol ergänzen oder wie vom Internet Explorer her bekannt allein auf der

Schaltfläche erscheinen soll. Am praktischsten ist es wohl, die Standardeinstellung beizubehalten, bei der Befehlsnamen in Form von QuickInfos angezeigt werden.

Die entsprechende Einstellmöglichkeit findet man auf der Registerkarte *Optionen* des *Anpassen*-Dialogs. Der Sinn des Kontrollkästchens *Tastenkombinationen in QuickInfo anzeigen* vermag nicht so recht einzuleuchten: Beim Erscheinen dieser Information befindet sich der Mauszeiger bereits über dem Symbol, und dann ist ein Mausklick rascher erledigt als das Drücken zweier Tasten.

Die Liste *Menü-Animation*, aus der man wählen kann, ob die Menüs abrollend (sozusagen als „Rolldown"-Menüs) oder sich entfaltend geöffnet werden oder dies gar abwechselnd machen, ist da schon sinnvoller: Sie scheint als Vorbeugungsmaßnahme gegen Übermüdungserscheinungen für solche Entwickler gedacht, die sich vom Programmieren mit Visual Basic gar nicht mehr losreißen können.

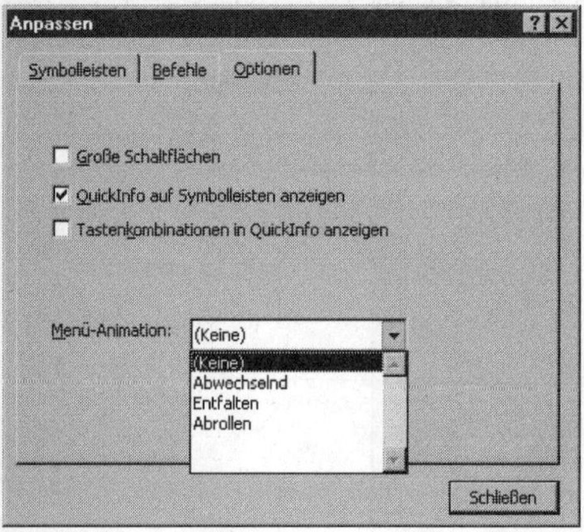

Die Registerkarte Optionen des Anpassen-Dialogfelds

Allerdings funktioniert das Anpassen nicht ganz reibungslos. So zeigt ein Aufruf der Direkthilfe im Dialogfeld (Kontextmenü zu den Listen- oder Bedienungselementen) keinerlei Ergebnis. Etwas schwerer wiegt, daß einige Befehle und Symbole, die entfernt wurden, nach Anklicken von *Zurücksetzen* nicht mehr am ursprünglichen Ort auftauchen.

Auch manuell können sie nicht eingefügt werden, weil sie in der Befehlsliste fehlen. Aber keine Panik: Starten Sie Visual Basic neu, und die verlorenen sind zurück!

Voreinstellung-Symbolleiste

Die Voreinstellung-Symbolleiste ist die Standardsymbolleiste von Visual Basic. (Weshalb sie im Deutschen nicht auch so heißt, weiß vielleicht Microsoft.) Am linken Rand jeder Symbolleiste sind im verankerten Zustand zwei erhabene senkrechte Linien zu sehen, die als Griff fungieren.

Mit ihm kann man die Symbolleiste aus dem angedockten Zustand herauslösen und auf der Arbeitsfläche verschieben. Daß man dabei das langgestreckte Symbolleisten-Fenster in eine kompaktere, mehrzeilige Form bringen kann, ist manches Mal vorteilhaft.

Die Voreinstellung-Symbolleiste

Die beiden Anzeigefelder am rechten Rand der Symbolleiste (in der zweiten Zeile) informieren über Lage und Größe des markierten Formulars oder Steuerelements, bzw. bei aktivem Codefenster über die Zeilen- und Spaltenposition des Schreibcursors. Bei Aktionen, die intensivere Plattenzugriffe erfordern (Laden des Projekts, Kompilieren der Anwendung), erscheint anstelle der Anzeigefelder ein Statusfeld, das über den Stand der Aktion Auskunft gibt.

Tip: Maße eines Steuerelements im Blickfeld anzeigen

Die Abmessungen eines Steuerelements in der Voreinstellung-Symbolleiste abzulesen erfordert einen Blickwechsel. Bequemer ist es, sich die Werte für Breite und Höhe beim Zeichnen oder bei einer Größenänderung direkt im Blickfeld als QuickInfo anzeigen zu lassen (Befehl *Extras/Optionen/Allgemein/QuickInfo anzeigen*).

Diese Symbolleiste ermöglicht den Zugriff auf insgesamt 31 Befehle, von denen 29 durch Symbole dargestellt werden. Rechts neben den ersten beiden Symbolen befinden sich kleine Pfeil-Schaltflächen, mit denen Untermenüs aufgeklappt werden, die weitere Symbole derselben Befehlskategorie enthalten. Das jeweils zuletzt benutzte Symbol wird in der Symbolleiste angezeigt.

Die nächste Tabelle listet die Symbole und Befehle der beiden Untermenüs *<Projekttyp>-Projekt hinzufügen* und *<Objekt> hinzufügen* in der Reihenfolge auf, wie sie in der Grundeinstellung von oben nach unten angeordnet sind. Ferner ist vermerkt, zu welchem Menübefehl und eventuell zu welchem Shortcut sie äquivalent sind. (Wenn die Symbol- und

Befehlsnamen übereinstimmen, wird der Übersichtlichkeit halber nur das Menü angegeben; das jeden Symbolnamen abschließende Verb „hinzufügen“ wird grundsätzlich weggelassen.)

Menü	Symbol	Name
Datei/Projekt hinzufügen		Standard-EXE-Projekt
		ActiveX-EXE-Projekt
		ActiveX-DLL-Projekt
		ActiveX-Steuerelement-Projekt
Projekt		Formular
		MDI-Formular
		Modul
		Klassenmodul
		Benutzersteuerelement
		Eigenschaftenseite
		Benutzerdokument
		Data Report
		Datei (Strg+D)

Die folgende Zusammenstellung gibt die übrigen Symbole der Voreinstellung-Symbolleiste in der Reihenfolge wieder, wie sie (zeilenweise) von links nach rechts auf der Symbolleiste erscheinen.

Menü	Symbol	Name	Shortcut
Extras		Menü-Editor	Strg+E
Datei		Projekt öffnen	Strg+O
		Projekt speichern	
Bearbeiten		Ausschneiden	Strg+X
		Kopieren	Strg+C
		Einfügen	Strg+V
		Suchen	Strg+F
		Rückgängig: <Aktion>	Strg+Z
		Wiederholen: <Aktion>	
Ausführen		Starten	F5
		Unterbrechen	Strg+Pause
		Beenden	
Ansicht		Projekt-Explorer	Strg+R
		Eigenschaftenfenster	F4
		Formular-Layout-Fenster	

Menü	Symbol	Name	Shortcut
		Objektkatalog	F2
		Werkzeugsammlung	
		Datenansichtfenster	

Bearbeiten-Symbolleiste

Die Bearbeiten-Symbolleiste

Diese Symbolleiste wird beim Editieren von Programmcode eingesetzt. Die beiden Befehle, die das Auskommentieren von Codeblöcken betreffen, haben kein Pendant in den Menüs. Sie sind aber auf der Registerkarte *Befehle* des *Anpassen*-Dialogs in der Kategorie *Bearbeiten* aufgeführt und lassen sich in ein Menü eigener Wahl (z. B. *Debuggen*) problemlos einfügen.

Menü	Symbol	Name	Shortcut
Bearbeiten		Eigenschaften/ Methoden anzeigen	Strg+J
		Konstanten anzeigen	Strg+Umschalt+J
		QuickInfo	Strg+I
		Parameterinfo	Strg+Umschalt+I
		Ganzes Wort	Strg+Leertaste
		Einzug vergrößern	Tab
		Einzug verkleinern	Umschalt+Tab

Menü	Symbol	Name	Shortcut
Debuggen		Haltepunkt ein/aus	F9
		Block auskommentieren	
		Auskommentierung des Blocks aufheben	
Bearbeiten/ Lesezeichen		Lesezeichen setzen/zurücksetzen	
		Nächstes Lesezeichen	
		Vorheriges Lesezeichen	
		Alle Lesezeichen löschen	

Formular-Editor-Symbolleiste

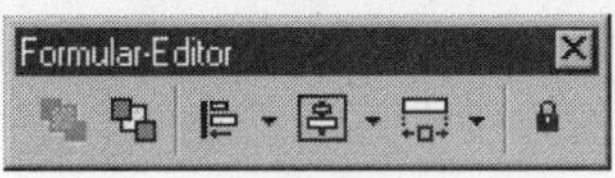

Die Formular-Editor-Symbolleiste

Auf dieser Symbolleiste, deren mittlere Symbolgruppe weitere Symbole nach dem Öffnen ihrer Untermenüs zur Verfügung stellt, findet man den größten Teil der Befehle des *Format*-Menüs wieder.

Menü Format	Symbol	Name	Shortcut
Reihenfolge		In den Vordergrund	Strg+J
	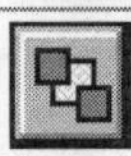	In den Hintergrund	Strg+K
Ausrichten		Links ausrichten	
		Zentriert ausrichten	

Menü Format	Symbol	Name	Shortcut
		Rechts ausrichten	
		Oben ausrichten	
		Mitte ausrichten	
		Unten ausrichten	
		Am Raster ausrichten	
Im Formular zentrieren		Horizontal zentrieren	
		Vertikal zentrieren	
Größe angleichen		Dieselbe Breite festlegen	
		Dieselbe Höhe festlegen	
		Dieselbe Höhe/ Breite festlegen	
Steuerelemente sperren		Sperren/Entsperren der Steuerelemente	

Hinweis: Tastenkürzel Strg+J doppelt

Sollten Sie bemerkt haben, daß der Shortcut Strg+J für den Befehl *In den Vordergrund* bereits auf der Bearbeiten-Symbolleiste (*Eigenschaften/Methoden anzeigen*) vorgekommen ist, so spricht das für Ihre Aufmerksamkeit. Zwar stellt die Doppelbelegung in diesem Fall keine Quelle für eine Fehlbedienung dar, weil die Tastenkürzel auf verschiedene Komponenten der Entwicklungsumgebung (Formular- und Codefenster) einwirken, doch ist es sicherer, in eigenen Anwendungen derartige Risiken zu vermeiden.

Debuggen-Symbolleiste

Die Debuggen-Symbolleiste

Diese Symbolleiste leistet in der Testphase gute Dienste. Die ersten drei Symbole sind schon auf der Voreinstellung-Symbolleiste vorgekommen und die vierte befindet sich auch auf der Bearbeiten-Symbolleiste.

Menü	Symbol	Name	Shortcut
Ausführen		Starten	F5
		Unterbrechen	Strg+Pause
		Beenden	
Debuggen		Haltepunkt ein/aus	F9
		Einzelschritt	F8
		Prozedurschritt	Umschalt+F8
		Prozedur abschließen	Strg+Umschalt+F8
Ansicht		Lokal-Fenster	

Menü	Symbol	Name	Shortcut
		Direktfenster	Strg+G
		Überwachungsfenster	
Debuggen		Aktuellen Wert anzeigen	Umschalt+F9
Ansicht		Aufrufliste	Strg+L

Add-In-Symbolleiste

Wie erwähnt, kann diese Symbolleiste erst eingeblendet werden, nachdem sie im Dialogfeld *Add-In-Manager* (Menü *Add-Ins*) der Entwicklungsumgebung hinzugefügt wurde. Wenn man alle verfügbaren Assistenten lädt, hat die Symbolleiste folgendes Aussehen:

Die Add-In-Symbolleiste

Symbol	Name	Menü
	Symbolleistenelemente hinzufügen/entfernen	
	Paket- und Weitergabe-Assistent	*Add-Ins/Paket- und Weitergabe-Assistent*
	VB 6 Anwendungs-Assistent	*Add-Ins/Anwendungs-Assistent*
	VB 6 Ressourcen-Editor	*Extras/Ressourcen-Editor*
	VB 6 Vorlagen-Manager	
	VB 6 Klassengenerator	*Add-Ins/Klassengenerator*

	VB 6 Datenformular-Assistent	*Add-Ins/Datenformular-Assistent*
	VB 6 ActiveX-Dokument-Assistent	*Add-Ins/ActiveX-Dokument-Assistent*
	VB 6 ActiveX-Schnittstellen-Assistent	*Add-Ins/ActiveX-Schnittstellen-Assistent*
	VB 6 Eigenschaftenseiten-Assistent	*Add-Ins/Eigenschaftenseiten-Assistent*
	VB 6 Datenobjekt-Assistent	*Add-Ins/VB 6 Datenobjekt-Assistent*
	VB 6 Assistenten-Manager	*Add-Ins/Assistenten-Manager*
	VB 6 API Viewer	*Add-Ins/API-Viewer*

Über das erste Symbol wird ein dem Add-In-Manager ähnelndes Dialogfeld aufgerufen, mit dem Add-Ins der Symbolleiste hinzugefügt oder aus ihr entfernt werden können.

Die Integration der Add-Ins in die Entwicklungsumgebung ist den Visual Basic-Entwicklern leider nicht perfekt gelungen. Als Kritikpunkte sind anzumerken:

- Verteilung der Add-Ins auf zwei Menüs (*Add-Ins* und *Extras*).
- Reihenfolge in den Menüs und auf der Symbolleiste ohne erkennbares System (etwa alphabetisch oder nach Funktionsgruppen).
- Der Symbolleisten-Assistent taucht in der Add-In-Symbolleiste nicht auf.
- Die Schaltfläche *Vorlagen-Manager* der Add-In-Symbolleiste ist ohne Funktion.
- An seiner Stelle sollten die drei durch ihn in das *Extras*-Menü eingefügten Befehle in der Symbolleiste erscheinen. Die prinzipiell richtige Idee, die Add-In-Symbolleiste anzupassen, ist nicht zwangsläufig von Erfolg gekrönt: Nach dem Transfer des Befehls *Extras/Menü hinzufügen* zeigt er keine Reaktion, nach dem Rücktransfer in das Menü auch nicht mehr!

Der Nutzen von Symbolleisten überhaupt und das Konzept ihrer Konfigurierbarkeit wird durch diese „Schönheitsfehler“ jedoch nicht ernsthaft tangiert.

3.4 Die Bastelstube: Formular-Designer- und Formular-Layout-Fenster

Im Formular-Designer-Fenster oder kurz **Formularfenster** wird die sichtbare Oberfläche einer Anwendung erstellt, die sich dem Benutzer in Form von Fenstern und/oder Dialogfeldern präsentiert.

Erfordert das Design ein großes Formular, dann ist es günstig, nur die unbedingt benötigten Fenster von Visual Basic offenzuhalten: das maximierte Formularfenster, die frei verschiebbare Werkzeugsammlung und die Voreinstellung-Symbolleiste.

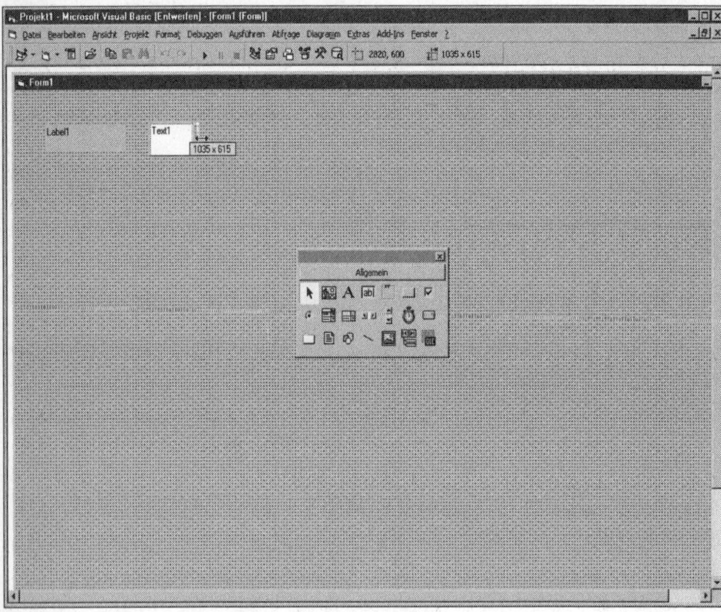

Ein maximiertes Formularfenster

Alle benötigten Befehle sind jetzt „nur einen Mausklick weit entfernt“, entweder über die Symbole der Symbolleiste oder (dann jedoch nach zwei Klicks) mit den Befehlen des Kontextmenüs.

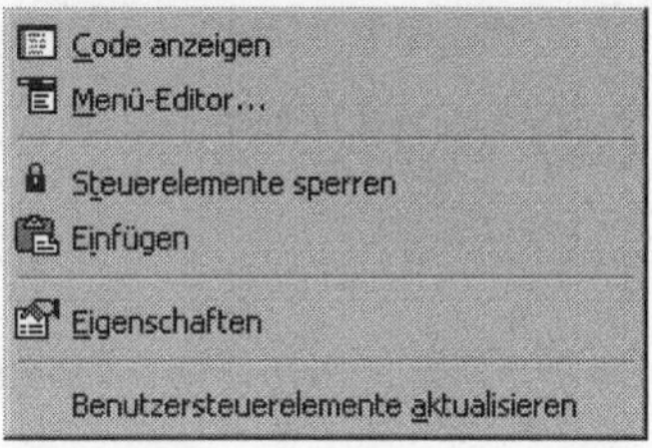

Das Kontextmenü des Formularfensters

Der unterste Befehl bedarf einer Erläuterung: *BenutzerSteuerelemente aktualisieren* betrifft selbsterstellte ActiveX-Steuerelemente und bewirkt, daß die an ihnen im Laufe einer Arbeitssitzung vorgenommenen Änderungen auch in den Formularen zutage treten, die diese Steuerelemente verwenden. Dazu wird lediglich das Formular geschlossen und dann erneut geöffnet.

Das **Formular-Layout-Fenster** wird zwar normalerweise nur einmal für jedes Formular benutzt, kann aber eine Arbeitserleichterung darstellen. Es ermöglicht nämlich, auf visuelle Weise alle geöffneten Formulare zur Entwurfszeit in die Position zu bringen, an der sie zur Laufzeit nach dem erstmaligen Einblenden auf dem Bildschirm erscheinen.

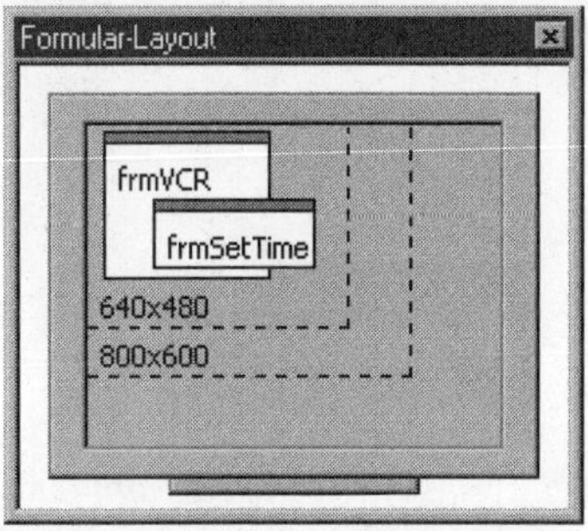

Das Formular-Layout-Fenster

Im Formular-Layout-Fenster läßt sich mit der Maus ein kleines Abbild jedes im Projekt verwendeten Formulars an die gewünschte Stelle verschieben, wobei der Mauszeiger die Gestalt eines gekreuzten Doppelpfeils annimmt. In die Abbildung des Monitors können Hilfslinien für eine niedrigere als die aktuelle Bildschirmauflösung über das Kontextmenü eingeblendet werden.

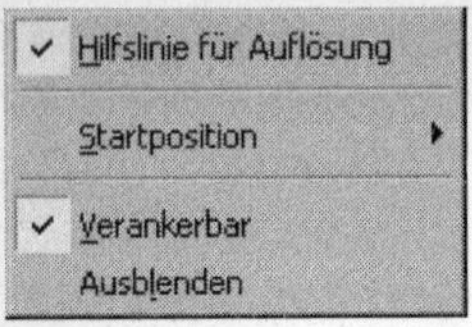

Das Kontextmenü des Formular-Layout-Fensters

Im Untermenü des Befehls *Startposition* findet man die Optionen zur Festlegung der initialen Lage des markierten Formularabbilds.

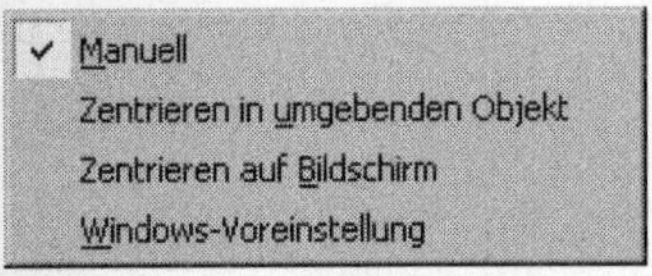

Das Untermenü des Befehls Startposition

3.5 Ihr Konstruktionsbüro: Die Werkzeugsammlung und das Eigenschaftenfenster

Die Werkzeugsammlung

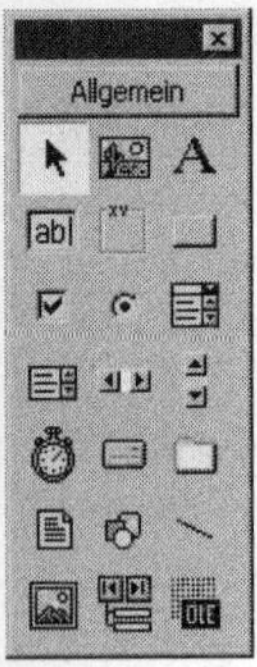

Die Werkzeugsammlung (unverankert) mit allen Basiswerkzeugen

Die Werkzeugsammlung (zu öffnen mit *Ansicht/Werkzeugsammlung* oder dem entsprechenden Symbol der Voreinstellung-Symbolleiste) ist ein Fenster, das beim erstmaligen Starten von Visual Basic am linken Rand der Entwicklungsumgebung verankert wird. Sie enthält für (fast) alle Steuerelemente, ActiveX-Steuerelemente und einfügbaren Objekte, die dem aktiven Projekt zur Verfügung stehen, eine Schaltfläche, nach deren Anklicken eine Kopie des betreffenden Objekts (exakter: eine Instanz der zugehörigen Objektklasse) in einem Formular gezeichnet werden kann.

Mehr Infos: Die Programmoberfläche gestalten ➡ Kapitel 4

Standardmäßig ist die Werkzeugsammlung mit 21 Werkzeugen bestückt, die im Kern von Visual Basic enthalten sind; die zugehörigen Steuerelemente heißen daher auch integrierte Steuerelemente. Die folgende Tabelle gibt für jedes von ihnen das zugeordnete Symbol und den deutschen Namen wieder. Dahinter ist die englische Bezeichnung des Steuerelements angegeben, die (wenn die entsprechende Option mit *Extras/Optionen/Allgemein* ausgewählt wurde) als QuickInfo erscheint und zugleich den Namen der Objektklasse darstellt. Die letzte Spalte enthält eine Kurzbeschreibung der Funktion des Werkzeugs.

Symbol	Name/Klasse	Funktion
	Zeiger	Mit diesem Werkzeug wird als einzigem kein Steuerelement erstellt. Es dient vielmehr dazu, bereits gezeichnete Steuerelemente in Größe oder Position zu ändern oder zu markieren.
	Bildfeld/ PictureBox	Anzeigen von Grafiken verschiedener Formate und im Ausführungsmodus erstellter Zeichnungen oder Container für andere Steuerelemente.
	Bezeichnungsfeld/ Label	Anzeigen von Text (etwa zur Kennzeichnung eines Eingabefelds oder zur Ausgabe von Hinweisen), der vom Benutzer nicht geändert werden kann.
	Textfeld/ TextBox	Anzeigen von Text, der vom Benutzer verändert werden kann; vor allem zur Informationseingabe verwendet.
	Rahmen/ Frame	Unterteilen eines Formulars oder Gruppierung von Steuerelementen sowohl in funktioneller wie optischer Hinsicht.
	Befehlsschaltfläche/ CommandButton	Ausführen eines Befehls, um eine Operation zu beginnen, zu unterbrechen oder zu beenden.
	Kontrollkästchen/ CheckBox	Bereitstellen einer Wahlmöglichkeit (Ein/Aus); in einer Gruppe von Kontrollkästchen können beliebig viele eingeschaltet sein.
	Optionsfeld/ OptionButton	Bereitstellen einer Wahlmöglichkeit (Ein/Aus); in einer Gruppe von Optionsfeldern kann nur eins eingeschaltet sein, die übrigen werden automatisch ausgeschaltet.

Symbol	Name/Klasse	Funktion
	Kombinationsfeld/ ComboBox	Kombination aus Textfeld- und Listenfeld-Steuerelement; im Textbereich kann der Benutzer Informationen eingeben, aus dem Listenbereich kann er ein Element wählen.
	Listenfeld/ ListBox	Anzeigen einer Liste, aus der ein oder mehrere Elemente ausgewählt werden können; übersteigt die Zahl der Elemente die gleichzeitig darstellbare Anzahl, wird eine Bildlaufleiste hinzugefügt.
	Horizontale Bildlaufleiste/ HscrollBar	Schnelles horizontales Bewegen in umfangreichen Listen, Anzeige oder Eingabe von Werten auf einer Skala.
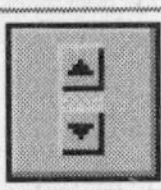	Vertikale Bildlaufleiste/ VScrollBar	Schnelles vertikales Bewegen in umfangreichen Listen, Anzeige oder Eingabe von Werten auf einer Skala.
	Zeitgeber/ Timer	Erzeugen von in festgelegten Abständen wiederkehrenden Zeittakten; ist zur Laufzeit nicht sichtbar.
	Laufwerklistenfeld/ DriveListBox	Anzeigen einer Auswahlliste aller im System vorhandenen Laufwerke.
	Verzeichnislistenfeld/ DirListBox	Anzeigen einer hierarchischen Auswahlliste der verfügbaren Verzeichnisse eines Laufwerks (müßte nach Windows-Terminologie „Ordnerlistenfeld" heißen).
	Dateilistenfeld/ FileListBox	Anzeigen einer Auswahlliste von Dateien eines wählbaren Typs innerhalb des aktuellen Ordners.
	Figur/ Shape	Zeichnen geometrischer Grundformen (Rechteck, Quadrat, Kreis) und daraus abgeleiteter Figuren im Entwurfsmodus.
	Linien/ Line	Zeichnen unterschiedlicher Arten von Linien im Entwurfsmodus.
	Anzeige/ Image	Darstellen von Grafiken verschiedener Formate (ähnlich dem Bildfeld-Steuerelement, aber mit unterschiedlicher Funktionalität).

Symbol	Name/Klasse	Funktion
	Daten/ Data	Zugreifen auf Daten in Datenbanken zwecks Anzeigen und Ändern in anderen, mit ihm verknüpften (gebundenen) Steuerelementen
	OLE-Container/ OLE	Hinzufügen (Einbetten und Verknüpfen) von Objekten anderer Anwendungen in ein Visual Basic-Projekt.
	Menü/ Menu	Anzeigen eines benutzerdefinierten Menüs. Obwohl es den Standard-Steuerelementen zuzurechnen ist, erscheint dieses Steuerelement nicht in der Werkzeugsammlung, sondern wird mit dem Menü-Editor (*Extras*-Menü) erstellt und konfiguriert.

Mehr Infos: Menüs: Pulldown oder Popup ➨ Kapitel 6.1

Der erste Befehl im Kontextmenü der Werkzeugsammlung öffnet das bei der Erläuterung des *Projekt*-Menüs bereits vorgestellte Dialogfeld *Komponenten*, in dem zusätzliche Steuerelemente (und einfügbare Objekte) zur Aufnahme in die Werkzeugsammlung ausgesucht werden können.

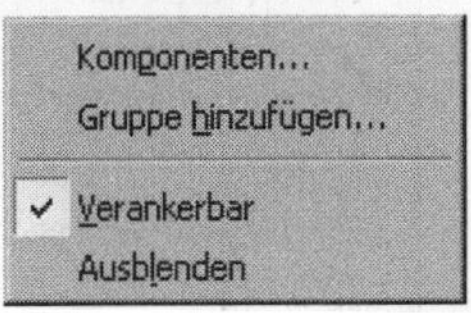

Das Kontextmenü der Werkzeugsammlung

Visual Basic ist mit 39 solcher ActiveX-Steuerelementen (und sechs zusätzlichen Steuerelementen des Datenbericht-Designers) ausgestattet. Selbst sehr große Projekte werden kaum auf sämtliche angewiesen sein, aber daß zehn oder 15 weitere Steuerelemente benötigt werden, ist nicht ungewöhnlich. Damit dabei die Werkzeugsammlung nicht zu unübersichtlich wird, ermöglicht der Befehl *Gruppe hinzufügen*, vorhandene oder hinzuzufügende Objekte in Gruppen mit frei wählbarem Namen einzuordnen.

Für jede Gruppe erscheint ein Gruppenkopf, eine Schaltfläche mit dem Gruppennamen, deren Anklicken die Gruppe öffnet. Sie ist zunächst bis auf das Zeiger-Werkzeug leer, mit den gewünschten Werkzeugen gefüllt wird sie einfach durch Drag & Drop.

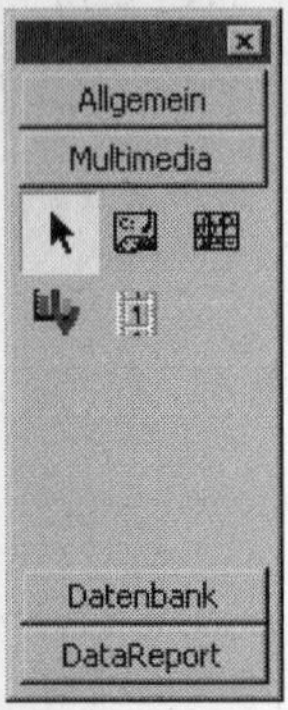

Eine gruppierte Werkzeugsammlung

Die Reihenfolge der Gruppen (die vorgegebene Gruppe *Allgemein* bleibt immer zuoberst) läßt sich mit Hilfe der beiden untersten Einträge im Kontextmenü eines Gruppenkopfes ändern. Dort finden sich auch noch weitere Befehle zur Bearbeitung von Werkzeuggruppen.

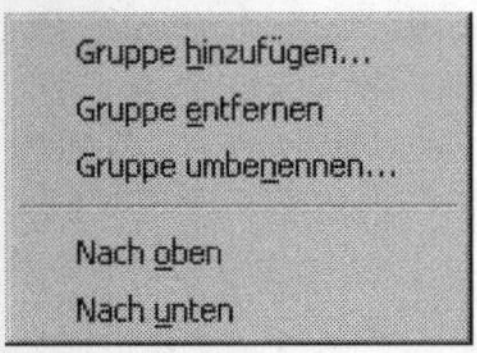

Das Kontextmenü eines Gruppenkopfes der Werkzeugsammlung

Die zum Datenbericht-Designer gehörenden integrierten Steuerelemente sind bis auf das *Function*-Steuerelement angepaßte Varianten „normaler" Steuerelemente. Sie besitzen keinerlei Methoden und Ereignisse und haben gegenüber der jeweiligen Standardversion weniger oder veränderte Eigenschaften. Wenn ein Projekt um den Datenbericht erweitert wird (*Projekt/Data Report hinzufügen*), sind die Steuerelemente verfügbar; die folgende Tabelle listet sie auf:

Symbol	Name/Klasse	Funktion
	Anzeige/ RptImage	Ähnlich wie Standard-Steuerelement.
	Bezeichnungsfeld/ RptLabel	Ähnlich wie Standard-Steuerelement.
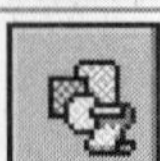	Figur/ RptShape	Ähnlich wie Standard-Steuerelement.

Symbol	Name/Klasse	Funktion
	Function/ RptFunction	Berechnung und Anzeige aggegrierter Ergebnisse (acht statistische Funktionen).
	Linien/ RptLine	Ähnlich wie Standard-Steuerelement.
	Textfeld/ RptTextBox	Ähnlich wie Standard-Steuerelement, allerdings nur Textausgabe

Grundsätzlich gibt die Liste der mit Visual Basic gelieferten Steuerelemente im *Komponenten*-Dialog die englische Bezeichnung des jeweiligen ActiveX-Steuerelements wieder, eingeleitet durch den Namen des Herstellers/Lizenznehmers Microsoft. Manche *ocx*-Dateien enthalten mehrere Steuerelemente, wie z. B. *Mscomctl.ocx* und *Mscomct2.ocx* mit neun respektive fünf standardisierten Windows-Steuerelementen.

Unter den ActiveX-Steuerelementen ist die Gruppe der für den Datenzugriff geschaffenen zahlenmäßig am stärksten vertreten. Im einzelnen sind dies:

Symbol	Name/Klasse	Funktion
	ADO-Daten/ AdoDC	ActiveX Data Objects-Variante des Daten-Steuerelements.
	DataCombo/ DataCombo	Datengebundenes Kombinationsfeld: Anzeigen im Listenfeld und Bearbeiten im Textfeld der von einem Daten-Steuerelement gelieferten Daten.
	DataList/ DataList	Datengebundenes Listenfeld: Anzeigen einer Liste der von einem Daten-Steuerelement gelieferten Daten.
	DataGrid/ DataGrid	Datengebundene Tabelle: Anzeigen und Bearbeiten der von einem Daten-Steuerelement gelieferten Daten in Tabellenform (Zeilen und Spalten).
	DataRepeater/ DataRepeater	Container für datengebundene BenutzerSteuerelemente, die zur Laufzeit wiederholt werden, um pro Zeile einen Datensatz anzuzeigen.

Symbol	Name/Klasse	Funktion
	MSFlexGrid/ MSFlexGrid	Anzeigen und Manipulieren (Sortieren, Gruppieren, Formatieren) von tabellarischen Daten; im gebundenen Zustand schreibgeschützt.
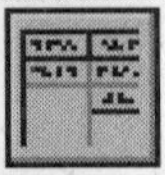	MSHFlexGrid/ MSHFlexGrid	ADO-Version des MSFlexGrid-Steuerelements, die auch Datenhierarchien anzeigen kann.
	DBKombi/ DBCombo	Vorläufer des DataCombo-Steuerelements.
	DBListe/ DBList	Vorläufer des DataList-Steuerelements.
	DBTabelle/ DBGrid	Vorläufer des DataGrid-Steuerelements: kann auch im ungebundenen Zustand verwendet werden.

Ganz easy: ODBC

ODBC (**O**pen **D**ata**b**ase **C**onnectivity) ist ein Standardprotokoll für den Zugriff auf Datenbanken.

Die in der nächsten Gruppe zusammengefaßten Steuerelemente dienen zur Dateneingabe und/oder zur Informationsausgabe.

Symbol	Name/Klasse	Funktion
	MonthView/ MonthView	Anzeigen/Eingeben von Datumsinformationen per Kalenderblatt.
	DateTimePicker/ DTPicker	Benutzerfreundliches Anzeigen und Eingeben von Datum oder Uhrzeit.
	AufAb/ UpDown	Einstellen der Werte eines verknüpften Steuerelements mit Pfeil-Schaltflächen.
	FlatScrollBar/ FlatScrollBar	Bildlaufleisten-Variante mit verschiedenen Formatierungsoptionen.

Symbol	Name/Klasse	Funktion
	Schieberegler/ Slider	Visuelles Einstellen einzelner Werte oder Wertegruppen.
	Fortschrittsleiste/ ProgressBar	Anzeigen des zeitlichen Verlaufs einer Aktion in grafischer Form (Füllen eines Rechtecks).
	Statusleiste/ StatusBar	Anzeigen von Statusinformationen in einem Fenster mit bis zu 16 einzelnen Flächen.
	ImageCombo/ ImageCombo	Variante des Kombinationsfelds, bei der vor jedem Listenelement ein Bild angezeigt werden kann.
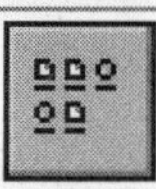	Listenansicht/ ListView	Anzeigen von Daten in vier verschiedenen Darstellungsformen (optional mit Symbolen).
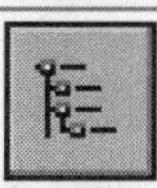	Strukturansicht/ TreeView	Anzeigen von Informationen in Form einer hierarchischen Struktur (optional mit Symbolen).
	SysInfo/ SysInfo	Überwachen gewisser Parameter des Betriebssystems und Melden von Statusänderungen.
	Bildausschnitt/ PictureClip	Anzeigen eines ausgewählten Bereichs einer Bitmap-Grafik in einem Formular oder einem Bildfeld-Steuerelement.
	MSChart/ MSChart	Darstellen von Daten in verschiedenen 2-D- und 3-D-Diagrammen.
	Animation/ Animation	Abspielen von Animationssequenzen (*avi*-Dateien ohne Sound).
	Multimedia MCI/ MMControl	Aufnehmen/Wiedergeben von Multimedia-Dateien über Geräte, die MCI unterstützen.
	Standarddialog/ CommonDialog	Erstellen von Dialogfeldern zum Öffnen, Speichern und Drucken von Dateien oder zur Schrift- und Farbauswahl.

Symbol	Name/Klasse	Funktion
	Formatierte Bearbeitung/ MaskEdBox	Beschränken der Dateneingabe durch Masken und Ausgeben von Daten in formatierter Form.
	RTF/ RichTextBox	Eingeben/Bearbeiten von Text mit umfangreicheren Formatierungsmöglichkeiten als im Textfeld-Steuerelement.

Ganz easy: AVI, MCI, RTF

Dateien im AVI-Format (**A**udio **V**ideo **I**nterleaved) können in der Art eines Videoclips Bild- und Toninformationen enthalten. MCI (**M**edia **C**ontrol **I**nterface) bezeichnet ein Standardprotokoll für Multimedia-Geräte (Soundkarte, CD-ROM usw.).

RTF (**R**ich **T**ext **F**ormat) ist ein herstellerunabhängiges Textformat mit umfassenden Formatierungsmöglichkeiten.

Die nachstehenden Steuerelemente eignen sich zur Organisation externer Kommunikationsverbindungen.

Symbol	Name/Klasse	Funktion
	Internet Transfer/ Inet	Verbinden mit dem Internet über die Protokolle HTTP und FTP.
	Kommunikation/ MSComm	Senden und Empfangen von Daten über eine serielle Schnittstelle.
	MAPI-Nachrichten/ MAPIMessages	Bereitstellen von Systemfunktionen für E-Mail-Kommunikation in Verbindung mit dem MAPI-Sitzung-Steuerelement (zur Laufzeit unsichtbar).
	MAPI-Sitzung/ MAPISession	Anmelden, Einrichten und Abmelden einer E-Mail-Kommunikation (zur Laufzeit unsichtbar).
	Winsock/ Winsock	Austauschen von Daten mit Netzrechnern über das TCP- oder UDP-Protokoll (zur Laufzeit unsichtbar).

Ganz easy: HTTP, FTP, MAPI, TCP, UDP

Mit Hilfe von HTTP (**H**yper**T**ext **T**ransfer **P**rotocol) können HTML-Seiten von WWW-Servern abgerufen und unter Verwendung von FTP (**F**ile **T**ransfer **P**rotocol) Dateien von FTP-Servern herunter- oder heraufgeladen werden.

MAPI (**M**essaging **A**pplication **P**rogramming **I**nterface) ist der Name einer Programmierschnittstelle zur Entwicklung von E-Mail-Anwendungen.

TCP (**T**ransmission **C**ontrol **P**rotocol) ermöglicht den verbindungsorientierten Datentransfer (Direktverbindung), UDP (**U**ser **D**atagram **P**rotocol) den verbindungslosen Datenaustausch mit einem entfernten Rechner.

Die restlichen ActiveX-Steuerelemente werden als Container anderer Komponenten zur Gliederung der Programmoberfläche eingesetzt.

Symbol	Name/Klasse	Funktion
	Abbildungsliste/ ImageList	Zentrale Ablage für die Grafiken einer Anwendung, auf die andere Steuerelemente zugreifen können.
	CoolBar/ CoolBar	Erstellen einer Symbolleiste im modisch flachen Look, die vom Benutzer zu konfigurieren ist.
	Register/ TabStrip	Erstellen von Dialogfeldern mit mehreren Registerseiten.
	SSRegister/ SSTab	Ähnlich wie Register-Steuerelement, jedoch mit größerem Funktionsumfang.
	Symbolleiste/ Toolbar	Erstellen einer Symbolleiste mit Schaltflächen, die Text und/oder Grafiken anzeigen können.

Das Eigenschaftenfenster

Das Eigenschaftenfenster läßt sich öffnen mit

- dem Befehl *Ansicht/Eigenschaften*
- der Shortcut-Taste [F4]
- der entsprechenden Schaltfläche der Voreinstellung-Symbolleiste

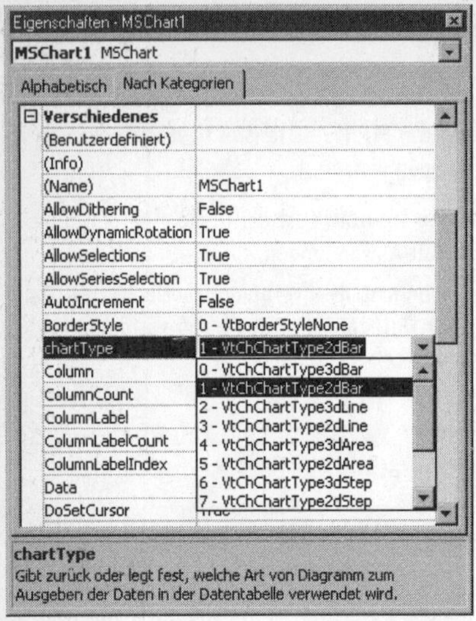

Das Eigenschaftenfenster

Es stellt das Instrument zur Verfügung, um im Entwurfsmodus die dort verfügbaren Eigenschaften der ausgewählten Objekte (von Formularen über Steuerelemente einschließlich Menüs bis zu Klassenmodulen) zu inspizieren oder zu verändern.

In der Titelleiste wird der Name des momentan gewählten Objekts wiedergegeben, in dem Objektfeld darunter ebenfalls, gefolgt vom Klassennamen des Objekts. Beim Entwerfen eines Formulars sind in der Liste, die durch Anklicken der Pfeil-Schaltfläche rechts vom Objektfeld aufgeklappt wird, neben dem Formular selbst auch sämtliche enthaltenen Steuerelemente aufgeführt. Das gewünschte Objekt läßt sich aus ihr per Mausklick wählen.

In der zweispaltigen Liste darunter werden die Eigenschaften (1. Spalte) und deren aktuelle Einstellungen (2. Spalte) dargestellt. Die Felder der rechten Spalte (Einstellungsfelder) dienen zugleich zur Eingabe neuer Daten.

Die Art, wie die Änderung von Eigenschaftswerten vorgenommen wird, hängt vom Typ der Eigenschaft ab.

- Bei Eigenschaften, deren Einstellung frei definierbar ist (z. B. *Caption*-Eigenschaft), wird ihr Name in der linken Spalte angeklickt und damit markiert. Ohne daß es angezeigt wird, ist damit auch der Wert in der rechten Spalte „unsichtbar“ mit markiert, so daß er durch die Tastatureingabe ersetzt wird.

- Für Eigenschaften mit einem Satz vordefinierter Werte (wie *chartType* in obiger Abbildung) läßt sich die gewünschte Einstellung aus einer Werteliste aussuchen, die mit dem Pfeil rechts im Einstellungsfeld geöffnet wird. Alternativ dazu können die möglichen Werte auch nacheinander angezeigt werden, indem man auf den Namen der Eigenschaft in der linken Spalte doppelklickt.

- Eigenschaften, die eine Zusammenfassung verschiedener Attribute eines Objekts darstellen (etwa *Font*-Eigenschaft von Formularen), werden in einem Dialogfeld eingestellt, das über die Schaltfläche mit den drei Auslassungspunkten eingeblendet wird.

Das Eigenschaftenfenster enthält zwei Registerkarten: Die nach Kategorien sortierte Liste ist oft praktikabler als die alphabetische Liste, denn in ihr lassen sich zur Zeit nicht interessierende Gruppen ausblenden.

Zwischen Listenende und Beschreibungsbereich unten im Eigenschaftenfenster gibt es einen Fensterteiler, den man mit der Maus verschieben kann, um die Größe des Beschreibungsbereichs zu verändern. Will man ganz auf ihn verzichten, findet man im Kontextmenü den passenden Befehl.

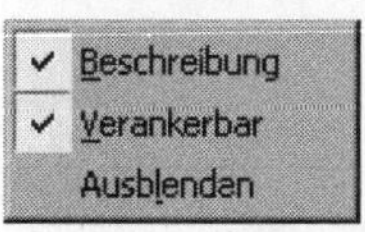

Das Kontextmenü des Eigenschaftenfensters

3.6 Programmcode pur: Das Codefenster

Das Codefenster kann man anzeigen durch

- den Befehl *Ansicht/Code*
- die Taste [F7]
- einen Doppelklick auf ein Formular/Steuerelement im Formularfenster
- das Symbol *Code anzeigen* im Projekt-Explorer

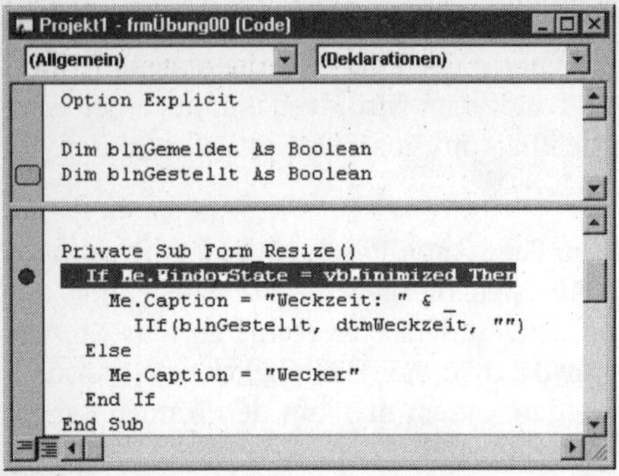

Das Codefenster (unterteilt in zwei Teilfenster)

Unterhalb der Titelleiste befindet sich links das Objektfeld. Es gibt den Namen des zur Zeit gewählten Objekts wieder, die mit der Pfeil-Schaltfläche aufzuklappende Liste führt alle verfügbaren Objekte auf. Das Prozedurfeld rechts davon zeigt sämtliche Ereignisse, die Visual Basic für das im Objektfeld angegebene Objekt kennt. Die Auswahl eines Ereignisses läßt die entsprechende Ereignisprozedur im Arbeitsbereich des Codefensters erscheinen. In ihm wird der Programmcode eingegeben, angezeigt und bearbeitet. Für jedes Modul kann ein eigenes Codefenster geöffnet werden. Mit der Maus läßt sich markierter Text verschieben:

- innerhalb des aktiven Codefensters
- in ein anderes Codefenster
- in das Überwachungs- und Direktfenster
- in den Papierkorb

Pro Modul kann nur ein Codefenster geöffnet werden. Um verschiedene Codeabschnitte innerhalb ein- und desselben Moduls gleichzeitig betrachten zu können, benutzt man den Fensterteiler. Dieser wird aus seiner Ausgangsposition am oberen Rand der vertikalen Bildlaufleiste – der Mauszeiger verändert dabei seine Form – heruntergezogen und so das Codefenster in zwei Horizontalbereiche unterteilt. Die beiden Teilfenster besitzen getrennte Bildlaufleisten und sind einzeln aktivierbar. Die Angaben im Objekt- und Prozedurfeld beziehen sich auf den zur Zeit aktiven Teilbereich. Wählt man im Objektfeld den obersten Eintrag *(Allgemein)*, so erscheinen in der Prozedurliste außer dem Element *(Deklarationen)*, dem nicht ausführbaren Deklarationsteil eines Moduls (zum Beispiel für Variablen und Konstanten), alle allgemeinen Prozeduren. Diese Prozeduren müssen im Gegensatz zu Ereignisprozeduren, auf die

Visual Basic automatisch reagiert, explizit von anderen Prozeduren aufgerufen werden. Die beiden Symbole links von der horizontalen Bildlaufleiste bewirken folgendes:

Symbol	Bezeichnung	Funktion
	Prozeduransicht	Zeigt nur die gewählte Prozedur an.
	Vollständige Modulansicht	Zeigt den Code des ganzen Moduls an.

Die Kennzeichenleiste am linken Rand des Arbeitsbereichs nimmt die Symbole auf, die als optische Signale die Codebearbeitung komfortabler gestalten können:

	Lesezeichen
	Haltepunkt
	Nächste Anweisung
	Prozeduraufruf

Mit den Befehlen des Kontextmenüs sind die am häufigsten gebrauchten Operationen in bequemer Reichweite. Haltepunkte oder Lesezeichen können mit den Befehlen ein-/ausgeschaltet werden, die im Untermenü zum Punkt *Umschalten* enthalten sind.

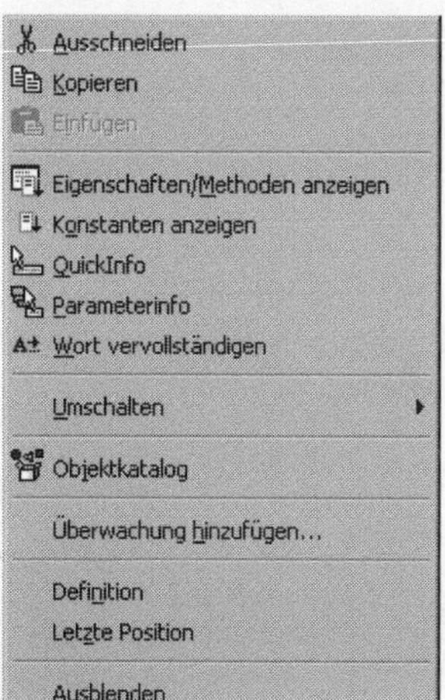

Das Kontextmenü des Codefensters

3.7 Ihr Manager: Der Projekt-Explorer

Zum Einblenden des Projekt-Explorers gibt es folgende Möglichkeiten:

- den Befehl *Ansicht/Projekt-Explorer*
- die Tastenkombination Strg+R
- das zugehörige Symbol der Voreinstellung-Symbolleiste

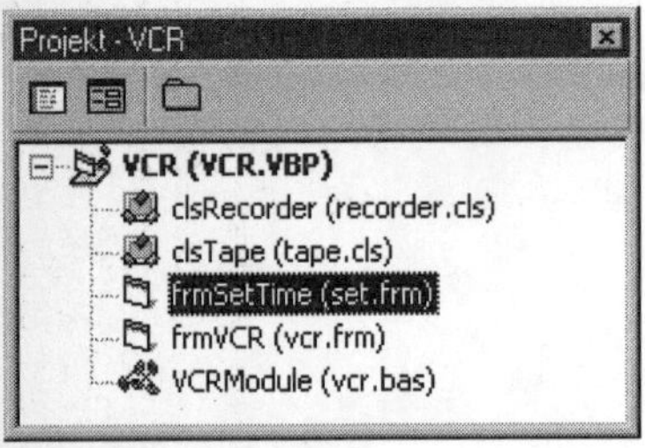

Der Projekt-Explorer

Im Projekt-Explorer wird eine Liste aller geladenen Projekte und sämtlicher darin enthaltenen Komponenten als Strukturbaum dargestellt. Über der Liste befinden sich die folgenden drei Symbole.

Symbol	Bezeichnung	Funktion
	Code anzeigen	Zeigt das Codefenster an (*Ansicht/Code*).
	Objekt anzeigen	Zeigt das Formularfenster an (*Ansicht/Objekt*).
	Ordner wechseln	Blendet die Ordner der Komponenten ein bzw. aus.

Was die beiden ersten Schaltflächen bewirken, geht unmittelbar aus ihrer Bezeichnung hervor. Nach Anklicken des Symbols *Ordner wechseln* hat die Liste im Projekt-Explorer dieses Aussehen.

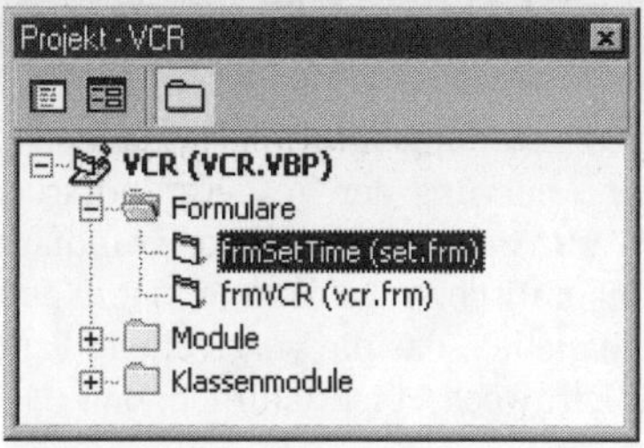

Der Projekt-Explorer mit eingeblendeten Ordnern

Die Funktionen der Symbolschaltflächen stehen auch im Kontextmenü zur Verfügung. Die meisten seiner Befehle beziehen sich auf das in der Liste markierte Element.

Das Kontextmenü des Projekt-Explorers

3.8 Mit Farbe geht's noch bunter: Die Farbpalette

Die Farbpalette, die durch den Befehl *Ansicht/Farbpalette* geöffnet wird, stellt ein bequemes visuelles Hilfsmittel zur Farbgestaltung von Formularen und Steuerelementen dar.

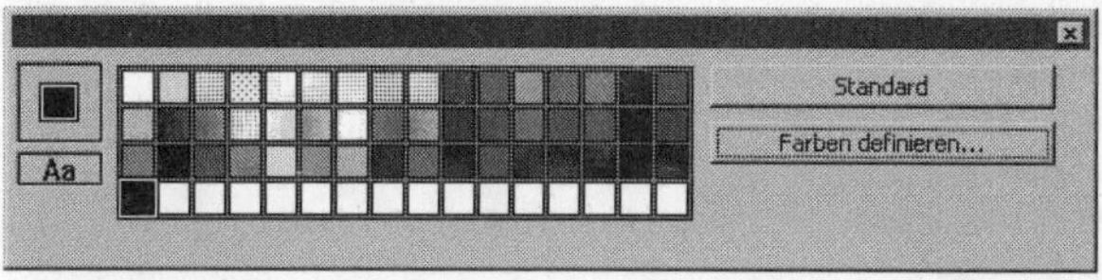

Die Farbpalette

Das quadratische Feld links im Paletten-Fenster zeigt die aktuelle Vorder- und Hintergrundfarbe des markierten Objekts, das kleine, rechteckige Feld darunter gibt die entsprechenden Einstellungen für die Textanzeige in dem jeweiligen Objekt wieder. Zur Änderung der Vordergrundfarbe klickt man zunächst auf den inneren, zur Änderung der Hintergrundfarbe auf den äußeren Bereich des quadratischen Felds und dann auf dasjenige Feld der Farbtabelle rechts daneben, das die vorgesehene Farbe aufweist. Voraussetzung für einen Farbwechsel ist natürlich, daß das jeweilige Objekt die betreffenden Farbeigenschaften als im Entwurfsmodus veränderbar überhaupt besitzt.

Hinweis: Mischfarbe

Sollte die gewünschte Text- oder Hintergrundfarbe nicht angezeigt werden, dann ist eine dieser Farben eventuell eine Mischfarbe. Bei der Darstellung von Text in Windows müssen nämlich Vorder- und Hintergrund eine Basisfarbe haben.

Mit der Schaltfläche *Standard* werden die in der Systemsteuerung von Windows festgelegten Farben verwendet. Die Benutzung von Systemfarben hat den Vorteil, daß ihre Änderung automatisch die entsprechende Farbänderung in der Visual Basic-Anwendung nach sich zieht. Zusätzlich zu den 48 vorgegebenen Farbfeldern (drei Reihen mit 16 Spalten) stehen in der untersten Reihe zusätzlich 16 zunächst weiße Felder zum Erstellen eigener Farben zur Verfügung. Nach Auswahl eines dieser Felder wird mit der Schaltfläche *Farben definieren* ein Dialogfeld eingeblendet.

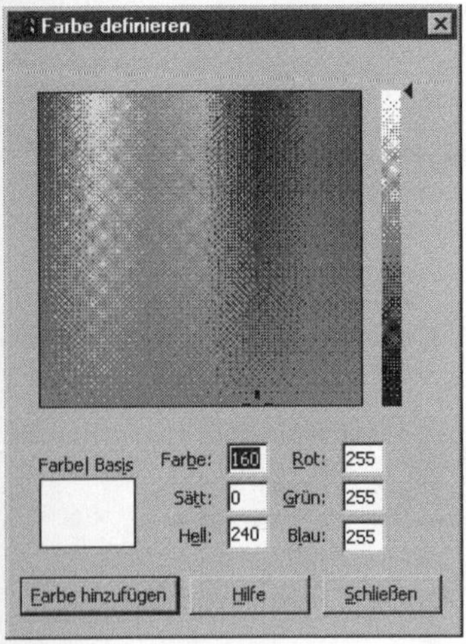

Das Dialogfeld Farbe definieren

Den Hauptteil des Fensters nimmt eine Farbmatrix ein. Ein Klick auf eine Stelle innerhalb der Matrix legt Farbton und Sättigung der selbstdefinierten Farbe fest. Mit dem Schieberegler am rechten Rand des Dialogfelds wird die Helligkeit eingestellt. Die momentane Farbmischung kann in einem Vorschaufenster begutachtet werden.

Durch diese drei Parameter läßt sich jede beliebige Farbe definieren, ebenso wie mit einer Kombination der Farbanteile für Rot, Grün und Blau. Die Skalen beider Farbsysteme werden synchron geändert. Ein Klick auf die Schaltfläche *Farbe hinzufügen* überträgt den festgelegten Farbton in das aktuelle Palettenfeld.

Die Zuordnung von Farben (z. B. zur *BackColor*-Eigenschaft eines Formulars) läßt sich auch im Eigenschaftenfenster mit Hilfe einer Farbpalette im Miniformat vornehmen. Im Einstellungsfeld der zu ändernden Eigenschaft öffnet man ein Dialogfeld, das neben der Registerkarte *System* eine zweite namens *Palette* enthält, auf der die 64 Farbfelder quadratisch angeordnet sind. Der Dialog zur Farbdefinition wird durch Anklicken eines leeren Felds mit der rechten Maustaste eingeblendet.

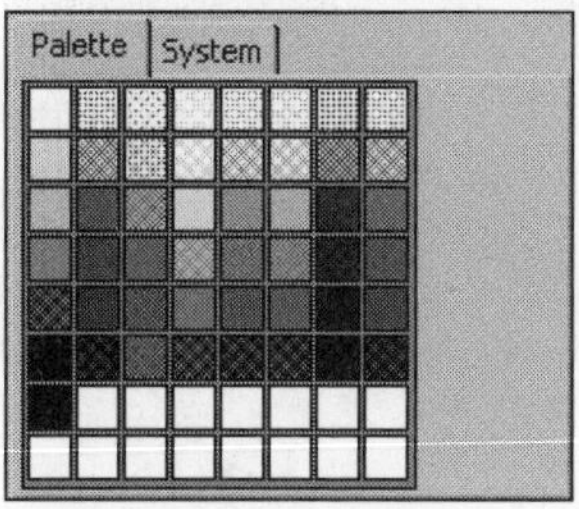

Die Mini-Farbpalette im Eigenschaftenfenster

Das Kontextmenü der Farbpalette weist nur drei Befehle auf, von denen der oberste mit der Schaltfläche *Standard* in der Farbpalette funktionsgleich ist.

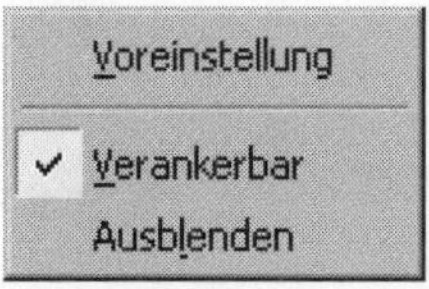

Das Kontextmenü der Farbpalette

Zu den Fenstern der Entwicklungsumgebung gehören außer den drei Testfenstern auch der weiter vorn vorgestellte Objektkatalog (S. 80), der noch zu erläuternde Menü-Editor (Kap. 6.1) sowie ausstehende Kontextmenüs, die an geeigneter Stelle zur Sprache kommen werden.

4. Visuell programmieren: Die Programmoberfläche gestalten

4.1 Steuerelemente braucht man, Steuerelemente hat man

Die Erstellung einer Anwendung mit Visual Basic beginnt normalerweise damit, daß aus Formularen und Steuerelementen eine Programmoberfläche entworfen wird. Diese (manchmal auch unsichtbaren) Objekte erhalten sodann Eigenschaftswerte und werden im nächsten Schritt durch Visual Basic-Code so aktiviert, daß sie die ihnen im Rahmen des Programmkonzepts zugedachten Funktionen erfüllen können.

Steuerelemente nehmen Eingaben vom Benutzer entgegen und/oder geben Informationen an den Benutzer aus. Die im jeweiligen Projekt verfügbaren Steuerelemente sind in einem eigenen Fenster, der Werkzeugsammlung, zusammengefaßt.

Mehr Infos: Ihr Konstruktionsbüro ➨ Kapitel 3.5

Lediglich das *Menü*-Steuerelement findet man nicht dort, sondern es wird über einen Befehl (*Extras/Menü-Editor*) aufgerufen.

Mehr Infos: Menüs: Pulldown oder Popup ➨ Kapitel 6.1

Steuerelement-Kategorien

Die in Visual Basic einzusetzenden Steuerelemente kann man in vier Kategorien einordnen:

- **Integrierte Steuerelemente** wie das Textfeld sind fester Bestandteil des Visual Basic-Kerns und damit auch der Werkzeugsammlung, können dieser also nicht wie die Steuerelemente der beiden anderen Kategorien je nach Bedarf hinzugefügt oder aus ihr entfernt werden. Die ersten 20 Werkzeuge der Gruppe *Allgemein* sowie die sechs Steuerelemente des Datenbericht-Designers (Werkzeuggruppe *DataReport*) repräsentieren diese BasisSteuerelemente.

- **ActiveX-Steuerelemente**, die in separaten *ocx*-Dateien enthalten sind, stellen mit einer Zahl von 38 das Hauptkontingent der mitgelieferten Steuerelemente. Unter ihnen befinden sich verbesserte Versionen von Basiswerkzeugen wie das *ADO-Daten*-Steuerelement sowie zusätzliche Steuerelemente wie das *MonthView*-Steuerelement. ActiveX-Steuerelemente, die auch mit anderen Entwicklungspaketen einzusetzen sind, werden von unabhängigen Softwarefirmen angeboten und umgekehrt lassen sich ActiveX-Steuerelemente aus anderen Applikationen (etwa das Kalender-Steuerelement von Access) in Visual Basic verwenden.

- **Benutzer-Steuerelemente** sind ActiveX-Steuerelemente, die mit Visual Basic erzeugt wurden. Seit mit der Version 5.0 diese Möglichkeit eröffnet wurde (vorher war C++ erforderlich), hat die Zahl der im Internet frei verfügbaren Steuerelemente rapide zugenommen.
- **Einfügbare Objekte** (z. B. ein Excel-Diagramm-Objekt) bilden die letzte Kategorie von Steuerelementen. Sie können ebenfalls der Werkzeugsammlung hinzugefügt werden. Viele von ihnen unterstützen die als Automatisierung bezeichnete Technik und lassen sich als Objekte einer anderen Anwendung innerhalb eines Visual Basic-Projekts programmieren.

Steuerelemente hinzufügen/entfernen

Eine Auflistung der auf Ihrem PC zur Verfügung stehenden ActiveX-Steuerelemente und einfügbaren Objekte erhalten Sie auf den entsprechenden Registerkarten des mit *Projekt/Komponenten* (oder dem äquivalenten Befehl aus dem Kontextmenü der Werkzeugsammlung) aufgerufenen Dialogfelds. Ein aktiviertes Kontrollkästchen *Nur ausgewählte Elemente* begrenzt die Liste auf die momentan im aktiven Projekt verfügbaren Komponenten. Durch Anklicken des Kontrollkästchens vor dem Namen einer Komponente können Sie diese dem Projekt hinzufügen bzw. aus ihm entfernen, letzteres aber nur dann, wenn die betreffende Komponente weder in einem Formular des Projekts verwendet wird, noch im Programmcode ein Verweis darauf enthalten ist. In diesem Fall macht Visual Basic Sie auf diese Abhängigkeiten aufmerksam.

Namenskonventionen für Objekte

Objekte in Visual Basic müssen einen eindeutigen Namen haben, damit im Programmcode auf sie exakt Bezug genommen werden kann. Beim Erstellen eines Objekts (Formular oder Steuerelement) weist Visual Basic diesem einen Standardnamen zu; so erhält das erste Textfeld *Text1* als *Name*-Eigenschaft, das zweite *Text2* usw.

Aussagekräftige Namen vergeben

Diese vorgeschlagenen Namen beizubehalten, ist sicherlich nicht falsch; besser jedoch ist es - insbesondere wenn mehrere Steuerelemente ein- und desselben Typs im Projekt verwendet werden –, aussagekräftigere

Namen zu wählen. Neben der leichteren Lesbarkeit Ihres Programmcodes für andere ist der mnemotechnische Nutzen für Sie selbst ein nicht zu unterschätzender Vorteil. Es hat sich in der Visual Basic-Programmierung eingebürgert, jede Objektklasse durch ein aus mindestens drei Buchstaben bestehendes, spezifisches Präfix zu kennzeichnen. Das bringt als weiteren Nutzen mit sich, daß Objekte desselben Typs in den alphabetischen Objektlisten des Eigenschaften- und Codefensters als zusammenhängende Gruppen erscheinen.

Abgeleitet aus den Klassennamen werden in diesem Buch (in Anlehnung an die von Microsoft herausgegebenen Empfehlungen) die folgenden Konventionen für die Benennung von Visual Basic-Objekten verwendet.

Objekt	Klasse	Präfix
Datenbericht	DataReport	rpt
Formular	Form	frm
Steuerelement (allgemein)	Control	ctr
Untergeordnetes MDI-Formular		mdi
Abbildungsliste	ImageList	ilst
ADO-Daten	AdoDC	ado
Animation	Animation	ani
Anzeige	Image	img
Anzeige (Datenbericht)	RptImage	rptimg
AufAb	UpDown	upd
Befehlsschaltfläche	CommandButton	cmd
Bezeichnungsfeld	Label	lbl
Bezeichnungsfeld (Datenbericht)	RptLabel	rptlbl
Bildfeld	PictureBox	pic
Bildausschnitt	PictureClip	clp
Bildlaufleiste, horizontale	HScrollBar	hsb
Bildlaufleiste: vertikale	VScrollBar	vsb
CoolBar	CoolBar	clb
Dateilistenfeld	FileListBox	fil
DataCombo	DataCombo	datcbo
DataGrid	DataGrid	datgrd

Objekt	Klasse	Präfix
DataList	DataList	datlst
DataRepeater	DataRepeater	datrep
Daten	Data	dat
DateTimePicker	DTPicker	dtp
DBKombi	DBCombo	dbcbo
DBListe	DBList	dblst
DBTabelle	DBGrid	dbgrd
Figur	Shape	shp
Figur (Datenbericht)	RptShape	rptshp
FlatScrollBar	FlatScrollBar	fsb
Formatierte Bearbeitung	MaskEdBox	msk
Fortschrittsleiste	ProgressBar	prg
Function (Datenbericht)	RptFunction	rptfnc
ImageCombo	ImageCombo	icbo
Internet Transfer	Inet	net
Kombinationsfeld	ComboBox	cbo
Kommunikation	MSComm	com
Kontrollkästchen	CheckBox	chk
Laufwerklistenfeld	DriveListBox	drv
Linien	Line	lin
Linien (Datenbericht)	RptLine	rptlin
Listenansicht	ListView	lvw
Listenfeld	ListBox	lst
MAPI-Nachrichten	MAPIMessages	mpm
MAPI-Sitzung	MAPISession	mps
Menü	Menu	mnu
MonthView	MonthView	mvw
MSChart	MSChart	cht
MSFlexGrid	MSFlexGrid	grd
MSHFlexGrid	MSHFlexGrid	hgrd

Objekt	Klasse	Präfix
Multimedia MCI	MMControl	mci
OLE-Container	OLE	ole
Optionsfeld	OptionButton	opt
Rahmen	Frame	fra
Register	TabStrip	tab
RTF	RichTextBox	rtf
Schieberegler	Slider	sld
SSRegister	SSTab	stab
Standarddialog	CommonDialog	dlg
Statusleiste	StatusBar	stb
Strukturansicht	TreeView	tvw
Symbolleiste	Toolbar	tlb
SysInfo	SysInfo	sys
Textfeld	TextBox	txt
Textfeld (Datenbericht)	RptTextBox	rpttxt
Verzeichnislistenfeld	DirListBox	dir
Winsock	Winsock	wsk
Zeitgeber	Timer	tim

An das Präfix schließt sich ein die Funktion des betreffenden Steuerelements innerhalb des Projekts charakterisierender Name an, z. B. *cmdEnde* für eine Befehlsschaltfläche zum Beenden der Anwendung oder *txtVorname* für ein Textfeld zur Eingabe und Änderung des Vornamens eines Kunden.

Namensregeln

Groß-/Kleinschreibung ist bei Objektnamen kein unterscheidendes Merkmal, sondern dient lediglich zur leichteren Lesbarkeit. Die Namen von Visual Basic-Objekten unterliegen folgenden Regeln:

- Sie beginnen mit einem Buchstaben.
- Sie sind maximal 40 Zeichen lang.
- Sie enthalten Buchstaben, Ziffern oder den Unterstrich (_).

Tip: Objektnamen ohne Unterstrich

Um möglichen Irrtümern und Verwirrungen aus dem Wege zu gehen, sollten Sie bei der Vergabe von Objektnamen den Unterstrich nicht benutzen, da er von Visual Basic bei der Benennung von Ereignisprozeduren verwendet wird.

Zweckmäßigkeit einer Namenskonvention

Wie zweckmäßig die Anwendung eines festen Schemas für Objektnamen ist, das Sie selbstverständlich gemäß Ihren persönlichen Vorstellungen anlegen können, wird am Beispiel der Eigenschaft *Caption*, die bei vielen Steuerelementen anzutreffen ist, deutlich. Die wörtliche Übersetzung „Überschrift" mag ihre Bedeutung für ein Formular, bei der sie als Titelleistentext in Erscheinung tritt, noch zutreffend wiedergeben, bei einem Bezeichnungsfeld stellt sie sich aber als Text innerhalb und nicht oberhalb des Steuerelements dar. Eine Zeile im Visual Basic-Code wie

```
Achtung.Caption = "Bitte Kennwort eingeben!"
```

besagt, daß der Eigenschaft *Caption* eines Objekts namens *Achtung* die in Anführungszeichen eingeschlossene Zeichenfolge zugewiesen wird. Um welchen Objekttyp es sich dabei handelt, ist aber aus der Anweisung nicht zu erkennen. Dies aber wird durch Voranstellen eines Präfixes sofort deutlich: Wenn ein Bezeichnungsfeld gemeint ist, könnte die Anweisung

```
lblAchtung.Caption = "Bitte Kennwort eingeben!"
```

und bei einem Formular

```
frmAchtung.Caption = "Bitte Kennwort eingeben!"
```

lauten.

Hinweis: Punkt als Trennzeichen

Die Syntax von Visual Basic verlangt einen Punkt (.) als Trennzeichen zwischen dem Namen des Objekts (*frmAchtung*) und dem der Eigenschaft (*Caption*).

Standardeigenschaft eines Steuerelements

Steuerelemente besitzen im allgemeinen eine Vielzahl von Eigenschaften. Die wichtigste oder am häufigsten benutzte wird Wert des Steuerelements genannt und stellt die Standardeigenschaft dar, auf die ohne Nennung des Namens zugegriffen werden kann. So ist zum Beispiel die Standardeigenschaft eines Bezeichnungsfelds die *Caption*-, die eines Textfelds die *Text*-Eigenschaft.

Also läßt sich die *Text*-Eigenschaft des *Textfeld*-Steuerelements *txtBeispiel* festlegen mit der Codezeile

```
txtBeispiel = "Die Text-Eigenschaft von txtBeispiel enthält
diesen Text."
```

oder ausführlicher mit

```
txtBeispiel.Text = "Die Text-Eigenschaft von txtBeispiel
enthält diesen Text."
```

Vorzuziehen, weil sie verständlicher ist und dabei nur mit minimal größerem Schreibaufwand verbunden, ist die zweite Alternative, die auch in diesem Buch benutzt wird.

Steuerelemente zeichnen

Es gibt zwei Methoden, Steuerelemente in einem Formular zu plazieren:

- Durch einen Doppelklick auf das Symbol eines Steuerelements in der Werkzeugsammlung wird das betreffende Element in einer voreingestellten Größe mittig in dem Formular positioniert. Es kann von dort an eine andere Stelle gezogen und in seiner Größe verändert werden.
- Ein einfacher Klick auf die Schaltfläche der Werkzeugsammlung aktiviert den Zeichenmodus: Die Schaltfläche bleibt gedrückt, und der Mauszeiger nimmt die Form eines Kreuzes an. Mit ihm kann an beliebiger Position innerhalb des Formulars ein rechteckiger Bereich aufgezogen werden, dessen Begrenzungslinien die Abmessungen des Steuerelements festlegen.

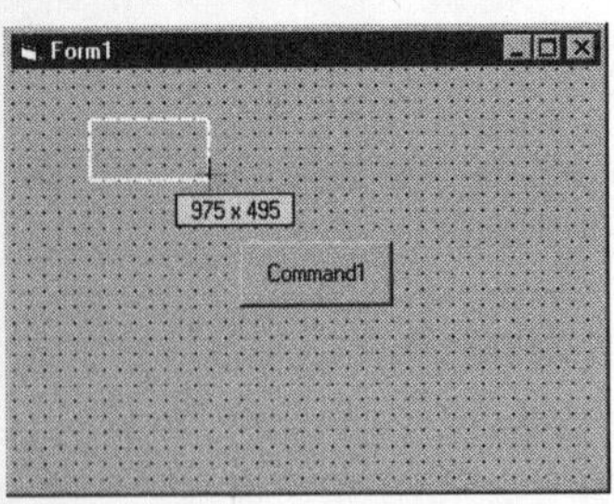

Formular mit einer durch Doppelklick erstellten Befehlsschaltfläche, ein zweites Steuerelement wird gerade gezeichnet

In beiden Fällen lassen sich sodann andere Eigenschaften einstellen, die das Aussehen und das Verhalten des Objekts bestimmen (z. B. die farbige Gestaltung des Hintergrunds).

Wenn das Erscheinungsbild nicht mit Ihren Vorstellungen im Einklang ist, sind Modifikationen jederzeit möglich. Genau darin liegt einer der Vorzüge von Visual Basic gegenüber herkömmlichen Entwicklungssystemen, daß man das Resultat der visuellen Programmierung noch in der Entwurfsphase in fast allen Aspekten zu Gesicht bekommt.

4.2 Operationen mit Befehlsschaltflächen durchführen

Das *Befehlsschaltfläche*-Steuerelement stellt für den Benutzer eine der einfachsten Möglichkeiten dar, mit einer Anwendung zu kommunizieren. Nahezu alle Visual Basic-Anwendungen verwenden Befehlsschaltflächen; durch ihr Anklicken werden Operationen ausgelöst.

Beim Niederdrücken der Maustaste erscheint auch die Schaltfläche eingedrückt, nach dem Loslassen kehrt sie wieder in den Normalzustand zurück.

Schaltfläche auswählen

Es existiert eine Reihe von Möglichkeiten, eine Befehlsschaltfläche zur Laufzeit auszuwählen:

- Klicken mit der primären (linken) Maustaste
- Drücken der Zugriffstaste [Alt] + unterstrichener Buchstabe
- Bewegen per [Tab]-Taste zur Schaltfläche und Drücken der [Leertaste] oder [Enter]-Taste
- Falls die Schaltfläche die *Standard*-Schaltfläche des Formulars ist, Drücken der [Enter]-Taste
- Falls die Schaltfläche die *Abbrechen*-Schaltfläche des Formulars ist, Drücken der [Esc]-Taste
- Setzen der *Value*-Eigenschaft auf *True* im Programmcode

Hinweis: Eingabe- oder [Enter]-Taste

Statt der normalen [Enter]-Taste (der Eingabetaste) kann auch stets die gleichwertige [Enter]-Taste des numerischen Blocks gedrückt werden.

Alle diese Aktionen veranlassen Visual Basic dazu, die *Click*-Ereignisprozedur dieser Befehlsschaltfläche aufzurufen. In ihr befindet sich der Programmcode, der die beabsichtigte Operation ausführt.

Übung 01 Erstellen von Steuerelementen

Eine einfache Anwendung soll noch einmal die Methoden beim Erstellen von Steuerelementen am Beispiel von Befehlsschaltflächen Schritt für Schritt veranschaulichen. Die Oberfläche des Programms zeigt ein Formular mit fünf Befehlsschaltflächen. Mit vier von ihnen kann das Formular in diejenige Ecke des Bildschirms bewegt werden, auf die das jeweilige Pfeilsymbol zeigt. Die Schaltfläche in der Mitte schließt die Anwendung.

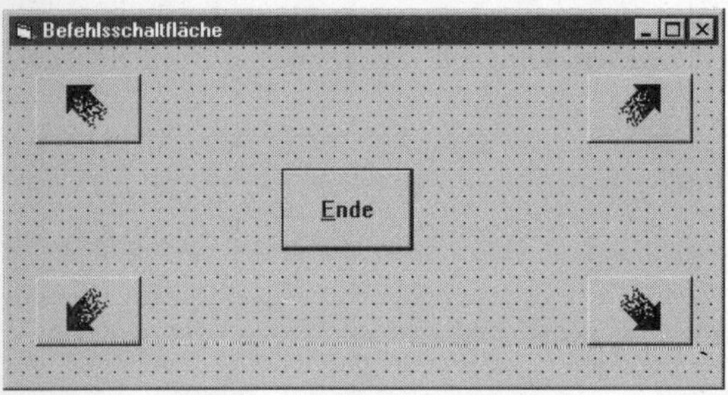

Die Oberfläche von Übung01

1. Starten Sie ein neues Projekt vom Typ *Standard-EXE* (*Datei/Neues Projekt*) und bestücken Sie das Formular mit fünf Befehlsschaltflächen. Dazu können Sie fünfmal auf das Symbol der Befehlsschaltfläche in der Werkzeugsammlung doppelklicken und dann die obersten vier Befehlsschaltflächen vom Stapel in der Mitte des Formulars ungefähr an die Position ziehen, die sie später einnehmen sollen.

Tip: Mehrfaches Einfügen eines Steuerelements

Um einen Steuerelementetyp mehrfach in einem Formular zu zeichnen, halten Sie beim Anklicken seiner Schaltfläche in der Werkzeugsammlung die [Strg]-Taste gedrückt. Die Wahl dieses Werkzeugs bleibt dann so lange bestehen, bis Sie ein anderes Symbol der Werkzeugsammlung auswählen.

2. Klicken Sie die Schaltfläche im Zentrum des Formulars an und vergrößern Sie diese mit Hilfe der Ziehpunkte auf der Peripherie des Markierungsrahmens. Eine der anderen Schaltflächen bringen Sie auf die gewünschte Größe und passen die anderen drei mit *Format/Größe angleichen/Beides* an. Schließlich sorgen Sie mit den Befehlen aus *Format/Ausrichten* dafür, daß die Steuerelemente in den Ecken jeweils paarweise miteinander fluchten. Beachten Sie, daß bei diesen Aktionen immer das zuletzt markierte Element einer Gruppe das Bezugsobjekt darstellt.

Tip: Mehrere Steuerelemente markieren

Um mehrere Steuerelemente zu markieren, halten Sie beim Anklicken ab dem zweiten Objekt die [Umschalt]- oder [Strg]-Taste gedrückt. Für den Fall, daß einige Elemente übereinanderliegen und sich verdecken, können Sie mit dem Pfeil-Werkzeug einen rechteckigen Markierungsrahmen um sie herum aufziehen. Diese Objekte können Sie dann gemeinsam bearbeiten oder ihnen die gleichen Eigenschaften zuordnen. Die Mehrfachmarkierung wird durch Anklicken eines anderen Objekts oder mit der [Esc]-Taste wieder aufgehoben.

3. Wenn das Eigenschaftenfenster nicht eingeblendet ist, öffnen Sie es durch Drücken von [F4]. Ändern Sie die *Name*-Eigenschaft des Formulars in *frmÜbung01* ab. Sie finden sie zuoberst in der alphabetischen Liste, weil die Zeichenfolge in runden Klammern steht und der Zeichencode für die öffnende Klammer mit einem Wert von 40 kleiner ist als der von Buchstaben oder Ziffern.

Eigenschaftenfenster nach Ändern der Name-Eigenschaft

4. Legen Sie nun die Eigenschaften dieses und der übrigen Objekte gemäß folgender Tabelle fest, indem Sie in der linken Spalte des Eigenschaftenfensters die betreffende Eigenschaft markieren und den neuen Eigenschaftswert eintippen oder aus der Liste möglicher Werte aussuchen. Eventuelle Tippfehler können Sie nach Anklicken des Werts in der rechten Spalte mit den normalen Editiertasten korrigieren. Die anderen Objekte wählen Sie aus der Objektliste (oberstes Feld im Eigenschaftenfenster) aus, die nach einem Klick auf die Pfeil-Schaltfläche erscheint.

Objekt	Eigenschaft	Einstellung
Form1	Name	frmÜbung01
	Caption	Befehlsschaltfläche
Command5	Name	cmdLinksOben
	Caption	(Leer)
	Picture	Graphics\Icons\Arrows\Arw11nw.ico
	Style	1 - Grafisch
	ToolTipText	Links oben
Command4	Name	cmdRechtsOben
	Caption	(Leer)
	Picture	Graphics\Icons\Arrows\Arw11ne.ico
	Style	1 - Grafisch
	ToolTipText	Rechts oben
Command3	Name	cmdRechtsUnten
	Caption	(Leer)
	Picture	Graphics\Icons\Arrows\Arw11se.ico
	Style	1 - Grafisch
	ToolTipText	Rechts unten
Command2	Name	cmdLinksUnten
	Caption	(Leer)
	Picture	Graphics\Icons\Arrows\Arw11sw.ico
	Style	1 - Grafisch
	ToolTipText	Links unten
Command1	Name	cmdEnde
	Cancel	True
	Caption	&Ende

Objekt	Eigenschaft	Einstellung
	Default	True
	Font	System, Fett, 10

Der in dieser Tabelle mehrmals vorkommende Eintrag *(Leer)* für die *Caption*-Eigenschaft der Befehlsschaltflächen bedeutet, daß jeglicher Text im Einstellungsfeld gelöscht wird.

Über die Eigenschaft *ToolTipText* wird die Zeichenfolge festgelegt, die zur Laufzeit als QuickInfo des betreffenden Steuerelements wiedergegeben wird. Ihre Verwendung bietet sich besonders dann an, wenn die grafische Anzeige in einem Steuerelement (Symbol auf der Befehlsschaltfläche) durch Informationen in Textform unterstützt werden soll.

Mit dem kaufmännischen Und-Zeichen (&) wird erreicht, daß der nachfolgende Buchstabe unterstrichen wiedergegeben wird; er stellt (in Verbindung mit der [Alt]-Taste) die Zugriffstaste für dieses Steuerelement dar.

Hinweis: Standard-, Abbrechen-Schaltfläche

Jedes Formular kann eine *Standard*-Schaltfläche (*Default*-Eigenschaft gleich *True*) und eine *Abbrechen*-Schaltfläche (*Cancel*-Eigenschaft gleich *True*) enthalten. Beim Versuch, eine dieser Einstellungen bei einer weiteren Befehlsschaltfläche zusätzlich vorzunehmen, setzt Visual Basic die Eigenschaft beim ersten Steuerelement automatisch auf den Vorgabewert *False* zurück. Wie am Beispiel der Schaltfläche *cmdEnde* zu sehen, kann man für ein und dieselbe Befehlsschaltfläche auch beide Eigenschaften aktivieren; sie reagiert dann sowohl auf die [Enter]- wie auf die [Esc]-Taste.

5. Durch das Abändern der *Style*-Eigenschaft vom vorgegebenen Wert *0 - Standard* in *1 - Grafisch* wird es möglich, die Befehlsschaltflächen mit einem Bild (allein oder zusätzlich zu dem in der *Caption*-Eigenschaft definierten Text) anzuzeigen. Das Bild wird mit Hilfe der *Picture*-Eigenschaft festgelegt. Klicken Sie dazu auf die Schaltfläche mit den drei Auslassungspunkten (...) rechts im Einstellungsfeld und wählen Sie im daraufhin erscheinenden Dialogfeld eine passende Datei aus. Visual Basic bringt eine Sammlung unterschiedlicher Grafikdateien (in den Unterordnern zu *Microsoft Visual Studio\Common\Graphics*) mit, von denen in dieser Übung vier Symboldateien mit Pfeilen verwendet werden. Als sehr praktisch bei der Bildauswahl erweist sich, daß Symboldateien in der Liste auch als Symbole angezeigt werden.

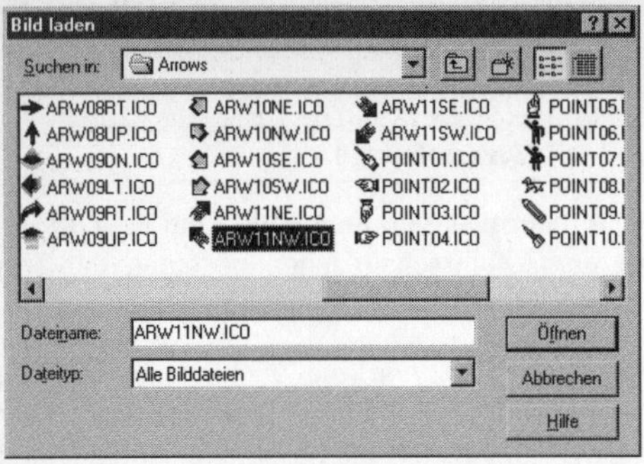

Auswahl einer Bilddatei für die Picture-Eigenschaft

Hinweis: Liste oder Dialogfeld für Eigenschaftswerte

Eine Pfeil-Schaltfläche im Einstellungsfeld des Eigenschaftenfensters öffnet eine Liste mit vorgegebenen Werten für die betreffende Eigenschaft; eine Schaltfläche mit drei Auslassungspunkten blendet ein Dialogfeld ein, in dem – wenn es sich um eine aus mehreren Attributen zusammengesetzte Eigenschaft (z. B. *Font*) handelt – mehrere Optionen gewählt oder – wenn es sich um eine einzufügende Datei (z. B. *Picture*) handelt – Ordner und Name ausgesucht werden können.

6. Die *Font*-Eigenschaft der zentralen Befehlsschaltfläche wird ebenfalls mit einem Dialogfeld eingestellt, aus dem die Schriftart *System*, der Schriftschnitt *Fett* und der Schriftgrad *10* ausgewählt werden. (Dies sind die in diesem Buch verwendeten Standardwerte für Schaltflächentext.)

7. Wenn Sie im Projekt-Explorer-Fenster das Projekt (den obersten Eintrag) markieren, können Sie im Eigenschaftenfenster den voreingestellten Namen *Projekt1* mit *Übung01* überschreiben.

8. Im Formular-Layout-Fenster klicken Sie mit der rechten Maustaste auf das stilisierte Formular und legen durch Auswählen des Befehls *Startposition/Zentrieren auf Bildschirm* des Kontextmenüs fest, wo das Formular nach dem Programmstart angezeigt wird.

9. Wenn Ihnen das Oberflächenlayout der Anwendung zusagt, können Sie versehentliche Änderungen an der Geometrie der Steuerelemente durch den Befehl *Format/Steuerelemente sperren* verhindern.

Tip: Position und Größe von Steuerelementen exakt ändern

Steuerelemente (auch gesperrte) lassen sich mit den Pfeiltasten bei gedrückter [Strg]-Taste (Raster-)punktgenau positionieren und bei gedrückter [Umschalt]-Taste in ihren Abmessungen schrittweise verändern. Selbstverständlich ist auch die Zuweisung numerischer Werte im Eigenschaftenfenster möglich: für die Position mit Hilfe der Eigenschaften *Left* und *Top* (linke obere Ecke) und für die Größe mit Hilfe von *Height* und *Width* (Höhe und Breite).

10. Spätestens jetzt sollten Sie Ihr Projekt speichern. Ein Klick auf das entsprechende Symbol der Symbolleiste öffnet ein Dialogfeld, in dem Sie zunächst Namen und Ort für das Formularmodul angeben. Als Namen geben Sie „Übung01" ein (*.frm* wird automatisch ergänzt) und als Ort bestätigen Sie den (in Kapitel 1 bereits eingerichteten) Ordner *_Übungen*. Für die Speicherung der Projektdatei übernehmen Sie den vorgeschlagenen Namen *Übung01.vbp*.

Code einfügen

Visual Basic stattet Ihr Projekt automatisch mit einer Reihe von Basisfunktionen aus, ohne daß Sie eine einzige Zeile Programmcode zu schreiben brauchen. So läßt sich das durch das Formular repräsentierte Anwendungsfenster verschieben, in der Größe ändern oder zum Symbol verkleinern, wie man es unter Windows gewohnt ist. Damit aber die Befehlsschaltflächen beim Anklicken die beabsichtigte Wirkung zeigen, müssen Sie deren *Click*-Ereignisprozeduren mit den folgenden Anweisungen versehen. Sie gelangen zu der Prozedur des ersten Steuerelements beispielsweise mit dem Befehl *Code anzeigen* seines Kontextmenüs und zu den restlichen durch Selektieren des betreffenden Objekts aus der Objektliste im Codefenster.

```
Private Sub cmdLinksOben_Click()
  frmÜbung01.Left = 0
  frmÜbung01.Top = 0
End Sub

Private Sub cmdLinksUnten_Click()
  frmÜbung01.Left = 0
  frmÜbung01.Top = Screen.Height - frmÜbung01.Height
End Sub

Private Sub cmdRechtsOben_Click()
  frmÜbung01.Left = Screen.Width - frmÜbung01.Width
  frmÜbung01.Top = 0
End Sub
```

```
Private Sub cmdRechtsUnten_Click()
  frmÜbung01.Left = Screen.Width - frmÜbung01.Width
  frmÜbung01.Top = Screen.Height - frmÜbung01.Height
End Sub

Private Sub cmdEnde_Click()
  End
End Sub
```

Da die vier ersten Prozeduren nach demselben Schema aufgebaut sind, braucht der jeweils zwei Zeilen umfassende Quelltext innerhalb des Prozedurgerüsts (zwischen *Private Sub* und *End Sub*) nicht immer neu eingegeben zu werden. Durch Kopieren und Bearbeiten bereits geschriebener Zeilen - Programmierer sind nur selten Meister im Maschineschreiben! - läßt sich manches an Schreibarbeit einsparen.

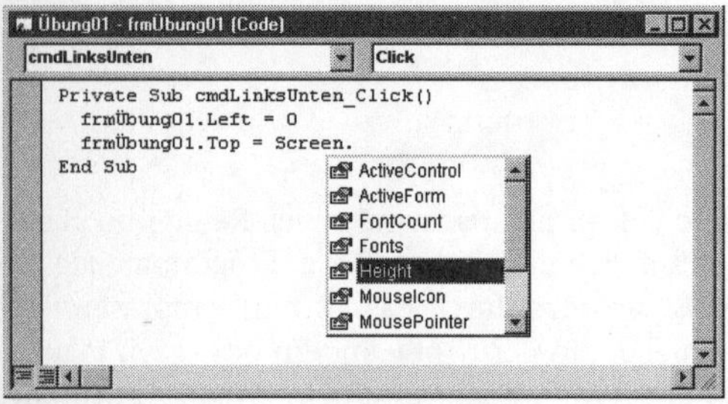

IntelliSense-Unterstützung des Codefensters

Wenn zudem die IntelliSense-Unterstützung des Codefensters aktiviert ist (*Code-Einstellungen* auf der Registerkarte *Editor* des mit *Extras/Optionen* geöffneten Dialogs), wird das Modifizieren des eingefügten Codes fast zum Kinderspiel, indem z. B. orthographische Fallen des Englischen durch Auswahl des richtigen Worts aus der Vorschlagsliste mühelos umgangen werden.

Zeilen einrücken

Die jeweils ersten und letzten Zeilen der Ereignisprozeduren sind von Visual Basic schon als Schablone vorgegeben. Das Einrücken der dazwischen liegenden Zeilen mit der [Tab]-Taste dient generell dazu, die strukturelle Gliederung des Codes präsent zu machen. Die Schrittweite der Einrückung wird im Dialogfeld *Optionen* (*Extras/Optionen/Editor*) festgelegt; wenn das Kontrollkästchen *Automatisch Einzug vergrößern* aktiviert ist, erhalten die auf eine eingerückte Zeile folgenden den gleichen Einzug.

Eigenschaften Left und Top

Die beiden Anweisungen in der *Click*-Prozedur der Befehlsschaltfläche *cmdLinksOben* setzen die Koordinaten der linken (Eigenschaft *Left*) oberen (Eigenschaft *Top*) Ecke des Formulars auf den Koordinaten-Nullpunkt des sie enthaltenden Objekts, ihres Containers. Der Container des Formulars ist der Bildschirm selbst, seine in Visual Basic verfügbaren Eigenschaften sind in dem *Screen*-Objekt zusammengefaßt.

Eigenschaften Width und Height

Dessen Breite und Höhe (Eigenschaften *Width* und *Height*) werden in der *Click*-Prozedur der Befehlsschaltfläche *cmdRechtsUnten* zur Berechnung der Koordinaten des linken oberen Eckpunkts des Formulars verwendet, damit es bündig in der rechten unteren Bildschirmecke plaziert wird.

Anweisung End

Die Anweisung *End* der letzten Prozedur schließt die Anwendung. Außer durch einen Klick auf die zugehörige Schaltfläche oder Drücken der [Esc]- oder [Enter]-Taste (*Abbrechen*- und *Standard*-Schaltfläche zugleich!) läßt sich das Programm natürlich auch nach Windows-Art über den Befehl *Schließen* des Systemmenüs, die Tastenkombination [Alt]+[F4] oder das Anklicken der *Schließen*-Schaltfläche in der Titelleiste des Formulars beenden.

Starten Sie das Programm mit [F5], so erscheint das Anwendungsfenster im Zentrum des Bildschirms. Sie können es durch Anklicken der Schaltflächen in die Bildschirmecken bewegen und sehen, wenn Sie den Mausklick einen Moment verzögern, das QuickInfo der jeweiligen Befehlsschaltfläche. Setzen Sie (nach Beenden der Anwendung) versuchsweise andere Zahlen in den *Click*-Prozeduren zum Bewegen des Formulars ein, um ein Gefühl für das von Visual Basic benutzte Koordinatensystem zu bekommen.

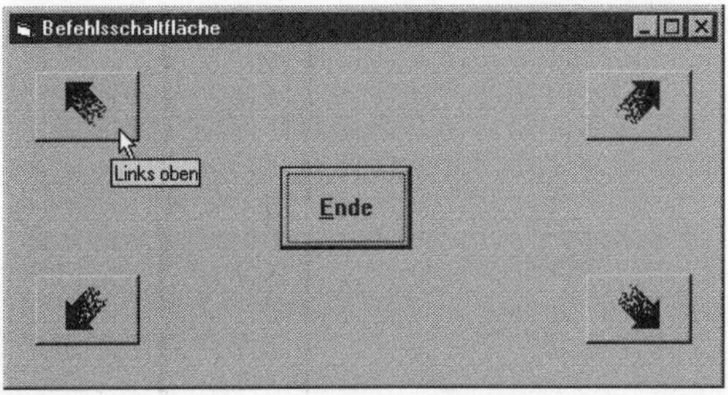

Übung01 zur Laufzeit

Hinweis: Koordinatensystem

Standardmäßig verwendet Visual Basic ein Koordinatensystem, dessen Nullpunkt in der linken oberen Ecke des jeweiligen Objekts liegt. Die Abszissenachse (x-Achse) weist nach rechts, die Ordinatenachse (y-Achse) nach unten zu jeweils positiven Werten hin.

Sie haben gesehen, daß es wirklich nicht schwierig ist, mit dem Entwicklungssystem Visual Basic zu arbeiten. Aber es gilt, eine Menge an Details kennenzulernen. Fortschritte im Lernprozeß fußen getreu dem Motto „Übung macht den Meister" vor allem auf dem eigenständigen Erkunden und Experimentieren über die vorgestellten Beispiele hinaus. Diese können nur Anregungen vermitteln, Routine erwirbt man am besten durch „learning by doing".

4.3 Informationen anzeigen und eingeben: Bezeichnungsfeld, Textfeld und Co.

Bezeichnungsfeld

Das *Bezeichnungsfeld*-Steuerelement dient dazu, Text anzuzeigen, der vom Benutzer nicht geändert werden kann. Es wird auch häufig verwendet, um Steuerelemente, die nicht über die *Caption*-Eigenschaft verfügen (zum Beispiel Textfelder), zu kennzeichnen.

Eigenschaften BorderStyle und BackColor

Nach dem Erstellen ist von einem Bezeichnungsfeld lediglich die vorgegebene Einstellung der *Caption*-Eigenschaft (*Label1* oder ähnlich) sichtbar. Setzt man jedoch seinen Rahmenstil (*BorderStyle*-Eigenschaft) auf den Wert *1 - Fest Einfach* und wählt als Hintergrundfarbe (*BackColor*-Eigenschaft) auf der Registerkarte *System* den Eintrag *Fensterhintergrund*, so sieht es wie ein Textfeld aus.

Eigenschaften Alignment, AutoSize und WordWrap

Bezeichnungsfelder verfügen über drei Eigenschaften, die das Erscheinungsbild ihrer Beschriftung wesentlich mitbestimmen.

- *Alignment*: Ihr Wert bestimmt die Ausrichtung (links, rechts oder zentriert) des durch die *Caption*-Eigenschaft festgelegten Textes.

- *AutoSize*: Legt fest, ob die Größe des Steuerelements automatisch so angepaßt wird, daß der gesamte Inhalt angezeigt werden kann. Hat die Eigenschaft den Wert *True*, wird das Bezeichnungsfeld horizontal mit seinem Textinhalt vergrößert, und bei Einstellung auf *False* wird der überschüssige Inhalt abgeschnitten.
- *WordWrap*: Bestimmt, ob die Größe des Bezeichnungsfelds vertikal (*True*) oder horizontal (*False*) angepaßt wird, um die Beschriftung anzuzeigen. Die Einstellungen werden jedoch nur wirksam, wenn die *AutoSize*-Eigenschaft auf *True* gesetzt ist!

Übung 02 Alignment, AutoSize und WordWrap einsetzen

Die Auswirkungen dieser Eigenschaften demonstriert das nachstehende Programmbeispiel. Ein Formular enthält ein Bezeichnungsfeld und neun Befehlsschaltflächen in dieser Anordnung:

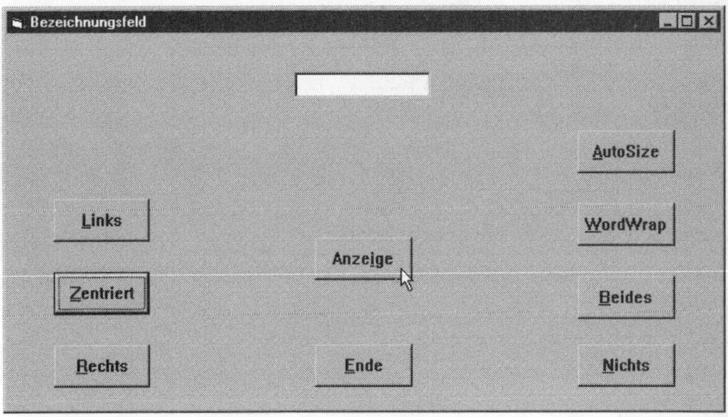

Die Oberfläche von Übung02

Die Eigenschaften der insgesamt elf Objekte sind wie folgt festgelegt:

Objekt	Eigenschaft	Einstellung
Form1	Name	frmÜbung02
	Caption	Bezeichnungsfeld
Label1	Name	lblAnzeige
	BackColor	System: Fensterhintergrund

Objekt	Eigenschaft	Einstellung
	BorderStyle	1 - Fest Einfach
	Caption	(Leer)
	Height	315
	Left	3720
	Width	1740
Command1	Name	cmdLinks
	Caption	&Links
Command2	Name	cmdZentriert
	Caption	&Zentriert
Command3	Name	cmdRechts
	Caption	&Rechts
Command4	Name	cmdAnzeige
	Caption	Anze&ige
	Default	True
Command5	Name	cmdEnde
	Cancel	True
	Caption	&Ende
Command6	Name	cmdAutoSize
	Caption	&AutoSize
Command7	Name	cmdWordWrap
	Caption	&WordWrap
Command8	Name	cmdBeides
	Caption	&Beides
Command9	Name	cmdNichts
	Caption	&Nichts

Tip: Eindeutige Zugriffstasten definieren

Bei der Definition von Zugriffstasten sollte auf Eindeutigkeit geachtet werden. Falls nämlich eine Zugriffstaste mehrmals in einem Formular vorkommt, springt beim Drücken der entsprechenden Tastenkombination Visual Basic zwischen den Steuerelementen hin und her, ohne ein Ereignis auszulösen. Um es zu aktivieren, muß dann erst noch die [Enter]-Taste gedrückt werden. Im Beispiel wird deshalb bei der Schaltfläche *Anzeige* im Unterschied zu *AutoSize* nicht der erste Buchstabe als Zugriffstaste definiert.

Angaben in der Eigenschaften-Tabelle

Manche von den Voreinstellungen abweichende Eigenschaften (zum Beispiel die *Font*-Eigenschaft, die wiederum auf *System, Fett, 10* eingestellt ist), die für die Programmfunktion von untergeordneter Bedeutung und eher kosmetischer Natur sind, werden nicht explizit aufgelistet.

Einen ersten Überblick über Größe und Position der Steuerelemente vermittelt jeweils die Abbildung der Benutzeroberfläche. Die Geometrieeigenschaften des Bezeichnungsfelds bilden hier insofern eine Ausnahme, als ihre Werte im Visual Basic-Code verwendet werden, um nach Veränderungen die ursprüngliche Situation wiederherzustellen.

Die *Click*-Ereignisprozedur der Befehlsschaltfläche *cmdEnde*, die erneut als *Abbrechen*-Schaltfläche definiert ist, lautet auch jetzt:

```
Private Sub cmdEnde_Click()
  End
End Sub
```

Der Programmcode für die Ereignisprozeduren der drei für die Textausrichtung zuständigen Schaltflächen besteht aus den Anweisungen:

```
Private Sub cmdLinks_Click()
  lblAnzeige.Alignment = vbLeftJustify
End Sub

Private Sub cmdZentriert_Click()
  lblAnzeige.Alignment = vbCenter
End Sub

Private Sub cmdRechts_Click()
  lblAnzeige.Alignment = vbRightJustify
End Sub
```

Was hieran sofort auffällt, ist, daß der *Alignment*-Eigenschaft keine Zahlen zugeordnet werden, sondern Konstanten. Statt wie erwartet

```
blAnzeige.Alignment = 0
```

lautet die Codezeile

```
lblAnzeige.Alignment = vbLeftJustify
```

Integrierte Konstanten

Offensichtlich ist an die Stelle von *0* die Bezeichnung *vbLeftJustify* getreten. Sie stellt wie *vbCenter* und *vbRightJustify* einen in Visual Basic vordefinierten konstanten Wert dar, und mit den Wahrheitswerten *True* und *False* haben Sie derartige integrierte Konstanten bereits kennengelernt. Aufgrund der meist sinnfälligen Namensgebung macht ihre Verwendung den Programmcode verständlicher als bei Benutzung der numerischen Werte, deren Bedeutung man sich so nicht zu merken braucht. Visual Basic enthält eine Menge solcher Konstanten; sie werden im Objektkatalog aufgelistet, wenn man eine Suche nach dem Begriff *Constants* durchführt.

Mehr Infos: **Per Deklaration:**
Variablen, Konstanten und Datentypen ➡ Kapitel 5.2

In die *Click*-Ereignisprozedur der Befehlsschaltfläche *cmdAnzeige* schreiben Sie die Anweisung

```
Private Sub cmdAnzeige_Click()
  lblAnzeige.Caption = "Die Eigenschaften Alignment, " & _
    "AutoSize und WordWrap"
End Sub
```

Zeilenfortsetzungszeichen

Beachten Sie die Verwendung des Zeilenfortsetzungszeichens (Leerzeichen plus Unterstrich). Diese Anweisung in der Form

```
lblAnzeige.Caption = "Die Eigenschaften Alignment,  _
    AutoSize und WordWrap"
```

zu schreiben wäre falsch, weil innerhalb von Zeichenketten das Zeilenfortsetzungszeichen nicht auftreten darf. Das kaufmännische Und-Zeichen (&) stellt hier einen Verkettungsoperator dar, der zwei Zeichenfolgen miteinander verbindet.

Mehr Infos: **Passender Ausdruck:**
Operatoren, Funktionen und Anweisungen ➨ Kapitel 5.3

Tip: Lange Zeichenfolgen auf mehrere Zeilen verteilen

Um eine Anweisung mit einer längeren Zeichenfolge auf mehrere Zeilen zu verteilen, können Sie die Zeichenkette in Teilstücke aufspalten, die mit dem Verkettungsoperator & zusammenfügt werden. Zeilenfortsetzungszeichen sind dann an allen Stellen außerhalb der Teilketten erlaubt.

Die Codezeilen für die *Click*-Ereignisprozeduren der Befehlsschaltflächen rechts im Formular sind nach einem einheitlichen Schema aufgebaut.

```
Private Sub cmdAutoSize_Click()
  Rücksetzen
  lblAnzeige.AutoSize = True
  lblAnzeige.WordWrap = False
End Sub

Private Sub cmdWordWrap_Click()
  Rücksetzen
  lblAnzeige.AutoSize = False
  lblAnzeige.WordWrap = True
End Sub

Private Sub cmdBeides_Click()
  Rücksetzen
  lblAnzeige.AutoSize = True
  lblAnzeige.WordWrap = True
End Sub

Private Sub cmdNichts_Click()
  Rücksetzen
  lblAnzeige.AutoSize = False
  lblAnzeige.WordWrap = False
End Sub
```

Die Eigenschaften *AutoSize* und *WordWrap* werden so eingestellt, wie es die Beschriftung der jeweiligen Schaltfläche besagt, aber zuvor erscheint stets die Zeile

```
Rücksetzen
```

Allgemeine Prozedur

Diese Codezeile bewirkt durch die Nennung ihres Namens den Aufruf einer Prozedur, die keine Ereignisprozedur, sondern eine selbst erstellte Prozedur darstellt. Eine solche allgemeine Prozedur muß im Gegensatz zu einer Ereignisprozedur explizit aufgerufen werden.

Mehr Infos: **Die großen Codeeinheiten: Module und Prozeduren ➠ Kapitel 5.4**

Mit dem Befehl *Extras/Prozedur hinzufügen* wird ein Dialogfeld geöffnet, in dem die neue Prozedur spezifiziert wird.

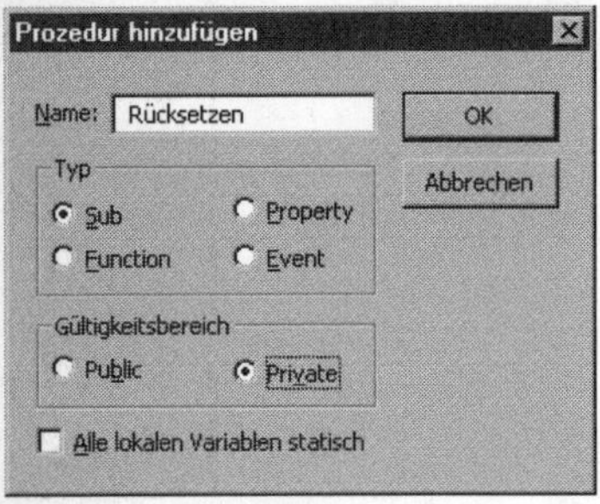

Erstellen der Prozedur Rücksetzen

Nach der Eingabe des Prozedurnamens im entsprechenden Textfeld, Wahl der Option *Private* im Gültigkeitsbereich und Bestätigung mit *OK* erstellt Visual Basic im Codefenster den Prozedurrahmen. Durch den Einsatz einer Prozedur, deren Anweisungen an mehreren Stellen in der Anwendung verwendet werden, wird der Programmcode kompakter und übersichtlicher und ist so leichter zu pflegen.

```
Private Sub Rücksetzen()
' Löscht die Beschriftung, setzt Größe und Position
' des Bezeichnungsfelds auf die Ausgangswerte
  lblAnzeige.Caption = ""
  lblAnzeige.Left = 3720
  lblAnzeige.Height = 315
  lblAnzeige.Width = 1740
End Sub
```

Die beiden ersten Zeilen enthalten einen die Funktion der Prozedur beschreibenden Kommentar. Die Anweisung

```
lblAnzeige.Caption = ""
```

löscht die Beschriftung des Bezeichnungsfelds, indem der *Caption*-Eigenschaft eine leere Zeichenfolge "" (die Anführungszeichen folgen unmittelbar aufeinander) zugewiesen wird. Die übrigen Anweisungen setzen Position und Größe des Bezeichnungsfelds auf ihre ursprünglichen Werte zurück.

AutoSize-Eigenschaft

Wenn Sie die Anwendung starten und aus der linken und rechten Gruppe von Schaltflächen je eine Einstellung wählen, können Sie mit Hilfe der Schaltfläche *Anzeige* die Beschriftung im Bezeichnungsfeld darstellen. Sie werden dabei bemerken, daß bei eingeschalteter *AutoSize*-Eigenschaft je nach Wahl der Textausrichtung (*Links*, *Zentriert*, *Rechts*) das Bezeichnungsfeld nach rechts, symmetrisch nach beiden Seiten oder nach links horizontal vergrößert wird. Ferner können Sie feststellen, daß das alleinige Einschalten der *WordWrap*-Eigenschaft keine Wirkung hat; nur in Verbindung mit der automatischen Größenanpassung (*AutoSize* = *True*) wird die Höhe des Bezeichnungsfelds angepaßt.

Textfeld

Das *Textfeld*-Steuerelement wird in erster Linie dazu verwendet, Texteingaben oder Änderungen an bestehendem Text seitens des Benutzers entgegenzunehmen. Es kann aber auch zur Anzeige von Textinformationen benutzt werden.

Eigenschaften MultiLine und ScrollBars

Zwei Eigenschaften beeinflussen das Verhalten und das Aussehen von Textfeldern.

- *MultiLine*: Legt fest, ob das Steuerelement bei Eingabe wie Anzeige mehrere Textzeilen akzeptiert.
- *ScrollBars*: Diese Einstellung bestimmt, ob das Objekt ohne Bildlaufleiste oder mit horizontalen und/oder vertikalen Bildlaufleisten angezeigt wird.

Bei auf *True* gesetzter *MultiLine*-Eigenschaft wird Text, der für eine Zeile zu lang ist, vom Textfeld automatisch in die nächste Zeile umbrochen, sofern keine horizontale Bildlaufleiste vorhanden ist.

Hinweis: Schreibgeschützte Eigenschaften

MultiLine und *ScrollBars* gehören zu den Eigenschaften, die zur Laufzeit schreibgeschützt sind. Sie können also nur im Entwurfsmodus festgelegt werden.

Eigenschaften MaxLength und PasswordChar

Mit der *MaxLength*-Eigenschaft läßt sich die Anzahl der Zeichen beschränken, die in der *Text*-Eigenschaft des Steuerelements enthalten sind. Wenn eine Obergrenze festgelegt ist, ertönt bei dem Versuch, diese zu überschreiten, ein akustisches Signal. Die Voreinstellung *0* besagt, daß die Zeichenzahl nicht begrenzt ist. In der Praxis bedeutet dies, daß die Textlänge nur durch den verfügbaren Speicher limitiert wird bzw. daß das Textfeld bei auf *True* gesetzter *MultiLine*-Eigenschaft bis zu 32 KByte Text aufnehmen kann.

Oft mit der *MaxLength*-Eigenschaft kombiniert und z. B. für die Programmierung von Paßwortabfragen nützlich ist die *PasswordChar*-Eigenschaft. Mit ihr bestimmt man das Platzhalterzeichen (häufig das Sternchen *), das unabhängig von der Benutzereingabe bei jedem Tastendruck im Textfeld angezeigt wird. Wirkung hat die Einstellung aber nur in einzeiligen Textfeldern (*MultiLine = False*).

Übung 03 Summe der ganzen Zahlen von 1 bis n

Das Projekt *Übung03* zeigt auf einem Formular ein Bezeichnungsfeld, zwei Textfelder und zwei Befehlsschaltflächen. Die Anwendung soll die Summe der ganzen Zahlen von 1 bis zu der im ersten Textfeld eingegebenen Zahl nach Anklicken der Schaltfläche *Berechnen* ermitteln und im zweiten Textfeld anzeigen.

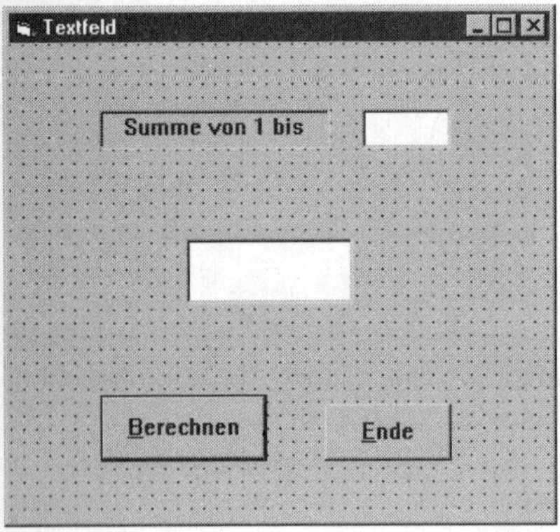

Die Oberfläche von Übung03

Die Eigenschaften der Objekte haben folgende Einstellungen:

Objekt	Eigenschaft	Einstellung
Formular	Name	frmÜbung03
	Caption	Textfeld
Bezeichnungsfeld	Name	lblEingabe
	Alignment	2 - Zentriert
	BorderStyle	1 - Fest Einfach
	Caption	Summe von 1 bis
1. Textfeld	Name	txtEingabe
	MaxLength	6
	Text	(Leer)
2. Textfeld	Name	txtAnzeige
	Alignment	2 - Zentriert
	MultiLine	True
	Text	(Leer)
1. Befehlsschaltfläche	Name	cmdBerechnen
	Caption	&Berechnen
	Default	True
2. Befehlsschaltfläche	Name	cmdEnde
	Cancel	True
	Caption	&Ende

Hinweis: Alignment bei Textfeldern

Bei Textfeldern wird die Einstellung der *Alignment*-Eigenschaft nur dann wirksam, wenn *MultiLine* = *True* ist.

Das Bezeichnungsfeld gibt eine Erläuterung zum ersten Textfeld wieder. Eingaben in dieses Steuerelement sind auf sechs Zeichen beschränkt (*MaxLength* = *6*), die größte zu verarbeitende Zahl ist demnach 999.999. Das der Anzeige des Ergebnisses dienende zweite Textfeld ist mehrzeilig (*MultiLine* = *True*). Die Schaltfläche *Berechnen* repräsentiert die *Standard*-Schaltfläche des Formulars, die *Ende*-Schaltfläche stellt die *Abbrechen*-Schaltfläche dar.

Das Programm enthält zwei Ereignisprozeduren.

```
Private Sub cmdBerechnen_Click()
  Dim n, Summe

  n = Val(txtEingabe.Text)
  Summe = n * (n + 1) / 2
  txtAnzeige.Text = "Die Summe ist " & Summe
End Sub

Private Sub cmdEnde_Click()
  End
End Sub
```

Letztere ist Ihnen schon hinreichend bekannt und bedarf keiner Erläuterung mehr. In der ersten werden zunächst die beiden später verwendeten Variablen *n* und *Summe* deklariert.

Val-Funktion

Mit der Visual Basic-Funktion *Val* wird *n* der Zahlenwert der Eingabe zugewiesen, dann nach der aus der Arithmetik bekannten Formel die Summe der ganzen Zahlen von 1 bis n berechnet und diese schließlich, angehängt an die Zeichenkette *"Die Summe ist"*, als *Text*-Eigenschaft von *txtAnzeige* festgelegt. Wenn Sie die Anwendung starten, zum Beispiel die ganze Zahl 100 eingeben und die [Enter]-Taste drücken, wird dadurch *Berechnen* als *Standard*-Schaltfläche - optisch immer durch einen etwas breiteren Rahmen gekennzeichnet - gedrückt. Daraufhin erscheint im Anzeigefeld als Ergebnis *Die Summe ist 5050*, das wegen der Mehrzeiligkeit des Textfelds und bei der gewählten Breite auf zwei Zeilen verteilt wird.

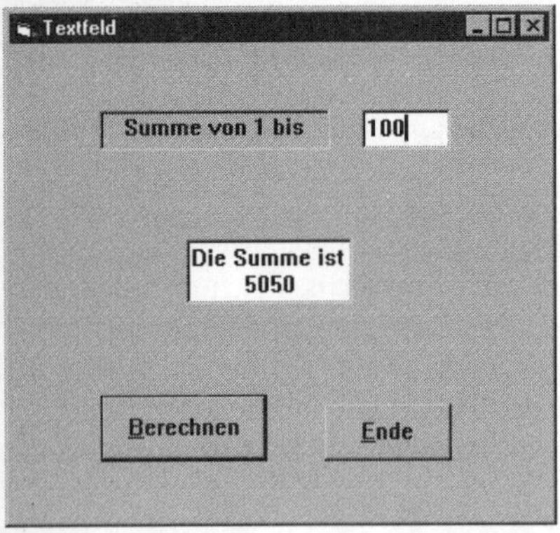

Berechnung für den Eingabewert 100

Es gibt jedoch ein Problem mit dieser Version des Programms. Man kann nämlich in das Textfeld, das zur Meldung des Ergebnisses dient, Zeichen eingeben und so die Anzeige überschreiben oder abändern.

Steuerelement für Benutzer sperren

Eine Möglichkeit, den Benutzer darin zu hindern, Eingaben in ein Textfeld zu machen, das nur zur Wiedergabe von Informationen gedacht ist, besteht darin, seine *Enabled*-Eigenschaft auf *False* zu setzen. Dadurch wird das Steuerelement gesperrt, es kann nicht mehr auf vom Benutzer ausgelöste Ereignisse reagieren. Wenn Sie diese Änderung nachvollziehen, so zeigt sich zwar der beabsichtigte Effekt, er ist aber verbunden mit dem kosmetischen Manko einer blasseren Schrift. Die *Locked*-Eigenschaft bietet eine subtilere Methode, Textänderungen zu verhindern. Das Einstellen dieser Eigenschaft auf *True* blockt alle Textbearbeitungen mit Ausnahme von Markierungs- und Kopieroperationen ab.

Variablen-Deklaration

Die erste Zeile der Prozedur *cmdBerechnen_Click()* ist im Rahmen des wiedergegebenen Programmcodes unnötig. Visual Basic nimmt nämlich, wenn es auf unbekannte Bezeichnungen der verwendeten Art trifft, an, daß es sich um Variablen handelt. Warum also dann die ausdrückliche Kennzeichnung? Angenommen, Ihnen unterläuft beim Eingeben des Variablennamens ein Schreibfehler, so daß die Zeile

```
Sume = n * (n + 1) / 2
```

statt der korrekten Zeile

```
Summe = n * (n + 1) / 2
```

eingefügt wird, dann erscheint im Ergebnisfeld nur die feste Zeichenfolge, weil die Variable *Summe* leer bleibt. Die Deklaration aller Variablen stellt ein probates Mittel zur Korrektur solcher Fehler dar. Voraussetzung ist jedoch, daß im Deklarationsabschnitt des Moduls – das Objektfeld des Codefensters zeigt *(Allgemein)* und das Prozedurfeld *(Deklarationen)* an – die Anweisung

```
Option Explicit
```

steht. Sie läßt sich am einfachsten an der richtigen Stelle einfügen, indem Sie generell im durch den Befehl *Extras/Optionen* geöffneten Dialogfeld das Kontrollkästchen *Variablendeklaration erforderlich* auf der Registerkate *Editor* einschalten.

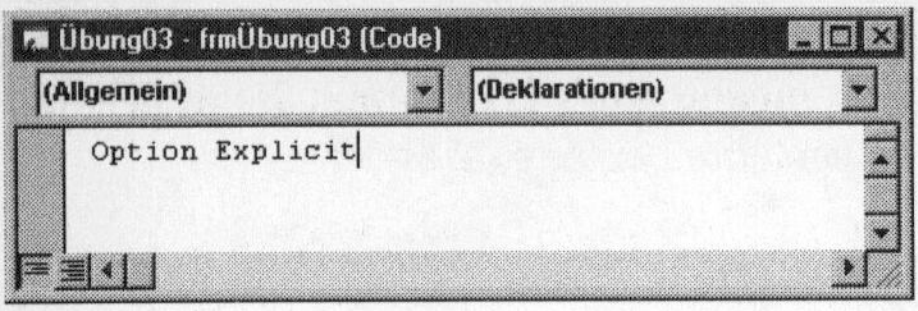

Der Deklarationsabschnitt eines Moduls

Wenn Sie jetzt das (fehlerhafte) Programm ausführen, so unterbricht Visual Basic die Ausführung mit einer Fehlermeldung

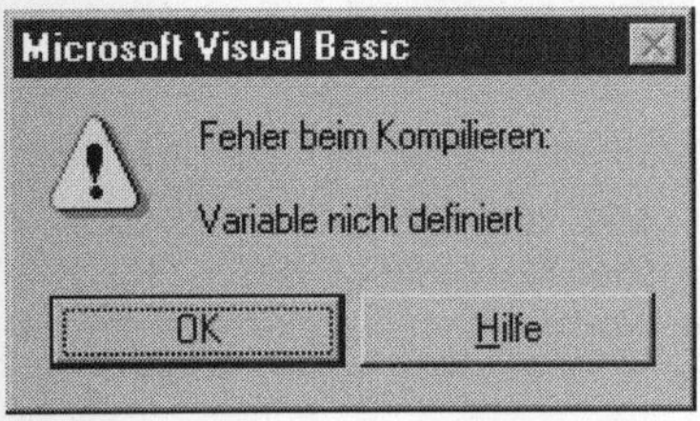

Fehlermeldung bei nicht definierter Variablen

und kennzeichnet im Codefenster den Kopf der Prozedur, in der die unbekannte Variable auftritt, als nächste auszuführende Anweisung und markiert die Variable selbst.

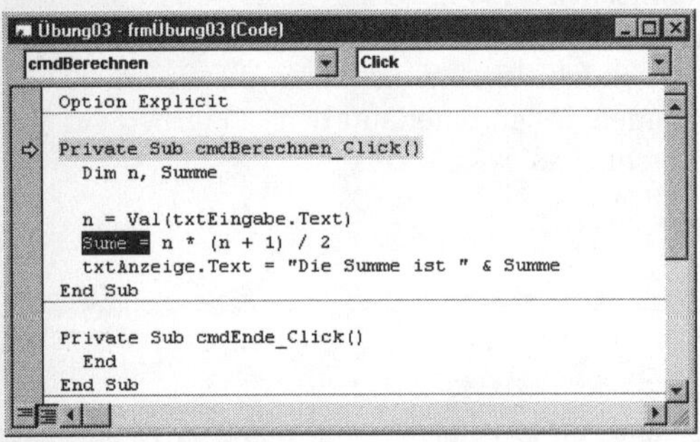

Markierung der nicht definierten Variablen

Das Programm weist noch eine andere Unzulänglichkeit auf, insofern es die Eingabe von negativen Werten, von Dezimalzahlen und von beliebigen Zeichen jeglicher Art zuläßt. Auf solche im Sinne der Programmfunktion fehlerhaften Eingaben reagiert die Anwendung ganz unterschiedlich:

- Bei negativen Zahlen ist das Ergebnis falsch, weil die zugrundeliegende Formel nur für positive ganze Zahlen gilt.
- Bei Dezimalzahlen, die mit dem bei uns üblichen Komma als Dezimalzeichen versehen sind, wird von der *Val*-Funktion nur der ganzzahlige Anteil verwendet. Insofern stimmt dann die Berechnung.

- Benutzt man jedoch den Punkt als Dezimalzeichen, so gibt die *Val*-Funktion die gesamte Zahl zurück, und das Resultat ist wieder unsinnig.
- Leer- und Tabulatorzeichen werden ignoriert. Bei anderen Zeichen, die nicht als Teil einer Zahl erkannt werden können, bricht die *Val*-Funktion die Umwandlung ab. Eine mit einem Buchstaben beginnende Eingabe wird zum Beispiel als 0 interpretiert.

KeyPress-Ereignis

Um die Tastatureingaben im Feld *txtEingabe* auf die Ziffern von 0 bis 9 zu beschränken, kann man sich der *KeyPress*-Ereignisprozedur bedienen. Wie Sie aus deren erster Zeile ersehen, enthält die Prozedur ein ganzzahliges Argument mit dem Namen *KeyAscii*. Es stellt den ASCII-Wert des Zeichens dar, das gerade im Textfeld eingegeben wurde.

Hinweis: ASCII-Zeichensatz

Die Online-Hilfe von Visual Basic zeigt unter dem Schlagwort *Zeichensätze* Tabellen aller Codes (0-255) an.

```
Private Sub txtEingabe_KeyPress(KeyAscii As Integer)
' Nur Eingabe von Ziffern zulassen
  If KeyAscii < 48 Or KeyAscii > 57 Then
    KeyAscii = 0
    Beep
  End If
End Sub
```

In dieser Prozedur wird mit Hilfe einer *If...Then*-Struktur der ASCII-Wert des Eingabezeichens auf Gültigkeit geprüft.

Mehr Infos: **Code unter Kontrolle: Entscheidungs- und Schleifenstrukturen ➠ Kapitel 5.5**

Die Codes für die Ziffern 0 bis 9 folgen, beginnend mit 48, lückenlos im Zeichensatz aufeinander. Liegt der Tastencode außerhalb des zulässigen Bereichs, wird mit der Anweisung

```
KeyAscii = 0
```

ein Zeichen mit dem Code 0 (und das bedeutet praktisch: nichts) an das Textfeld weitergegeben.

Beep-Anweisung

Durch die Anweisung *Beep* wird bei unzulässigen Zeichen außerdem ein akustisches Signal ausgegeben. Alle zugelassenen Tastatureingaben leitet die Prozedur an das Textfeld weiter. Das fehlerfreie Funktionieren des Programms ist somit sichergestellt.

Schieberegler

Das *Schieberegler*-Steuerelement bietet eine andere Möglichkeit, ganzzahlige Werte innerhalb definierbarer Grenzen durch Verschieben eines Reglers entlang einer Skala auszuwählen. Das Steuerelement kann horizontal oder vertikal ausgerichtet werden (*Orientation*-Eigenschaft).

Eigenschaften Value, Max, Min, LargeChange und SmallChange

Die Position des Schiebereglers und seine Veränderung spiegeln sich in folgenden Eigenschaften wider.

- *Value:* Repräsentiert durch einen ganzzahligen Wert die aktuelle Position des Schiebereglers.
- *Max:* Bestimmt den größtmöglichen Wert der *Value*-Eigenschaft. Dieser wird erreicht, wenn sich der Schieber ganz rechts (horizontale Ausrichtung) bzw. ganz unten (vertikale Ausrichtung) befindet.
- *Min:* Bestimmt den kleinstmöglichen Wert der *Value*-Eigenschaft. Dieser wird erreicht, wenn sich das Bildlauffeld ganz links (horizontale Ausrichtung) bzw. ganz oben (vertikale Ausrichtung) befindet.
- *LargeChange*: Gibt die Schrittweite für Änderungen der *Value*-Eigenschaft an, wenn mit der Maus links oder rechts neben den Schieberegler geklickt wird.
- *SmallChange*: Gibt die Schrittweite für Änderungen der *Value*-Eigenschaft an, wenn die linke oder rechte Pfeiltaste gedrückt wird.

Die Werte dieser Eigenschaften sind lange Ganzzahlen und liegen damit in einem Bereich von -2.147.483.648 bis 2.147.483.647.

Mehr Infos: **Per Deklaration: Variablen, Konstanten und Datentypen ➡ Kapitel 5.2**

Hinweis: Zahlenbereich eingeben

Das Schieberegler-Steuerelement kann nicht nur dazu benutzt werden, eine einzelne Zahl einzugeben. Wenn seine *SelectRange*-Eigenschaft den Wert *True* hat, läßt sich ein beim Wert der Eigenschaft *SelStart* beginnender Zahlenbereich der Länge *SelLength* auswählen.

Übung 04 Zahlen mit dem Schieberegler eingeben

In einer Variante der vorigen Übung zeigt dieses Beispiel den Einsatz eines *Schieberegler*-Steuerelements. Die folgende Übersicht gibt die Eigenschaftswerte der gegenüber *Übung03* veränderten Objekte wieder.

Objekt	Eigenschaft	Einstellung
Formular	Name	frmÜbung04
	Caption	Schieberegler
1. Textfeld	Name	txtEingabe
	Alignment	2 - Zentriert
	Locked	True
	MultiLine	True
	Text	(Leer)
Schieberegler	Name	sldEingabe
	BorderStyle	1 - ccFixedSingle
	LargeChange	1
	Max	1000
	Min	1
	MouseIcon	\Graphics\Cursors\H_Move.cur
	MousePointer	99 - ccCustom
	TickFrequency	50
	TickStyle	1 - sldTopLeft

Durch Zuweisung der integrierten Konstanten *ccFixedSingle* zur *BorderStyle*-Eigenschaft wird der Schieberegler mit einer Rahmenlinie umgeben. Die Eigenschaft *TickStyle* legt fest, ob bzw. wo Skalenmarkierungen angezeigt werden; im Beispiel erscheint die Skala oberhalb des Reglers.

Die Zahl der Markierungsstriche wird durch die *TickFrequency*-Eigenschaft geregelt; ein Wert von *50* erzeugt für jeweils 50 Einheiten einen Skalenstrich, bei dem in der Übung verwendeten Skalenbereich von 1 bis 1.000 also insgesamt 21.

Mit Hilfe der *MousePointer*-Eigenschaft läßt sich bestimmen, welche Form der Mauszeiger über dem betreffenden Objekt annimmt. Die verfügbaren Werte *0* bis *15* sind in Visual Basic integrierten Mauszeigern zugeordnet, die Einstellung *99 - ccCustom* ermöglicht die Verwendung eines Zeigers eigener Wahl. Dessen Datei wird als Wert der *MouseIcon*-Eigenschaft eingestellt.

Mit Festlegung der *Min*-Eigenschaft auf *1* wird automatisch auch der *Value*-Eigenschaft (Vorgabe *0*) dieser Wert zugewiesen. Das erste Textfeld soll nicht mehr für Tastatureingaben zur Verfügung stehen *(Locked = True)*, sondern die mit dem Schieberegler eingestellte Zahl wiedergeben, die maximal den Wert *1.000* annehmen kann.

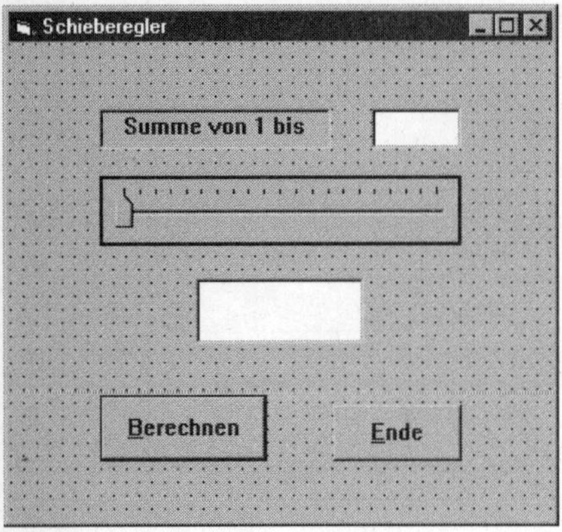

Die Oberfläche von Übung04

Change- und Scroll-Ereignis

Beim Bewegen des Schiebereglers werden die Ereignisse *Change* und *Scroll* ausgelöst. Das *Scroll*-Ereignis meldet dabei ständig den Wert der *Value*-Eigenschaft und kann deshalb zur kontinuierlichen Synchronisation eines zweiten Steuerelements (z. B. eines Textfelds) verwendet werden. Aktualisierungen, die nur einmal nach Veränderung der *Value*-Eigenschaft vorgenommen werden sollen, bedienen sich des *Change*-Ereignisses.

Die *KeyPress*-Ereignisprozedur zur Überwachung einer zulässigen Eingabe wird hier natürlich nicht mehr benötigt. Dafür kommt einerseits die Prozedur für das *Scroll*-Ereignis des Schiebereglers hinzu, andrerseits noch seine *MouseDown*- und *MouseUp*-Ereignisprozeduren.

Diese beiden werden hier dazu benutzt, um beim Niederdrücken der Maustaste die Anzeige im zweiten Textfeld zu löschen und beim Loslassen der Maustaste durch Aufrufen der Ereignisprozedur *cmdBerechnen_Click* die Berechnung durchzuführen. Auf diese Weise läßt sich die Anwendung komplett per Maus bedienen. Der Programmcode lautet insgesamt wie folgt.

```
Option Explicit

Private Sub cmdBerechnen_Click()
  Dim n, Summe

  n = Val(txtEingabe.Text)
  Summe = n * (n + 1) / 2
  txtAnzeige.Text = "Die Summe ist " & Summe
End Sub

Private Sub cmdEnde_Click()
  End
End Sub

Private Sub sldEingabe_MouseDown(Button As Integer, _
    Shift As Integer, x As Single, y As Single)
  txtAnzeige.Text = ""
End Sub

Private Sub sldEingabe_MouseUp(Button As Integer, _
    Shift As Integer, x As Single, y As Single)
  cmdBerechnen_Click
End Sub

Private Sub sldEingabe_Scroll()
  txtEingabe.Text = sldEingabe.Value
End Sub
```

Um beispielsweise einen Eingabewert von *500* einzustellen, kann man den Schieberegler ungefähr in die Mitte der Skala ziehen und die Feinkorrektur in Einerschritten durch Klicken neben die Reglerzunge (*Large Change*) vornehmen.

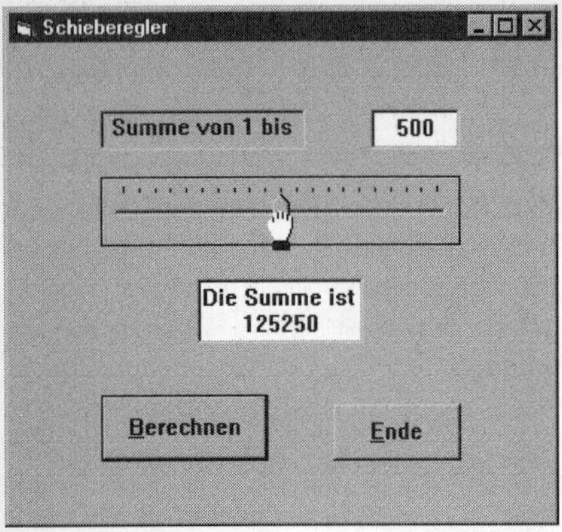

Ergebnis für den Eingabewert 500

Bildlaufleisten

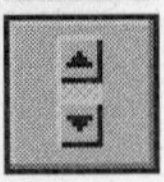

Die horizontale oder vertikale Bildlaufleiste ist im Erscheinungsbild, mehr noch in ihrer Funktionalität dem Schieberegler sehr ähnlich. Beide sind daher auch häufig zur Eingabe von numerischen Informationen oder zur Regelung von veränderlichen Daten (etwa der Lautstärke) benutzt worden, sollten aber, da jetzt mit dem Schieberegler ein für diesen Zweck geeigneteres Werkzeug zur Verfügung steht, nur für ihre ursprüngliche Aufgabe, das Verschieben eines Fensterbereichs, eingesetzt werden.

Hinweis: Bildlaufleiste – ScrollBars-Eigenschaft

Die beiden Bildlaufleisten stellen eigenständige Steuerelemente dar und sind nicht mit den integrierten Bildlaufleisten zu verwechseln, die einigen Steuerelementen (beispielsweise Textfeldern) mit Hilfe der *ScrollBars*-Eigenschaft angefügt werden können.

FlatScrollBar

Das *FlatScrollBar*-Steuerelement ist gleichzeitig als Ersatz und als erweiterte Version der Bildlaufleiste anzusehen. Deutlichster Unterschied ist seine *Appearance*-Eigenschaft, mit der unter drei verschiedenen Erscheinungsbildern (neben dem gewohnten 3-D-Look zwei 2-D-Formen) gewählt werden kann. Die *Arrows*-Eigenschaft ermöglicht es, einen der Bildlaufpfeile zu deaktivieren, um dem Benutzer einen visuellen Hinweis auf die erlaubte Bewegungsrichtung zu geben.

AufAb-Steuerelement

Das *AufAb*-Steuerelement stellt eine weitere Alternative dar, numerische Eingaben vom Benutzer einer Anwendung anzufordern. Es besteht aus zwei Pfeil-Schaltflächen, durch deren Anklicken ein Zahlenwert (*Value*-Eigenschaft) stufenweise (*Increment*-Eigenschaft) in den durch die *Min*- und *Max*-Eigenschaft festgelegten Grenzen herauf- oder heruntergezählt wird. Besitzt die *Wrap*-Eigenschaft den Wert *True*, so wird beim Überschreiten oder Unterschreiten der Grenzwerte der Zahlenbereich zyklisch durchlaufen. Im allgemeinen wird das *AufAb*-Steuerelement mit einem anderen Steuerelement (seinem *Buddy*) verknüpft, dessen Eigenschaft verändert werden soll. Dieses Steuerelement (etwa ein Bezeichnungsfeld) wird der *BuddyControl*-, dessen verknüpfte Eigenschaft (z. B. *Caption*) der *Buddy Property*-Eigenschaft des *AufAb*-Steuerelements zugewiesen. Das *AufAb*-Steuerelement wird dann im Formular so neben das Buddy-Steuerelement gesetzt, daß sie optisch zu einer Einheit verschmelzen. Die auf *True* gesetzte *SyncBuddy*-Eigenschaft gewährleistet die Synchronisation beider.

Mehr Infos: **AufAb-Steuerelement: Ein Beispiel für die Verwendung des AufAb-Steuerelements finden Sie in der Übung 13 (Kap. 5.4).**

4.4 Auswählen mit Kontrollkästchen und Optionsfeldern

Die meisten Anwendungen bieten die Gelegenheit, aus einer vorgegebenen Menge von Alternativen eine Auswahl zu treffen. *Kontrollkästchen*-Steuerelemente offerieren Wahlmöglichkeiten, von denen der Benutzer beliebig viele auswählen kann.

Die jeweilige Wahl wird durch ein Häkchen im Steuerelement angezeigt. Die *Value*-Eigenschaft bestimmt den Zustand des Kontrollkästchens, wobei durch den dritten Wert das Häkchen grau dargestellt wird:

Wert	Beschreibung	Konstante
0	Nicht aktiviert (Standard)	vbUnchecked
1	Aktiviert	vbChecked
2	Zwischenzustand	vbGrayed

Optionsfeld-Steuerelemente bieten mehrere Wahlmöglichkeiten an, von denen der Benutzer genau eine auswählen kann. Diese Wahl wird durch Füllung des Steuerelement-Zentrums angezeigt. Die *Value*-Eigenschaft des Optionsfelds hat entweder den Standardwert *False*, wenn es nicht aktiviert ist, sonst den Wert *True*.

Die Beschriftung der beiden Steuerelemente wird durch die *Caption*-Eigenschaft bestimmt, die Ausrichtung des Symbols (Quadrat oder Kreis) innerhalb der Steuerelement-Begrenzung wird durch die *Alignment*-Eigenschaft festgelegt (Konstanten *vbLeftJustify* für die Standardeinstellung „Links ausgerichtet" und *vbRightJustify* für den entgegengesetzten Fall).

Sobald man das Steuerelement anklickt, wird sein *Click*-Ereignis ausgelöst, allerdings nur, wenn die linke Maustaste benutzt wird. Selbstverständlich tritt es auch beim Drücken der Zugriffstaste ein.

Übung 05 Kontrollkästchen und Optionsfelder einsetzen

Diese Anwendung (z. B. vorstellbar als Teil eines Spielprogramms) demonstriert die Verwendung beider Steuerelemente, indem es nach deren Anklicken die ausgewählten Optionen in einem Bezeichnungsfeld anzeigt.

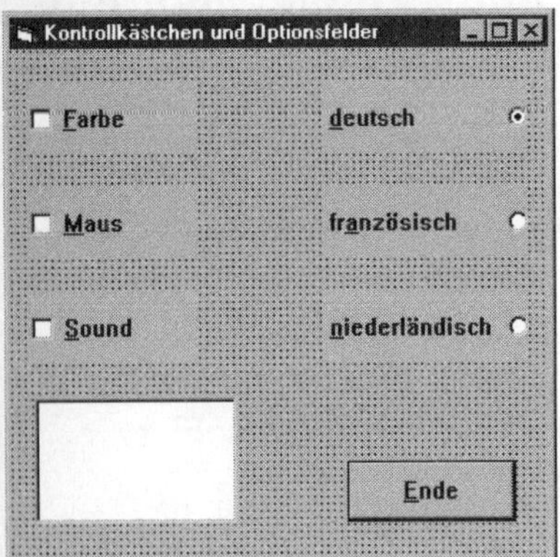

Die Oberfläche von Übung05

Die Objekte und deren Eigenschaften finden Sie in nachfolgender Tabelle.

Objekt	Eigenschaft	Einstellung
Formular	Name	frmÜbung05
	Caption	Kontrollkästchen und Optionsfelder
1. Kontrollkästchen	Name	chkFarbe
	Caption	&Farbe
2. Kontrollkästchen	Name	chkMaus
	Caption	&Maus
3. Kontrollkästchen	Name	chkSound
	Caption	&Sound
1. Optionsfeld	Name	optDeutsch
	Caption	&deutsch
	Value	True
2. Optionsfeld	Name	optFranzösisch
	Caption	fr&anzösisch
3. Optionsfeld	Name	optNiederländisch
	Caption	&niederländisch
Bezeichnungsfeld	Name	lblAuswahl
	Alignment	2 - Zentriert
	BackColor	System: Fensterhintergrund
	BorderStyle	1 - Fest Einfach
	Caption	(Leer)
Befehlsschaltfläche	Name	cmdEnde
	Cancel	True
	Caption	&Ende
	Default	True

Die Option *deutsch* ist voreingestellt, weil die *Value*-Eigenschaft von *optDeutsch* zur Entwurfszeit auf *True* gesetzt wird. Die Befehlsschaltfläche *Ende* ist in diesem Beispiel gleichzeitig *Standard*- wie *Abbrechen*-Schaltfläche, sie läßt sich mithin durch die [Enter]- oder [Esc]-Taste drücken.

Die *Click*-Ereignisprozeduren der Kontrollkästchen und Optionsfelder enthalten alle nur eine, und zwar die gleiche Codezeile, wie Sie dem Listing entnehmen können.

```
Option Explicit

Private Sub chkFarbe_Click()
  AuswahlAnzeigen
End Sub

Private Sub chkMaus_Click()
  AuswahlAnzeigen
End Sub

Private Sub chkSound_Click()
  AuswahlAnzeigen
End Sub

Private Sub cmdEnde_Click()
  End
End Sub

Private Sub optDeutsch_Click()
  AuswahlAnzeigen
End Sub

Private Sub optFranzösisch_Click()
  AuswahlAnzeigen
End Sub

Private Sub optNiederländisch_Click()
  AuswahlAnzeigen
End Sub
```

In der von den *Click*-Prozeduren aufgerufenen allgemeinen Prozedur *AuswahlAnzeigen* wird eine Erweiterung der *If...Then*-Struktur verwendet. Im *Else*-Zweig befindet sich die Anweisung, die als Alternative ausgeführt wird, falls die in der mit *If* eingeleiteten Zeile überprüfte Bedingung nicht zutrifft.

```
Private Sub AuswahlAnzeigen()
  Dim Info

  If chkFarbe.Value = vbChecked Then
    Info = "Farbe: EIN"
  Else
    Info = "Farbe: AUS"
  End If
```

```
  If chkMaus.Value = vbChecked Then
    Info = Info & vbCrLf & "Maus: EIN"
  Else
    Info = Info & vbCrLf & "Maus: AUS"
  End If

  If chkSound.Value = vbChecked Then
    Info = Info & vbCrLf & "Sound: EIN"
  Else
    Info = Info & vbCrLf & "Sound: AUS"
  End If

  If optDeutsch.Value = True Then
    Info = Info & vbCrLf & "deutsch"
  End If

  If optFranzösisch.Value = True Then
    Info = Info & vbCrLf & "französisch"
  End If

  If optNiederländisch.Value = True Then
    Info = Info & vbCrLf & "Niederländisch"
  End If

  lblAuswahl.Caption = Info
End Sub
```

Die Variable *Info* sammelt schrittweise in den einzelnen Abfragen den Text an, der am Ende der Prozedur der *Caption*-Eigenschaft des Bezeichnungsfelds zugewiesen wird.

Hinweis: If prüft auf Wahrheit

Der auf das Schlüsselwort *If* folgende Ausdruck wird stets auf logische Wahrheit hin überprüft. Deshalb werden das Gleichheitszeichen und das Wort *True* hier lediglich aus didaktischen Gründen verwendet.

Zeilenumbruch

Um einen Zeilenumbruch an der gewünschten Stelle vorzunehmen, wird dort die integrierte Konstante *vbCrLf* eingefügt, die aus den Zeichencodes für Wagenrücklauf (Carriage Return) und Zeilenvorschub (Line Feed) zusammengesetzt ist.

Wenn Sie nun die Kontrollkästchen *Farbe* und *Maus* sowie das Optionsfeld *französisch* auswählen, präsentiert sich das Formular folgendermaßen.

Anzeige der ausgewählten Optionen

Optionsfeldgruppe

Beim Anwählen eines Optionsfelds wird automatisch die Wahl des zuvor gewählten Optionsfelds aufgehoben, als sichtbares Zeichen geht dessen Kreismarkierung auf das neue Feld über. Der Grund dafür ist, daß alle in demselben Container enthaltenen Optionsfelder eine Gruppe bilden, aus der exakt ein Element ausgewählt werden kann. Als Container für Optionsfelder kommen außer Formularen z. B. auch *Rahmen-* und *Bildfeld*-Steuerelemente in Betracht.

Übung 06 Optionsfelder gruppieren

Soll das letzte Übungsbeispiel durch Optionen ergänzt werden, die eine separate Kategorie darstellen, so müssen sie zu einer eigenen Optionsfeldgruppe zusammengefaßt werden. Dazu wird das Formular mit zwei *Rahmen*-Steuerelementen und drei zusätzlichen Optionsfeldern versehen.

Um zu demonstrieren, wie die in *Übung01* im Zusammenhang mit Befehlsschaltflächen vorgestellte Eigenschaft *Style* das Erscheinungsbild von Optionsfeldern beeinflußt, werden die bestehenden Optionsfelder grafisch dargestellt. Als Abbildung dient die jeweilige Nationalflagge. Die Eigenschaften der modifizierten und hinzugekommenen Objekte sind wie folgt festgelegt.

Objekt	Eigenschaft	Einstellung
Formular	Name	frmÜbung06
	Caption	Kontrollkästchen und Optionsfeldgruppen
1. Rahmen	Name	fraSprache
	Caption	Sprache
	Font	System, Fett-kursiv, 10
2. Rahmen	Name	fraStufe
	Caption	Stufe
	Font	System, Fett-kursiv, 10
1. Optionsfeld	Name	optDeutsch
	Caption	(Leer)
	Picture	Graphics\Icons\Flags\Flggerm.ico
	Style	1 - Grafisch
	Value	True
2. Optionsfeld	Name	optFranzösisch
	Caption	(Leer)
	Picture	Graphics\Icons\Flags\Flgfran.ico
	Style	1 - Grafisch
3. Optionsfeld	Name	optNiederländisch
	Caption	(Leer)
	Picture	Graphics\Icons\Flags\Flgnethn.ico
	Style	1 - Grafisch
4. Optionsfeld	Name	optStufe1
	Caption	&1
	Value	True
5. Optionsfeld	Name	optStufe2
	Caption	&2
6. Optionsfeld	Name	optStufe3
	Caption	&3

Rahmen als Container

Der erste Rahmen nimmt die bereits vorhandenen Optionsfelder, der andere die neuen auf. Als Schriftschnitt ihrer *Caption*-Eigenschaft wurde kursiv gewählt, und das Bezeichnungsfeld wurde in seiner Höhe vergrößert, um eine zusätzliche Textzeile darstellen zu können. Die grafisch dargestellten Optionsfelder sehen nun wie Befehlsschaltflächen aus, die gedrückt bleiben, bis ein anderes Optionsfeld derselben Gruppe gewählt wird.

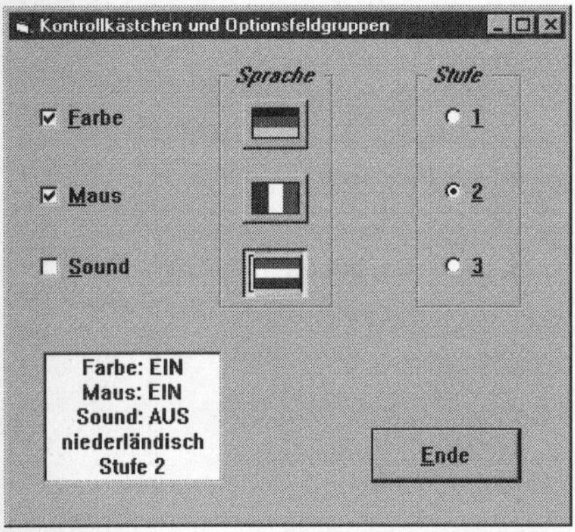

Übung06 mit grafisch dargestellten Optionsfeldern

Die Verwendung zweier *Rahmen*-Steuerelemente ist nicht notwendig, erfolgt hier aber einerseits der optischen Symmetrie wegen und andererseits, weil zur Kennzeichnung der Optionsfeldgruppe die *Caption*-Eigenschaft des Rahmens anstelle eines zusätzlichen Bezeichnungsfelds benutzt werden kann. Die neue Optionsfeldgruppe *Stufe* erstellen Sie, indem Sie zuerst den Rahmen und dann die drei Optionsfelder innerhalb des Rahmens zeichnen. Sie können diese nicht per Doppelklick auf das Symbol der Werkzeugsammlung erstellen, weil sie dann im Formular gezeichnet würden.

Ein nachträgliches Verschieben in die Rahmenbegrenzung läßt sie zwar als im Steuerelement liegend erscheinen, macht sie jedoch nicht zu untergeordneten Objekten des Rahmen-Containers. Das wird daran deutlich, daß sie beim Verschieben des Rahmens nicht mit bewegt werden. Um die bestehende Optionsfeldgruppe im Rahmen *Sprache* zusammenzufassen, können Sie folgendermaßen verfahren.

Tip: Bestehende Optionsfelder gruppieren

Um bereits existierende Optionsfelder in einem *Rahmen-* oder *Bildfeld*-Steuerelement zu einer Gruppe zusammenzufassen, markieren Sie alle Optionsfelder, schneiden sie aus und fügen sie dann in das *Container*-Steuerelement ein.

Der Programmcode für die *Click*-Ereignisprozeduren der neuen Optionsfelder ist dem der anderen *Click*-Prozeduren analog

```
Private Sub optStufe1_Click()
  AuswahlAnzeigen
End Sub

Private Sub optStufe2_Click()
  AuswahlAnzeigen
End Sub

Private Sub optStufe3_Click()
  AuswahlAnzeigen
End Sub
```

und in die Prozedur *AuswahlAnzeigen* werden unmittelbar vor der Anweisung

```
  lblAuswahl.Caption = Info
```

diese Zeilen eingefügt:

```
  If optStufe1.Value = True Then
    Info = Info & vbCrLf & "Stufe 1"
  End If

  If optStufe2.Value = True Then
    Info = Info & vbCrLf & "Stufe 2"
  End If

  If optStufe3.Value = True Then
    Info = Info & vbCrLf & "Stufe 3"
  End If
```

Wenn Sie die Anwendung ausprobieren, stellen Sie fest, daß Sie unabhängig voneinander je eine Option aus den beiden Gruppen wählen können. Als Übungsaufgabe können Sie das Projekt *Übung02* professioneller gestalten, indem Sie die zum Einstellen der Eigenschaften des Bezeichnungsfelds verwendeten Befehlsschaltflächen (dies stellt gewiß keine elegante Lösung dar) durch zwei Optionsfeldgruppen ersetzen.

4.5 Auswahl aus Listen- und Kombinationsfeldern

Neben Kontrollkästchen und Optionsfeldern stellen Listen- und Kombinationsfelder das Instrumentarium dar, um dem Benutzer Auswahlmöglichkeiten anzubieten. Die maximale Zahl an offerierten Alternativen liegt bei diesen Steuerelementen mit 32.768 so hoch, daß sie in praktischen Anwendungen kaum jemals erreicht wird.

Listenfeld

Das *Listenfeld*-Steuerelement zeigt eine Liste mit Einträgen an, aus denen der Benutzer einen oder mehrere auswählen kann. Übersteigt die Zahl der in der Liste enthaltenen die der darstellbaren Einträge, wird dem Listenfeld automatisch eine Bildlaufleiste hinzugefügt.

Visual Basic-Objekte sind außer durch Eigenschaften und Ereignisse auch durch Methoden gekennzeichnet. Methoden sind mit Anweisungen vergleichbar, die eine bestimmte Operation für ein einzelnes Objekt ausführen. Aus Sicht des Programmierers können sie als spezielle Prozeduren mit eigener Syntax angesehen werden.

Sie können ein Listenfeld im Entwurfsmodus füllen, indem Sie die *List*-Eigenschaft markieren, auf die Pfeil-Schaltfläche im Einstellungsfeld klicken und damit ein Textfenster aufklappen, um dort die Eingaben vorzunehmen. Nach jedem Eintrag drücken Sie die Tastenkombination [Strg]+[Enter] und gelangen so in eine neue Zeile; [Enter] allein schließt das Textfenster.

AddItem-Methode

Zur Laufzeit wird für das Füllen eines Listenfelds oder zum Hinzufügen von Elementen vorzugsweise die *AddItem*-Methode verwendet:

```
Objekt.AddItem Element[, Index]
```

Das Argument *Objekt* bezeichnet den Namen des Steuerelements, hier also den des Listenfelds; *Element* ist der Eintrag, der hinzugefügt werden soll; *Index* stellt in Form einer ganzen Zahl ein optionales Argument dar (gekennzeichnet in der Syntax-Notation durch die eckigen Klammern), das die Position des neuen Eintrags in der Liste angibt. Der ersten Position entspricht immer der Indexwert *0*.

Übung 07 Listenfelder einsetzen

Diese Anwendung veranschaulicht die Verwendung eines Listenfelds. Neben diesem enthält das Formular drei Bezeichnungsfelder und eine Befehlsschaltfläche, deren Anordnung sich aus der folgenden Abbildung ergibt.

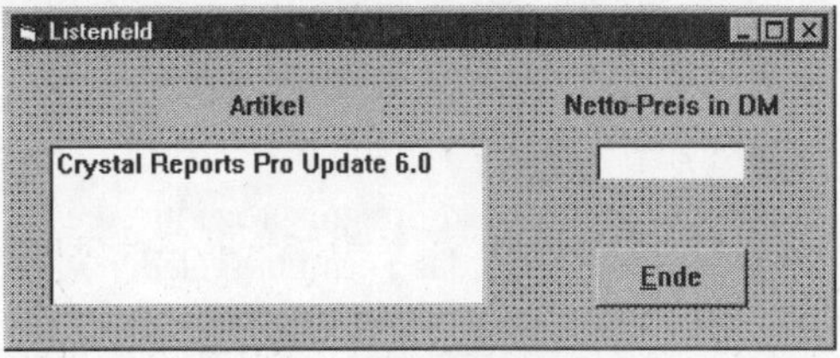

Die Oberfläche von Übung07

Das Programm soll dem Benutzer eine Liste von Softwareprodukten rund um Visual Basic präsentieren und nach Auswahl eines Eintrags in dem Bezeichnungsfeld *lblNetto* dessen Netto-Verkaufspreis wiedergeben. Das Listenfeld erhält bereits zur Entwurfszeit einen Eintrag, und zwar den längsten, um die Feldbreite passend einstellen zu können. Seine Höhe ist so bemessen, daß fünf Zeilen gleichzeitig dargestellt werden können.

Die Objekteigenschaften sind nachstehend aufgeführt.

Objekt	Eigenschaft	Einstellung
Formular	Name	frmÜbung07
	Caption	Listenfeld
1. Bezeichnungsfeld	Name	lblArtikel
	Alignment	2 - Zentriert
	Caption	Artikel
2. Bezeichnungsfeld	Name	lblPreis
	Alignment	2 - Zentriert
	Caption	Netto-Preis in DM
Listenfeld	Name	lstArtikel
	List	Crystal Reports Pro Update 6.0
3. Bezeichnungsfeld	Name	lblNetto
	Alignment	2 - Zentriert
	BackColor	System: Fensterhintergrund

Objekt	Eigenschaft	Einstellung
	BorderStyle	1 - Fest Einfach
	Caption	(Leer)
Befehlsschaltfläche	Name	cmdEnde
	Cancel	True
	Caption	&Ende

Load-Ereignis

Das Auffüllen der Liste erfolgt hier in der *Load*-Ereignisprozedur, die immer dann zur Laufzeit in Aktion tritt, wenn das Formular geladen wird. Das Hinzufügen von Elementen kann prinzipiell an beliebiger Stelle des Programms stattfinden, um zum Beispiel als Reaktion auf Benutzeraktivitäten Listen dynamisch zu erstellen.

Die Anweisungen in Deklarationsteil und der *Click*-Prozedur der Befehlsschaltfläche sind Ihnen inzwischen vertraut.

```
Option Explicit

Private Sub cmdEnde_Click()
  End
End Sub
```

In der *Load*-Prozedur des Formulars werden mit der *AddItem*-Methode Einträge zur Liste hinzugefügt. Da kein Index angegeben wird, ist die Einfügeposition das jeweilige Listenende.

```
Private Sub Form_Load()
  lstArtikel.AddItem "SpyWorks Pro 5.0"
  lstArtikel.AddItem "VBPartner 5.0"
  lstArtikel.AddItem "Help Magician Pro 4.5"
  lstArtikel.AddItem "ActiveX Components Suite"
  lstArtikel.AddItem "InstallShield Professional 5.1"
  lstArtikel.AddItem "Olectra Chart 5.02"

  lstArtikel.Text = lstArtikel.List(0)
End Sub
```

In der vorletzten Zeile wird der erste Listeneintrag ausgewählt und damit markiert angezeigt, indem der *Text*-Eigenschaft des Listenfelds, die das momentan gewählte Element enthält, das erste Element (mit dem Indexwert 0) zugewiesen wird. Dadurch wird bewirkt, daß nach dem Starten der Anwendung das Anzeigefeld *lblNetto* nicht leer bleibt.

```
Private Sub lstArtikel_Click()
  If lstArtikel.Text = _
  "Crystal Reports Pro Update 6.0" Then
    lblNetto.Caption = "326,72"
  ElseIf lstArtikel.Text = "SpyWorks Pro 5.0" Then
    lblNetto.Caption = "430,17"
  ElseIf lstArtikel.Text = "VBPartner 5.0" Then
    lblNetto.Caption = "171,55"
  ElseIf lstArtikel.Text = "Help Magician Pro 4.5" Then
    lblNetto.Caption = "430,17"
  ElseIf lstArtikel.Text = "ActiveX Components Suite" Then
    lblNetto.Caption = "861,21"
  ElseIf lstArtikel.Text = _
  "InstallShield Professional 5.1" Then
    lblNetto.Caption = "1.525,00"
  ElseIf lstArtikel.Text = "Olectra Chart 5.02" Then
    lblNetto.Caption = "602,59"
  End If
End Sub
```

Die *Click*-Prozedur des Listenfelds benutzt eine *If...Then...ElseIf*-Struktur, um den zum ausgewähltem Listenelement gehörenden Preis im Bezeichnungsfeld *lblNetto* darzustellen.

Mehr Infos: Code unter Kontrolle: Entscheidungs- und Schleifenstrukturen ➨ Kapitel 5.5

Wenn Sie zur Laufzeit den Listeneintrag *InstallShield Professional 5.1* durch Anklicken mit der linken Maustaste oder Verschieben des Markierungsbalkens mit den Pfeiltasten auswählen, wird als Preis *1.525,00* angezeigt.

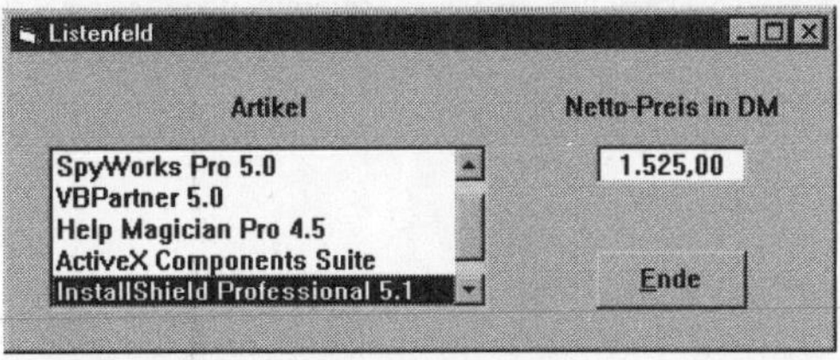

Übung07 mit ausgewähltem Listenelement

Falls die neuen Elemente an einer bestimmten Position in der Liste eingefügt werden sollen, muß in der *AddItem*-Methode hinter dem Element (durch ein Komma abgetrennt) noch der Indexwert angegeben werden. Wenn z. B. die erste Anweisung in der *Load*-Prozedur

```
lstArtikel.AddItem "SpyWorks Pro 5.0", 0
```

lautet, dann wird dieser Eintrag an die erste Stelle gesetzt, und die vorhandenen werden nach unten verschoben. Für den Fall, daß alle *Add Item*-Anweisungen mit einem Index von *0* versehen werden, erscheinen die Elemente im Listenfeld in umgekehrter Reihenfolge ihres Einfügens.

Liste in umgekehrter Reihenfolge

Sorted-Eigenschaft

Durch Wahl der entsprechenden Indexwerte könnte man auch eine alphabetische Reihenfolge der Elemente erreichen. Das wäre aber aufwendig und fehleranfällig. Besser geeignet ist dafür die *Sorted*-Eigenschaft des Listenfelds, die zur Laufzeit schreibgeschützt ist. Wird sie im Entwurfsmodus vom Vorgabewert *False* auf *True* gesetzt, so verwaltet Visual Basic selbsttätig die alphabetische Sortierung, indem es sowohl beim Hinzufügen als auch beim Entfernen von Elementen deren Indexwerte entsprechend ändert.

Alphabetisch sortierte Liste

Hinweis: Bei sortierter Liste Einfügen ohne Positionsangabe

Bei auf *True* gesetzter *Sorted*-Eigenschaft kann die Verwendung der *AddItem*-Methode mit Angabe eines Indexes die Sortierreihenfolge durcheinanderbringen und sollte daher vermieden werden. Im übrigen wird bei der automatischen Sortierung nicht zwischen Groß- und Kleinschreibung unterschieden.

RemoveItem- und Clear-Methode

Das Gegenstück zur *AddItem*-Methode stellt die *RemoveItem*-Methode dar:

```
Objekt.RemoveItem Index
```

Sie entfernt das Element mit dem angegebenen Indexwert aus der Liste. So läßt sich der zweite Eintrag aus der Liste des Beispielprogramms mit der Codezeile

```
lstArtikel.RemoveItem 1
```

herausnehmen. Um sämtliche Einträge aus der Liste zu löschen, benutzt man die *Clear*-Methode:

```
Objekt.Clear
```

Eigenschaften List, ListCount und ListIndex

Den Zugriff auf ein Listenelement durch die *List*-Eigenschaft mit

```
Objekt.List(Index)
```

haben Sie in der letzten Anwendung kennengelernt. Die Anweisung

```
lblAnzeige.Caption = lstArtikel.List(2)
```

würde z. B. den dritten Eintrag der Liste im Bezeichnungsfeld anzeigen.

Eng verwandt mit der *List*-Eigenschaft ist die *ListCount*-Eigenschaft, welche die Anzahl der in der Liste enthaltenen Elemente zurückgibt. (In *Übung07* hat *ListCount* den Wert *7*.) Diese und die *ListIndex*-Eigenschaft sind im Entwurfsmodus nicht verfügbar. Die *ListIndex*-Eigenschaft bestimmt den Index des gegenwärtig gewählten Elements, sein Wertebereich reicht bei Listenfeldern von *0* bis zu *ListCount-1*.

Columns-Eigenschaft

Möchten Sie das Listenfeld statt mit einer vertikalen mit einer horizontalen Bildlaufleiste ausstatten, so verwenden Sie die *Columns*-Eigenschaft. Ihr Standardwert ist *0* und zeigt die Listenelemente einspaltig mit vertikaler Bildlaufleiste an. Wird er auf einen ganzzahligen Wert > 0 geändert, so ordnet das Listenfeld, das nun eine horizontale Bildlaufleiste enthält, die Einträge fortlaufend in einer entsprechenden Anzahl von Spalten an. Wenn die *Columns*-Eigenschaft des Listenfelds der letzten Übung auf *1* gesetzt wird, nimmt es folgendes Aussehen an.

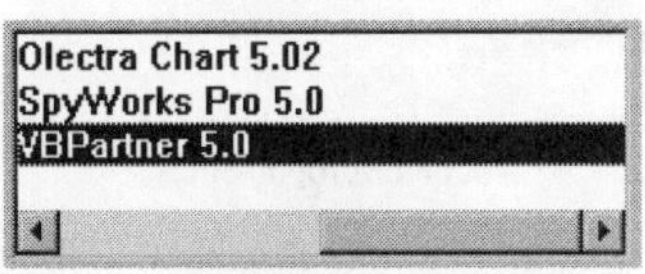

Listenfeld mit horizontaler Bildlaufleiste

MultiSelect-Eigenschaft

Man kann dem Benutzer auch ermöglichen, mehrere Einträge aus einer Liste so auszuwählen, wie er es von anderen Windows-Anwendungen her gewohnt ist. Dazu wird die *MultiSelect*-Eigenschaft entsprechend eingestellt.

Wert	Beschreibung	Konstante
0	Kein (Standard)	vbMultiSelectNone
1	Einfach: Aus- oder Abwahl mit Maus oder [Leertaste]	vbMultiSelectSimple
2	Erweitert: Klicken bei gedrückter [Umschalt]-Taste erweitert die Auswahl, bei gedrückter [Strg]-Taste werden einzelne Einträge aus-/abgewählt	vbMultiSelectExtended

Testen Sie die möglichen Effekte der zuletzt vorgestellten Eigenschaften, indem Sie verschiedene Einstellungen einzeln oder für beide Eigenschaften gemeinsam vornehmen. Anwendungsbeispiele finden Sie auch in der Online-Hilfe zur *Columns*- und *MultiSelect*-Eigenschaft.

Kombinationsfeld

Das *Kombinationsfeld*-Steuerelement vereinigt die Merkmale eines Listenfelds mit denen eines Textfelds. Der Benutzer kann einen Eintrag aus dem Listenfeldbereich auswählen oder Informationen im Textfeldbereich eingeben.

Style-Eigenschaft

Durch Einstellen der *Style*-Eigenschaft im Entwurfsmodus wird festgelegt, welchem der drei möglichen Typen das Kombinationsfeld angehört:

Wert	Beschreibung	Konstante
0	Dropdown-Kombinationsfeld (Standard): Auswahl aus Liste (Aufklappen mit Pfeil-Schaltfläche) oder Eingabe in Textfeld	vbComboDropdown
1	Einfaches Kombinationsfeld: Liste immer geöffnet und bei Bedarf mit vertikaler Bildlaufleiste versehen	vbComboSimple
2	Dropdown-Liste: Auswahl begrenzt auf Einträge der aufklappbaren Liste	vbComboDropdownList

Zwei Aspekte bestimmen die Entscheidung bezüglich des einzusetzenden Typs: der Platzbedarf für das Steuerelement im Formular und die Auswahlliste mit feststehenden oder vorgeschlagenen Alternativen.

- Soll die Auswahl auf einen festen Vorrat an Wahlmöglichkeiten beschränkt werden, so ist die Dropdown-Liste (*Style* = *2*) zu verwenden. Sie benötigt gegenüber einem Listenfeld mit der gleichen Funktionalität weniger Platz, da die Liste erst bei Bedarf geöffnet wird.
- Soll der Benutzer über die in einer Vorschlagsliste angebotenen Alternativen hinaus eine eigene Wahl angeben können, so ist einer der beiden anderen Typen zu verwenden. Dabei zeichnet sich das Dropdown-Kombinationsfeld (*Style* = *0*) gegenüber dem einfachen Kombinationsfeld (*Style* = *1*) durch Platzersparnis aus.

Übung 08 Kombinationsfeld-Typen

Das nächste Beispiel enthält auf der linken Seite des Formulars je ein Kombinationsfeld verschiedenen Typs, in der Mitte ein Listenfeld, rechts zwei Bezeichnungsfelder und unten vier Befehlsschaltflächen. Es demonstriert noch einmal die Verwendung der Methoden *AddItem*, *RemoveItem* und *Clear* sowie der Eigenschaften *ListCount* und *ListIndex*, um zur Laufzeit Einträge zu einer Liste hinzuzufügen oder aus ihr zu entfernen.

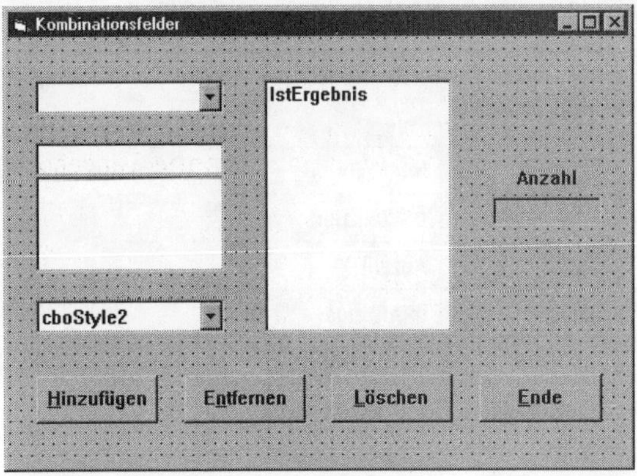

Die Oberfläche von Übung08

Für das zweite Kombinationsfeld vom Typ 1 ist folgender Hinweis zu beachten.

Hinweis: Einfaches Kombinationsfeld zeichnen

Beim Erstellen eines einfachen Kombinationsfelds ist dessen Höhe standardmäßig so eingestellt, daß nur die Textfeldkomponente sichtbar ist. Um auch den Listenteil anzuzeigen, muß also der Wert der *Height*-Eigenschaft vergrößert oder das Feld mit Hilfe der Maus vergrößert werden.

Die Einstellungen für die Objekte dieser Anwendung sind:

Objekt	Eigenschaft	Einstellung
Formular	Name	frmÜbung08
	Caption	Kombinationsfelder
1. Kombinationsfeld	Name	cboStyle0
	Sorted	True
	Style	0 - Dropdown-Kombinationsfeld
	Text	(Leer)
2. Kombinationsfeld	Name	cboStyle1
	Sorted	True
	Style	1 - Einfaches Kombinationsfeld
	Text	(Leer)
3. Kombinationsfeld	Name	cboStyle2
	Sorted	True
	Style	2 - Dropdown-Liste
Listenfeld	Name	lstErgebnis
	Sorted	True
1. Bezeichnungsfeld	Name	lblAnzahl
	Alignment	2 - Zentriert
	Caption	Anzahl
2. Bezeichnungsfeld	Name	lblAnzeige
	Alignment	2 - Zentriert
	BorderStyle	1 - Fest Einfach
	Caption	(Leer)
1. Befehlsschaltfläche	Name	cmdHinzufügen
	Caption	&Hinzufügen
2. Befehlsschaltfläche	Name	cmdEntfernen
	Caption	E&ntfernen
3. Befehlsschaltfläche	Name	cmdLöschen
	Caption	&Löschen

Objekt	Eigenschaft	Einstellung
4. Befehlsschaltfläche	Name	cmdEnde
	Cancel	True
	Caption	&Ende

Die automatische Sortierung in den Kombinationsfeldern und dem Listenfeld ist eingeschaltet. Die *Text*-Eigenschaft der Kombinationsfelder wird standardmäßig aus der *Name*-Eigenschaft übernommen. Sie ist zur Laufzeit schreibgeschützt; beim Dropdown-Listenfeld kann sie auch im Entwurfsmodus nicht verändert werden, wird aber zur Laufzeit nicht mehr angezeigt. Der Benutzer kann aus einem der Kombinationsfelder ein Element auswählen oder ein neues Element in dessen Textbereich eingeben und dieses mit der Schaltfläche *Hinzufügen* in das Listenfeld transferieren. Ein im Listenfeld ausgewählter Eintrag wird mit der Schaltfläche *Entfernen* (oder durch doppeltes Anklicken) aus der Liste gestrichen, mit der Schaltfläche *Löschen* werden alle Einträge entfernt. Der verwendete Programmcode wird nun vorgestellt. Im Deklarationsabschnitt wird die Variable *vEintrag* deklariert, die damit allen Prozeduren des Formularmoduls zur Verfügung steht.

```
Option Explicit
Dim vEintrag
```

Sie wird in den *LostFocus*-Ereignisprozeduren der Kombinationsfelder auf den Wert der jeweiligen *Text*-Eigenschaft gesetzt.

```
Private Sub cboStyle0_LostFocus()
  vEintrag = cboStyle0.Text
End Sub

Private Sub cboStyle1_LostFocus()
  vEintrag = cboStyle1.Text
End Sub

Private Sub cboStyle2_LostFocus()
  vEintrag = cboStyle2.Text
End Sub
```

LostFocus-Ereignis

Das *LostFocus*-Ereignis tritt auf, wenn von dem betreffenden Steuerelement zu einem anderen gewechselt wird. Die *Text*-Eigenschaft hat den im Textfeld angezeigten Eintrag zum Inhalt, ganz gleich, ob er aus der Liste gewählt oder (bei den ersten beiden Typen von Kombinationsfeldern) direkt in den Textbereich eingegeben worden ist.

Die Listen der Kombinationsfelder werden in der *Load*-Ereignisprozedur des Formulars mit jeweils sechs Elementen gefüllt.

```
Private Sub Form_Load()
  cboStyle0.AddItem "Artikel 9876"
  cboStyle1.AddItem "Artikel 8765"
  cboStyle2.AddItem "Artikel 7654"
  cboStyle0.AddItem "Artikel 1234"
  cboStyle1.AddItem "Artikel 2345"
  cboStyle2.AddItem "Artikel 3456"
  cboStyle0.AddItem "Artikel 4711"
  cboStyle1.AddItem "Artikel 7272"
  cboStyle2.AddItem "Artikel 5917"
  cboStyle0.AddItem "Artikel 7417"
  cboStyle1.AddItem "Artikel 8528"
  cboStyle2.AddItem "Artikel 9639"
  cboStyle0.AddItem "Artikel 1323"
  cboStyle1.AddItem "Artikel 4656"
  cboStyle2.AddItem "Artikel 7989"
  cboStyle0.AddItem "Artikel 5199"
  cboStyle1.AddItem "Artikel 8488"
  cboStyle2.AddItem "Artikel 6266"

  vEintrag = ""
End Sub
```

Die letzte Anweisung weist der Variablen *vEintrag* eine leere Zeichenfolge als Anfangswert zu. Das Anklicken der Schaltfläche *Ende* führt die bekannte Ereignisprozedur aus.

```
Private Sub cmdEnde_Click()
  End
End Sub
```

Die *Click*-Ereignisprozedur der Schaltfläche *Hinzufügen* enthält die Codezeilen:

```
Private Sub cmdHinzufügen_Click()
  ' Eintrag hinzufügen, Zahl anzeigen

  ' Eintrag leer?
  If Trim(vEintrag) <> "" Then
    lstErgebnis.AddItem Eintrag
    vEintrag = ""
    lblAnzeige.Caption = lstErgebnis.ListCount
  Else
    Beep
  End If
End Sub
```

Trim-Funktion

Die in der Abfrage benutzte *Trim*-Funktion entfernt aus der Zeichenfolge in *vEintrag* alle voran- und nachstehenden Leerzeichen. Wenn diese dann nicht leer ist, wird sie dem Listenfeld hinzugefügt, die Variable auf den Anfangswert zurückgesetzt und in dem zur Anzeige dienenden Bezeichnungsfeld die Anzahl der Elemente mit Hilfe der *ListCount*-Eigenschaft des Listenfelds wiedergegeben.

Falls der Eintrag leer ist, wird er nicht übernommen, und es ertönt ein akustisches Signal.

```
Private Sub cmdEntfernen_Click()
  Dim vIndexWert

  vIndexWert = lstErgebnis.ListIndex

  ' Wenn Element ausgewählt, dieses entfernen
  ' und Zahl anzeigen
  If vIndexWert > -1 Then
    lstErgebnis.RemoveItem vIndexWert
    lblAnzeige.Caption = lstErgebnis.ListCount
  Else
    Beep
  End If

  ' Schaltfläche sperren, wenn Liste leer
  If lstErgebnis.ListCount = 0 Then
    cmdEntfernen.Enabled = False
  End If
End Sub
```

In der *Click*-Ereignisprozedur der Schaltfläche *Entfernen* wird zunächst die prozedurintern verwendete Variable *vIndexWert* deklariert, die dann aus der *ListIndex*-Eigenschaft des Listenfelds den Index des ausgewählten Elements übernimmt.

Ein Wert von *-1* bedeutet für ein Listenfeld, daß keine Auswahl stattgefunden hat; bei einem größeren Wert wird das durch ihn gekennzeichnete Element mit der *RemoveItem*-Methode aus der Liste gelöscht. Falls die Liste dann völlig leer ist, macht die Schaltfläche *Entfernen* keinen Sinn mehr und wird gesperrt.

Mit der *Löschen*-Schaltfläche werden sämtliche Einträge durch die *Clear*-Methode entfernt. Anschließend erfolgt auch hier die Sperrung der Schaltfläche *Entfernen*.

```
Private Sub cmdLöschen_Click()
  ' Einträge entfernen, Schaltfläche
  ' "Entfernen" sperren, Zahl anzeigen

  lstErgebnis.Clear
  cmdEntfernen.Enabled = False
  lblAnzeige.Caption = lstErgebnis.ListCount
End Sub
```

GotFocus-Ereignis

Entsperrt wird die Schaltfläche in der *GotFocus*-Ereignisprozedur des Listenfelds (dem Gegenpol zum *LostFocus*-Ereignis), falls die Liste mindestens ein Element aufweist.

```
Private Sub lstErgebnis_GotFocus()
  ' Schaltfläche "Entfernen" entsperren,
  ' wenn Liste nicht leer

  If lstErgebnis.ListCount > 0 Then
    cmdEntfernen.Enabled = True
  End If
End Sub
```

DblClick-Ereignis

Um das Entfernen eines Eintrags auch durch einen Doppelklick auf dieses Element durchführen zu können, wird aus der durch diese Aktion angesprochenen *DblClick*-Ereignisprozedur heraus die *Click*-Ereignisprozedur der Schaltfläche *Entfernen* ausgeführt.

Dies kann durch den expliziten Aufruf

```
cmdEntfernen_Click
```

oder wie hier durch Setzen der *Value*-Eigenschaft der Schaltfläche auf *True* erfolgen.

```
Private Sub lstErgebnis_DblClick()
  cmdEntfernen.Value = True
End Sub
```

Zur Laufzeit könnte dann das Beispiel so aussehen:

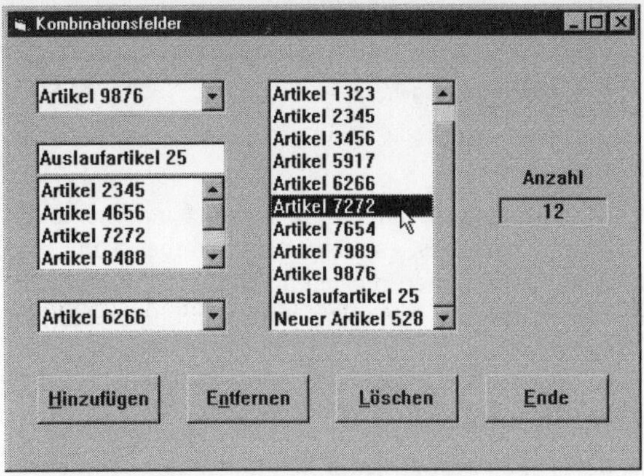

Übung08 zur Laufzeit

Fügen Sie dem Listenfeld Elemente aus den Kombinationsfeldern hinzu, geben Sie auch neue Einträge in die Textfelder der ersten beiden Kombinationsfelder ein, um sie dann in das Listenfeld zu übertragen, und beachten Sie deren automatische Einsortierung in alphabetischer Reihenfolge.

Hinweis: Dropdown-Liste mit Bildlaufleiste

Eine Dropdown-Liste kann bis zu acht Einträge gleichzeitig anzeigen. Ist die Anzahl der Elemente größer, dann erhält sie eine vertikale Bildlaufleiste.

4.6 Generelle Eigenschaften und Verfahren

Ändern von Eigenschaften zur Laufzeit

Enabled-Eigenschaft

In der gerade behandelten Übung wurde die *Enabled*-Eigenschaft einer Befehlsschaltfläche im Programmcode zur Laufzeit geändert. Durch Zuweisen des Werts *False* läßt sich das betreffende Steuerelement sperren, wenn seine Betätigung in einer bestimmten Situation zum Beispiel nicht sinnvoll oder riskant ist. Äußerlich erkennbar ist dieser Zustand an der abgeblendeten Schrift. Mit *True* wird es wieder in den aktiven Zustand versetzt.

Hinweis: Figur- und Linien-Steuerelement ohne Enabled-Eigenschaft

Fast alle Objekte in Visual Basic besitzen die *Enabled*-Eigenschaft. Eine Ausnahme bilden das *Figur*- und das *Linien*-Steuerelement, bei denen auch keine Notwendigkeit dazu besteht, da sie nicht auf Ereignisse reagieren.

Visible-Eigenschaft

Soll ein Steuerelement ganz ausgeblendet werden, setzt man seine *Visible*-Eigenschaft auf *False*. Danach ist es nicht mehr sichtbar, kann also auch nicht mehr auf Benutzeraktionen reagieren (*Enabled* = *False*). Für Formulare verwendet man zum Aus- oder Einblenden statt dessen häufig die *Hide*- und *Show*-Methode.

Fokus und Aktivierreihenfolge

Nur das Objekt, das den Fokus besitzt, kann Benutzeraktionen in Form von Mausklicks oder Tastatureingaben entgegennehmen. Oftmals springt dieses aktive Objekt seiner besonderen optischen Gestaltung wegen ins Auge: ein Formular durch die farblich hervorgehobene Titelleiste, eine Befehlsschaltfläche durch den punktierten rechteckigen Rahmen um die Beschriftung oder eine Bildlaufleiste durch das blinkende Bildlauffeld.

Wenn ein Objekt den Fokus erhält, tritt sein *GotFocus*-Ereignis ein, wenn es ihn abgibt, sein *LostFocus*-Ereignis.

SetFocus-Methode

Im Programmcode kann der Fokus auf ein Objekt mit der Methode

```
Objekt.SetFocus
```

gesetzt werden. Voraussetzung dafür, daß es überhaupt den Fokus erhalten kann, ist, daß sowohl seine *Enabled*- wie seine *Visible*-Eigenschaft den Wert *True* haben.

Hinweis: Steuerelemente ohne Fokus

Eine Reihe von Objekten kann den Fokus nicht erhalten. Dazu gehören neben den zur Laufzeit unsichtbaren Objekten (*Zeitgeber*-Steuerelement) und solchen Objekten, die keine Ereignisse besitzen (*Figur*- und *Linien*-Steuerelement), auch *Anzeige-*, *Bezeichnungsfeld*- oder *Rahmen*-Steuerelement.

TabIndex-Eigenschaft

Die *TabIndex*-Eigenschaft legt die Position eines Steuerelements in der Aktivierreihenfolge fest. Das ist die Sequenz, in der mit dem Drücken der [Tab]-Taste der Fokus von einem Steuerelement zum nächsten bewegt wird. Visual Basic legt die Aktivierreihenfolge in der Abfolge fest, in der die Steuerelemente in ein Formular eingebracht werden.

Bei *n* Elementen mit der *TabIndex*-Eigenschaft werden die Werte *0* bis *n-1* vergeben. Wird die Einstellung für ein Steuerelement durch direkte Zuweisung verändert, so nimmt Visual Basic eine neue Numerierung der *TabIndex*-Werte der anderen Steuerelemente vor, um die Reihenfolge zu aktualisieren.

Mit der [Tab]-Taste wird der Fokus in aufsteigender Folge der *TabIndex*-Werte bewegt, mit der Tastenkombination [Umschalt]+[Tab] durchläuft man die Aktivierreihenfolge abwärts.

Steuerelemente ohne *TabIndex*-Eigenschaft, wie etwa das *Daten*- oder *Standarddialog*-Steuerelement, werden nicht in die Aktivierreihenfolge aufgenommen. Steuerelemente mit der *TabIndex*-Eigenschaft, die grundsätzlich oder zeitweilig den Fokus nicht erhalten können, verbleiben zur Laufzeit zwar in der Reihenfolge, werden aber übersprungen. Wenn z. B. für ein Bezeichnungsfeld, das den Fokus prinzipiell nicht erhalten kann, aber wegen vorhandener *TabIndex*-Eigenschaft in der Aktivierreihenfolge enthalten ist, eine Zugriffstaste definiert ist, wird beim Drücken dieser Taste der Fokus auf das in der Reihenfolge nächste Steuerelement gesetzt.

TabStop-Eigenschaft

Ein Steuerelement läßt sich zur Entwurfs- oder Laufzeit aus der Aktivierreihenfolge entfernen, indem seine *TabStop*-Eigenschaft auf *False* gesetzt wird. Es behält seinen *TabIndex*-Wert bei, so daß ein späteres Zurücksetzen der *TabStop*-Eigenschaft auf *True* den alten Zustand wiederherstellt.

Arbeiten mit Steuerelementefeldern

Index-Eigenschaft

Ein Steuerelementefeld besteht aus Steuerelementen desselben Typs (d. h. mit einheitlichem englischen Klassennamen), die dieselbe *Name*-Eigenschaft und dieselben Ereignisprozeduren verwenden. Unterscheidendes Merkmal der einzelnen Elemente ist der Wert ihrer *Index*-Eigenschaft, der sich von 0 bis 32.767 erstrecken kann. Ein Steuerelementefeld enthält mindestens ein Element, dessen *Index*-Wert nicht leer ist (Standardeinstellung), sondern auf einen ganzzahligen Wert gesetzt ist. Die Maximalzahl an Elementen ist durch den vorhandenen Hauptspeicher und die verfügbaren Systemressourcen beschränkt.

Vorteil eines Steuerelementefelds

Es gibt drei Gründe für die Verwendung von Steuerelementefeldern:

- Ein Steuerelementefeld bietet sich an, wenn mehrere Steuerelemente Programmcode gemeinsam nutzen sollen. Falls z. B. ein Steuerelementefeld aus mehreren Kontrollkästchen erstellt worden ist, wird beim Anklicken eines dieser Kontrollkästchen der Code in derselben *Click*-Ereignisprozedur ausgeführt.
- In einem Steuerelementefeld zusammengefaßte Steuerelemente verbrauchen weniger Ressourcen als dieselbe Zahl von einzelnen Elementen.
- In der Version 5.0 von Visual Basic konnten nur mit Hilfe von Steuerelementefeldern zur Laufzeit neue Steuerelemente erstellt werden. Diese übernehmen die Ereignisprozeduren von den bereits vorhandenen Elementen. In der neuen Version lassen sich nun Steuerelemente mit den Methoden der *Controls*-Auflistung von Formularen dynamisch erstellen und löschen.

Mehr Infos: **Beispiel für dynamische Steuerelemente ➧ Übung10**

Erstellen von Steuerelementefeldern im Entwurfsmodus

Ein Steuerelementefeld kann auf folgende Arten erstellt werden:

- Zuweisen desselben Namens an mehrere Steuerelemente
- Kopieren eines Steuerelements
- Festlegen eines Werts für die *Index*-Eigenschaft

Wenn bereits einige Steuerelemente desselben Typs vorhanden sind, kann man die *Name*-Eigenschaft eines dieser Elemente auf den Namen eines anderen setzen (z. B. *cmdSchaltfläche*). Visual Basic blendet daraufhin ein Dialogfeld ein, in dem zur Bestätigung für das Erstellen eines Steuerelementefelds aufgefordert wird.

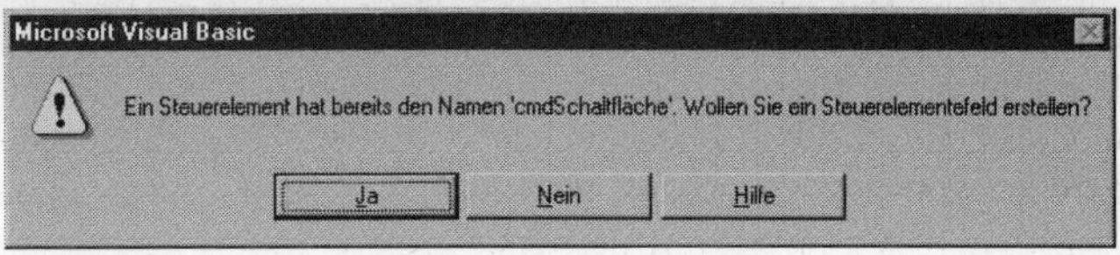

Dialogfeld beim Erstellen eines Steuerelementefelds

Nach Wahl von *Ja* erhält das Steuerelement, dessen Namen benutzt wurde, den Indexwert *0* und das Steuerelement, dem der Name zugeteilt wurde, den Indexwert *1*. Die Wiederholung dieser Operation mit einem dritten Steuerelement weist diesem einen Index von *2* zu usw. Eine erneute Dialogfeld-Abfrage erfolgt nicht mehr, da das Steuerelementefeld nun existiert.

Hinweis: Änderung nur der Name-Eigenschaft

Auf diese Weise hinzugefügte Steuerelemente haben nur die *Name*-Eigenschaft gemeinsam, die übrigen Eigenschaften bleiben in ihrer ursprünglichen Einstellung erhalten.

Das Kopieren eines bestehenden Steuerelements und Einfügen in dasselbe Formular führt ebenfalls zu der Dialogfeld-Abfrage, nach deren Bejahung die *Name*-Eigenschaft übernommen und die Zuweisung der Werte für die *Index*-Eigenschaft wie zuvor vorgenommen wird. Die Indexwerte weiterer hinzukommender Steuerelemente erhöhen sich schrittweise in der Reihenfolge ihres Einfügens.

Tip: Homogenes Erscheinungsbild in einem Steuerelementefeld

Um in einem zur Entwurfszeit erstellten Steuerelementefeld ein einheitliches Erscheinungsbild zu erzielen, kann man das erste Steuerelement mit den gewünschten Eigenschaften versehen und aus diesem durch Kopieren und Einfügen das Steuerelementefeld erzeugen. Die meisten optischen Attribute wie Abmessungen oder Farb- und Schriftgestaltung werden dann übernommen.

Ein einzelnes Steuerelement, dessen *Index*-Eigenschaft mit einem zulässigen Zahlenwert (in der Regel 0) versehen wird, ist damit automatisch Mitglied eines Steuerelementefelds.

Einrichten eines Steuerelementefelds zur Laufzeit

Zur Laufzeit werden Steuerelemente zu einem Steuerelementefeld durch die Visual Basic-Anweisung

```
Load Objekt(Index)
```

hinzugefügt, wobei *Objekt* den Namen und *Index* den Indexwert des dem Steuerelementefeld anzufügenden Elements bezeichnet. Um ein Steuerelement per Programmcode aus einem Steuerelementefeld zu entfernen, benutzt man die syntaktisch gleiche Anweisung

```
Unload Objekt(Index)
```

Mit ihr lassen sich alle Steuerelemente entfernen, die mit der *Load*-Anweisung erstellt wurden, andere jedoch nicht. Visual Basic erzeugt eine Fehlermeldung, wenn in einer der beiden Anweisungen ungültige Indexwerte angegeben werden, indem bei der *Load*-Anweisung ein bereits vergebener oder bei der *Unload*-Anweisung ein nicht vorhandener Wert verwendet wird.

Hinweis: Steuerelemente zunächst unsichtbar

Zur Laufzeit hinzugefügte Steuerelemente sind erst dann sichtbar, wenn ihre *Visible*-Eigenschaft explizit im Programm auf *True* gesetzt wird.

Übung 09 Steuerelementefelder definieren

In dieser Übung kommen zwei Steuerelementefelder zum Einsatz. Das eine, auf der rechten Seite des Formulars plaziert und aus drei Befehlsschaltflächen bestehend, wird im Entwurfsmodus erstellt, am bequemsten mit der Kopiermethode. Das andere wird zur Laufzeit aus Textfeldern erstellt, die links im Formular unterhalb des schon bestehenden Textfelds erscheinen.

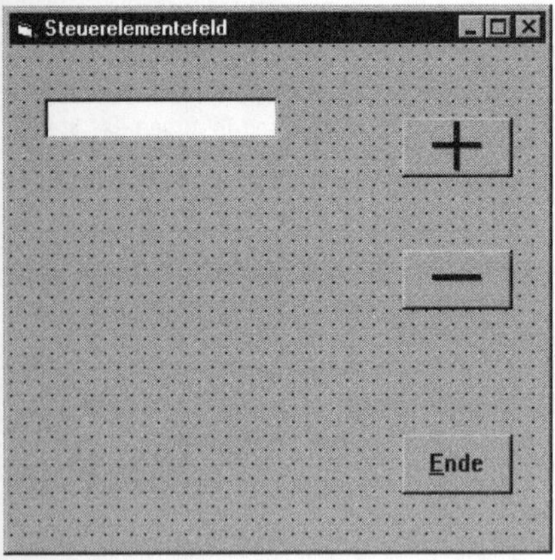

Die Oberfläche von Übung09

Die Objekteigenschaften sind folgendermaßen eingestellt:

Objekt	Eigenschaft	Einstellung
Formular	Name	frmÜbung09
	Caption	Steuerelementefeld
Textfeld	Name	txtAnzeige
	Index	0
	Locked	True
	Text	(Leer)
1. Befehlsschaltfläche	Name	cmdSchaltfläche
	Caption	(Leer)
	Index	0
	Picture	Graphics\Icons\Misc\Misc18.ico
	Style	1 - Grafisch
	ToolTipText	Hinzufügen
2. Befehlsschaltfläche	Name	cmdSchaltfläche
	Caption	(Leer)
	Enabled	False
	Index	1
	Picture	Graphics\Icons\Misc\Misc19.ico
	Style	1 - Grafisch
	ToolTipText	Entfernen
3. Befehlsschaltfläche	Name	cmdSchaltfläche
	Cancel	True
	Caption	&Ende
	Index	2

Im Programmcode wird zunächst die Variable *vIndFeld* deklariert, die dann beim Start des Programms (in der *Load*-Prozedur des Formulars) auf den Anfangswert *0* gesetzt wird. Diese explizite Initialisierung ist in diesem Fall zwar nicht erforderlich, macht die Verwendung der Variablen, die den Indexwert der Textfelder im Steuerelementefeld aufnehmen soll, jedoch deutlicher.

```
Option Explicit
Dim vIndFeld

Private Sub Form_Load()
  vIndFeld = 0
End Sub
```

Da die Befehlsschaltflächen *cmdSchaltfläche(i)* - *i* läuft von *0* bis *2* - in einem Steuerelementefeld zusammengefaßt sind, benutzen sie alle Ereignisprozeduren gemeinsam. Argument dieser Prozeduren ist immer der das einzelne Element charakterisierende Index. In ihrer *Click*-Prozedur wird in der äußeren *If...Then...ElseIf*-Struktur anhand des Indexwerts geprüft, welche Schaltfläche angeklickt wurde. Die einzelnen Zweige der Struktur enthalten die für die jeweilige Befehlsschaltfläche zutreffenden Codezeilen.

Handelt es sich um die erste, mit einem Pluszeichen versehene Schaltfläche *Hinzufügen*, so wird der Index um 1 erhöht und dem Steuerelementefeld durch die *Load*-Anweisung ein neues Textfeld hinzugefügt. Falls bereits sieben Textfelder (die Indexzählung beginnt bei 0!) vorhanden sind, wird die Schaltfläche gesperrt: Einerseits um nicht Textfelder zu erstellen, die aus „Raumnot“ im Formular gar nicht mehr angezeigt werden können, andererseits um dem Benutzer ein visuelles Feedback zu vermitteln, daß die Höchstzahl an Feldern erreicht ist. Das neue Testfeld liegt anfangs an derselben Stelle wie das erste und wird deshalb anschließend vertikal um 150 Einheiten (Twips) nach unten verschoben, bevor es durch Setzen seiner *Visible*-Eigenschaft sichtbar wird.

```
Private Sub cmdSchaltfläche_Click(Index As Integer)
  ' Hinzufügen
  If Index = 0 Then
    ' vIndFeld hochzählen, neues Textfeld erstellen
    vIndFeld = vIndFeld + 1
    Load txtAnzeige(vIndFeld)
    cmdSchaltfläche(1).Enabled = True

    ' maximal 7 Textfelder
    If vIndFeld >= 6 Then
      cmdSchaltfläche(0).Enabled = False
    End If

    ' Textfeld plazieren und sichtbar machen
    txtAnzeige(vIndFeld).Top = _
      txtAnzeige(vIndFeld - 1).Top + _
      txtAnzeige(vIndFeld - 1).Height + 150
    txtAnzeige(vIndFeld).Visible = True
```

```
  ' Entfernen
  ElseIf Index = 1 Then
    ' Letztes Textfeld entfernen
    Unload txtAnzeige(vIndFeld)
    vIndFeld = vIndFeld - 1
    cmdSchaltfläche(0).Enabled = True

    ' 1. Textfeld bleibt
    If vIndFeld < 1 Then
      cmdSchaltfläche(1).Enabled = False
    End If

  ' Ende
  Else
    End
  End If
End Sub
```

In dem für die Schaltfläche *Entfernen* zuständigen *ElseIf*-Zweig wird das zuletzt erstellte Textfeld entfernt und der Wert von *vIndFeld* entsprechend angepaßt. Wenn das Formular nur noch ein Textfeld aufweist, hätte das Löschen auch dieses Felds zur Folge, daß keine Textfelder mehr erstellt werden könnten. Deshalb wird die Funktion der Schaltfläche deaktiviert. In beiden Zweigen der *If*-Anweisung wird die jeweils komplementäre Schaltfläche, die ja eventuell gesperrt war, wieder entsperrt.

Schließlich bleibt als dritte Möglichkeit nur die Schaltfläche *Ende* übrig, mit der die Anwendung geschlossen wird.

```
Private Sub txtAnzeige_Click(Index As Integer)
  txtAnzeige(Index).Text = "Textfeld mit Index " & Index
End Sub

Private Sub txtAnzeige_DblClick(Index As Integer)
  txtAnzeige(Index).Text = ""
End Sub
```

Der Code in den beiden Ereignisprozeduren der Textfelder soll noch einmal veranschaulichen, daß bei auf *True* gesetzter *Locked*-Eigenschaft Textänderungen durch den Benutzer verhindert werden, per Code aber sehr wohl möglich sind. Zur Laufzeit können Sie mit einem Klick auf ein Textfeld den Text einblenden und mit einem Doppelklick löschen.

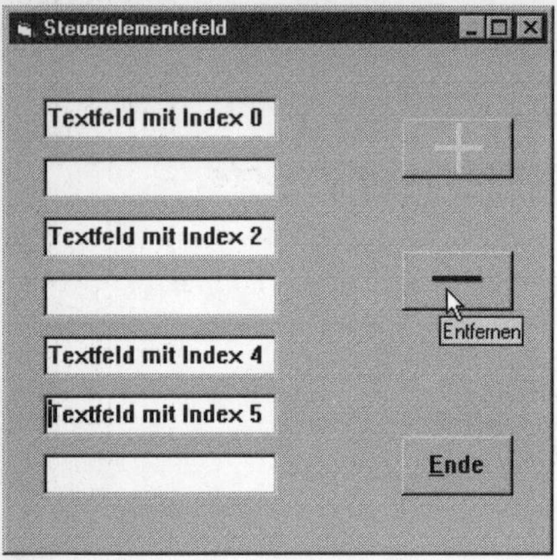

Übung09 mit allen Textfeldern des Steuerelementefelds

Während der Einsatz eines Steuerelementefelds für die Befehlsschaltflächen eher zu Demonstrationszwecken erfolgt, da der Programmcode für die einzelnen Schaltflächen ganz unterschiedlich aussieht, ist der mit ihm verbundene Gewinn bei den Textfeldern offensichtlich: Statt sieben einzelner Prozeduren, die sämtlich die funktionsgleiche Anwendung enthalten, wird nur eine einzige benötigt, die für alle Indexwerte gültig ist.

Steuerelemente dynamisch hinzufügen

Das zweite Verfahren, Steuerelemente zur Laufzeit zu erstellen, verwendet die *Controls*-Auflistung. Sie beherbergt sämtliche Steuerelemente eines Formulars in Form einer geordneten Liste. Dieser Liste können Elemente mit Hilfe der Methode

```
Object.Add (ProgID, Name[, Container])
```

hinzugefügt werden. Das Argument *Object* der *Add*-Methode bezeichnet hier die *Controls*-Auflistung des betreffenden Formulars. *ProgID* kennzeichnet das Steuerelement und setzt sich normalerweise aus dem Bibliotheks- und Klassennamen des Steuerelements zusammen. *Name* ist die Zeichenfolge für die Benennung des Steuerelements. *Container* ist optional und verweist auf den Container, in den das Steuerelement eingefügt werden soll; wird dieses Argument weggelassen, dann fungiert das Formular, zu dem das Steuerelement gehört, als Container.

Zum Entfernen von Steuerelementen dient die Methode

```
Object.Remove Name
```

Sie löscht nur solche Steuerelemente aus der Auflistung, die mit der *Add*-Methode angefügt wurden.

Übung 10 Dynamische Steuerelemente

Die Oberfläche dieses Beispiels können Sie aus der letzten Übung kopieren, das Textfeld löschen und die Eigenschaften des Formulars wie folgt modifizieren.

Objekt	Eigenschaft	Einstellung
Formular	Name	FrmÜbung10
	Caption	Dynamische Steuerelemente

Im Deklarationsteil werden die Zählvariable *vIndex*, die Variable *vName* zur Speicherung des Steuerelementenamens und die Objektvariable *lblCtl* vom Typ *Label* deklariert. *vIndex* erhält im *Load*-Ereignis den Wert -1 zugewiesen.

```
Option Explicit
Dim vIndex
Dim vName
Dim lblCtl As Label

Private Sub Form_Load()
  vIndex = -1
End Sub
```

In dem Zweig der *If*-Anweisung, die das Drücken der *Hinzufügen*-Schaltfläche behandelt, wird aus der festen Zeichenfolge "lblAnzeige" und dem um 1 erhöhten Wert von *vIndex* der Name des neuen Bezeichnungsfelds gebildet. Dann teilt die *Set*-Anweisung der Objektvariablen *lblCtl* einen Wert zu, der auf das mit der *Add*-Methode erzeugte Bezeichnungsfeld namens *vName* verweist. (Das Argument *ProgID* lautet "VB.Label".)

Die *With*-Anweisung stellt nicht nur eine Kurzschreibweise für eine ganze Reihe von Anweisungen dar, die sich auf ein einzelnes Objekt beziehen, sondern macht den Code auch schneller. Im ersten *With*-Block werden die allen Bezeichnungsfeldern gemeinsamen Eigenschaften definiert, in den beiden anderen wird die Position beim ersten Feld absolut, sonst relativ zum vorigen festgelegt.

Die restlichen Codezeilen regeln wie in *Übung09* das Sperren und Entsperren der Schaltflächen.

```
Private Sub cmdSchaltfläche_Click(Index As Integer)
  ' Hinzufügen
  If Index = 0 Then
    ' neues Bezeichnungsfeld erstellen
    vIndex = vIndex + 1
    vName = "lblAnzeige" & vIndex
    Set lblCtl = Me.Controls.Add("VB.Label", vName)

    With lblCtl
      .Alignment = vbCenter
      .BorderStyle = vbFixedSingle
      .Caption = vName
      .Font.Name = "System"
      .Height = 360
      .Left = 300
      .Width = 2100
    End With

    ' Feld plazieren und sichtbar machen
    If vIndex < 1 Then
      With lblCtl
        .Top = 450
        .Visible = True
      End With
    Else
      With lblCtl
        .Top = 450 + vIndex * (.Height + 150)
        .Visible = True
      End With
    End If

    cmdSchaltfläche(1).Enabled = True
    ' maximal 7 Bezeichnungsfelder
    If vIndex >= 6 Then
      cmdSchaltfläche(0).Enabled = False
    End If
```

Beim Klick auf die *Entfernen*-Schaltfläche tritt die *Remove*-Methode zum Löschen des Bezeichnungsfelds in Aktion. Hier dürfen im Unterschied zum vorigen Beispiel sämtliche Felder entfernt werden. Der übrige Programmcode dürfte keiner Erläuterung bedürfen.

```
  ' Entfernen
  ElseIf Index = 1 Then
    ' Letztes Bezeichnungsfeld entfernen
    vName = "lblAnzeige" & vIndex
    Me.Controls.Remove vName
    vIndex = vIndex - 1
```

```
    cmdSchaltfläche(0).Enabled = True
    If vIndex < 0 Then
      cmdSchaltfläche(1).Enabled = False
    End If

    ' Ende
  Else
    End
  End If
End Sub
```

Zur Laufzeit hat die Anwendung folgendes Aussehen.

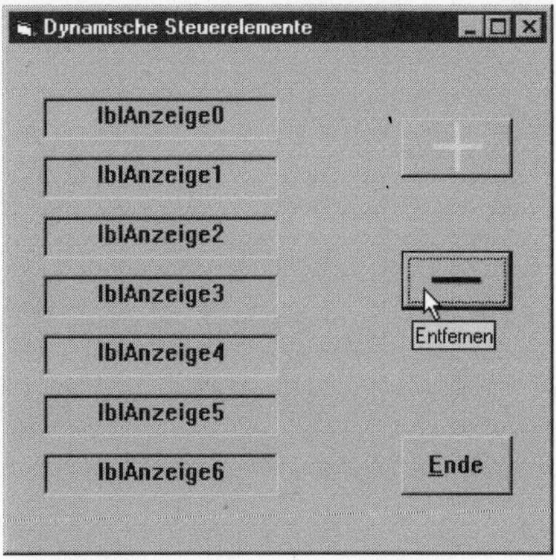

Übung10 zur Laufzeit

Sollen die mit der skizzierten Technik erstellten Steuerelemente auf Ereignisse reagieren, dann ist bei der Deklaration der Objektvariablen zusätzlich das Schlüsselwort *WithEvents* zu verwenden, z. B.

```
Dim WithEvents lblCtl As Label
```

Steuerelementefelder lassen sich allerdings nicht erzeugen, so daß für jedes eingefügte Element eine separate Ereignisprozedur zu programmieren ist.

5. Gar nicht schwer: Grundlagen der Codierung

Sie haben bis jetzt schon etliche Sprachelemente von Visual Basic kennengelernt. In diesem Kapitel wird bereits Bekanntes aufgegriffen und zusammen mit vielem Neuen in systematischer Form dargestellt.

5.1 Ereignisgesteuerte Programmierung: Struktur eines Visual Basic-Projekts

Dateien eines Projekts

Ein Projekt ist eine Sammlung aller Dateien, die zum Erstellen einer Anwendung benötigt werden. Ein Standard-EXE-Projekt kann folgende Bestandteile enthalten:

- eine Projektdatei (*.vbp*), die neben einer Liste sämtlicher Dateien und Objekte eines Projekts auch Angaben zu den festgelegten Umgebungsoptionen enthält und somit die zentrale Verwaltungsstelle für alle Projektkomponenten darstellt,
- eine Arbeitsbereichsdatei (*.vbw*) mit den Einstellungen der Entwicklungsumgebung für das betreffende Projekt,
- pro Formular eine Formulardatei (*.frm*) mit einer Beschreibung der grafischen Darstellung des Formulars und seiner Steuerelemente sowie weiteren, nicht sichtbaren Eigenschaften. Darüber hinaus beinhaltet sie den mit dem Formular verbundenen Visual Basic-Code (Formularmodul),
- unter Umständen für jedes Formular eine binäre Formulardatei (*.frx*) mit den Daten seiner binären Eigenschaften (*Icon*, *Picture* usw.),

- optional Standardmodule (*.bas*) mit Code, der innerhalb einer Anwendung mehrfach benutzt wird,
- optional Klassenmodule (*.cls*), die Code für benutzerdefinierte Objekte (ohne sichtbare Oberfläche) enthalten,
- optional Dateien mit ActiveX-Steuerelementen (*.ocx*), die den Funktionsumfang vorhandener Steuerelemente erweitern oder spezielle Funktionen zur Verfügung stellen,
- optional eine Ressourcendatei (*.res*) mit Texten, Bildern oder anderen Daten, die in multilingualen Anwendungen genutzt werden, ohne daß der Programmcode geändert werden muß.

Andere Projekttypen enthalten zur Entwurfszeit zahlreiche weitere Arten von Dateien. Beim Kompilieren einer Anwendung werden alle erforderlichen Informationen in Laufzeitdateien (z. B. *.exe*, *.ocx*, *.dll*) übernommen.

Ereignisgesteuerte Programmierung

Ereignisse sind Aktionen des Benutzers oder systeminterner Komponenten, die von einem Objekt erkannt werden. Jedes Formular und jedes Steuerelement hat eine vordefinierte Gruppe von Ereignissen zur Verfügung, denen jeweils eine Ereignisprozedur zugeordnet ist. Diese Ereignisprozedur ist nach dem Erstellen des Objekts noch leer, sie stellt lediglich einen formalen Rahmen ohne Inhalt dar. Wird sie mit Programmcode versehen, so reagiert das Objekt beim Erkennen des betreffenden Ereignisses mit der Ausführung des entsprechenden Codes.

Zwar erkennen viele Objekte das gleiche Ereignis, z. B. das Drücken der Maustaste als *Click*-Ereignis, aber sie verfügen über jeweils eigene Ereignisprozeduren. Beim Klick auf eine Befehlsschaltfläche wird also ein anderer Programmcode ausgeführt als durch das Anklicken eines Kontrollkästchens.

Es gibt viele Ereignisse, die zusammen mit anderen Ereignissen auftreten. So werden beispielsweise bei der Tastatureingabe eines Zeichens die Ereignisse *KeyDown*, *KeyPress* und *KeyUp* ausgelöst oder bei einem Doppelklick mit der Maus neben dem *DblClick*- auch das *Click*-, *MouseDown*- und *MouseUp*-Ereignis. In traditionellen Anwendungen übt das Programm die Kontrolle darüber aus, welche Teile des Codes wann ausgeführt werden. Die Ausführung beginnt bei der ersten Codezeile eines sogenannten Hauptmoduls und folgt einem vom Programmierer vorbestimmten Weg durch das Programm.

Im Gegensatz dazu bestimmt in einer ereignisgesteuerten Anwendung vor allem der Benutzer, in welcher Reihenfolge die einzelnen Einheiten des Programmcodes abgearbeitet werden. Aufgrund seiner Aktionen veranlaßt er die Objekte einer Anwendung, die für sie bestimmten Ereignisse wahrzunehmen und durch Ausführung der entsprechenden Ereignisprozeduren zu antworten.

Dieser Programmieransatz ist für die Realisierung von Anwenderbelangen gewiß der adäquatere, denn der Benutzer möchte nicht an ein vom Programmentwickler starr vorgegebenes Aktionsschema gebunden sein, sondern soweit wie möglich selbst bestimmen, welche Operationen in welcher Abfolge mit der Anwendung durchgeführt werden.

Ereigniskette

Ereignisse können auch per Programmcode ausgelöst werden, z. B. tritt beim Ändern der *Text*-Eigenschaft eines Textfelds das zugehörige *Change*-Ereignis ein. Wenn diese Eigenschaftsänderung nun in der *Change*-Ereignisprozedur selbst vorgenommen wird, hat man es mit dem klassischen Exempel einer Ereigniskette zu tun: Eine Prozedur ruft sich selbst direkt oder (wie im Beispielfall) indirekt wieder auf.

Ein nach diesem Prinzip arbeitendes, unter dem Namen rekursive Methode oder Rekursion programmtechnisch bewußt eingesetztes Lösungsverfahren enthält stets eine Abbruchbedingung, durch die verhindert wird, daß sich das Programm in einer Endlosschleife „aufhängt".

Eine unbeabsichtigte Rekursion kann nämlich zum Überlaufen des Stapelspeichers (engl. Stack) führen, eines Bereichs des Hauptspeichers, in dem unter anderem alle Prozeduraufrufe abgelegt werden. Visual Basic meldet dann den Fehler *Nicht genügend Stapelspeicher*.

Hinweis: Stapelspeicher überprüfen

In einem solchen Fall können Sie mit dem Befehl *Ansicht/Aufrufliste* oder der Tastenkombination [Strg]+[L] überprüfen, welche Prozeduren zur Zeit aktiv sind und deshalb Stapelspeicher benötigen.

Tip: Ereignisketten vermeiden

Um Ereignisketten aus dem Wege zu gehen, sollte in der *Change*-Ereignisprozedur eines Steuerelements dessen Inhalt möglichst nicht verändert werden. Wenn dies doch einmal erforderlich ist, muß durch entsprechende Anweisungen zumindest dafür gesorgt werden, daß während der aktuellen Ausführung des Codes in der *Change*-Prozedur weitere Aufrufe unterbunden werden. Auch mehrere Steuerelemente, die sich in ihren Ereignisprozeduren wechselseitig aktualisieren, können zu einer Ereigniskette führen.

Übung 11 Vorsicht – Ereigniskette

Dieses kleine Beispiel soll das Erzeugen einer Ereigniskette vor Augen führen, die dadurch zustande kommt, daß in den *Change*-Prozeduren zweier Steuerelemente deren Inhalte gegenseitig verändert werden. Dazu werden in einem Formular zwei Textfelder gezeichnet. Die Objekteigenschaften gibt die folgende Tabelle wieder.

Objekt	Eigenschaft	Einstellung
Formular	Name	frmÜbung11
	Caption	Vorsicht - Ereigniskette
1. Textfeld	Name	txtAnzeige1
	Text	(Leer)
2. Textfeld	Name	txtAnzeige2
	Text	(Leer)

Aus dem nur wenige Zeilen umfassenden Programmcode

```
Option Explicit
Dim n, m

Private Sub txtAnzeige1_Change()
  n = n + 1
  txtAnzeige2.Text = "Aufruf Nr. " & n
End Sub

Private Sub txtAnzeige2_Change()
  m = m + 1
  txtAnzeige1.Text = "Aufruf Nr. " & m
End Sub
```

ersehen Sie, daß auf das *Change*-Ereignis von beiden Textfeldern analog reagiert wird. Angestoßen durch die initiale Tastatureingabe wird jeweils eine Variable hochgezählt und zusammen mit der feststehenden Zeichenfolge im anderen Textfeld angezeigt. Wenn Sie die Anwendung starten und im ersten Textfeld etwas eingeben, stoppt die Programmausführung nach ein paar Augenblicken, und die beiden Textfelder zeigen folgenden Inhalt.

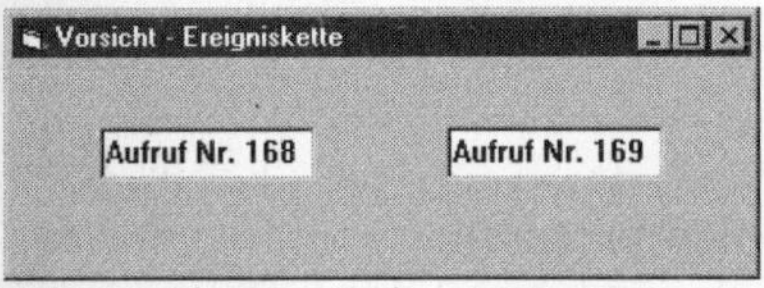

Übung11 nach dem Stop der Programmausführung

Auf dem Bildschirm erscheint außerdem ein Dialogfeld mit der erwähnten Fehlermeldung.

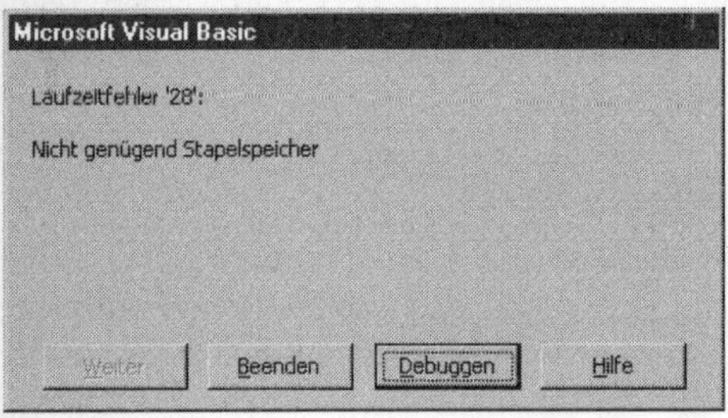

Die Fehlermeldung von Visual Basic

Mit der Schaltfläche *Debuggen* gelangen Sie in den Haltemodus, in dem das Fenster des Code-Editors mit der Markierung für die als nächstes auszuführende Anweisung eingeblendet wird.

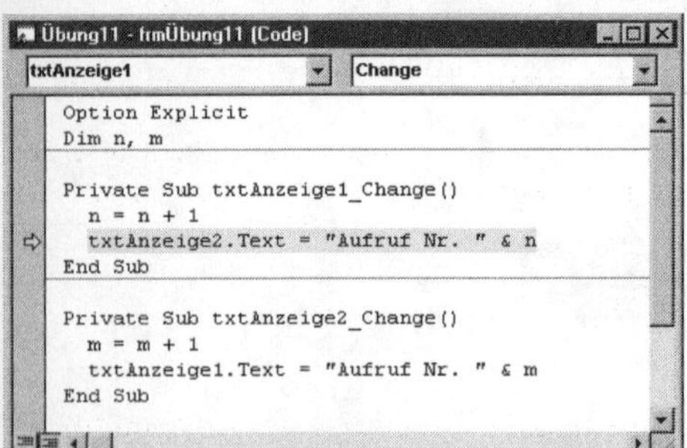

Das Codefenster im Haltemodus

Wenn Sie sich nun die *Aufrufliste* anzeigen lassen, so sehen Sie einen steten Wechsel zwischen den *Change*-Ereignisprozeduren der beiden Textfelder.

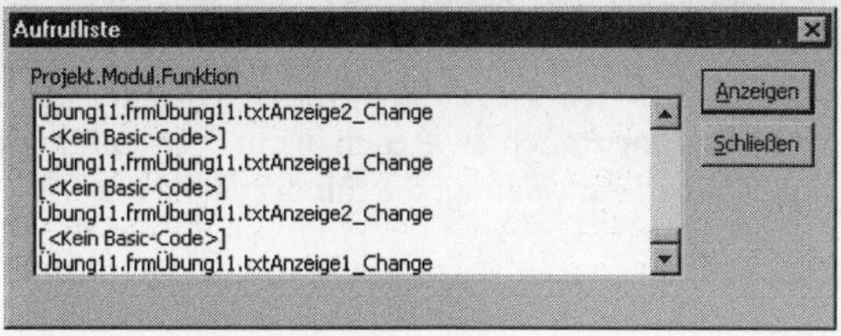

Die Liste der aktiven Prozeduraufrufe

Starten einer Anwendung

Visual Basic verwendet, sofern es sich um ein Standard-EXE-Projekt handelt, in der Regel das erste Formular einer Anwendung als Startobjekt. Dieses Formular erscheint nach dem Programmstart, und als erstes werden die Anweisungen in seiner *Initialize*-Ereignisprozedur ausgeführt. Enthält das Projekt mehrere Formulare und soll ein anderes als Startobjekt fungieren, so kann es im Listenfeld *Startobjekt* auf der Registerkarte *Allgemein* ausgewählt werden, die mit dem Befehl *Projekt/Eigenschaften von <Projektname>* zu öffnen ist.

Sub Main als Startobjekt

Von dem im Listenfeld *Startobjekt* als Alternative aufgeführten Eintrag *Sub Main* macht man Gebrauch, wenn beim Start einer Anwendung nicht sofort ein Formular angezeigt werden soll. Das kann der Fall sein, wenn zunächst eine Datei mit Informationen geladen wird, anhand derer (z. B. mittels einer Zeitmarke) zu entscheiden ist, ob die Benutzerlizenz für diese Anwendung überhaupt noch besteht. Häufig wird diese Art des Programmstarts auch benutzt, um bei zeitaufwendigen Ladevorgängen durch Einblenden eines Eröffnungsbildschirms (Splash Screen) die Wartezeit für den Benutzer kürzer erscheinen zu lassen.

Hinweis: Programmbeginn mit Sub Main

Soll eine Anwendung nicht mit einem Formular starten, so muß in einem Standardmodul eine Prozedur namens *Sub Main* erstellt und zum Startobjekt erklärt werden.

Beenden einer Anwendung

End-Anweisung

In den bisherigen Beispielen diente zum Beenden einer Anwendung die Anweisung *End*. Sie schließt die Programmausführung unmittelbar ab, ohne daß noch ein Ereignis eintreten oder irgendwelcher Code abgearbeitet werden kann, und stellt somit ein rigoroses Verfahren dar.

Unload-Anweisung

Eine empfehlenswertere Vorgehensweise zum Beenden besteht darin, alle Formulare einer Anwendung (auch eventuell nicht sichtbare) zu schließen. Dazu dient die *Unload*-Anweisung, die mit der Syntax

```
Unload Objekt
```

schon in *Übung09* zum Löschen eines Elements aus einem Steuerelementefeld benutzt wurde. Ihre Verwendung im Zusammenhang mit Formularen löst drei weitere Ereignisse aus, und zwar nacheinander das *QueryUnload-*, *Unload-* und *Terminate*-Ereignis.

Die beiden erstgenannten verfügen über das Argument *Cancel*; weist man ihm den Wert *True* zu, so wird der Beendigungsvorgang abgebrochen. Diese Möglichkeit läßt sich z. B. einsetzen, um aufgrund der Benutzerantwort auf eine Frage zur Speicherung noch nicht gesicherter Daten zum alten Programmzustand zurückzukehren.

Stop-Anweisung

Zur Unterbrechung einer Anwendung kann die *Stop*-Anweisung an beliebiger Stelle einer Prozedur eingesetzt werden. Sie wirkt im Ausführungsmodus wie das Setzen eines Haltepunkts und sollte normalerweise nur beim Austesten eines Programms verwendet werden.

5.2 Per Deklaration: Variablen, Konstanten und Datentypen

Variablen

Variablen dienen zur vorübergehenden Speicherung von Daten, die sich zur Laufzeit einer Anwendung ändern können. Sie können auch Objekte aus Visual Basic oder anderen Anwendungen enthalten, z. B. *TextBox* oder *Object*. Eine Variable besitzt einen Namen, mit dem auf die in ihr gespeicherten Daten Bezug genommen wird, und einen Datentyp, der die Art der Information bestimmt, die gespeichert werden kann.

Variablennamen unterliegen in Visual Basic den folgenden Regeln:

- Sie beginnen mit einem Buchstaben.
- Sie sind maximal 255 Zeichen lang.

- Sie dürfen keinen Punkt und keine Typkennzeichen enthalten.
- Sie müssen innerhalb eines Gültigkeitsbereichs eindeutig sein.

Ganz easy: Typkennzeichen

Typkennzeichen sind Sonderzeichen, die an einen Variablennamen angehängt werden, um den Datentyp zu charakterisieren.

Deklaration

Eine Variable muß vor ihrer Verwendung nicht deklariert werden. Wenn Visual Basic auf einen unbekannten Namen trifft, der nach den obigen Regeln gebildet ist, wird automatisch eine Variable dieses Namens erzeugt (implizite Deklaration).

Wie im vorigen Kapitel im Rahmen des Beispiels *Übung03* näher erläutert, geht mit dieser sicherlich bequemen Vorgehensweise ein erhöhtes Risiko für oft nur schwer zu findende Programmierfehler einher, weil ein falsch geschriebener Variablenname von Visual Basic nicht als solcher erkannt wird, sondern als Bezeichnung für eine neue Variable fehlverstanden wird. Deshalb kann es nur empfohlen werden, die explizite Deklaration aller Variablen zu erzwingen, indem in den Deklarationsabschnitt jedes Moduls die Anweisung

```
Option Explicit
```

gesetzt wird.

Am einfachsten erfolgt dies, indem man den Befehl *Extras/Optionen* aufruft und auf der Registerkarte *Editor* das Kontrollkästchen *Variablendeklaration erforderlich* einschaltet. Diese Maßnahme sorgt zwar dafür, daß die Anweisung *Option Explicit* allen neuen Modulen vorangestellt wird, in bereits bestehende muß die Anweisung aber manuell eingefügt werden.

Häufig wird zur Variablendeklaration die *Dim*-Anweisung benutzt.

```
Dim VarName [As Typ]
```

Sie macht Visual Basic den im Argument *VarName* angegebenen Variablennamen bekannt und reserviert Speicherplatz. Der standardmäßig eingestellte Variablentyp *Variant* kann im optionalen *As*-Abschnitt neu festgelegt werden.

Gültigkeitsbereich

Innerhalb einer Prozedur (auf Prozedurebene) deklarierte Variablen stehen nur in der Prozedur selbst zur Verfügung und werden deshalb auch als lokale Variablen bezeichnet. Sie werden entweder mit der *Dim*-Anweisung oder der *Static*-Anweisung deklariert:

```
Dim intZahl As Integer
```

oder

```
Static intZahl As Integer
```

Im zweiten Fall ist an die Stelle von *Dim* das Schlüsselwort *Static* getreten. Während durch *Dim* deklarierte lokale Variablen ihren Wert nur so lange behalten, bis die Prozedur beendet ist, bleiben die mit *Static* deklarierten während der gesamten Laufzeit der Anwendung bestehen (statische Variablen).

Ganz easy: Schlüsselwort
Schlüsselwörter sind von Visual Basic reservierte Wörter, die als Elemente der Programmiersprache verwendet werden.

Außerhalb einer Prozedur, also im Deklarationsabschnitt (auf Modulebene) deklarierte Variablen stehen standardmäßig allen Prozeduren des Moduls zur Verfügung, nicht aber dem Programmcode anderer Module. Variablen, auf die in der gesamten Anwendung zugegriffen werden kann, werden öffentlich oder global genannt und mit der *Public*-Anweisung erstellt.

```
Public intZahl As Integer
```

Demgegenüber lassen sich Variablen, die nur im jeweiligen Modul gültig sind, mit der *Private*-Anweisung deklarieren.

```
Private intZahl As Integer
```

Private ist auf Modulebene äquivalent mit *Dim*, wird aber oft wegen des deutlicheren Kontrasts zu *Public* vorgezogen.

Namensgleichheit

Zwei Variablen können denselben Namen, aber unterschiedliche Gültigkeitsbereiche haben. So kann beispielsweise in einer Anwendung eine lokale Variable namens *intZahl* und gleichzeitig eine öffentliche Variable mit Namen *intZahl* deklariert sein. Außerhalb der Prozedur verweist dieser Name auf die öffentliche, innerhalb auf die lokale Variable. Die Variable auf Modulebene läßt sich im Prozedurinneren durch Voranstellen des Modulnamens (z. B. *frmTest .intZahl*) ansprechen.

Darüber hinaus sind noch folgende Fälle denkbar:

- Öffentliche Variablen, die wegen der Eindeutigkeitsforderung in verschiedenen Modulen deklariert sein müssen, sind namensgleich.
- Lokale Variablen haben denselben Namen wie Objekteigenschaften.
- Variablen und Prozeduren stimmen im Namen überein.

Für all diese Punkte wird das Verhalten von Visual Basic durch die sogenannten Überdeckungsregeln bestimmt, die in der Online-Hilfe nachgelesen werden können. Diese sind zwar nicht besonders kompliziert, ihre Befolgung erfordert aber im Grunde überflüssige Überlegungen, wenn man sich an die folgende Empfehlung hält.

Tip: Variablen eindeutige Namen geben
Achten Sie darauf, den in Ihren Anwendungen deklarierten Variablen eindeutige Namen zuzuweisen, die weder mit anderen Variablennamen noch mit Eigenschaftsbezeichnungen oder Prozedurnamen zusammenfallen. Dann brauchen Sie sich um die Überdeckungsregeln nicht zu kümmern.

Lebensdauer

Neben dem Gültigkeitsbereich ist bei Variablen auch deren Lebensdauer zu beachten. Variablen auf Modulebene und öffentliche Variablen sind von vornherein statisch, ihre Werte bleiben also für die gesamte Laufzeit der Anwendung erhalten. Die Werte lokaler, mit der *Dim*-Anweisung deklarierter Variablen gehen verloren, und ihr Speicherplatz wird freigegeben, sobald die Prozedur beendet wird.

Eine statische Variable auf Prozedurebene wird wie erwähnt mit der *Static*-Anweisung erzeugt, z. B.

```
Function GesamtSumme(Zahl)
  Static ZwischenSumme

  ZwischenSumme = ZwischenSumme + Zahl
  GesamtSumme = ZwischenSumme
End Function
```

Diese Funktion addiert bei jedem Aufruf einen Wert zur statischen Variablen *ZwischenSumme* hinzu. Wäre die Variable mit *Dim* deklariert worden, so ginge der jeweils berechnete Wert zwischen zwei Aufrufen der Funktion verloren, und die Funktion würde bloß den Wert des Arguments zurückliefern.

Hinweis: Statische versus modulweite Variable

Eine Deklaration von *ZwischenSumme* auf Modulebene hat nur scheinbar die gleiche Wirkung. Für die Berechnung bleibt zwar alles beim alten, jedoch mit dem Nebeneffekt, daß nun auch andere Prozeduren Zugriff auf die Variable haben und unbeabsichtigt ihren Wert verändern könnten. Die explizite Deklarierung als statische Variable schützt vor solchen manchmal schwer zu entdeckenden Programmfehlern.

Um sämtliche lokale Variablen einer Prozedur als statische Variablen zu behandeln, ganz gleich wie sie deklariert sind, wird der Prozedurkopf mit dem Schlüsselwort *Static* eingeleitet, im Beispiel:

```
Static Function GesamtSumme(Zahl)
```

Konstanten

Konstanten sind vordefinierte, während des Programmlaufs unveränderliche Werte, die Zahlen oder Zeichenfolgen darstellen können. Aufgrund ihrer Namen sind sie oft leichter zu behalten als die durch sie repräsentierten Werte. Außerdem ist bei ihrer Verwendung der Programmcode besser zu lesen und leichter zu warten.

Integrierte Konstanten

Integrierte oder systemdefinierte Konstanten wie die schon mehrmals benutzte Zeilenumbruch-Konstante *vbCrLf* werden von Anwendungen und Steuerelementen bereitgestellt und sind im Objektkatalog (*Ansicht/Objektkatalog* oder [F2]) aufgeführt. Sie werden unter Verwendung von Groß- und Kleinbuchstaben notiert, wobei ein Präfix die Herkunft anzeigt. So stammen Konstanten mit vorangestelltem *vb* aus der Objektbibliothek von Visual Basic (VB) oder Visual Basic für Applikationen (VBA). Da es erfahrungsgemäß nicht immer einfach ist, den Namen der gerade benötigten Konstanten zu finden, sollte man die Editierhilfe einschalten (*Extras/Optionen/Editor*), um sich die Namen der verfügbaren Konstanten auflisten zu lassen. Eine Zusammenstellung der nach Kategorien sortierten integrierten Konstanten erhält man, wenn man im Objektkatalog gezielt nach dem Begriff *Constants* sucht.

Symbolische Konstanten

Symbolische oder benutzerdefinierte Konstanten werden mit der *Const*-Anweisung deklariert. Deren Syntax lautet

```
[Public|Private] Const KonstName[ As Typ] = Ausdruck
```

Hierin bedeutet der Strich zwischen *Public* und *Private* „entweder - oder", vor *Const* kann also noch (optional) das Schlüsselwort *Public* oder *Private* stehen, aber nicht beides. Das Argument *KonstName* stellt die Konstanten-Bezeichnung dar, die denselben Regeln wie die Namensgebung von Variablen unterliegt. Das Argument *Ausdruck* besteht aus Konstanten und Operatoren.

Mit der Anweisung *Const* lassen sich numerische Konstanten oder Zeichenfolgenkonstanten definieren:

```
Const cMaximum = 12
Const cKennwort = "Data Becker"
```

Konstantendeklarationen dürfen, jeweils durch ein Komma voneinander getrennt, in eine Zeile geschrieben werden,

```
Const cMaximum = 12, cKennwort = "Data Becker"
```

und sie können bereits definierte Konstanten verwenden:

```
Const cMaximum = 12, cMaximumMal2 = Maximum * 2
```

Gültigkeitsbereich

Während integrierte Konstanten naturgemäß global sind, hängt der Gültigkeitsbereich symbolischer Konstanten ähnlich wie bei Variablen vom Ort ihrer Deklaration ab.

- Konstanten, die lokal zu einer Prozedur gehören sollen, werden innerhalb dieser Prozedur deklariert.

- Konstanten, die lokal zu einem Modul gehören, also allen Prozeduren innerhalb des Moduls zur Verfügung stehen, werden im Deklarationsabschnitt des Moduls deklariert.

- Globale Konstanten müssen mit *Public Const* im Deklarationsabschnitt eines Standardmoduls deklariert werden. Anders als bei Variablen kann also das Schlüsselwort *Public* zur Deklaration einer Konstanten nicht in einem Formularmodul verwendet werden.

Nutzen symbolischer Konstanten

Auf den mit der Verwendung systemdefinierter Konstanten verbundenen Nutzen wurde schon hingewiesen. Auch der Gebrauch von selbst erstellten Konstanten ist wegen der Vorteile, die sie bieten, zu empfehlen:

- Konstanten brauchen nur einmal im Programm definiert zu werden, können aber beliebig oft benutzt werden.
- Man kann den Konstanten aussagekräftige Namen geben.
- Schreibfehler werden vermieden.
- Eventuelle Änderungen von Konstanten erfolgen an einer zentralen Stelle.
- Der Code von eigenständigen Programmen wird schneller, oft wird sein Umfang auch kleiner.

Datentypen

Wie an der Syntax der Deklarationsanweisungen zu erkennen ist, können Variablen und Konstanten außer mit einem Namen, der zwingend erforderlich ist, auch mit einem Datentyp versehen werden. Wird kein Datentyp angegeben, so verwendet Visual Basic standardmäßig den Typ *Variant*.

Datentyp Variant

Der Datentyp *Variant* ist der universale Datentyp schlechthin, denn er kann sämtliche in Visual Basic verfügbaren Arten von Daten speichern. Damit entfällt auch die Aufgabe, Datentypen in Berechnungen oder bei der Ausgabe umwandeln zu müssen. Das erledigt Visual Basic automatisch, wie in folgendem Beispielcode:

```
Dim vntBeliebig

vntBeliebig = "007"
vntBeliebig = vntBeliebig + 119
vntBeliebig = "W" & vntBeliebig
```

Die Variable *vntBeliebig* enthält nach der ersten Zuweisung die Zeichenfolge *007*, nach der zweiten den Zahlenwert *126* und schließlich mit *W126* wieder eine Zeichenfolge, diesmal mit vier Zeichen.

Um solche Codefragmente in der Entwicklungsumgebung nachzuvollziehen, können Sie auch im Entwurfsmodus das Direktfenster öffnen (*Ansicht/Direktfenster* oder Strg+G) und die Codezeilen eingeben. Das Fragezeichen ist ein Überbleibsel aus den Kindheitstagen von Basic und stellt eine Abkürzung für die *Print*-Anweisung dar, mit der Werte auf dem Bildschirm ausgegeben werden.

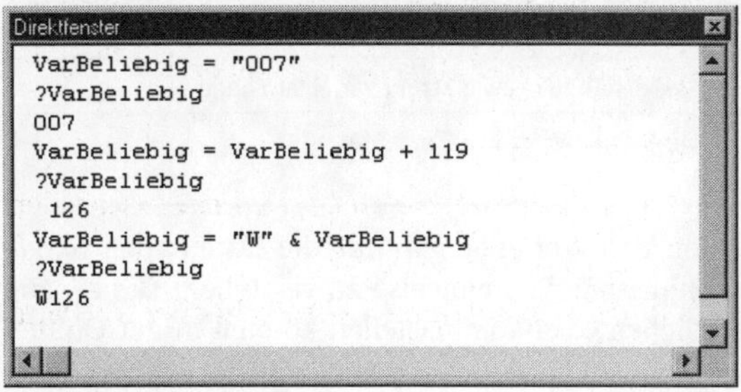

Codefragmente im Direktfenster

Grunddatentypen

Der mit der Verwendung des *Variant*-Datentyps verbundene Komfort hat seinen Preis, denn dieser Datentyp benötigt mehr Speicherplatz und wird langsamer abgearbeitet als einer der anderen Grund- oder Basisdatentypen. Die nachstehende Liste gibt eine Zusammenfassung der Datentypen mit Speicherbedarf und Wertebereich.

Typ	Bytes	Wertebereich
Byte	1	0 bis 255
Boolean	2	*True* oder *False*
Integer	2	-32.768 bis 32.767
Long	4	-2.147.483.648 bis 2.147.483.647
Single	4	$\sim-3{,}4*10^{38}$ bis $\sim-1{,}4*10^{-45}$ und $\sim1{,}4*10^{-45}$ bis $\sim3{,}4*10^{38}$
Object	4	jeder Verweis auf ein Objekt
Double	8	$\sim-1{,}7*10^{308}$ bis $\sim-4{,}9*10^{-324}$ und $\sim4{,}9*10^{-324}$ bis $\sim1{,}7*10^{308}$
Currency	8	-922.337.203.685.477,5808 bis -922.337.203.685.477,5807
Date	8	01.01.0100 bis 31.12.9999

Typ	Bytes	Wertebereich
Decimal	12	Erweiterung von Currency mit insgesamt 29 Ziffern
String (variable Länge)	10+Textlänge	0 bis 2.147.483.648 (2^{31})
String (feste Länge)	Textlänge	1 bis 65.536 (2^{16})
Variant (numerisch)	16	im Bereich von Double
Variant (Zeichen)	22+Textlänge	wie String variabler Länge
Benutzerdefiniert (mit Type)	wie Elemente	wie Elemente

Die ungefähren Angaben der Wertebereiche für die Datentypen *Single* und *Double* sind als abkürzende Schreibweise zu verstehen. Die genaue Ziffernfolge für die restlichen Nachkommastellen können in der Online-Hilfe nachgeschaut werden, sind aber im allgemeinen nur von geringem Belang. Wichtiger ist die Tatsache, daß mit dem *Single*-Datentyp gespeicherte Werte sechs und mit dem *Double*-Datentyp gespeicherte 14 Stellen hinter dem Komma enthalten.

Die in der Tabelle aufgeführten expliziten Datentypen werden von *Variant*-Variablen auch intern benutzt. Bei Zuweisung eines Werts verwendet Visual Basic stets den Typ mit dem geringsten Speicherbedarf, der den Wert genau speichern kann. In nachfolgenden Operationen kann der interne Typ geändert werden, eine *Variant*-Variable ist also in der Lage, ihren Datentyp bei Bedarf zu ändern.

Variablen eines Grunddatentyps werden mit der Anweisung *Public*, *Private*, *Dim* oder *Static* deklariert und im *As*-Abschnitt bezüglich des Datentyps unter Verwendung des entsprechenden Schlüsselworts aus der *Typ*-Spalte der Tabelle festgelegt. Für Konstanten gilt das gleiche, auch ohne daß dies im weiteren gesondert erwähnt wird.

Hinweis: Datentyp Decimal

Der Datentyp *Decimal* kann nicht eigenständig verwendet werden, sondern nur als Untertyp des Datentyps *Variant*.

Die altbekannten Typkennzeichen für (einige) Datentypen werden auch in der aktuellen Version von Visual Basic unterstützt.

Datentyp	Typkennzeichen
Integer	%
Long	&
Single	!
Double	#
Currency	@
String	$

Die Anweisungen

```
Dim lngZähler As Long
```

und

```
Dim lngZähler&
```

deklarieren mithin beide die Variable *lngZähler* als lange Ganzzahl.

Welche der beiden Schreibweisen man benutzt, ist generell eine Frage von Gewöhnung oder Vorliebe. Da für die neueren Datentypen aber keine Typkennzeichen existieren, sollte der Einheitlichkeit wegen die ausführliche Notation verwendet werden. Außerdem kann der Datentyp einer Variablen, wie in dem Beispiel schon geschehen, mit einem Präfix deutlich gemacht werden.

Namenskonventionen

Auch für die Benennung von Variablen und Konstanten gibt es wie für Steuerelemente Empfehlungen, die in diesem Buch weitgehend angewendet werden. Insbesondere bei größeren Projekten ist es nützlich, den Gültigkeitsbereich von Variablen und Konstanten schon am Namen erkennen zu können. Dies läßt sich durch Voranstellen eines aus einem Buchstaben bestehenden Präfixes erreichen.

Gültigkeitsbereich	Präfix
Global	g
Modulebene	m
Prozedurebene (Lokal)	(Kein)

Um den Datentyp zu kennzeichnen, können sich daran die folgenden Präfixe anschließen.

Datentyp	Präfix
Boolean	bln
Byte	byt
Collection-Objekt	col
Currency	cur
Date (Time)	dtm
Double	dbl
Error	err
Integer	int
Long	lng
Object	obj
Single	sng
String	str
Benutzerdefinierter Typ (user-defined type)	udt
Variant	vnt

Schließlich dient der initiale Kennbuchstabe *c* vor den Namen von Konstanten dazu, diese von Variablen zu unterscheiden.

VarType-Funktion

Um festzustellen, welchen Datentyp eine Variable repräsentiert, benutzt man die Funktion

```
VarType(VarName)
```

Das Argument *VarName* kann eine beliebige Variable außer vom benutzerdefinierten Typ sein. Für die von der *VarType*-Funktion zurückgegebenen Integer-Werte werden die folgenden integrierten Konstanten bereitgestellt.

Wert	Konstante	Beschreibung
0	vbEmpty	Empty: Nicht initialisiert
1	vbNull	Null: Ungültige Daten
2	vbInteger	Integer: Ganzzahl
3	vbLong	Long: Lange Ganzzahl
4	vbSingle	Single: Gleitkommazahl, einfach genau
5	vbDouble	Double: Gleitkommazahl, doppelt genau
6	vbCurrency	Currency: Währungsbetrag
7	vbDate	Date: Datum/Zeit
8	vbString	String: Zeichenfolge
9	vbObject	Objekt
10	vbError	Fehlerwert
11	vbBoolean	Boolean: Boolescher Wert
12	vbVariant	Variant (nur für Variant-Datenfelder)
13	vbDataObject	Datenzugriffs-Objekt
14	vbDecimal	Decimal
17	vbByte	Byte
8192	vbArray	Datenfeld

Hinweis: Rückgabewert vbArray

Der Wert *vbArray* wird niemals allein zurückgeliefert, sondern er wird immer zu einem anderen Wert addiert, um den Typ eines Datenfelds zu kennzeichnen, z. B. für ein Datenfeld von langen Ganzzahlen durch *vbArray* + *vbLong* (= 8195).

Mit dem gleichen Argument aufgerufen wird die Funktion *TypeName*, die statt eines numerischen Werts eine den Datentyp spezifizierende Zeichenfolge zurückgibt.

Numerische Datentypen

Variablen, die stets nur ganzzahlige Werte aufzunehmen brauchen, sollten je nach benötigtem Wertebereich mit dem Typ *Integer* oder *Long* deklariert werden. Diese Ganzzahltypen dienen häufig als Zählvariablen in *For...Next*-Schleifen.

Mehr Infos: **Code unter Kontrolle: Entscheidungs- und Schleifenstrukturen ➨ Kapitel 5.5**

Variablen für Werte mit Nachkommastellen können den Datentyp *Single*, *Double* oder *Currency* erhalten. *Currency* stellt einen sehr genauen Festkomma-Datentyp mit bis zu 15 Vorkomma- und vier Nachkommastellen dar, der insbesondere bei Berechnungen mit Geldbeträgen eingesetzt wird. Noch genauere Werte liefert der *Variant*-Untertyp *Decimal* (29 Ziffern, 0 bis 28 Nachkommastellen), der durch Umwandlung mit Hilfe der *CDec*-Funktion und Zuweisung an eine *Variant*-Variable erzeugt werden kann.

Die Gleitkommatypen *Single* und *Double* weisen weitaus größere Wertebereiche auf, Rundungsfehler können aber, abhängig von den mit ihnen ausgeführten mathematischen Operationen, nicht ausgeschlossen werden.

Single-Werte lassen sich in der Form *mmmEeee* darstellen, wobei *mmm* die Mantisse und *eee* der Exponent zur Basis 10 ist. (Die Schreibweise *2,5E-3* bezeichnet also einen Wert von $2{,}5*10^{-3}$.) Werden Mantisse und Exponent statt dessen durch ein D getrennt (*mmmDeee*), wird der Wert von Visual Basic als Datentyp *Double* verstanden.

Hinweis: Rundung

Bei Zuweisung einer Gleitkommazahl an eine Ganzzahl werden die Nachkommastellen gerundet, bevor der Wert übergeben wird.

Variablen vom Typ *Byte* werden als vorzeichenlose 8-Bit-Werte im Bereich von 0 bis 255 gespeichert. Sie finden beispielsweise zur Übergabe von binären Daten an OLE-Objekte Verwendung.

IsNumeric, IsEmpty, IsNull

Ob eine Variable, insbesondere eine des Typs *Variant*, numerische Werte enthält, läßt sich mit der *IsNumeric*-Funktion feststellen.

```
IsNumeric(Ausdruck)
```

Sie liefert den Wert *True*, wenn der Ausdruck insgesamt als Zahl zu interpretieren ist; ist das nicht der Fall, wird *False* zurückgegeben.

Die beiden Funktionsaufrufe

```
IsNumeric("10.236,3")
IsNumeric("22,37 DM")
```

ergeben *True,* wenn in der Systemsteuerung von Windows unter *Ländereinstellungen* „Deutsch (Deutschland)" ausgewählt wurde. (Im Direktfenster erscheinen die deutschen Bezeichnungen *Wahr* oder *Falsch.*)

Numerische Datentypen werden bei ihrer Deklaration automatisch auf den Wert *0* gesetzt. Eine automatische Initialisierung erfolgt beim Datentyp *Variant* nicht, da er beliebige Werte aufnehmen kann. Eine Variable dieses Typs hat zu Beginn den Wert *Empty.*

Mit der Funktion

```
IsEmpty(VarName)
```

wird überprüft, ob die betreffende Variable initialisiert ist.

Variant-Variablen können einen weiteren speziellen Wert namens *Null* enthalten, der im allgemeinen in Datenbankprogrammen benutzt wird, um fehlende oder unbekannte Daten zu signalisieren.

Um festzustellen, ob ein Ausdruck ungültige Daten enthält, verwendet man die Funktion

```
IsNull(Ausdruck)
```

Die Werte *Empty* und *Null* können einer Variablen auch explizit zugewiesen werden. Dabei ist der Wert *Null* insofern einmalig, als er sich sowohl in Ausdrücken als auch in Funktionen fortpflanzt, indem er deren Wert oder Rückgabewert unbedingt zu *Null* macht.

Datentyp String

Variablen, die Zeichenfolgen speichern sollen, können mit dem Datentyp *String* deklariert werden. Standardmäßig haben sie eine variable Länge, ändern also ihre Größe, wenn sie neue Daten aufnehmen.

Eine Zeichenfolge fester Länge wird mit

```
String * Länge
```

deklariert, wobei *Länge* eine Ganzzahl ist. Die Codezeile

```
Dim strfWohnort As String * 30
```

definiert *strfWohnort* als Zeichenfolge-Variable der Länge *30*. (Die feste Länge wird im Variablennamen durch den Zusatz *f* zum Präfix angezeigt.) Weist man dieser Variablen eine Zeichenfolge von zum Beispiel 18 Zeichen zu, wird sie mit 12 Leerzeichen aufgefüllt. Über die festgelegte Länge hinausgehende Zeichen werden bei der Zuweisung abgeschnitten.

Hinweis: Öffentliche String-Variablen fester Länge

Nur in Standardmodulen können öffentliche Zeichenfolgen fester Länge (mit Hilfe von *Public*) deklariert werden.

Datentyp Boolean

Der Datentyp *Boolean* eignet sich für Variablen, die zweiwertige Daten der Art *Ja/Nein*, *Wahr/Falsch* oder *An/Aus* aufnehmen sollen. Initialisiert werden sie mit dem Wert *False*.

Datentyp Date

Variablen des Typs *Date* dienen zur Speicherung von Datums- und/oder Zeitangaben. Systemintern werden diese Werte als Dezimalzahlen dargestellt, wobei der ganzzahlige Teil die Datums- und der Nachkommateil die Zeitinformation beinhaltet.

Konstante Datums- und Zeitwerte werden im Programmcode durch sie umschließende Doppelkreuze (#) gekennzeichnet. Allerdings kann bei Datumsangaben nicht der Punkt (.) als das bei uns übliche Trennzeichen benutzt werden. Verwenden Sie statt dessen den Schräg- oder Bindestrich. Die beiden Ausdrücke

```
#10/11/98#
#10-11-98#
```

bezeichnen somit das Datum 10.11.98

Mit der Funktion

```
IsDate(Ausdruck)
```

kann man testen, ob der im Argument angegebene Ausdruck eine gültige Datums-/Zeitangabe darstellt.

Datentyp Object

Objektvariablen, die als 32-Bit-Adressen gespeichert werden, verweisen auf interne Objekte oder auf solche in anderen Anwendungen. Einer Variablen vom Typ *Object* wird mit der *Set*-Anweisung ein Wert zugeteilt, der auf ein vorhandenes, von der Anwendung erkanntes Objekt verweist.

```
Dim objXL As Object

Set objXL = CreateObject("Excel.Application")
```

In diesen beiden Zeilen wird die Variable *objXL* des Typs *Object* deklariert und ihr sodann durch die *CreateObject*-Funktion eine Instanz der Anwendung Excel zugewiesen. Dazu muß angemerkt werden, daß die Verwendung des allgemeinen Typs *Object* nicht die effektivste Methode ist. Wenn es möglich ist, sollten spezielle Objekttypen (wie *Database* oder *Control*) zur Deklaration benutzt werden, weil Visual Basic Verweise hierauf schon beim Kompilieren auflöst und der Code somit schneller ausgeführt wird. Die Funktion

```
IsObject(Ausdruck)
```

gibt *True* zurück, wenn *Ausdruck* eine Variable des Datentyps *Object* ist.

Datenfelder

Datenfelder (andere Bezeichnungen: Vektoren, Matrizen oder Arrays) sind ähnlich wie Steuerelementefelder aufgebaut. Mit ihnen kann auf mehrere Variablen desselben Namens zugegriffen werden, wobei ein Index oder mehrere Indizes die einzelnen Variablen eindeutig kennzeichnen. Man unterscheidet zwischen Datenfeldern fester Größe und dynamischen Datenfeldern, deren Größe sich zur Laufzeit ändert. Ein Datenfeld fester Größe wird mit denselben Anweisungen deklariert wie eine einfache Variable – auch beim Gültigkeitsbereich ändert sich nichts –, bei der Deklaration werden aber zusätzlich in Klammern die Unter- und Obergrenze angegeben. Die Codezeile

```
Public intaDaten(20) As Integer
```

erstellt ein globales Datenfeld namens *intaDaten* vom Datentyp *Integer*, das aus 21 Elementen besteht. Visual Basic setzt nämlich die Untergrenze, wenn sie nicht explizit genannt wird, standardmäßig auf 0, es sei denn, sie ist durch die Anweisung

```
Option Base 1
```

modulweit auf *1* festgelegt worden. (Der an das Präfix *int* im Variablennamen angefügte Buchstabe *a* verweist auf die englische Bezeichnung *Array*.)

Ausdrücklich läßt sich die Untergrenze unter Verwendung des Schlüsselworts *To* angeben:

```
Dim intaDaten(60 To 80) As Integer
```

In diesem Fall läuft der Index bei gleicher Dimensionierung wie oben von *60* bis *80*.

Alle Elemente eines Datenfelds haben denselben Datentyp. Da dies aber auch den Typ *Variant* umfaßt, können die einzelnen Elemente auch verschiedene Arten von Daten enthalten. Unter- und Obergrenze von Datenfeldern können den Wertebereich des Datentyps *Long* nicht überschreiten. Datenfelder mit mehr Dimension (Matrizen) – theoretisch sind bis zu 60 zulässig – werden analog erstellt. Die Anweisung

```
Static dblaVektor3D(4, 1 To 20, 1 To 10) As Double
```

deklariert zum Beispiel ein Datenfeld mit 5 mal 20 mal 10, insgesamt also 1.000 Elementen. Wie Sie sehen, steigt der Speicherbedarf beim Hinzufügen von Dimensionen rapide an, speziell bei der Verwendung des speicherintensiven Datentyps *Variant*. Ob ein Variablenname ein Datenfeld bezeichnet, wird mit der Funktion

```
IsArray(VarName)
```

abgefragt.

Dynamische Datenfelder

Oft steht nicht von vornherein fest, wie groß ein Datenfeld sein muß. Um dem Betriebssystem nicht unnötig viel Speicher durch das Deklarieren von Datenfeldern maximaler Größe wegzunehmen, bedient man sich der Flexibilität dynamischer Datenfelder. Dazu wird zunächst ein Datenfeld mit leerer Dimensionsliste deklariert

```
Dim lngaDaten() As Long
```

und dann mit der *ReDim*-Anweisung Speicherplatz für die benötigte Anzahl an Elementen reserviert:

```
ReDim lngaDaten(intAnzahl - 1)
```

Die *ReDim*-Anweisung gleicht zwar in ihrer Syntax den anderen Deklarationsanweisungen, stellt aber im Unterschied zu ihnen eine ausführbare Anweisung dar. Sie kann daher nicht im Deklarationsteil eines Moduls, sondern nur auf Prozedurebene verwendet werden. Die Elementezahl läßt sich, wie im Beispielcode gezeigt, auch mit Variablen festlegen.

Die *ReDim*-Anweisung kann beliebig oft eingesetzt und dabei die Dimension des Datenfelds geändert werden. Dabei gehen normalerweise alle im Datenfeld gespeicherten Daten verloren, die Elemente werden neu initialisiert. Sollen die vorhandenen Werte bei einer Größenänderung erhalten bleiben, so muß die *ReDim*-Anweisung um das Schlüsselwort *Preserve* erweitert werden:

```
ReDim Preserve lngaDaten(intAnzahl - 5)
```

Hinweis: Preserve bei mehrdimensionalen Datenfeldern

Bei mehrdimensionalen Datenfeldern darf mit *ReDim Preserve* allerdings nur die Obergrenze der letzten Dimension modifiziert werden, auch die Zahl der Dimensionen muß unverändert bleiben.

Übung 12 Dynamisches Datenfeld

Dieses Beispiel veranschaulicht den Gebrauch der *ReDim*-Anweisung. Vier Befehlsschaltflächen und ein Listenfeld sind, wie aus der Abbildung zu ersehen ist, auf einem Formular angeordnet.

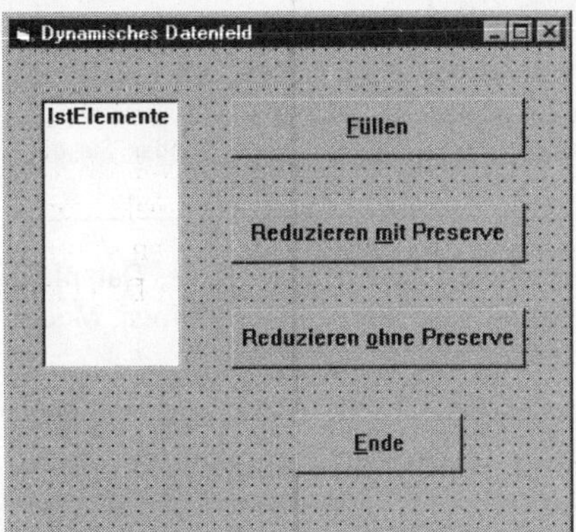

Die Oberfläche von Übung12

Die Objekteigenschaften gibt diese Tabelle wieder.

Objekt	Eigenschaft	Einstellung
Formular	Name	frmÜbung12
	Caption	Dynamisches Datenfeld
Listenfeld	Name	lstElemente
	List	(Leer)
1. Befehlsschaltfläche	Name	cmdFüllen
	Caption	&Füllen
2. Befehlsschaltfläche	Name	cmdReduzMit
	Caption	Reduzieren &mit Preserve
3. Befehlsschaltfläche	Name	cmdReduzOhne
	Caption	Reduzieren &ohne Preserve
4. Befehlsschaltfläche	Name	cmdEnde
	Cancel	True
	Caption	&Ende

Die Höhe des Listenfelds ist so zu wählen, daß bei der gewählten Einstellung für die *Font*-Eigenschaft zehn Zeilen ohne Bildlauf angezeigt werden können.

Tip: Listenfeldgröße einstellen

Um die Größe eines Listenfelds im Entwurfsmodus so einzustellen, daß zur Laufzeit eine bestimmte Zeilenzahl ohne Bildlauf sichtbar ist, geben Sie probeweise einige Daten in das Einstellungsfenster der *List*-Eigenschaft ein. Später können Sie die Eingaben wieder löschen.

Im Deklarationsteil des Formularmoduls wird ein dynamisches Datenfeld des Typs *Integer* erstellt, das in dieser Anwendung mit nur einem Modul global ist (deswegen das kennzeichnende *g*).

```
Option Explicit
' Dynamisches Datenfeld
Dim gintaFeld() As Integer

Private Sub cmdEnde_Click()
  Unload Me
End Sub
```

Die Anwendung wird jetzt mit der *Unload*-Anweisung beendet. Mit dem Schlüsselwort *Me* wird auf die aktuelle Instanz des Objekts verwiesen, dessen Code momentan ausgeführt wird; in anderen Worten:

Me ist hier gleichbedeutend mit *frmÜbung12*, aber kürzer.

```
Private Sub cmdFüllen_Click()
  Dim intZähler As Integer

  ' Datenfeldgröße festlegen
  ReDim gintaFeld(1 To 10)

  ' Datenfeld füllen
  For intZähler = 1 To 10
    gintaFeld(intZähler) = intZähler * intZähler
  Next

  ' Listenfeld löschen und füllen
  lstElemente.Clear
  For intZähler = 1 To 10
    lstElemente.AddItem gintaFeld(intZähler)
  Next
End Sub
```

In der *Click*-Ereignisprozedur der Schaltfläche *Füllen* wird eine Zählvariable deklariert und das Datenfeld für 10 Elemente eingerichtet, das dann mit den quadrierten Werten der von 1 bis 10 laufenden Zählvariablen gefüllt wird. Schließlich wird das Listenfeld durch die *Clear*-Methode gelöscht und erhält die Datenfeldwerte.

Beachten Sie, daß Visual Basic dabei eine automatische Umwandlung des *Integer*-Typs der Datenfeld-Elemente in den Datentyp *String* vornimmt, ein Feature, von dem schon in mehreren Beispielen Gebrauch gemacht worden ist.

Wenn Sie nach dem Starten des Programms die Liste füllen und dann die zweite Schaltfläche von oben anklicken, sind im Listenfeld die ersten fünf der ursprünglichen Einträge zu sehen.

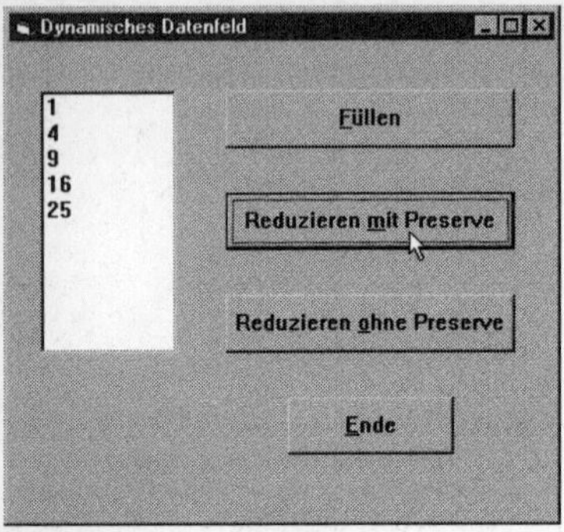

Reduzieren des Datenfelds mit Beibehaltung bestehender Daten

Wird statt dessen auf die nächste Befehlsschaltfläche geklickt, so zeigen sich im Listenfeld diese Werte:

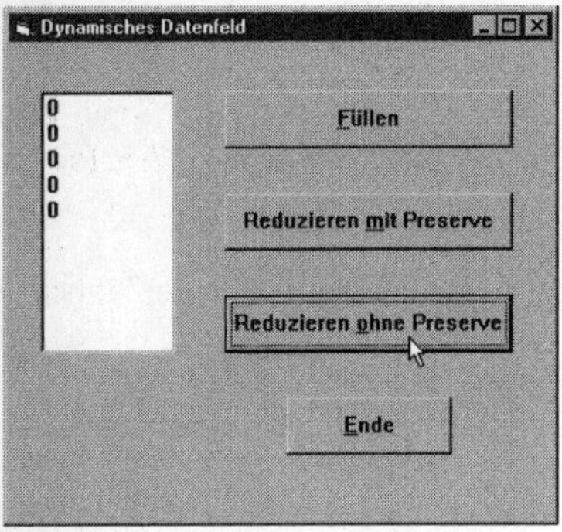

Reduzieren des Datenfelds ohne Beibehaltung bestehender Daten

Ein Blick auf die *Click*-Prozeduren der beiden Schaltflächen offenbart den Grund: Beide sind analog aufgebaut, bis auf die Zeile mit der *ReDim*-Anweisung. Die erste enthält den Zusatz *Preserve*

```
Private Sub cmdReduzMit_Click()
  Dim intZähler As Integer

  ' Datenfeldgröße neu festlegen
  ' MIT Preserve
  ReDim Preserve gintaFeld(1 To 5)

  ' Listenfeld löschen und füllen
  lstElemente.Clear
  For intZähler = 1 To 5
    lstElemente.AddItem gintaFeld(intZähler)
  Next
End Sub
```

bei der zweiten Anweisung fehlt er. Deshalb werden die Datenelemente erneut initialisiert, und zwar mit dem für numerische Datentypen üblichen Wert *0*.

```
Private Sub cmdReduzOhne_Click()
  Dim intZähler As Integer

  ' Datenfeldgröße neu festlegen
  ' OHNE Preserve
  ReDim gintaFeld(1 To 5)

  ' Listenfeld löschen und füllen
  lstElemente.Clear
  For intZähler = 1 To 5
    lstElemente.AddItem gintaFeld(intZähler)
  Next
End Sub
```

Wenn Sie die *Sorted*-Eigenschaft des Listenfelds probehalber auf *True* setzen, sehen Sie, daß die Sortierung sich nicht an die numerische Reihenfolge hält, sondern sich an den Zeichencodes der Ziffernfolgen orientiert.

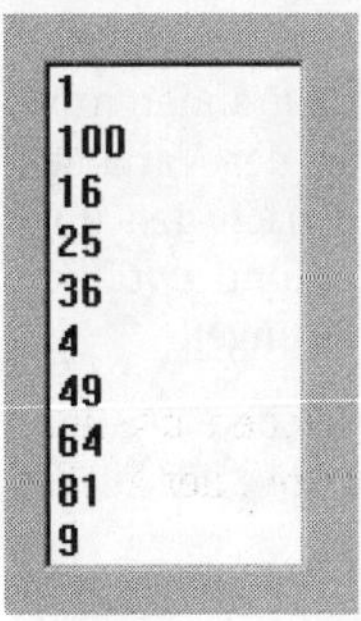

Reihenfolge der Elemente bei eingeschalteter Sortierung

Benutzerdefinierte Datentypen

Wenn eine Variable verschiedene Informationen aufnehmen soll, die als eine Einheit behandelt werden sollen, weil sie sachlich zusammengehören, bietet sich ein benutzerdefinierter Datentyp an.

Er wird mit der *Type*-Anweisung im Deklarationsabschnitt eines Moduls erstellt und kann durch Voranstellen der Schlüsselwörter *Public* oder *Private* hinsichtlich des Gültigkeitsbereichs näher spezifiziert werden.

Hinweis: Öffentliche benutzerdefinierte Variablen

Öffentliche benutzerdefinierte Variablen können nur in Standardmodulen erstellt werden.

Informationen zu den Mitgliedern eines Vereins lassen sich z. B. in einem selbst erstellten Datentyp mit dem Namen *Mitglieder* zusammenfassen:

```
Private Type Mitglieder
  MitglNr As Integer
  Weiblich As Boolean
  Titel As String * 15
  Vorname As String * 20
  Nachname As String * 20
  PLZ As String * 5
  Straße As String * 20
  Ort As String * 20
  Geburtstag As Date
  Beitrag As Currency
End Type
```

Dieser benutzerdefinierte Typ, der sich aus den verschiedensten Datentypen zusammensetzt, kann auch Datenfelder (fester oder dynamischer Größe) und Objekte enthalten. Auch das Verschachteln mit anderen benutzerdefinierten Datentypen ist möglich. Das Erstellen der Variablen eines benutzerdefinierten Datentyps erfolgt weitgehend nach den üblichen Deklarationsprinzipien. Zwei Variablen *udtMitglied* und *udtEhren Mitglied* des Datentyps *Mitglieder* könnten mit den Anweisungen

```
Dim udtMitglied As Mitglieder
Dim udtEhrenMitglied As Mitglieder
```

deklariert werden. Auf die Werte der Elemente dieser Variablen wird ähnlich wie auf Objekteigenschaften zugegriffen.

```
udtMitglied.Ort = "Düsseldorf"
```

Durch Zuweisung von Variablen desselben benutzerdefinierten Typs erhalten alle Elemente der einen Variablen den Inhalt der korrespondierenden Elemente der anderen Variablen. Im Beispiel hat nach der Anweisung

```
udtEhrenMitglied = udtMitglied
```

das Element *udtEhrenMitglied.Ort* ebenfalls den Wert *Düsseldorf*.

5.3 Passender Ausdruck: Operatoren, Funktionen und Anweisungen

Der Begriff *Ausdruck* ist in den vorhergehenden Abschnitten mehrfach aufgetaucht. Seine Bedeutung läßt sich generell so umschreiben: Ein Ausdruck setzt sich zusammen aus Konstanten, Variablen, Funktionen und Operatoren, seine Auswertung liefert eine Zahl, eine Zeichenfolge oder ein Objekt.

Operatoren

Visual Basic stellt vier Kategorien von Operatoren zur Verfügung und definiert Vorrangregeln, die beim Vorhandensein mehrerer Operatoren in einem Ausdruck die Reihenfolge der Auswertung festlegen. Aus Ihrer Schulzeit kennen Sie noch die Merkregel „Punktrechnung geht vor Strichrechnung". Sie gilt zwar ebenfalls in Visual Basic, die übrigen Regeln, insbesondere für den Fall, daß Operatoren verschiedener Kategorien involviert sind, lassen sich aber nicht in so einfache Merksätze pressen. Interessierte finden in der Online-Hilfe unter dem Stichwort *Vorrang, Operatoren* genauere Informationen.

Tip: Vorrangregeln für Operatoren umgehen
Um Programmfehler zu vermeiden, die durch eine Verletzung der Vorrangregeln für Operatoren entstehen, ist es am einfachsten, alle Teiloperationen eines Ausdrucks, bei denen Sie unsicher sind, in runde Klammern einzuschließen. Geklammerte Teilausdrücke haben grundsätzlich Vorrang.

Arithmetische Operatoren

Visual Basic kennt insgesamt sieben arithmetische Operatoren.

Operator	Beschreibung
+	Addition
–	Subtraktion oder Negation
*	Multiplikation
/	Division
\	Ganzzahl-Division
^	Potenzierung
Mod	Modulo

Die ersten vier Operatoren dienen zur Durchführung der Grundrechenarten und bedürfen keiner Erläuterung.

Im Unterschied zum normalen Dividieren (/) liefert die Division mit dem Operator \ als Ergebnis eine ganze Zahl, nachdem zuvor Dividend und Divisor (falls nötig) zu ganzzahligen Werten gerundet worden sind.

```
vntX = 19 / 4          ' ergibt 4,75
vntX = 19 \ 4          ' ergibt 4
vntX = 19 \ 4.6        ' ergibt 3
vntX = 19.5 \ 4.2      ' ergibt 5
```

Hinweis: Englische Schreibweise im Direktfenster

Wenn Sie Beispiele wie diese, in denen Literale („zeichengenaue" Konstanten) vorkommen, im Direktfenster ausprobieren, müssen Sie die englischen Dezimal- und Tausendertrennzeichen Punkt und Komma verwenden.

Der ganzzahlige Divisionsrest, der bei der Ganzzahl-Division verlorengeht, läßt sich mit dem Modulo-Operator *Mod* bestimmen.

```
vntX = 19 Mod 4        ' ergibt 3
vntX = 19.5 Mod 4.2    ' ergibt 0
```

Zur Potenzierung einer Zahl dient der Operator ^. Die zu potenzierende Zahl darf negativ sein, aber nur bei ganzzahligem Exponenten.

```
vntX = 2 ^ 5            ' ergibt 32
vntX = 3 ^ 2 ^ 3        ' ergibt 729
vntX = 2 ^ 5.4          ' ergibt 42,2242531447326
vntX = (-2) ^ 5         ' ergibt -32
vntX = (-2) ^ 5.4       ' Laufzeitfehler 5
```

Das Ergebnis einer arithmetischen Operation übernimmt normalerweise den Datentyp des Operanden mit der größten Genauigkeit. Es gibt aber eine Reihe von Ausnahmen, die in der Online-Hilfe, auf die einzelnen Operanden bezogen, nachzulesen sind.

Vergleichsoperatoren

Die üblichen Vergleichsoperatoren zeigt die nachstehende Tabelle.

Operator	Beschreibung
<	kleiner als
<=	kleiner als oder gleich

Operator	Beschreibung
>	größer als
>=	größer als oder gleich
=	Gleich
<>	Ungleich

Die beiden miteinander verglichenen Ausdrücke können Zahlenwerte oder Zeichenfolgen darstellen, müssen aber verträglich sein. Der Vergleich eines Ausdrucks vom Typ *String* mit einem numerischen Datentyp erzeugt einen Fehler. Sonst ist das Ergebnis, falls nicht ein Ausdruck den Wert *Null* hat, entweder *True* oder *False*.

```
vntR = (21 = 21)          ' ergibt True
vntR = (21 <= 12)         ' ergibt False
vntR = (21 <> 12)         ' ergibt True
```

Neben den in der Tabelle aufgeführten gibt es noch zwei spezielle Vergleichsoperatoren. Der *Is*-Operator vergleicht zwei Variablen darauf, ob sie auf dasselbe Objekt verweisen; er vergleicht nicht die Objekte oder deren Werte!

Der Operator *Like* stellt ein vielseitiges Instrument zum Vergleich zweier Zeichenfolgen dar:

```
Ergebnis = Zeichenfolge Like Muster
```

Das Argument *Muster* kann verschiedene Platzhalterzeichen, Listen mit Zeichen oder Zeichenbereiche enthalten. Wegen der zahlreichen Einzelheiten sei auf die Visual Basic-Hilfe verwiesen.

```
vntR = "abababa" Like "a*a"    'ergibt True
```

Logische Operatoren

In Visual Basic gibt es sechs logische Operatoren. Ihre Syntax lautet

```
Ergebnis = [Ausdr1] LogOperator Ausdr2
```

Der Operator *Not* wirkt nur auf einen Operanden, alle anderen logischen Operatoren verknüpfen zwei Ausdrücke. *Not* stellt das logische Ebenbild zum Operator - dar, der in Verbindung mit nur einem numerischen Ausdruck dessen Negation bewirkt.

Operator	Beschreibung	Ergebnis ist True, wenn
Not	Negation: Nicht	Ausdruck *False*
And	Konjunktion: Und	beide Ausdrücke *True*
Or	Disjunktion: inklusives Oder	mindestens ein Ausdruck *True*
Xor	Exklusion: exklusives Oder	genau ein Ausdruck *True*
Eqv	Äquivalenz	beide Ausdrücke *True* oder *False*
Imp	Implikation	außer wenn Ausdr1 *True* und Ausdr2 *False*

```
intA = 1
intB = 3
intC = 5

vntR = Not (intA < intB)                    ' ergibt False
vntR = (intB > intA) And (intC > intB)      ' ergibt True
vntR = (intB < intA) Or (intC < intB)       ' ergibt False
vntR = (intB < intA) Xor (intC > intB)      ' ergibt True
vntR = (intB < intA) Eqv (intC < intB)      ' ergibt True
vntR = (intB > intA) Imp (intC < intB)      ' ergibt True
```

Eine detailliertere und doch knappe Darstellung der Funktionsweise logischer Operatoren für Boolesche Ausdrücke (Werte *True* oder *False*) zeigt die nachstehende Wahrheitstabelle, aus der das Ergebnis der Operation für jede Kombination von Operanden abzulesen ist.

Ausdr1	Ausdr2	Not	And	Or	Xor	Eqv	Imp
True	**True**	False	**True**	**True**	False	**True**	**True**
True	False	False	False	**True**	**True**	False	False
False	**True**	**True**	False	**True**	**True**	False	**True**
False	False	**True**	False	False	False	**True**	**True**

Darüber hinaus führen alle logischen Operatoren auch einen Vergleich der einzelnen Bits durch, die an jeweils derselben Position in zwei Ausdrücken stehen. Der *Not*-Operator invertiert jedes Bit seines Operanden: Aus 0 wird 1 und aus 1 wird 0. Wenn Sie in der Wahrheitstabelle an die Stelle von *True* eine 1 und an die Stelle von *False* eine 0 einsetzen, liefert sie in gleicher Weise die Ergebnisse für den bitweisen Vergleich. Mit den einzelnen Bits einer Zahl kommen Sie in Visual Basic nicht sehr häufig in Berührung. Bei der Behandlung von Tastatur- und Mausereignissen werden aber an die entsprechenden Prozeduren Argumente in Form von Bitfeld-Werten übergeben, die dann bitweise mit Hilfe logischer Operatoren ausgewertet werden können.

```
bytA = 4                  ' Der bitweise Vergleich der beiden
                          ' Werte, die als Binärzahlen
bytB = 7                  ' 0000 0100 und 0000 0111
                          ' lauten, ergibt
bytR = bytA And bytB      ' 4: 0000 0100
```

Mehr Infos: Maus- und Tastaturereignisse handhaben ➡ Kapitel 6.4

Verkettungsoperatoren

Der Operator & dient zur Verknüpfung von Zeichenfolgen zweier Ausdrücke. Er wurde in den bisherigen Beispielanwendungen mehrmals verwendet, oft auch in der Weise, daß er eine *String*-Konstante mit einer numerischen Variablen verknüpfte. Das Ergebnis wurde dann zum Beispiel der *Text*-Eigenschaft eines Textfelds zugewiesen, wie in der Codezeile aus *Übung11*:

```
txtAnzeige2.Text = "Aufruf Nr. " & n
```

Diese Vorgehensweise bleibt fehlerlos, weil Ausdrücke, die keine Zeichenfolgen darstellen, in den *Variant*-Untertyp *String* umgewandelt werden, und das Ergebnis der Verkettung gleichfalls diesen Datentyp bekommt. Der zweite Verkettungsoperator (verantwortlich für die Verwendung der Pluralform in der Abschnittsüberschrift) ist der Operator +. Als Basic-Relikt sollte er heutzutage ausschließlich in Additionsoperationen Verwendung finden, um Mehrdeutigkeiten gar nicht erst aufkommen zu lassen.

Weitere Operatoren

Das Gleichheitszeichen wird in Visual Basic nicht nur als logischer Operator, sondern noch häufiger als Zuweisungsoperator verwendet:

```
Variable/Eigenschaft = Wert
```

Durch ihn wird einer Variablen oder einer Eigenschaft ein aus einer Konstanten oder einem Ausdruck bestehender Wert zugewiesen.

Der mit der vorigen Version eingeführte *AddressOf*-Operator liefert in der Form

```
AddressOf Prozedurname
```

die Adresse der spezifizierten Prozedur zur Verwendung als Argument eines API-Aufrufs. Die API-Funktion kann dann diese Adresse benutzen, um die Basic-Prozedur „zurückzurufen“ (Callback).

Ganz easy: API
API (**A**pplication **P**rogramming **I**nterface) bezeichnet die Schnittstelle, über die mit Visual Basic (und anderen Programmiersprachen) auf die systeminternen Funktionen von Windows zugegriffen werden kann.

Funktionen

Funktionen können als Erweiterung von Operatoren aufgefaßt werden. Visual Basic hält eine Vielzahl integrierter Funktionen (über 120) bereit. Wenn man bei einem speziellen Problem unter ihnen nicht fündig wird, steht der Erstellung eigener Funktionen in Form von *Function*-Prozeduren nichts im Wege. Durch die folgende Gruppierung nach Aufgabenbereichen wird versucht, etwas Ordnung in die Vielfalt an Funktionen zu bringen. Die Einteilung beansprucht schon deshalb keine Allgemeingültigkeit, weil einige Funktionen so vielseitige Operationen ausführen können, daß sie sich zwanglos verschiedenen Kategorien zuordnen lassen.

Mathematische Funktionen

Es gibt 13 mathematische Grundfunktionen.

Funktion	Beschreibung
Abs	Absolutwert
Atn	Arkustangens
Cos	Kosinus
Exp	Potenz zur Basis *e*
Fix	Ganzzahlteil durch Abschneiden der Nachkommastellen
Int	Größte Ganzzahl <= Ausdruck im Funktionsargument
Log	Natürlicher Logarithmus (Basis *e*)
Randomize	Anweisung: Initialisiert den Zufallsgenerator von *Rnd*
Rnd	Positive Zufallszahl kleiner als 1 oder 0
Round	Rundet auf feste Zahl von Dezimalstellen
Sgn	Vorzeichenwert (1, 0 oder -1)

Sin	Sinus
Sqr	Quadratwurzel
Tan	Tangens

Hinweis: Randomize-Anweisung, Round-Funktion

Randomize ist zwar eine Anweisung, wird aber wegen ihrer inhaltlichen Zugehörigkeit hier mit aufgeführt.

Auf den etwas eigenwilligen Rundungsmechanismus der neuen *Round*-Funktion wurde in Kapitel 2 schon hingewiesen.

Das Argument der Funktion (ein numerischer Ausdruck) wird in runden Klammern angegeben.

```
dblC = Sqr(dblA ^ 2 + dblB ^ 2)
```

In dieser Codezeile wird nach dem Satz des Pythagoras die Länge der Hypothenuse in einem rechtwinkligen Dreieck berechnet.

Um eine ganzzahlige Zufallszahl innerhalb vorgegebener Grenzen zu erzeugen, bedient man sich häufig einer Formel unter Benutzung der *Int*-Funktion, die beispielsweise für einen zufälligen Wert im Bereich von 10 bis 20 folgendes Aussehen hat:

```
intZufall = Int(11 * Rnd) + 10
```

Aus den integrierten Funktionen lassen sich unter Verwendung bekannter mathematischer Formeln andere Funktionen ableiten. Dazu gehört neben weiteren trigonometrischen und hyperbolischen Funktionen auch der Logarithmus zu einer beliebigen Basis N:

```
LogN(x) = Log(x) / Log(N)
```

Finanzmathematische Funktionen

Finanzmathematiker finden in Visual Basic eine ganze Reihe integrierter Funktionen für ihren Tätigkeitsbereich vor. Insgesamt sind es 13 an der Zahl. Ihres besonderen Einsatzzwecks wegen werden sie hier nur summarisch aufgeführt. Details zu jeder Funktion mit ausführlichen Beispielen enthält die Online-Hilfe.

Funktionen	Beschreibung
DDB, SLN, SYD	Abschreibung
NPV, PV	Barwert
FV	Endwert
NPer	Periodenanzahl
IPmt, Pmt, PPmt	Zahlungen
IRR, MIRR	interner Zinsfuß
Rate	Zinssatz

Zeichenfolgen- oder String-Funktionen

Eine Reihe von *String*-Funktionen existieren in mehreren Varianten. Standardmäßig geben sie den Datentyp *Variant* zurück. Wird an den Funktionsnamen jedoch das Typkennzeichen (*$*) für den Datentyp *String* angehängt, dann ist auch ihr Ergebnis von diesem Typ.

Einige Funktionen existieren dazu noch in einer Version, deren Namen auf *B* endet. Sie operieren nicht mit den Zeichen, sondern mit den Bytes einer Zeichenfolge, was für Doppelbyte-Zeichensätze relevant ist (Unicode, DBCS). Beide Variationen können auch in Kombination (B$) auftreten.

Ganz easy: ANSI, DBCS, Unicode

ANSI ist der auf PCs übliche Zeichenstandard, der ein Byte pro Zeichen verwendet und so 256 verschiedene Zeichen darstellen kann.

Insbesondere bei Sprachen aus dem asiatischen Raum kommt man mit den 256 Zeichen des ANSI-Zeichenvorrats nicht aus. Für sie wird von Windows ein Doppelbyte-Zeichensatz (DBCS) benutzt, dessen erste Hälfte mit dem ANSI-Satz übereinstimmt, bei dem aber Werte im ersten Byte über 128 bedeuten, daß das folgende Byte ein nicht-lateinisches Zeichen repräsentiert.

Unicode ist ebenfalls ein Doppelbyte-Codierungsschema, das aber im Unterschied zu DBCS durchgängig mit 2 Bytes pro Zeichen arbeitet und damit die Darstellung von bis zu 65.536 Zeichen ermöglicht. Unicode wird zur Zeit nur von Windows NT vollständig unterstützt.

Funktion	Beschreibung
Filter	Filtert aus *String*-Datenfeld Zeichenfolgen heraus
Format[$]	Formatiert einen Ausdruck
FormatCurrency	Formatiert einen Währungswert
FormatDateTime	Formatiert Datum oder Uhrzeit
FormatNumber	Formatiert einen Zahlenwert
FormatPercent	Formatiert eine Prozentzahl
InStr[B]	Liefert Position einer Zeichenfolge in einer anderen
InStrRev	Liefert Position einer Zeichenfolge in einer anderen hinten beginnend
Join	Setzt Zeichenfolgen aus Teilstrings zusammen
LCase[$]	Wandelt Groß- in Kleinbuchstaben um
Left[B,$]	Gibt Teilstring vorne beginnend zurück
Len[B]	Liefert Länge eines Strings oder einer Variablen
LTrim[$]	Entfernt führende Leerzeichen
Mid[B,$]	Gibt Teilstring aus einer Zeichenfolge zurück
Replace	Ersetzt Teilstrings in einer Zeichenfolge
Right[B,$]	Gibt Teilstring hinten beginnend zurück
RTrim[$]	Entfernt nachstehende Leerzeichen
Space[$]	Erzeugt Zeichenfolge mit Leerzeichen
Split	Teilt eine Zeichenfolge in Teilstrings auf
StrComp	Vergleicht zwei Zeichenfolgen
StrConv	Konvertiert Zeichenfolge auf verschiedene Arten
String[$]	Erzeugt Zeichenfolge gleicher Zeichen
StrReverse	Kehrt Reihenfolge der Zeichen um
Trim[$]	Entfernt führende und nachfolgende Leerzeichen
UCase[$]	Wandelt Klein- in Großbuchstaben um

Die vielseitigste dieser Funktionen ist die *Format*-Funktion, die numerische Daten, Datums-/Zeitangaben und Zeichenfolgen nach vor- oder benutzerdefinierten Formatierungsrichtlinien darzustellen vermag. Hinsichtlich der Fülle von Formatierungsmöglichkeiten sollte die Online-Hilfe konsultiert werden.

Umwandlungsfunktionen

Will man die Umwandlung von einem Datentyp in einen anderen nicht dem eingebauten Automatismus überlassen, sondern selbst kontrollieren, benutzt man die Typumwandlungsfunktionen, die einen Ausdruck explizit in den gewünschten Typ konvertieren.

Funktion	Zieldatentyp
CBool	Boolean
CByte	Byte
CCur	Currency
CDate	Date
CDbl	Double
CDec	Decimal
CInt	Integer
CLng	Long
CSng	Single
CStr	String
CVar	Variant

Dabei ist darauf zu achten, daß der umzuwandelnde Ausdruck den Bereich des Zieldatentyps nicht überschreitet. Ein Funktionsaufruf

```
CInt(54321)
```

würde also einen Fehler auslösen.

Die anderen Umwandlungsfunktionen sind (die Versionen mit nachgestelltem *W* sind zu Verwendung mit Unicode-Zeichen gedacht):

Funktion	Beschreibung
Asc[B|W]	Erstes Zeichen einer Zeichenfolge in Code
Chr[B|W,$]	Code in Zeichen
Hex[$]	Zahl in Hexadezimalzahl-Darstellung
Oct[$]	Zahl in Oktalzahl-Darstellung
Str[$]	Zahl in Zeichenfolge
Val	Zeichenfolge in Zahl

Datums- und Zeitfunktionen

Wie erwähnt werden Systemdatum und Systemzeit als Gleitkommazahl gespeichert. Auf sie greifen letztlich alle Datums- und Zeitfunktionen zurück.

Funktion	Beschreibung
Date[$]	Systemdatum
DateAdd	Addition eines Zeitintervalls zu einem Datum
DateDiff	Differenz von zwei Datumswerten
DatePart	Teil eines Datumswerts
DateSerial	Datum aus Jahres-, Monats- und Tageszahl
DateValue	Datum aus Zeichenfolge
Day	Tag des Monats als Zahl
Hour	Stunde als Zahl
Minute	Minute als Zahl
Month	Monat als Zahl
MonthName	Monat als Zeichenfolge
Now	Systemdatum und -zeit
Second	Sekunde als Zahl
Time[$]	Systemzeit
Timer	Anzahl der Sekunden seit Mitternacht
TimeSerial	Uhrzeit aus Stunden-, Minuten- und Sekundenzahl
TimeValue	Uhrzeit aus Zeichenfolge
Weekday	Wochentag als Zahl
WeekdayName	Wochentag als Zeichenfolge
Year	Jahreszahl

Dateifunktionen

Mit Hilfe der Dateifunktionen lassen sich viele Aufgaben des Dateimanagements durchführen (Abrufen von Dateiinformationen, Steuerung von Lese- und Schreibvorgängen usw.).

Funktion	Beschreibung
CurDir[$]	Aktueller Pfad
Dir[$]	Liefert Dateinamen oder Laufwerkbezeichnung
EOF	Prüft auf Dateiende
FileAttr	Zugriffsmodus
FileDateTime	Datum und Uhrzeit der letzten Dateiänderungen
FileLen	Größe einer Datei in Bytes
FreeFile	Nächste freie Dateinummer
GetAttr	Dateiattribute
Input[B,$]	Rückgabe von Daten aus sequentieller Datei
LoadPicture	Lädt eine Grafik in die *Picture*-Eigenschaft
LoadResData	Lädt Daten aus Ressourcendatei
LoadResPicture	Lädt eine Grafik aus Ressourcendatei
LoadResString	Lädt eine Zeichenfolge aus Ressourcendatei
Loc	Aktuelle Schreib-/Leseposition in einer Datei
LOF	Größe einer geöffneten Datei in Bytes
Seek	Aktuelle Position in einer Datei
Spc	Ausgabeposition mit Leerzeichen festlegen (nur mit *Print*)
Tab	Ausgabeposition durch Spaltenangabe festlegen (nur mit *Print*)

Datenfeld-Funktionen

An datenfeldbezogenen Funktionen weist Visual Basic die folgenden auf:

Funktion	Beschreibung
Array	Erstellt in einer *Variant*-Variablen ein Datenfeld
LBound	Kleinster Index für angegebene Dimension
UBound	Größter Index für angegebene Dimension

Auswahlfunktionen

Um unter mehreren Werten auszuwählen, können diese Funktionen eingesetzt werden. Sie unterscheiden sich in der Zahl der Wahlmöglichkeiten und der Art des Auswahlprozesses.

Funktion	Beschreibung
Choose	Wert aus einer Argumentliste
IIf	Einer von zwei Werten
Switch	Ein Wert aus einer Liste

Fehlerfunktionen

Zur Behandlung von Laufzeitfehlern dienen drei Funktionen.

Funktion	Beschreibung
CVErr	Löst benutzerdefinierten Fehler aus
Error[$]	Liefert zu Fehlernummer gehörende Meldung
IsError	Prüft numerischen Ausdruck auf Fehlerwert

Verschiedene Funktionen

Hier finden Sie Funktionen, die im Zusammenhang mit ActiveX-Objekten, für die Einstellung von Farbe oder zur Kommunikation mit dem Betriebssystem verwendet werden.

Funktion	Beschreibung
CallByName	Bestimmt Eigenschaften von Objekten oder ruft deren Methoden zur Laufzeit auf
Command	Liefert Argumentteil der Befehlszeile
CreateObject	Erstellt ActiveX-Objekt
DoEvents	Gibt Steuerung an Betriebssystem ab
GetAllSettings	Liste von Schlüsselwerten aus Registrierung
GetAutoServerSettings	Registrierungszustand eines ActiveX-Objekts
GetObject	Liefert Verweis auf ActiveX-Objekt aus Datei
GetSetting	Ein Schlüsselwert aus Registrierung
Environ	Umgebungsvariable des Betriebssystems
InputBox	Zeigt Eingabedialogfeld an
MsgBox	Zeigt Meldungsdialogfeld an
QBColor	Farbcode für eine von 16 Farben
RGB	Farbcode für die Kombination von Rot, Grün und Blau
Shell	Führt eine andere Anwendung aus

Funktionen wie *IsNumeric* oder *IsDate* sind bereits in Kapitel 5.2 bei den entsprechenden Datentypen vorgestellt worden. In den bisherigen Anwendungsbeispielen haben Sie schon einige Visual Basic-Funktionen benutzt, andere werden Sie in späteren Übungen verwenden.

Anweisungen

Anweisungen sind Codekomponenten, die eine bestimmte Operation, Deklaration oder Definition ausdrücken. Eine Codezeile enthält im allgemeinen genau eine Anweisung, darf aber, jeweils durch einen Doppelpunkt (:) voneinander abgetrennt, auch mehrere Anweisungen umfassen. Die am häufigsten benutzte Anweisung ist die normale Zuweisung in der Form

```
VarName = Ausdruck
```

Sie bewirkt, daß die im Ausdruck rechts vom Gleichheitszeichen enthaltene Information an eine Variable oder Eigenschaft auf der linken Seite übertragen wird. Die vollständige Syntax sieht noch das einleitende Schlüsselwort *Let* vor, das aber praktisch immer weggelassen wird.

Gegen eine solche Kurzschreibweise, die übrigens auch bei der Einleitung eines Kommentars mit dem Apostroph (') anstelle des Schlüsselworts *Rem* benutzt wird, ist nichts einzuwenden, wenn ihre Bedeutung aus dem Kontext zweifelsfrei hervorgeht. Das trifft auf das mit einer Doppelfunktion behaftete Gleichheitszeichen (Zuweisungsoperator und logischer Operator) zu. Die Zahl der in Visual Basic vorhandenen Anweisungen ist geringer als die Anzahl von Funktionen und damit überschaubarer. Sie werden deshalb hier nicht in ihrer Gesamtheit aufgeführt, sondern von Fall zu Fall im praktischen Einsatz vorgestellt. Die Kontrollanweisungen, denen eine grundlegende Rolle für den Aufbau eines Programms zukommt, werden im übernächsten Unterkapitel ausführlich erörtert.

5.4 Die großen Codeeinheiten: Module und Prozeduren

Auf den vorangegangenen Seiten wurden die elementaren Komponenten der Programmiersprache, aus denen Ausdrücke und einzelne Codezeilen gebildet werden, näher betrachtet. Im folgenden sollen die größeren Einheiten, aus denen sich ein Projekt zusammensetzt, ins Auge gefaßt werden.

Module

Der Programmcode einer Anwendung kann sich in Formular-, Standard- oder Klassenmodulen befinden, wobei diese Module als eigenständige Einheiten konzipiert sein können (und möglichst sein sollten), die in mehreren Projekten zu verwenden sind (Prinzip des wiederverwendbaren Codes).

Alle Module können Deklarationsanweisungen für Konstanten, Variablen, benutzerdefinierte Datentypen und Aufrufe von Bibliotheksprozeduren enthalten. Formularmodule beinhalten zudem die Ereignisprozeduren für das Formular und alle seine Objekte.

Klassenmodule bilden die Basis für die objektorientierte Programmierung mit Visual Basic. Sie erlauben das Erstellen neuer Objekte mit benutzerdefinierten Eigenschaften und Methoden und können auch mit eigenen Ereignissen ausgestattet werden. Es ist möglich, mehrfache Kopien dieser Objekte zu erzeugen und sie anderen Objekten der Anwendung zur Verfügung zu stellen.

Standardmodule reduzieren den Code hinsichtlich seines Umfangs, wenn die in ihnen gespeicherten Prozeduren und Deklarationen von verschiedenen Formularmodulen verwendet werden. Sie stellen die einzig verfügbare Möglichkeit dar, eine Anwendung nicht mit einem Formular, sondern einer *Sub Main*-Prozedur zu starten.

Programmcode findet sich darüber hinaus in den Formulardateien von ActiveX-Dokumenten (*.dob*) und den *ctl*-Dateien von benutzerdefinierten Steuerelementen.

Prozeduren

Die nächst kleinere Komponente mit ausführbarem Code innerhalb eines Moduls stellt die Prozedur dar. In ihr sind Anweisungen zusammengefaßt, die als eine aufgabenorientierte logische Einheit ausgeführt werden. Dazu gehören beispielsweise das Ausführen bestimmter Berechnungen ebenso wie Positionsänderungen von Formularen oder Steuerelementen.

Durch die Aufteilung in (möglichst kleine) Prozeduren wird der Code eines Moduls übersichtlicher und ist einfacher zu warten. Ferner lassen sich manche Prozeduren (unter Umständen mit geringen Modifikationen) als Bausteine in andere Projekte übernehmen.

Visual Basic kennt drei Prozedurkategorien: *Sub*-, *Function*- und *Property*-Prozeduren.

Sub-Prozeduren

Sub-Prozeduren haben diese Syntax:

```
[Private|Public] [Static] Sub ProzName (ArgumentListe)

    Anweisungsblock

End Sub
```

Falls die Argumentliste aus mehreren Argumenten besteht, werden diese durch Kommata voneinander getrennt.

Der Anweisungsblock zwischen *Sub* und *End Sub* wird bei jedem Prozeduraufruf ausgeführt. Der Aufruf einer *Sub*-Prozedur kann auf zwei Arten erfolgen: Zum einen mit Hilfe der Anweisung *Call* vor dem Prozedurnamen, zum anderen ohne Schlüsselwort durch bloße Nennung ihres Namens.

Die beiden folgenden Anweisungen rufen eine *Sub*-Prozedur namens *MeineProzedur* mit zwei Argumenten auf:

```
Call MeineProzedur(intArgument1, lngArgument2)
MeineProzedur intArgument1, lngArgument2
```

Hinweis: Argumente mit/ohne Klammern

Beim Aufruf mit *Call* müssen die Argumente in Klammern stehen, beim Aufruf ohne *Call* dürfen keine Klammern verwendet werden.

Ereignisprozeduren sind stets *Sub*-Prozeduren und werden standardmäßig mit dem Schlüsselwort *Private* deklariert; die Voreinstellung für allgemeine Prozeduren (selbst erstellte) ist dagegen *Public*. Mit der Anweisung *Static* wird dafür gesorgt, daß alle in der Prozedur deklarierten Variablen statisch sind; sie müssen also nicht einzeln mit diesem Schlüsselwort deklariert werden.

Tip: Objektnamen vor Code-Erstellung ändern

Die Namen von Objekten sollten Sie ändern, bevor Sie Ereignisprozeduren für sie erstellen, damit der Prozedurname dem Objektnamen entspricht. Sonst müßte der Prozedurname eigens abgeändert werden, damit Visual Basic die Verbindung zum zugehörigen Objekt herstellt. Stimmen die beiden Namen nicht überein, dann wird aus der Ereignisprozedur eine allgemeine Prozedur.

Function-Prozeduren

Die Syntax für *Function*-Prozeduren lautet:

```
[Private|Public] [Static] Function ProzName
(ArgumentListe) [As Typ]

    Anweisungsblock

End Function
```

Jede *Function*-Prozedur besitzt wie eine Variable einen bestimmten Datentyp, der im *As*-Abschnitt angegeben wird. (Seine Festlegung durch ein Typkennzeichen ist auch möglich.) Ohne Spezifizierung wird der *Variant*-Typ zugewiesen.

Sub-Prozeduren werden im allgemeinen dazu benutzt, eine Reihe von Operationen auszuführen, und *Function*-Prozeduren, um einen Wert zu berechnen. Im Unterschied zu ersteren geben *Function*-Prozeduren diesen Wert in ihrem Namen zurück, nachdem er ihm innerhalb der Prozedur zugewiesen wurde.

Hinweis: Rückgabe im Prozedurnamen

Auch *Sub*-Prozeduren können Werte zurückgeben, aber nur über Argumente und nicht im Prozedurnamen.

Normalerweise wird eine *Function*-Prozedur wie eine integrierte Funktion aufgerufen, nämlich durch Verwendung ihres Namens in einem Ausdruck oder auf der rechten Seite einer Anweisung

```
lngResultat = MeineFunktion(intArgument)
```

Es ist auch möglich, eine *Function*- wie eine *Sub*-Prozedur aufzurufen:

```
Call MeineFunktion(intArgument)
MeineFunktion intArgument
```

Dann wird allerdings der Rückgabewert verworfen. Sie sehen, daß der Unterschied zwischen den beiden Prozedurtypen eher anwendungsbezogener, denn prinzipieller Natur ist.

Property-Prozeduren

Property-Prozeduren werden mit folgender Syntax verwendet:

```
[Private|Public] [Static] Property {Get|Let|Set} Eigen-
schaftsname_
   (ArgumentListe) [As Typ]

Anweisungsblock

End Function
```

(Die geschweiften Klammern bezeichnen alternative Komponenten der Syntax, von denen eine gewählt werden muß.)

Mit *Property*-Prozeduren werden benutzerdefinierte Eigenschaften für Objekte erstellt oder verändert. Wie an der Syntaxbeschreibung zu erkennen, gibt es in Visual Basic drei Arten von *Property*-Prozeduren.

Prozedur	Beschreibung
Property Get	Wert einer Eigenschaft zurückgeben
Property Let	Wert einer Eigenschaft festlegen
Property Set	Referenz auf ein Objekt festlegen

Durch Verwenden desselben Namens für alle drei Typen, was bei *Property*-Prozeduren ausnahmsweise möglich ist, wird eine Gruppe von zusammenarbeitenden Prozeduren gebildet. Ihr Aufruf erfolgt ähnlich wie bei *Function*-Prozeduren in einer Zuweisungsanweisung:

Prozedur	Aufruf
Property Get	Variable = [Objekt.]Eigenschaftsname[(Argumentliste)]
Property Let	[Objekt.]Eigenschaftsname[(Argumentliste)] = Argument
Property Set	**Set** [Objekt.]Eigenschaftsname[(Argumentliste)] = Variable

Argumentlisten mit mehreren Argumenten in diesen Prozeduren werden in der Praxis nur für das Erstellen von Eigenschaftenfeldern eingesetzt.

Die Deklaration einer *Get*-Prozedur allein bedeutet das Generieren einer schreibgeschützten Eigenschaft. Normalerweise werden die drei Prozedurtypen jedoch paarweise verwendet: *Property Let* mit *Property Get* und *Property Set* mit *Property Get*.

Übung 13 Neue Eigenschaft erstellen

An einem einfachen Beispiel wird gezeigt, wie ein Visual Basic-Objekt (hier ein Formular) durch *Property*-Prozeduren mit einer selbstdefinierten Eigenschaft versehen werden kann, deren Wert sich wie bei einer normalen Eigenschaft lesen und schreiben läßt. Plazieren Sie in einem Formular ein Textfeld, ein Bezeichnungsfeld, ein *AufAb*-Steuerelement und eine Befehlsschaltfläche, wie es die Abbildung zeigt.

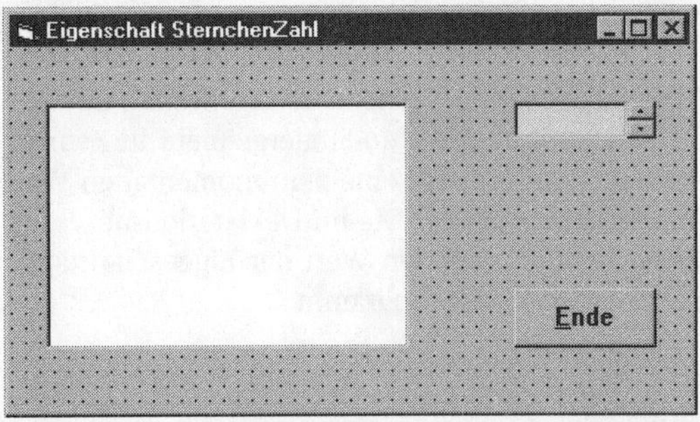

Die Oberfläche von Übung13

Die Eigenschaftseinstellungen entnehmen Sie dieser Tabelle.

Objekt	Eigenschaft	Einstellung
Formular	Name	frmÜbung13
	Caption	Eigenschaft SternchenZahl
Textfeld	Name	txtStern
	Locked	True
	MultiLine	True
	Text	(Leer)
Bezeichnungsfeld	Name	lblAnzeige
	Alignment	2 - Zentriert
	BackColor	System: QuickInfo
	BorderStyle	1 - Fest Einfach
	Caption	(Leer)
AufAb-Steuerelement	Name	updStern
	BuddyControl	lblAnzeige
	BuddyProperty	Caption

Objekt	Eigenschaft	Einstellung
	Increment	10
	Max	250
	Wrap	True
Befehlsschaltfläche	Name	cmdEnde
	Cancel	True
	Caption	&Ende

In dieser Anwendung erhält das Formular eine neue Eigenschaft namens *SternchenZahl*. Ihr Wert wird mit dem *AufAb*-Steuerelement in Zehnerschritten eingestellt, und das Textfeld zeigt eine dem momentanen Wert entsprechende Zahl von Sternchen (*) an. Die im Deklarationsabschnitt definierte Variable *intSternchenZahl* soll den Wert der Eigenschaft speichern, die Schaltfläche *Ende* beendet das Programm.

```
Option Explicit
' Variable für Wert der Eigenschaft
' Als privat deklariert, so daß Werte
' nur über Property Let festzulegen sind
Private intSternchenZahl As Integer

Private Sub cmdEnde_Click()
  Unload Me
End Sub
```

Um die Prozeduren zur Implementierung der neuen Eigenschaft zu schreiben, können Sie, während das Fenster des Code-Editors geöffnet ist, den Befehl *Extras/Prozedur hinzufügen* benutzen. Als Namen geben Sie im Dialogfeld „SternchenZahl" ein und wählen als Prozedurtyp *Property*.

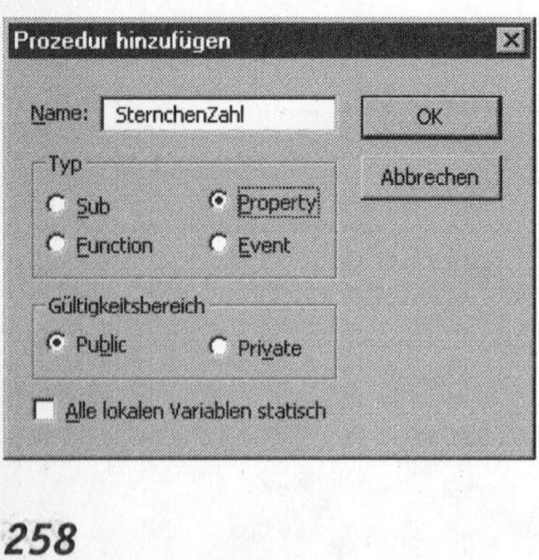

Hinzufügen der SternchenZahl-Eigenschaft

Nach dem Anklicken von *OK* fügt Visual Basic die beiden Prozeduren *Get SternchenZahl* und *Let SternchenZahl* in den allgemeinen Abschnitt des Formularmoduls ein. Die Standarddeklaration *Public* der Prozeduren wurde übernommen, so daß andere Module auf die *SternchenZahl*-Eigenschaft zugreifen können. Wenn das unerwünscht ist, müssen die *Property*-Prozeduren mit *Private* deklariert werden.

Der für die *Let*-Prozedur standardmäßig vergebene Argumentname *vNew Value* (Datentyp *Variant*) wird in *intNeuWert* (Datentyp *Integer*) geändert. In der Prozedur wird nicht nur der Argumentwert der Variablen zugewiesen, sondern anschließend auf der Basis dieses neuen Werts eine Operation ausgeführt: Die *String$*-Funktion erzeugt eine Zeichenfolge, in der das Sternchen so oft hintereinander gesetzt wird, wie der neue Wert angibt. Diese Zeichenfolge wird der *Text*-Eigenschaft des Textfelds übergeben.

```
Public Property Let SternchenZahl(ByVal _
  intNeuWert As Integer)
  ' Eigenschaft setzen
  intSternchenZahl = intNeuWert
  ' Textfeld mit Anzahl von Sternchen füllen, die
  ' dem momentanen Eigenschaftswert entspricht
  txtStern.Text = String$(intSternchenZahl, "*")
End Property
```

Der Datentyp der *Get*-Prozedur wird ebenfalls auf *Integer* festgelegt. Die einzige Anweisung dieser Prozedur, die bei jedem Lesezugriff auf den Eigenschaftswert automatisch aufgerufen wird, liefert den Wert der Variablen *intSternchenZahl* zurück.

Hinweis: Ähnlichkeit zwischen Function und Property Get

Die enge Verwandtschaft zwischen *Function*- und *Property Get*-Prozeduren ist nicht zu übersehen: Beide besitzen einen Datentyp und geben über ihren Namen einen Wert zurück.

```
Public Property Get SternchenZahl() As Integer
  ' Eigenschaft zurückgeben
  SternchenZahl = intSternchenZahl
End Property
```

Falls Sie den Datentyp dieser Prozedur nicht auf *Integer* gesetzt haben, moniert Visual Basic die fehlende Übereinstimmung mit folgender Meldung.

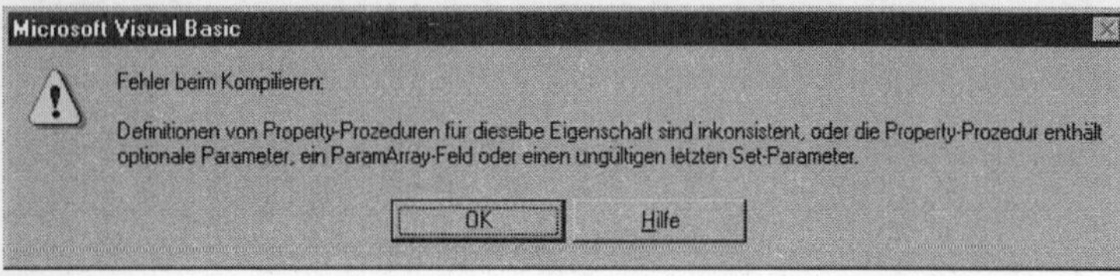

Fehlermeldung bei unterschiedlichem Datentyp

In der *Change*-Ereignisprozedur des *AufAb*-Steuerelements wird der Wert der Eigenschaft *Sternchenzahl* eingestellt und im Bezeichnungsfeld, dem *Buddy* des *AufAb*-Steuerelement, wiedergegeben, ohne daß hierfür eine einzige Codezeile zu schreiben ist.

```
Private Sub updStern_Change()
   ' Eigenschaftswert auf momentanen
   ' Wert des AufAb-Steuerelements setzen
   ' (Property Let)
  SternchenZahl = updStern.Value
End Sub
```

Wenn Sie zur Laufzeit einen Wert für die Anzahl der Sternchen einstellen, sehen Sie in etwa folgendes Bild. Beachten Sie, daß der Wert an den Bereichsgrenzen wegen der aktivierten *Wrap*-Eigenschaft des *AufAb*-Steuerelements vom Maximum auf das Minimum (und umgekehrt) umspringt.

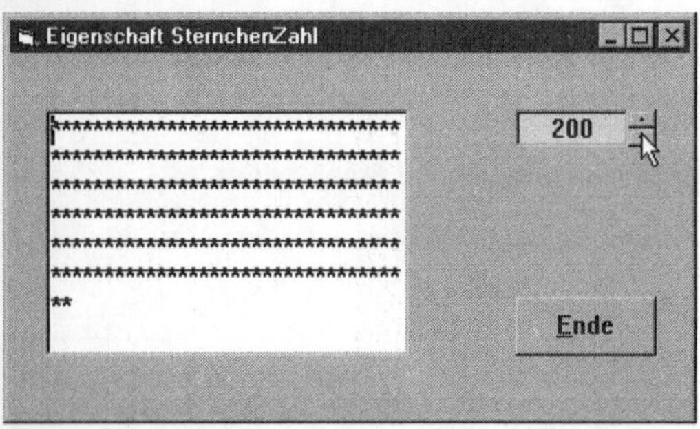

Übung13 zur Laufzeit

Übergabe von Argumenten

Prozeduren erhalten häufig die von ihnen benötigten Informationen in Form von Argumenten, die ihnen beim Aufruf übergeben werden. Deren Datentyp, wie üblich als *Variant* voreingestellt, kann explizit in jeden Visual Basic-Typ umdeklariert werden.

Übergabe als Referenz

Wenn nicht ausdrücklich anders angegeben, werden Argumente in Visual Basic als Referenz übergeben; zur Verdeutlichung kann das Schlüsselwort *ByRef* verwendet werden. Hierbei erhält die aufgerufene Prozedur Informationen über die Speicheradresse der Variablen, sie kann diese also sowohl lesen als auch schreiben und mithin verändern.

Übergabe als Wert

Durch Voranstellen des Schlüsselworts *ByVal* wird ein Argument als Wert übergeben. (Die *Let*-Prozedur benutzt standardmäßig diese Art der Übergabe, wie Sie an der vorigen Übung sehen können.) In diesem Fall erhält die Prozedur den momentanen Wert des Arguments, erzeugt eine eigene Kopie mit diesem Wert und führt alle Operationen mit dieser Kopie aus, so daß die ursprüngliche Variable nicht tangiert wird. Diesen grundlegenden Unterschied führt man sich am besten anhand eines Beispiels vor Augen.

Übung 14 Argumentübergabe

Das Formular enthält drei Befehlsschaltflächen, zwei Bezeichnungsfelder und ein *AufAb*-Steuerelement in folgender Anordnung.

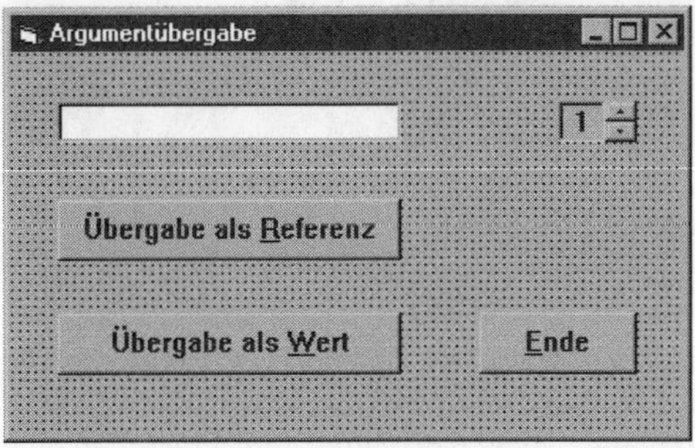

Die Oberfläche von Übung14

Die den Objekteigenschaften zugewiesenen Werte sind:

Objekt	Eigenschaft	Einstellung
Formular	Name	frmÜbung14
	Caption	Argumentübergabe
1. Bezeichnungsfeld	Name	lblAnzeige
	Alignment	2 - Zentriert

Objekt	Eigenschaft	Einstellung
	BackColor	System: Fensterhintergrund
	BorderStyle	1 - Fest Einfach
	Caption	(Leer)
2. Bezeichnungsfeld	Name	lblArgument
	Alignment	2 - Zentriert
	BorderStyle	1 - Fest Einfach
	Caption	1
AufAb-Steuerelement	Name	updArgument
	BuddyControl	lblArgument
	BuddyProperty	Caption
	Max	12
	Min	1
1. Befehlsschaltfläche	Name	cmdReferenz
	Caption	Übergabe als &Referenz
	Enabled	False
2. Befehlsschaltfläche	Name	cmdWert
	Caption	Übergabe als &Wert
	Enabled	False
3. Befehlsschaltfläche	Name	cmdEnde
	Cancel	True
	Caption	&Ende

In dieser Anwendung kann mit Hilfe des *AufAb*-Steuerelements eine ganze Zahl im Bereich von 1 bis 12 gewählt werden, deren aktueller Wert im daneben liegenden Bezeichnungsfeld erscheint. Die Zahl wird an eine *Function*-Prozedur, je nach angeklickter Schaltfläche als Referenz oder als Wert übergeben, und das Funktionsergebnis im anderen Bezeichnungsfeld angezeigt. Bei dieser Funktion handelt es sich um die aus der Wahrscheinlichkeitsrechnung bekannte *Fakultät*. Sie wird durch ein Ausrufungszeichen (*!*) symbolisiert und berechnet für positive Ganzzahlen das Kettenprodukt aller Werte von 1 bis zur angegebenen Zahl, zum Beispiel

```
5! = 5 * 4 * 3 * 2 * 1 = 120
```

Die beiden *Function*-Prozeduren *FakultätRef* und *FakultätWert* (aus dem Namen ist die Art der Argumentübergabe zu ersehen) sind gleich aufgebaut, mit dem einen Unterschied, daß in der zweiten durch Angabe des Schlüsselworts *ByVal* das Argument *intN* als Wert übergeben wird. (Die zweite Prozedur wird man natürlich nicht eintippen, sondern als Kopie der ersten ins Codefenster einfügen und dann abändern.)

```
Private Function FakultätRef(ByRef _
  intN As Integer) As Long
' Fakultät von intN berechnen
  Dim lngTemp As Long

  lngTemp = 1
  Do
    lngTemp = lngTemp * intN
    intN = intN - 1
  Loop While intN > 0

  FakultätRef = lngTemp
End Function

Private Function FakultätWert(ByVal _
  intN As Integer) As Long
' Fakultät von intN berechnen
  Dim lngTemp As Long

  lngTemp = 1
  Do
    lngTemp = lngTemp * intN
    intN = intN - 1
  Loop While intN > 0

  FakultätWert = lngTemp
End Function
```

Die temporäre Variable *lngTemp* wird mit dem Wert *1* initialisiert (sonst ergäbe das Produkt stets 0). In einer *Do...Loop*-Schleife wird so lange das Produkt gebildet, bis das Argument *intN* durch stetiges Herunterzählen den Wert *0* erreicht hat.

Der dann in *lngTemp* enthaltene Wert ist das Ergebnis der Funktion, das über den Funktionsnamen zurückgeliefert wird.

Hinweis: Auf Überlauf achten

Die beiden *Function*-Prozeduren sind mit dem Datentyp *Long* deklariert. Der mit dem *AufAb*-Steuerelement einzugebende Argumentwert muß auf 12 beschränkt sein (*Max* = 12), weil 12! noch im Wertebereich des Datentyps *Long* liegt, 13! aber nicht mehr. Sie erhielten sonst bei der Programmausführung unter Umständen die folgende Fehlermeldung.

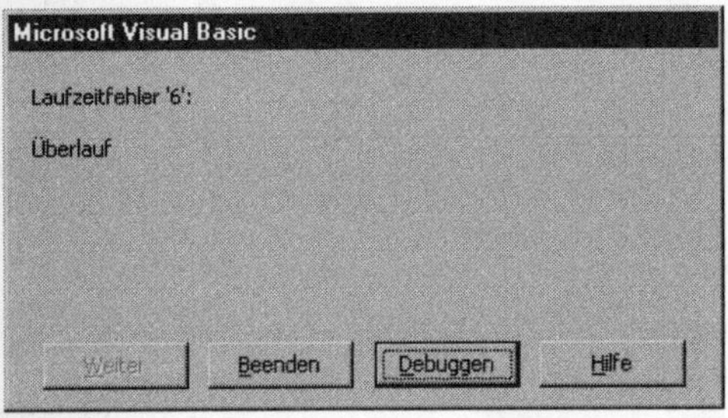

Fehlermeldung bei Überschreiten des Wertebereichs

Der Code im Deklarationsabschnitt und der Prozedur *cmdEnde_Click* ist selbsterklärend.

```
Option Explicit
' Variable für Argument
Dim intArgument As Integer

Private Sub cmdEnde_Click()
  Unload Me
End Sub
```

Die *Change*-Ereignisprozedur des *AufAb*-Steuerelements sorgt in bekannter Weise für die Festlegung des Argumentwerts *intArgument* und dessen Anzeige im Bezeichnungsfeld *lblArgument*. Ferner entsperrt sie die beiden Befehlsschaltflächen, die deaktiviert sind, damit nicht der Initialisierungswert *0* von *intArgument* an die *Fakultät*-Funktionen übergeben werden kann, was zu solch skurrilen Ergebnissen wie -1! = 0 führen kann.

```
Private Sub updArgument_Change()
  ' Argumentwert festlegen
  intArgument = updArgument.Value

  ' Befehlsschaltflächen aktivieren
  cmdReferenz.Enabled = True
  cmdWert.Enabled = True
End Sub
```

Die gleichartig konstruierten *Click*-Prozeduren der beiden Befehlsschaltflächen bringen im zweiten Bezeichnungsfeld das Resultat der Berechnung zur Anzeige und deaktivieren die Schaltflächen wieder. Der angezeigte Text setzt sich zusammen aus dem eingestellten Wert *intArgument*, der Zeichenfolge *"! = "* und dem Funktionswert. Die Konvertierung des Datentyps für das Argument bleibt Visual Basic überlassen, das Funktionsergebnis dagegen wird mit Hilfe der *Format$*-Funktion in einem benutzerdefinierten Format ausgegeben. Die Formatangabe ist eine Zeichenfolge, die in diesem Fall folgende Zeichen beinhaltet.

#	Platzhalter für Ziffer	Anzeige einer Ziffer oder keine Anzeige
0	Platzhalter für Ziffer	Anzeige einer Ziffer oder einer Null
,	Gruppierungs-Trennzeichen	(englische Notation!)

Im verwendeten Format wird also die Einerstelle immer, alle übrigen Stellen des Ergebnisses nur dann angezeigt, wenn an den dem Formatausdruck entsprechenden Positionen tatsächlich Ziffern stehen.

An der entsprechenden Zeile der zweiten *Click*-Prozedur sehen Sie, daß diese Formatierung mit der neuen *FormatNumber*-Funktion einfacher zu erreichen ist, indem lediglich als zweites Argument für die Zahl der Nachkommastellen *0* angegeben wird. Die anderen Formatoptionen werden der Ländereinstellung des Systems entnommen.

Beachten Sie auch, daß der Aufruf der *Function*-Prozedur innerhalb der Formatierungsfunktionen erfolgt, hier also eine Verschachtelung zweier Funktionen vorliegt.

```
Private Sub cmdReferenz_Click()
  lblAnzeige.Caption = intArgument & "! = " & _
    Format$(FakultätRef(intArgument), "#,###,###,##0")

  ' Befehlsschaltflächen deaktivieren
  cmdReferenz.Enabled = False
  cmdWert.Enabled = False
End Sub

Private Sub cmdWert_Click()
  lblAnzeige.Caption = intArgument & "! = " & _
    FormatNumber(FakultätWert(intArgument), 0)

  ' Befehlsschaltflächen deaktivieren
  cmdReferenz.Enabled = False
  cmdWert.Enabled = False
End Sub
```

Wenn Sie nach dem Starten einen Argumentwert von *10* einstellen und die Übergabe als Referenz veranlassen, antwortet die Anwendung mit diesem Ergebnis.

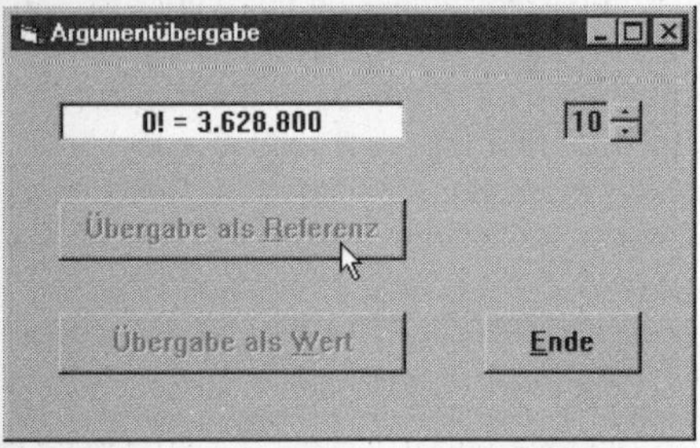

Als Referenz übergebenes Argument

Die angezeigte Gleichung ist falsch. Zwar stimmt das Resultat für den Wert *10* des Arguments, aber offensichtlich wirkt das Herunterzählen von *intN*, das als Platzhalter für das Argument *intArgument* innerhalb der *Function*-Prozedur fungiert, auf dieses zurück. Und zwar deshalb, weil bei der Übergabe als Referenz, ganz gleich wie die Variablen benannt sind, immer dieselbe Adresse im Speicher angesprochen wird. Bei gleichem Ausgangswert wird nach einem Klick auf *Übergabe als Wert* die mathematisch korrekte Gleichung geliefert, denn die Veränderung von *intN* in der Prozedur betrifft nun nur noch diese eigenständige Variable selbst.

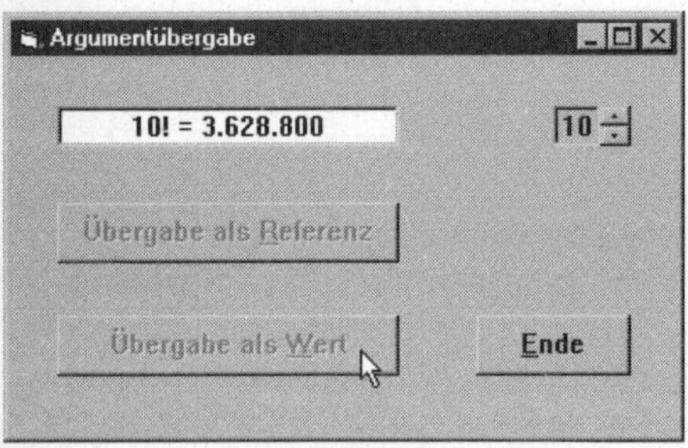

Als Wert übergebenes Argument

Tip: Argumentübergabe als Wert ohne ByVal

Profiprogrammierer benutzen häufig bei der Übergabe eines Arguments als Wert eine andere Technik, indem sie im Prozeduraufruf die übergebene Variable in Klammern einschließen. Dadurch wird aus der Variablen ein (Mini-)Ausdruck. Ausdrücke wertet Visual Basic vor dem Aufruf der Prozedur aus, das Ergebnis wird in einer internen Variablen zwischengespeichert. Auf die Adresse dieser temporären Variablen, nicht auf die des Arguments greift dann die Prozedur zu.

Sie können diese Methode selbst ausprobieren: Wandeln Sie die erste Anweisung in der Prozedur *cmdReferenz_Click* entsprechend ab, indem Sie innerhalb der verschachtelten Funktionsaufrufe *intArgument* mit einem zusätzlichen Klammerpaar versehen:

```
lblAnzeige.Caption = intArgument & "! = " & _
  Format$(FakultätRef((intArgument)), "#,###,###,##0")
```

Nun erscheint auch mit der zu dieser Prozedur gehörenden Schaltfläche die richtige Anzeige.

Spezielle Argumentarten

Manchmal ist es wünschenswert, das normale Schema für die Übergabe von Argumenten zu verlassen. Es schreibt vor, daß Zahl und Reihenfolge der Argumente in Aufruf und Deklaration einer Prozedur übereinstimmen. Visual Basic stellt hierfür drei Möglichkeiten zur Definition von Argumenten zur Verfügung.

- **Optionale Argumente**: Optionale Argumente brauchen im Aufruf nicht angegeben zu werden. Sie werden in der Argumentliste durch das voranstehende Schlüsselwort *Optional* deklariert, können seit neuestem einen beliebigen Datentyp besitzen und stehen am Ende der Liste. Mit der *IsMissing*-Funktion läßt sich in einer Prozedur überprüfen, ob ihr ein optionales Argument übergeben wurde. Wenn zum Beispiel die folgende *Function*-Prozedur mit *Hoch3()* aufgerufen wird, liefert sie *1* zurück, der Aufruf *Hoch3(5)* ergibt hingegen *125*.

```
Public Function Hoch3(Optional _
  Zahl As Integer) As Long
' Definition der Function-Prozedur
' mit optionalem Argument

  If IsMissing(Zahl) Then
    Hoch3 = 1
  Else
    Hoch3 = Zahl * Zahl * Zahl
  End If
End Function
```

- **Beliebige Zahl von Argumenten**: Mit Hilfe des Schlüsselworts *ParamArray* vor dem letzten Argument in der Argumentliste wird festgelegt, daß dieses ein optionales Datenfeld von *Variant*-Elementen darstellt. Auf diese Weise läßt sich festlegen, daß eine Prozedur eine unbestimmte Zahl von Argumenten akzeptiert.

- **Benannte Argumente**: Einige der integrierten Anweisungen, Funktionen und Methoden von Visual Basic, die in den Objektbibliotheken für Visual Basic für Applikationen und für den Datenzugriff definiert sind, bieten die Möglichkeit, benannte Argumente zu verwenden. Sie können in beliebiger Reihenfolge angegeben werden, wobei für die Zuweisung die Zeichenkombination aus Doppelpunkt und Gleichheitszeichen (:=) zu verwenden ist. Benannte Argumente können auch in eigenen Prozeduren benutzt werden.

5.5 Code unter Kontrolle: Entscheidungs- und Schleifenstrukturen

Eine der Stärken moderner Programmiersprachen gründet auf der Fähigkeit, die Reihenfolge, in der die einzelnen Anweisungen ausgeführt werden, durch Kontrollstrukturen so zu verändern, daß sie von der sequentiellen Anordnung der Codezeilen abweicht. Entscheidungsstrukturen lassen das Programm in einen von mehreren alternativen Anweisungsblöcken verzweigen, hingegen veranlassen Schleifenstrukturen, daß eine Gruppe von Anweisungen wiederholt ausgeführt wird.

Entscheidungsstrukturen

Visual Basic stellt zwei Entscheidungsstrukturen zur Verfügung

- *If...Then...Else*
- *Select Case*

Aufgrund eines logischen (booleschen) Ausdrucks übergeben sie die Programmausführung an einen bestimmten Codeblock.

If...Then...Else-Anweisung

In der einfachsten Form hat diese Anweisung die einzeilige Syntax:

```
If Bedingung Then Anweisungen1 [Else Anweisungen2]
```

Das Argument *Bedingung* ist ein Ausdruck, der von Visual Basic als *True* oder *False* ausgewertet werden kann. Der numerische Wert *0* entspricht *False*, jeder andere Wert entspricht *True*. Ist das Ergebnis der Auswertung *True*, dann wird der *Then*-Teil (*Anweisungen1*) ausgeführt, sonst der *Else*-Teil (*Anweisungen2*).

Dabei kann es sich jeweils um eine einzige Anweisung oder um mehrere handeln, die dann durch Doppelpunkte getrennt sein und in einer Codezeile untergebracht werden müssen.

```
If sngZahl > 0 Then strText = "positiv"
If sngZahl > 0 Then strText = "positiv" _
  Else strText = "negativ"
If sngZahl > 5 Then intA = intA + 1 :
  dblB = sngZahl ^ 2 : lngC = lngC + 10
```

Für einfache Entscheidungen ist die einzeilige Form durchaus angemessen. Wenn mehrere Anweisungen auszuführen sind, wird der Programmcode aber schon unübersichtlich (wie in der letzten Zeile des Beispiels). Komplexere Bedingungen, oft nur mit verschachtelten *If*-Konstruktionen realisierbar, resultieren in nur schwer verständlichem Programmcode.

Die Blockform der *If...Then...Else*-Anweisung hat folgende Syntax:

```
If Bedingung1 Then
  [Anweisungen1]
[ElseIf Bedingung2 Then
  [Anweisungen2]] ...
[Else
  [AnweisungenN]]
End If
```

Gegenüber der einzeiligen Form hat sie meist einige Vorteile:

- Sie spiegelt die Logik des Programmaufbaus besser wider.
- Mit ihr lassen sich komplexere und ganz unterschiedliche Bedingungen überprüfen.
- Sie gestattet bedingte Verzweigungen über mehrere Codezeilen hinweg und ist dadurch flexibler.

In der einfachsten Ausprägung stellt die Blockform eine andere Schreibweise der einzeiligen Anwendung dar:

```
If sngZahl > 0 Then
  strText = "positiv"
End If
```

Ihre eigentliche Leistungsfähigkeit wird aber erst dann ausgeschöpft, wenn in Abhängigkeit von verschiedenen Bedingungen alternative Operationen durchgeführt werden sollen. Visual Basic verfährt dabei folgendermaßen. Von oben nach unten fortschreitend wird jeder Bedingungsausdruck hinter den Schlüsselwörtern *If* und *ElseIf* geprüft und der zugehörige Anweisungsblock übersprungen, bis die erste Bedingung mit dem Wert *True* gefunden ist. In dem Fall wird die entsprechende Gruppe von Anweisungen ausgeführt und zur ersten Anweisung hinter *End If*, dem Blockende, gesprungen. Falls keine Bedingung zutrifft, verzweigt Visual Basic zu dem Anweisungsblock, der auf *Else* folgt. Existiert der nicht (oder enthält er keine Anweisung), so wird die *If*-Struktur ohne Aktion verlassen und die Programmausführung hinter *End If* fortgesetzt.

In folgendem Codefragment wird die Variable *vntX* daraufhin untersucht, ob ihr Wert, der eine positive ganze Zahl kleiner als neun darstellen soll, gerade oder ungerade ist. Das Ergebnis der Prüfung wird einer *String*-Variablen *strMeldung* zugewiesen. Die Bedingungen in dem *If*- und dem ersten *ElseIf*-Zweig sind aus einzelnen Bedingungen mit Hilfe des *Or*-Operators zusammengesetzt, in den übrigen *ElseIf*-Zeilen werden einfache Ausdrücke überprüft und im *Else*-Zweig schließlich festgestellt, daß die Zahl zwar im zugelassenen Bereich liegt, aber keine Ganzzahl darstellt.

```
If vntX = 1 Or vntX = 3 Or vntX = 5 Or vntX = 7 _
  Or vntX = 9 Then

  strMeldung = "Die Zahl ist ungerade."
ElseIf vntX = 2 Or vntX = 4 Or vntX = 6 Or vntX = 8 Then
  strMeldung = "Die Zahl ist gerade."

' Diese Anweisung wird niemals ausgeführt
ElseIf vntX = 5 Then

  strMeldung = "Die Zahl ist 5."

ElseIf vntX <= 0 Then

  strMeldung = "Die Zahl ist zu klein."
ElseIf vntX > 9 Then

  strMeldung = "Die Zahl ist zu groß."
Else

  strMeldung = "Nur ganze Zahlen sind zugelassen!."
End If
```

Hinweis: Gleiche Bedingungen in mehreren ElseIf-Zweigen

Wenn Bedingungen in mehreren *ElseIf*-Zweigen zutreffen, wird nur der Anweisungsblock ausgeführt, der auf die erste zutreffende Bedingung folgt. Im Beispiel wird die Meldung *"Die Zahl ist 5".* nie erscheinen, weil die Bedingung *vntX* = *5* bereits im *If*-Zweig abgehandelt worden ist.

Select Case-Anweisung

Die *Select Case*-Anweisung ist eine Alternative zur Blockform von *If... Then...ElseIf*, die es häufig erlaubt, die Selektion von Anweisungsgruppen einfacher zu formulieren. Ihre Syntax ist folgende:

```
Select Case Testausdruck
[Case Ausdrucksliste1
  [Anweisungen1]]
[Case Ausdrucksliste2
  [Anweisungen2]] ...
[Case Else
  [AnweisungenN]]
End Select
```

Die Anweisung *Select Case* verwendet nur einen Testausdruck, der am Beginn der Struktur ausgewertet wird. Sein Wert wird anschließend der Reihe nach mit den Werten der Ausdrucksliste verglichen. Bei der ersten Übereinstimmung wird der zugehörige Anweisungsblock ausgeführt und dann mit der nächsten Anweisung außerhalb der Struktur fortgefahren. Der optionale *Case Else*-Zweig kommt ins Spiel, wenn in den Ausdruckslisten kein Äquivalent zu dem Testausdruck gefunden wird.

In der Ausdruckliste können durch Kommata getrennte Ausdrücke der folgenden Form vorkommen:

```
Ausdruck1[, Ausdruck2] ...          'Liste einzelner Werte
Ausdruck1 To Ausdruck2              'Werte zwischen
                                    Unter- und Obergrenze
Is Vergleichsoperator Ausdruck      'Wertebereich
```

Der zuletzt gezeigte Beispielcode kann mit Hilfe von *Select Case* folgendermaßen umgeschrieben werden:

```
Select Case vntX
Case 1, 3, 5, 7, 9

  strMeldung = "Die Zahl ist ungerade."
Case 2, 4, 6, 8

  strMeldung = "Die Zahl ist gerade."

' Diese Anweisung wird niemals ausgeführt
Case 5

  strMeldung = "Die Zahl ist 5."
Case <= 0

  strMeldung = "Die Zahl ist zu klein."
Case > 9

  strMeldung = "Die Zahl ist zu groß."
Case Else

  strMeldung = "Nur ganze Zahlen sind zugelassen!."
End Select
```

Der Programmcode hat an Übersichtlichkeit gewonnen, weil der zu testende Ausdruck bei mehrfachen Abfragen nicht wiederholt und durch logische Operatoren verbunden werden muß. Auch hier wird die Anweisung

```
strMeldung = "Die Zahl ist 5."
```

nie ausgeführt, weil die Überprüfung auf den Wert *5* schon im ersten *Case*-Abschnitt erfolgt ist.

Tip: Möglichst Select Case verwenden

Immer wenn aufgrund verschiedener Werte einer einzigen Bedingung unterschiedliche Anweisungen auszuführen sind, sollte man eine *Select Case*-Struktur verwenden. Sie ist nicht nur besser lesbar, sondern wird auch in effizienteren Code umgesetzt als eine äquivalente *If...Then...ElseIf*-Struktur.

Hinweis: If allgemeiner als Select Case

Der *If...Then...ElseIf*-Block repräsentiert den allgemeinsten Fall einer Entscheidungsstruktur in Visual Basic und kann immer an die Stelle einer *Select Case*-Konstruktion treten. Das Umgekehrte gilt nicht. Beim Testen mehrerer Ausdrücke (*If intX > 0 And intY < 0 Then*) muß die *Select Case*-Anweisung passen.

Auswahlfunktionen

Obwohl die Auswahlfunktionen nicht zu den Entscheidungsstrukturen gehören, sollen sie hier kurz behandelt werden, weil sie als spezielle, in Form von Funktionen einsetzbare Entscheidungswerkzeuge aufgefaßt werden können.

Die *IIf*-Funktion mit der Syntax

```
IIf(Bedingung, True-Ausdruck, False-Ausdruck)
```

gibt, wenn die Bedingung den Wert *True* hat, den ersten, sonst den anderen von zwei Werten oder Ausdrücken zurück.

```
strMeldung = IIf(vntX >= 0, "positiv", "negativ")
```

Ihre Funktionalität läßt sich durch eine einfache *If...Then...Else*-Konstruktion nachbilden.

Hinweis: Vorsicht bei IIf

Beim Einsatz der *IIf*-Funktion ist insofern Vorsicht geboten, als sowohl der *True*- wie der *False*-Ausdruck ausgewertet werden. Ergibt zum Beispiel die Auswertung des *False*-Ausdrucks eine Division durch null, so resultiert daraus ein Fehler, auch wenn die Bedingung den Wert *True* hat.

Die *Switch*-Funktion

```
Switch(Bedingung1, Ausdruck1[, Bedingung2,
Ausdruck2]...)
```

wertet eine Liste von Bedingungen aus und gibt den Wert oder Ausdruck zurück, welcher der ersten zutreffenden Bedingung zugeordnet ist.

```
strWährung = Switch(strLand = "England", "£", _
  strLand = "Deutschland", "DM", _
  strLand = "Frankreich", "Franc")
```

Mit einer *Select Case*-Anweisung kann man die Arbeitsweise dieser Funktion nachahmen.

Die *Choose*-Funktion

```
Choose(Index, Ausdruck1[, Ausdruck2]...)
```

gibt anhand eines ganzzahligen Indexes den Wert einer Liste zurück, dessen Position dem Indexwert entspricht.

```
strGröße = Choose(intIndex, "klein", "mittel", "groß")
```

Auch in diesem Fall kann durch eine *Select Case*-Konstruktion eine äquivalente Funktionalität erreicht werden.

Schleifenstrukturen

In den von Visual Basic zur Verfügung gestellten Schleifenstrukturen

- *Do...Loop*
- *For...Next*
- *For Each ...Next*

wird die Zahl der Wiederholungen eines Anweisungsblocks (der Schleifendurchläufe) durch den Wahrheitswert eines Ausdrucks (der Schleifenbedingung) oder durch den Wert eines numerischen Ausdrucks (des Schleifenzählers) festgelegt.

Do...Loop-Anweisung

Die *Do...Loop*-Anweisung stellt eine sehr vielseitige Schleifenstruktur dar, mit der ein Anweisungsblock beliebig oft ausgeführt werden kann. Sie kommt in zwei syntaktischen Varianten vor. Die erste hat folgendes Aussehen:

```
Do [{While|Until} Bedingung]

   [Anweisungen]

[Exit Do]

   [Anweisungen]

Loop
```

In dieser Konstruktion wird die Bedingung zu Anfang geprüft, und die Schleife wird ausgeführt, solange diese wahr ist (*While*) oder bis sie wahr wird (*Until*). Die Programmfortsetzung erfolgt dann bei der auf die Kontrollstruktur folgenden Anweisung.

Zur Abfrage eines Kennworts, das in der Konstanten *cstrPaßwort* gespeichert ist, könnte sie z. B. in dieser Weise eingesetzt werden

```
Do While InputBox("Ihr Kennwort bitte:") <> cstrPaßwort
  ...
Loop
```

oder in folgender

```
Do Until InputBox("Ihr Kennwort bitte:") = cstrPaßwort
  ...
Loop
```

Die *InputBox*-Funktion zeigt ein Dialogfeld an, das unter anderem ein Textfeld enthält und dessen Inhalt sie nach Schließen des Dialogs zurückgibt.

Mehr Infos: Dialogfelder verwenden ➡ Kapitel 6.3

Die beiden Codestücke leisten dasselbe, weil die *Until*- und die *While Not*-Bedingung (*Not* ist im Beispiel durch <> wiedergegeben) logisch gleichwertig sind.

Bei der Prüfung am Anfang kann es sein, daß die *Do*-Schleife keinmal durchlaufen wird. Demgegenüber stellt die zweite Variante mit der Prüfung am Ende sicher, daß die Anweisungen innerhalb der Schleife mindestens einmal ausgeführt werden.

```
Do

   [Anweisungen]

   [Exit Do]

   [Anweisungen]

Loop [{While|Until}Bedingung]
```

Die obigen Beispielzeilen lassen sich in dieser Syntax wie folgt formulieren

```
Do While InputBox("Ihr Kennwort bitte:") <> cstrPaßwort
  ...
Loop While InputBox("Ihr Kennwort bitte:") <> cstrPaßwort
```

und entsprechend

```
Do Until InputBox("Ihr Kennwort bitte:") = cstrPaßwort
  ...
Loop Until InputBox("Ihr Kennwort bitte:") = cstrPaßwort
```

Die *Exit*-Anweisung (hier mit dem Schlüsselwort *Do*) erlaubt es, innerhalb der Schleife eine Abbruchbedingung zu testen und die Schleife gegebenenfalls vorzeitig zu verlassen. Auf ähnliche Art erzwingt sie mit den Schlüsselwörtern *For, Function, Property* oder *Sub*, daß die entsprechende Struktur sofort beendet wird.

For...Next-Anweisung

Wenn nicht vorherzusagen ist, wie oft die Anweisungen in einer Schleife wiederholt werden sollen, verwendet man die *Do*-Struktur. Wenn die Zahl der Wiederholungen aber feststeht, können Sie die *For...Next*-Schleife einsetzen.

```
For Zähler = Anfang To Ende [Step Schritt]

  [Anweisungen]

  [Exit For]

  [Anweisungen]

Next [Zähler]
```

Die numerische Variable *Zähler* (sie kann auch Element eines benutzerdefinierten Datentyps sein) wird bei jedem Schleifendurchlauf um den durch *Schritt* angegebenen Wert verändert. Wenn das optionale Schlüsselwort *Step* (zusammen mit dem Argument *Schritt*) nicht angegeben wird, erhöht sich Zähler nach dem Erreichen der *Next*-Anweisung um 1; ansonsten wird der Schleifenzähler nach jedem Durchlauf um den Betrag von *Schritt* je nach Vorzeichen vergrößert oder verkleinert.

Beim Start wird *Zähler* auf den Wert von *Anfang* gesetzt. Dann vergleicht Visual Basic den Wert von *Zähler* mit dem von *Ende*. Ist bei positiver Schrittweite *Zähler* größer als *Ende* oder bei negativer Schrittweite kleiner als *Ende*, wird die Schleife beendet. Ist das nicht der Fall, werden die Anweisungen bis *Next* ausgeführt, der *Zähler* wird wie beschrieben verändert und erneut getestet. Die *For*-Schleife prüft also zu Beginn.

Die folgende Prozedur listet die Quadrate der ungeraden ganzen Zahlen von 1 bis 15 in einem Listenfeld *lstQuadrat* auf, und zwar in umgekehrter Reihenfolge.

```
Private Sub cmdFüllen_Click()
  Dim I As Integer

  For I = 15 To 1 Step -2
    lstQuadrat.AddItem I * I
  Next
End Sub
```

Tip: Möglichst For...Next verwenden

Wenn die Zahl der Wiederholungen feststeht, sollte eine *For...Next*- anstelle einer *Do...Loop*-Schleife benutzt werden. Die Ersparnis an Zeit und Speicherplatz wird maximal, wenn Sie für die numerischen Argumente der Schleifenstruktur Ganzzahlen verwenden.

Hinweis: Zählvariable innerhalb der Schleife nicht verändern

Der Wert der Zählvariablen einer *For...Next*-Anweisung sollte innerhalb der Schleife tunlichst nicht per Code verändert werden, denn dadurch wird das Programm unnötig kompliziert und fehleranfällig.

For Each...Next-Anweisung

Die *For Each...Next*-Schleife ist ähnlich aufgebaut wie die *For...Next*-Anweisung.

```
For Each Element In Gruppe

   [Anweisungen]

   [Exit For]

   [Anweisungen]

Next [Element]
```

Diese Schleife wiederholt Anweisungen für alle Elemente eines Datenfelds (vom Typ *Variant*) oder einer Auflistung. Bei Auflistungen muß die Variable *Element* vom Typ *Variant* oder *Object* oder aber ein spezielles im Objektkatalog aufgeführtes Objekt sein.

Während bei der *For...Next*-Struktur die Zahl der Schleifendurchläufe explizit anzugeben ist, legt Visual Basic diese Zahl bei der *For Each...Next*-Schleife implizit selbst fest.

Um das folgende Codefragment auszuprobieren, zeichnen Sie auf einem Formular ein Textfeld, dem Sie den Namen *txtTest* geben und dessen *Index*-Eigenschaft Sie auf *0* setzen. Fügen Sie dann diese Zeilen in die *Click*-Prozedur des Formulars ein:

```
Private Sub Form_Click()
  Dim I As Integer
  Dim vntElement As Variant

  ' Textfelder zur Laufzeit erstellen
  For I = 1 To 4
    Load txtTest(I)
    txtTest(I).Top = txtTest(I - 1).Top + 600
  Next

  ' für alle Elemente des Steuerelementefelds
  For Each vntElement In txtTest
    vntElement.Visible = True
    vntElement.Text = "Dies ist Textfeld " _
                    & vntElement.Index
  Next
End Sub
```

Nach einem Klick auf das Formular werden zur Laufzeit in einer *For...Next*-Schleife vier weitere Textfelder erstellt und untereinander positioniert, bevor sie in der *For Each...Next*-Struktur sichtbar gemacht werden und den anzuzeigenden Text zugewiesen bekommen. Der Zugriff auf die Komponenten des Steuerelementefelds erfolgt dabei mit Hilfe der Variablen *vntElement*.

With-Anweisung

Die *With*-Anweisung kann man als Schleife mit nur einem Durchlauf ebenfalls den Schleifenstrukturen zuordnen.

```
With Objekt

  [Anweisungen]

End With
```

Sie führt eine Reihe von Anweisungen für ein einzelnes Objekt oder einen benutzerdefinierten Datentyp durch. In *Übung10* haben Sie die *With*-Anweisung schon nutzbringend eingesetzt.

Hinweis: While...Wend-Anweisung

Die aus älteren Visual Basic-Versionen bekannte *While...Wend*-Schleife wird zwar weiterhin unterstützt, sollte aber bei neuen Projekten durch die weit mächtigere *Do...Loop*-Kontrollstruktur ersetzt werden.

Kontrollstrukturen können beliebig innerhalb von anderen Kontrollstrukturen ebenso wie in Strukturen desselben Typs verwendet werden. Dabei ist lediglich darauf zu achten, daß jede Struktur für sich durch die entsprechende Anweisung (zum Beispiel *End If* oder *Next*) korrekt abgeschlossen wird.

6. Objekte und Ereignisse: Enorm viel los

Nachdem bisher die grundlegenden Konzepte sowohl der Gestaltung der Benutzeroberfläche als auch der Programmierung in Visual Basic vorgestellt worden sind, behandelt dieses Kapitel weitere für Windows-Anwendungen typische Objekte (Menüs, Dialogfelder) und Bedienungsmerkmale (Drag & Drop), und es wird demonstriert, wie man eigene Objekte (Klassen, Steuerelemente) erstellt.

6.1 Menüs: Pulldown oder Popup

In vielen Anwendungen ist der Benutzer mit einer Vielzahl von Befehlen konfrontiert. Um diese übersichtlich zu gruppieren, ohne dabei viel Platz auf der Anwendungsoberfläche zu beanspruchen, werden sie in Menüs untergebracht. Die Entwicklungsumgebung von Visual Basic ist mit insgesamt elf Menüs ausgestattet, die zum Teil überreichlich viele Befehle enthalten.

Mehr Infos: Ihre Wahl: Die Menüleiste ➠ Kapitel 3.2

Ein einzelnes Menü wird durch Anklicken des entsprechenden Menütitels in der Menüleiste geöffnet (es klappt nach unten auf: Pulldown), wie das Menü *Optionen* in der folgenden Abbildung.

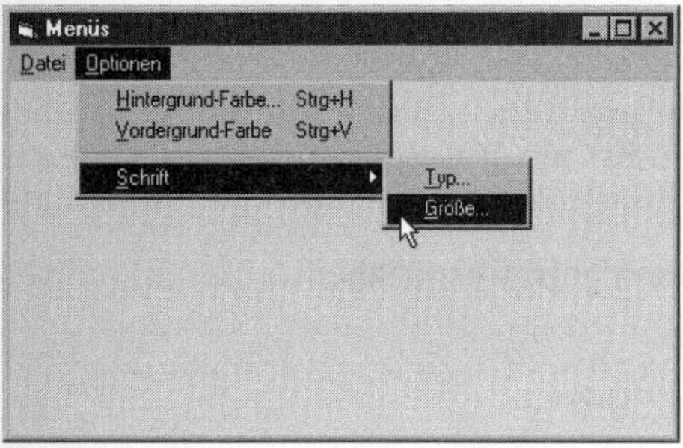

Die Elemente eines Menüs

Ein Menü kann aus mehreren Menüelementen bestehen:

- **Befehle** führen eine Operation entweder unmittelbar aus oder zeigen ein **Dialogfeld** an, in das der Benutzer Informationen eingeben kann. Optisches Kennzeichen solcher Befehle sind drei Auslassungspunkte (...) hinter dem Menüelement.
- **Trennlinien** dienen zur Gruppierung sachlich zusammenhängender Befehle innerhalb eines Menüs.
- **Untermenütitel** verzweigen zu einem Menü auf einer niedrigeren Ebene, das eigene Menüelemente enthält. Sie sind durch ein kleines schwarzes Dreieck mit nach rechts weisender Spitze gekennzeichnet, wie es auch im *Start*-Menü von Windows Verwendung findet.

Eine Anwendung sollte für funktionell verwandte Menüelemente jeweils ein eigenes Menü bereitstellen, um dem Benutzer schnellen Zugriff auf den benötigten Befehl zu ermöglichen.

Verankerte Menüs

Menüs sind die Steuerelemente, die nicht per Werkzeugsammlung in einem Formular erzeugt werden, sondern mit Hilfe des Menü-Editors. Mit ihm lassen sich interaktiv auf komfortable Weise komplette Menüstrukturen erstellen und bearbeiten und auch Eigenschaften der verwendeten Menüelemente festlegen.

Er wird entweder durch *Extras/Menü-Editor*, mit der Tastenkombination Strg+E oder durch Anklicken des betreffenden Symbols in der Symbolleiste aufgerufen und präsentiert sich als Dialogfeld.

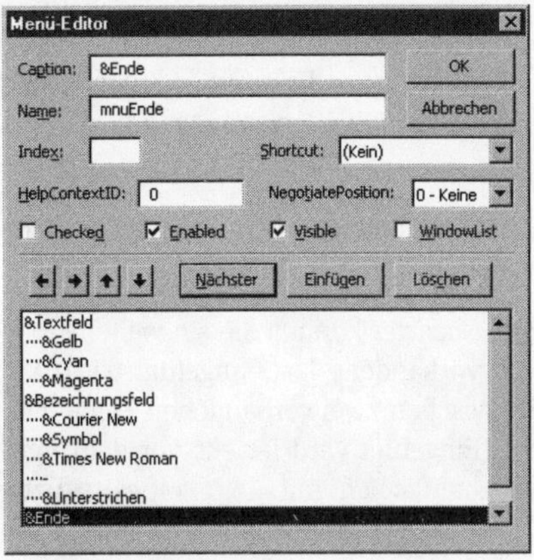

Der Menü-Editor

In dem unteren Listenfeld erscheinen die Bezeichnungen (*Caption*-Eigenschaft) aller Menüelemente des aktuellen Formulars. Die Art ihrer Darstellung deutet auf den Typ der Elemente hin:

- Eine linksbündig ausgerichtete Bezeichnung stellt einen Menütitel dar.
- Ein um eine Stelle eingerücktes Menüelement ist Bestandteil dieses Menüs, entweder als Befehl oder, wenn ihm unmittelbar weiter eingerückte Bezeichnungen folgen, als Titel eines Untermenüs.
- Erscheint lediglich ein Bindestrich (-) anstelle der Bezeichnung, so handelt es sich um eine Trennlinie.

Die einzelnen Schritte bei der Erstellung eines *Menü*-Steuerelements sind:

1. Aktivieren Sie das Formular (sonst ist der Befehl *Menü-Editor* im *Extras*-Menü nicht verfügbar).
2. Rufen Sie den *Menü-Editor* auf.
3. Im Textfeld *Caption* geben Sie den Text des Menüelements ein, eine Zugriffstaste definieren Sie durch ein &-Zeichen vor dem gewünschten Buchstaben. Die Bezeichnung erscheint im Menü-Listenfeld.
4. Im Textfeld *Name* weisen Sie dem Menüelement einen Namen zu.
5. Die Schaltflächen mit den nach rechts bzw. links gerichteten Pfeilen ermöglichen das Einrücken des *Menü*-Steuerelements auf die gewünschte Ebene.
6. Weitere Eigenschaften eines Elements können Sie nun hier oder auch später im Eigenschaftenfenster festlegen.
7. Nach Anklicken der Schaltfläche *Nächstes* können Sie ein weiteres Menüelement erstellen, das an die vorhandene Liste angefügt wird. Mit der Schaltfläche *Einfügen* wird zwischen zwei vorhandenen Elementen Platz für ein neues geschaffen. (Eingefügt wird jeweils vor dem markierten Element.) Durch die Schaltflächen mit dem aufwärts bzw. abwärts gerichteten Pfeil läßt sich das gerade markierte Element vertikal verschieben.
8. Mit *OK* wird der *Menü-Editor* verlassen. Ein Klick auf einen in der Menüleiste des Formulars angezeigten Titel öffnet das zugehörige Menü.

Untermenüs

Jedes Menü darf maximal vier Ebenen mit Untermenüs aufweisen. Untermenüs werden verwendet, wenn auf der Menüleiste kein Platz für zusätzliche Menütitel mehr ist oder wenn ein bestimmtes Menüelement nur selten benutzt wird. Untermenütitel einer bestimmten Ebene und Elemente dieses Untermenüs werden durch entsprechendes Einrücken ihrer Bezeichnungen im Menü-Listenfeld erstellt. Die Richtlinien für das Design von Windows-Anwendungen empfehlen, von Untermenüs sparsamen Gebrauch zu machen. Denn es kann für den Benutzer schon recht frustrierend sein, sich durch einen Zweig von Untermenüs durcharbeiten zu müssen, den er sich hoffentlich eingeprägt hat, bis er den gewünschten Befehl erreicht.

Tip: Untermenüs vermeiden

Wenn Sie bestimmte Befehle aus Platzmangel unter einem Menütitel nicht anordnen können oder dies aus anderen Gründen nicht wollen, versuchen Sie, anstelle von Untermenüs Dialogfelder einzusetzen, in denen Sie dem Benutzer die durch Befehle wählbaren Aktionen oder Informationen in Form von Optionsfeldern und/oder Kontrollkästchen zur Auswahl anbieten.

Mehr Infos: Dialogfelder verwenden ➠ Kapitel 6.3

Eigenschaften von Menü-Steuerelementen

Die *Enabled*-Eigenschaft eines Menüelements hat standardmäßig den Wert *True*. Wird sie auf *False* gesetzt, so ist das Element deaktiviert und wird abgeblendet angezeigt. Auf Aktionen des Benutzers, sei es mit der Maus oder per Tastatur, erfolgt dann keine Reaktion mehr.

Indem man der *Checked*-Eigenschaft den Wert *True* zuweist, läßt man vor einem Befehl ein Häkchen (✓) erscheinen. Damit kann der Zustand einer binären Wahlmöglichkeit (Ein/Aus) oder ein zur Zeit aktiver Wert signalisiert werden.

Mit der *Shortcut*-Eigenschaft läßt sich einem Menüelement zusätzlich zu einer Zugriffstaste eine Tastenkombination zuweisen, mit der direkt auf einen Befehl zugegriffen werden kann, egal, auf welcher Ebene er sich befindet. Zulässige Tastenkombinationen entnimmt man der Liste im *Menü-Editor*. Diese Eigenschaft steht nur im Entwurfsmodus zur Verfügung.

Ein aus vielen professionellen Anwendungen bekanntes Kennzeichen von Menüs ist durch die *WindowList*-Eigenschaft auch für eigene Programme einzusetzen, nämlich eine Liste der aktuellen, untergeordneten Fenster. Da sich diese Eigenschaft auf MDI-Formulare bezieht, wird sie an späterer Stelle behandelt.

Mehr Infos: Entwurf eines Datenbankprojekts in der Praxis ➠ Kapitel 7.5

Die *Index*-Eigenschaft dient wie bei anderen Steuerelementen zur Unterscheidung der einzelnen Komponenten eines Steuerelementefelds.

Mehr Infos: Generelle Eigenschaften und Verfahren ➨ Kapitel 4.6

Ereignis des Menü-Steuerelements

Menü-Steuerelemente erkennen nur ein einziges Ereignis, das *Click*-Ereignis (Trennlinien reagieren überhaupt nicht). Den für diese Operation notwendigen Code müssen Sie allerdings nicht eigenständig in die Ereignisprozedur einfügen, da Menütitel bei ihrer Anwahl selbständig von Visual Basic geöffnet werden.

Popup-Menüs

Bislang war immer von Menüs die Rede, die aus der Menüleiste aufgerufen werden. Diesen dort verankerten Menüs stehen in Visual Basic unverankerte in Form von Popup-Menüs gegenüber, wie sie in Windows-Anwendungen zunehmend zu finden sind. Der Inhalt von Popup-Menüs hängt in der Regel davon ab, auf welchem Objekt sich der Mauszeiger befindet, wenn die sekundäre Maustaste gedrückt wird. Deshalb werden solche Menüs auch Kontextmenüs genannt.

Voraussetzung für die Darstellung eines Popup-Menüs ist, daß es als verankertes Menü existiert, das neben dem Menütitel mindestens ein Menüelement enthält. Dieses Menü muß aber weder sichtbar noch aktivierbar sein, um als Popup-Menü angezeigt werden zu können. Bewerkstelligt wird die Anzeige durch eine für Formulare, ActiveX-Dokumente und benutzerdefinierte Steuerelemente bereitgestellte Methode mit folgender Syntax:

```
[Objekt.]PopupMenu Menüname[, Attribute[, x[, y[, Fett-
Formatiert] ] ] ]
```

Erforderlich ist nur das Argument *Menüname*. Die x- und y-Koordinaten legen fest, wo das Menü angezeigt wird, und *FettBefehl* ist der Name eines Menübefehls, dessen Beschriftung fett formatiert werden soll. Wenn *Objekt* nicht angegeben ist, wird das Formular, das den Fokus hat, genommen.

Hinweis: Nur ein Popup-Menü

Zu jedem Zeitpunkt kann nur ein Popup-Menü angezeigt werden, ein zweiter Aufruf der *PopupMenu*-Methode wird von Visual Basic ignoriert. Es kann auch nur ein Menüelement in Fettschrift dargestellt werden.

Das Argument *Attribute* spezifiziert Position und Reaktion eines Popup-Menüs. Es kann sich aus je einer Konstanten der beiden nachstehenden Gruppen zusammensetzen, die durch den *Or*-Operator verknüpft werden. Die Ausrichtung bezieht sich immer auf die angegebene x-Koordinate.

Konstante (Ausrichtung)	Beschreibung
vbPopupMenuLeftAlign	Links ausgerichtet (Voreinstellung)
vbPopupMenuCenterAlign	Zentriert
vbPopupMenuRightAlign	Rechts ausgerichtet

Konstante (Mauserkennung)	Beschreibung
vbPopupMenuLeftButton	Menüelemente erkennen nur die linke Maustaste (Voreinstellung).
vbPopupMenuRightButton	Menüelemente erkennen die linke und die rechte Maustaste.

Kontextmenüs unter Windows reagieren auf beide Maustasten und enthalten im allgemeinen einen fett formatierten Befehl, der häufig dieselbe Aktion wie ein Doppelklick auf das entsprechende Objekt ausführt. Um dieses Verhalten in eigenen Anwendungen nachzubilden, müssen sowohl das *Click*-Ereignis des Menübefehls als auch das *DblClick*-Ereignis des Objekts die für die Operation zuständige Prozedur aufrufen.

Hinweis: Automatische Kontextmenüs

Für *Textfeld*-Steuerelemente und den Textbereich eines Kombinationsfelds werden von Windows automatisch Kontextmenüs mit den üblichen Editierbefehlen zur Verfügung gestellt. Ein eventuell selbst erstelltes Kontextmenü für diese zwei Objekte wird erst angezeigt, nachdem das vom System bereitgestellte Menü geschlossen worden ist.

Übung 15 Menüs erstellen

Dieses Beispiel soll die Verfahren zur Erzeugung von Menüs demonstrieren. Es besteht aus einem Formular mit einem Text- und einem Bezeichnungsfeld, die beide so hoch sind, daß sie drei Textzeilen darstellen können.

Objekt	Eigenschaft	Einstellung
Formular	Name	frmÜbung15
	BackColor	System: Inaktive Titelleiste
	Caption	Menüs
Textfeld	Name	txtMenü
	Alignment	2 - Zentriert
	MultiLine	True
Bezeichnungsfeld	Name	lblMenü
	Alignment	2 - Zentriert
	BorderStyle	1 - Fest Einfach

Das Formular erhält eine andere Hintergrundfarbe, damit sich die Menüleiste besser abhebt. Diese nimmt drei Menüs auf:

Caption	Name	Index	Checked
&Textfeld	mnuTextfeld		
...&Gelb	mnuTFeldFarbe	0	True
...&Cyan	mnuTFeldFarbe	1	
...&Magenta	mnuTFeldFarbe	2	
&Bezeichnungsfeld	mnuBezeichnungsfeld		
...&Courier New	mnuBFeldSchrift	0	True
...&Symbol	mnuBFeldSchrift	1	
...&Times New Roman	mnuBFeldSchrift	2	
...-	mnuBFeldSchrift	3	
...&Unterstrichen	mnuBFeldSchrift	4	
&Ende	mnuEnde		

Im Entwurfsmodus ergibt sich dann folgendes Bild:

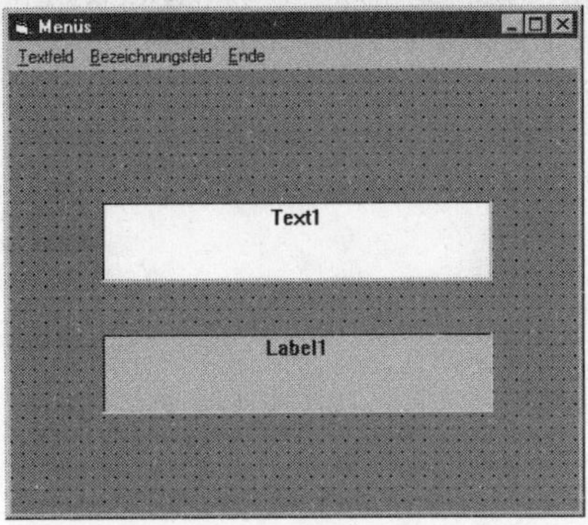

Die Oberfläche von Übung15

Verlassen wird das Programm mit Hilfe des Menüs *Ende*, das nur aus dem Menütitel selbst besteht.

```
Option Explicit

Private Sub mnuEnde_Click()
  Unload Me
End Sub
```

In der *Load*-Ereignisprozedur werden Text- und Bezeichnungsfeld dreizeilig beschriftet. Der Hintergrund des Textfelds wird durch Einstellung der *BackColor*-Eigenschaft auf *vbYellow*, eine der integrierten Farbkonstanten, gelb gefärbt. Die Schriftart des Bezeichnungsfelds wird geändert, indem die *Name*-Eigenschaft seines *Font*-Objekts auf *"Courier New"* gesetzt wird. Das *Font*-Objekt stellt die zur Textformatierung erforderlichen Informationen als Eigenschaftswerte zur Verfügung.

```
Private Sub Form_Load()
  txtMenü.Text = "Textfeld:" & vbCrLf & _
    "Die Hintergrundfarbe" & vbCrLf & _
    "kann verändert werden."
  txtMenü.BackColor = vbYellow

  lblMenü.Caption = "Bezeichnungsfeld:" & vbCrLf & _
    "Schriftart und Schriftschnitt" & vbCrLf & _
    "sind variabel."
  lblMenü.Font.Name = "Courier New"
End Sub
```

Die Elemente der beiden ersten Menüs sind als Steuerelementefelder angelegt, wodurch nur jeweils eine *Click*-Ereignisprozedur benötigt wird, innerhalb derer der Wert von *Index* bestimmt, welcher Menübefehl ausgewählt wurde. Um die gewählte Option zu markieren, wird sie mit einem Häkchen versehen (*Checked*-Eigenschaft gleich *True*), nachdem zuvor die Häkchen aller involvierten Elemente gelöscht wurden.

```
Private Sub mnuTFeldFarbe_Click(Index As Integer)
  Dim I As Integer

  ' Häkchen einschalten
  For I = 0 To 2
    mnuTFeldFarbe(I).Checked = False
  Next
  mnuTFeldFarbe(Index).Checked = True

  Select Case Index
  Case 0
    txtMenü.BackColor = vbYellow
  Case 1
    txtMenü.BackColor = vbCyan
  Case 2
    txtMenü.BackColor = vbMagenta
  End Select
End Sub

Private Sub mnuBFeldSchrift_Click(Index As Integer)
  Dim I As Integer

  ' Häkchen vor Schriftart einschalten
  If Index < 4 Then
    For I = 0 To 2
      mnuBFeldSchrift(I).Checked = False
    Next
    mnuBFeldSchrift(Index).Checked = True
  End If

  Select Case Index
  Case 0
    lblMenü.Font.Name = "Courier New"
  Case 1
    lblMenü.Font.Name = "Symbol"
  Case 2
    lblMenü.Font.Name = "Times New Roman"
  Case 4
    ' Standard <--> Unterstrichen
    lblMenü.Font.Underline = Not lblMenü.Font.Underline
    ' Häkchen an <--> aus
    mnuBFeldSchrift(4).Checked = _
      Not mnuBFeldSchrift(4).Checked
  End Select
End Sub
```

Der letzte Befehl im Menü *Bezeichnungsfeld*, der zu einer anderen Kategorie gehört und deswegen durch eine Trennlinie von den übrigen Befehlen separiert ist, soll zwischen normalem und unterstrichenem Text hin- und herschalten (*Underline*-Eigenschaft), was am einfachsten durch Zuweisen des logischen Gegenteils (*Not*-Operator) zu realisieren ist. Auf die gleiche Weise wird das Häkchen dieses Befehls ein- und ausgeschaltet. Beide Menüs sind auch Ausgangspunkt für die Anzeige von Popup-Menüs. Das Kontextmenü des Textfelds wird in seiner *MouseUp*-Ereignisprozedur durch die *PopUpMenu*-Methode aufgerufen. Das *MouseUp*-Ereignis wird durch Loslassen einer Maustaste ausgelöst.

Mehr Infos: Maus- und Tastaturereignisse handhaben ➡ Kapitel 6.4

Wenn das Argument *Button* den Wert von *vbRightButton* hat, ist die rechte Maustaste freigegeben worden, und das Menü *Textfeld* kann als Popup-Menü angezeigt werden. Es erscheint horizontal zentriert (*vbPopupMenuCenter Align*), wobei die Position der Mauszeigerspitze zum Zeitpunkt des Tastendrucks den Bezugspunkt darstellt.

```
Private Sub txtMenü_MouseUp(Button As Integer, _
    Shift As Integer, X As Single, Y As Single)

  ' Rechte Taste?
  If Button = vbRightButton Then
    PopupMenu mnuTextfeld, vbPopupMenuCenterAlign
  End If
End Sub
```

Die Elemente im Popup-Menü des Bezeichnungsfelds reagieren wegen des Argumentwerts *vbPopupMenuRightButton* auch auf die rechte Maustaste, und die Option *Unterstrichen* (Menüelement *mnuBFeldSchrift(4)*) wird in Fettschrift wiedergegeben.

```
Private Sub lblMenü_MouseUp(Button As Integer, _
    Shift As Integer, X As Single, Y As Single)

  ' Rechte Taste?
  If Button = vbRightButton Then
    PopupMenu mnuBezeichnungsfeld, _
      vbPopupMenuRightButton, , , mnuBFeldSchrift(4)
  End If
End Sub
```

Damit dieser Befehl, wie in Kontextmenüs häufig anzutreffen, dieselbe Aktion wie ein Doppelklick auf das entsprechende Objekt ausführt, wird er in der *DblClick*-Prozedur des Bezeichnungsfelds aufgerufen.

```
Private Sub lblMenü_DblClick()
  mnuBFeldSchrift_Click 4
End Sub
```

Wenn Sie nun die Anwendung starten und zunächst die Optionen der in der Menüleiste verankerten Menüs testen, reagiert das Programm wie geplant. Beim Versuch, das Kontextmenü des Textfelds durch einen Klick mit der rechten Maustaste aufzurufen, erscheint zuerst das Windows-eigene Menü mit Editierbefehlen; beim zweiten Klick, der an einer anderen (wenn auch nur um ein Pixel abweichenden) Stelle erfolgen muß und auch mit der linken Taste ausgeführt werden kann, wird dann das selbst erstellte Popup-Menü angezeigt.

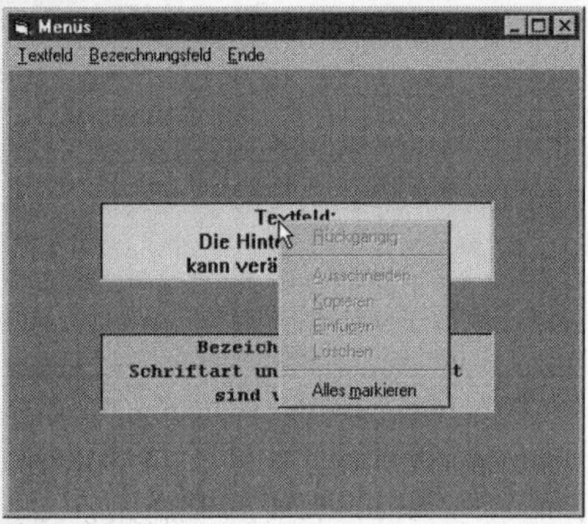

Als Kontextmenü des Textfelds erscheint zuerst das systemeigene Editiermenü

Das Popup-Menü des Bezeichnungsfelds hat das erwartete Aussehen (unabhängige Anzeige von Häkchen im ersten und zweiten Teil, Fettschrift), und auch das Auslösen des Befehls *Unterstrichen* per Doppelklick funktioniert problemlos.

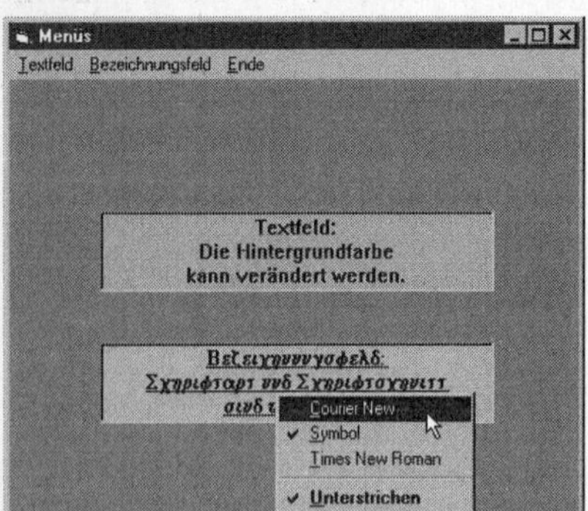

Das Kontextmenü des Bezeichnungsfelds

6.2 Eigene Symbolleisten erstellen

Den raschesten Zugriff auf Befehle erhält der Benutzer über die Schaltflächen einer Symbolleiste, die in den meisten Windows-Anwendungen zum Ausstattungsstandard gehört. In der Entwicklungsumgebung von Visual Basic lassen sich bis zu fünf Symbolleisten einblenden.

Mehr Infos: **Kurze Wege: Die Symbolleisten ➨ Kapitel 3.3**

Mit dem *Symbolleiste*-Steuerelement steht eine gut ausgestattete ActiveX-Komponente zur Verfügung, die das Generieren von Symbolleisten leichtmacht.

Die Schaltflächen einer Symbolleiste geben eine Grafik und/oder Text wieder. Die Grafiken, entweder Bitmap- (*.bmp*) oder Symboldateien (*.ico*), stammen aus einem *Abbildungsliste*-Steuerelement, das über die *ImageList*-Eigenschaft der Symbolleiste mit dieser verknüpft wird.

Die einzelnen Abbildungen sind Elemente einer Auflistung von *ListImage*-Objekten, die durch einen ganzzahligen Index (*Index*-Eigenschaft) oder einen aus einer Zeichenfolge bestehenden Schlüssel (*Key*-Eigenschaft) unterschieden werden.

Die Bildgröße wird von dem *Abbildungsliste*-Steuerelement normiert, entweder auf die den Eigenschaften *ImageHeight* und *ImageWidth* vor dem Hinzufügen der ersten Grafik zugewiesenen Werte oder auf die Maße der ersten geladenen Abbildung.

Zur Laufzeit werden Abbildungen zur *ListImages*-Auflistung mit der *Add*-Methode hinzugefügt und mit der *Remove*-Methode aus ihr entfernt. Im Entwurfsmodus verwendet man dafür das Dialogfeld *Eigenschaftenseiten*, das im Eigenschaftenfenster über den Eintrag *Benutzerdefiniert* geöffnet wird.

Entsprechendes gilt auch für die Schaltflächen des *Symbolleiste*-Steuerelements, die Bestandteile einer Auflistung von *Button*-Objekten sind. Verhalten und Erscheinungsbild der Schaltflächen sind durch ihre *Style*-Eigenschaft bestimmt, die einen von fünf Werten besitzt.

Style-Eigenschaft	Beschreibung
tbrButtonGroup	Eine Schaltfläche der Gruppe kann gedrückt sein, das Drücken einer anderen bringt sie wieder in den Ausgangszustand (ähnlich Optionsfeld-Gruppe).
tbrCheck	Umschalter (ein/aus), Zustand durch Stellung (eingedrückt/nicht eingedrückt) angezeigt
tbrDefault	Normale Befehlsschaltfläche (Voreinstellung)
tbrDropdown	Platzhalter für Dropdown-Menü, das in Form von *ButtonMenu*-Objekten eingefügt wird
tbrPlaceholder	Platzhalter variabler Breite für ein anderes Steuerelement (z. B. Kombinationsfeld)
tbrSeparator	Unsichtbarer Abstandhalter mit fester Breite (8 Pixel)

Die *Value*-Eigenschaft des *Button*-Objekts legt fest, ob die Schaltfläche momentan gedrückt (*tbrPressed*) oder nicht gedrückt (*tbrUnPressed*) ist.

Zur Laufzeit kann die Symbolleiste vom Benutzer angepaßt werden (Schaltflächen entfernen oder umordnen), und zwar mit Hilfe eines Dialogfelds, das per Doppelklick auf einen freien Bereich der Symbolleiste geöffnet wird, vorausgesetzt, daß die *AllowCustomize*-Eigenschaft des Steuerelements auf *True* gesetzt ist.

Im Programmcode läßt sich dies mit der *Customize*-Methode erreichen, mit den Methoden *SaveToolbar* und *RestoreToolbar* kann der aktuelle Zustand einer Symbolleiste in der Windows-Registrierung abgespeichert und wiederhergestellt werden.

Das Erstellen einer Symbolleiste in Visual Basic ist nicht schwierig, aber es sind doch eine Reihe von Details zu beachten. Am besten macht man sich mit ihnen anhand eines konkreten Beispiels vertraut.

Übung 16 Symbolleiste erstellen

Das Projekt aus der vorigen Übung soll mit einer Symbolleiste versehen werden, die den Zugriff auf alle Befehle ermöglicht, die in den Menüs verfügbar sind. Als erstes müssen geeignete Abbildungen für die Schaltflächen der Symbolleiste bereitgestellt werden. Um Grafikdateien für die drei Schaltflächen zur Einstellung der Hintergrundfarbe des Textfelds zu erzeugen, gehen Sie folgendermaßen vor.

1. Starten Sie die als Zubehör von Windows mitgelieferte Anwendung Paint oder ein anderes Pixel-Grafikprogramm.
2. Öffnen Sie die Datei *Rectangl.bmp* aus dem Ordner *Graphics\Bitmaps\Tlbr_w95*.
3. Mit dem Füllwerkzeug färben Sie das Innere des Rechtecks gelb.
4. Durch den Befehl *Datei/Speichern unter* legen Sie die Grafik in der Datei *Gelb.bmp* im Ordner *_Übungen* ab.
5. Wiederholen Sie die beiden letzten Schritte, wobei Sie die Farben in Cyan und Magenta und die Dateinamen entsprechend in *Cyan.bmp* und *Magenta.bmp* abändern.

Zeichnen Sie nun ein *Abbildungsliste*-Steuerelement in das Formular. Da es zur Laufzeit nicht sichtbar ist, kommt es auf die Position nicht an.

Hinweis: Abbildungsliste in Werkzeugsammlung einfügen

Falls das Steuerelement in der Werkzeugsammlung fehlt, fügen Sie es mit Hilfe der Registerkarte *Steuerelemente* des Dialogfelds *Komponenten* (Befehl *Projekt/Komponenten*) hinzu, indem Sie den Eintrag *Microsoft Windows Common Controls 6.0* auswählen. Bestandteil dieser Gruppe von ActiveX-Komponenten (Datei *Mscomctl.ocx*) ist auch das *Symbolleiste*-Steuerelement.

Klicken Sie im Eigenschaftenfenster für die Abbildungsliste auf die Schaltfläche neben *Benutzerdefiniert*, um das Dialogfeld *Eigenschaftenseiten* einzublenden.

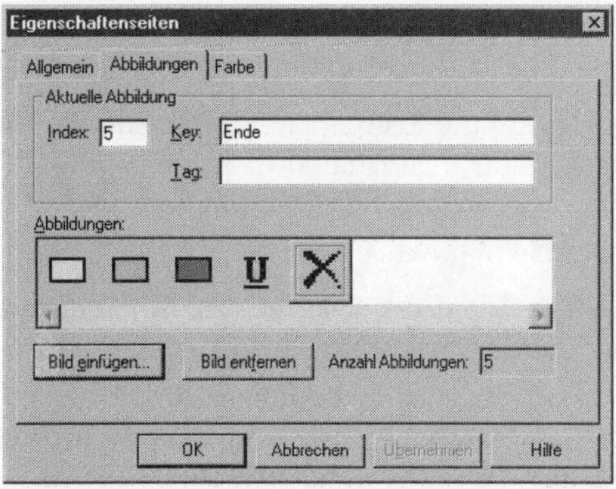

Eigenschaftenseiten-Dialog der Abbildungsliste

Mit Hilfe der Schaltfläche *Bild einfügen* auf der Registerkarte *Abbildungen* werden dann fünf Bilddateien der Abbildungsliste in dieser Reihenfolge hinzugefügt.

Bilder der Abbildungsliste	Key
..._Übungen\Gelb.bmp	
..._Übungen\Cyan.bmp	
..._Übungen\Magenta.bmp	
...\Graphics\Bitmaps\Tlbr_w95\Undrln.bmp	Unterstrichen
...\Graphics\Bitmaps\Tlbr_w95\Delete.bmp	Ende

Der Index beginnt für Auflistungen bei 1 und wird mit jedem hinzukommenden Bild automatisch um 1 erhöht. Die *Key*-Eigenschaft der drei ersten *ListImage*-Objekte bleibt leer, sie wird nur für die beiden letzten auf die angegebenen Zeichenfolgen gesetzt.

Als nächstes wird das Formular mit einem *Symbolleiste*-Steuerelement versehen. Die veränderten Eigenschaftswerte des Formulars und die Namen der hinzugefügten Objekte sind:

Objekt	Eigenschaft	Einstellung
Formular	Name	frmÜbung16
	Caption	Symbolleiste
Abbildungsliste	Name	ilsSymbolleiste
Symbolleiste	Name	tlbMenüs

Wie zuvor bei der Abbildungsliste öffnen Sie nun das Dialogfeld *Eigenschaftenseiten* der Symbolleiste. Auf der Registerkarte *Allgemein* wählen Sie für die *ImageList*-Eigenschaft aus dem Dropdown-Kombinationsfeld den Eintrag *ilsSymbolleiste* und stellen damit die Verknüpfung zwischen Symbolleiste und Abbildungsliste her.

Mit Hilfe von *Schaltfläche einfügen* auf der Registerkarte *Schaltflächen* werden der Symbolleiste fünf *Button*-Objekte hinzugefügt.

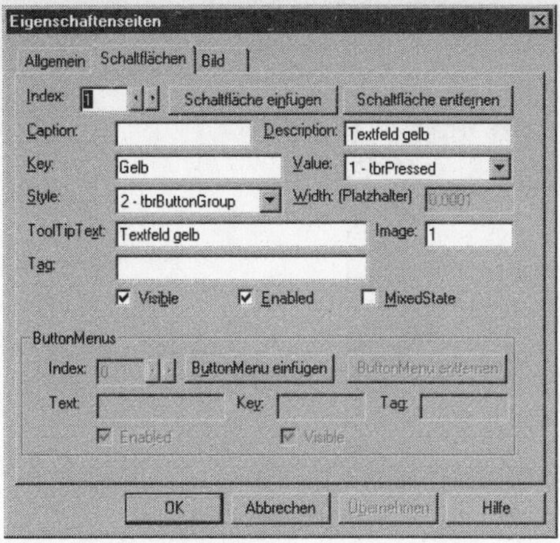

Eigenschaftenseiten-Dialog der Symbolleiste

Die *Index*-Eigenschaft wird wieder automatisch verwaltet, die übrigen Eigenschaften versehen Sie mit folgenden Werten:

Description	Key	Value	Style	Width	Image
Textfeld gelb	Gelb	tbrPressed	tbrButtonGroup		1
Textfeld cyan	Cyan		tbrButtonGroup		2
Textfeld magenta	Magenta		tbrButtonGroup		3
Trennfläche1			tbrSeparator		
Schriftart	Schriftart		tbrPlaceholder	1800	

Der *ToolTipText*-Eigenschaft der ersten drei Schaltflächen werden dieselben Zeichenfolgen wie der *Description*-Eigenschaft zugewiesen. Wenn Sie jetzt noch dieses Kombinationsfeld in die Symbolleiste einfügen,

Objekt	Eigenschaft	Einstellung
Kombinationsfeld	Name	cboSchrift
	Style	2 - Dropdown-Liste
	ToolTipText	Schriftart Bezeichnungsfeld

ist die Entwurfsphase abgeschlossen, und die Oberfläche hat ungefähr folgendes Aussehen:

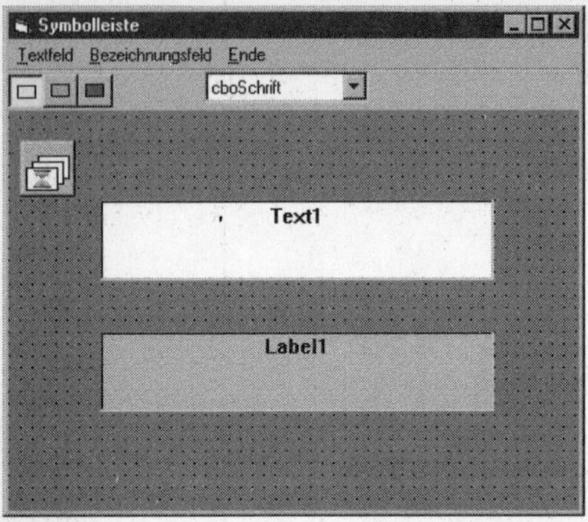

Die Oberfläche von Übung16 nach Beenden der Entwurfsphase

Eine Symbolleiste erwartet der Benutzer im allgemeinen direkt unterhalb der Menüleiste. Dies ist mit dem Wert von *vbAlignTop* auch die Voreinstellung der dafür zuständigen *Align*-Eigenschaft. Durch Wahl anderer Werte läßt sich aber die Symbolleiste auch an einem der übrigen Formularränder verankern oder in Größe und Position frei festlegen.

Der Programmcode aus *Übung15* ist um einige Zeilen in der *Load*-Prozedur des Formulars zu erweitern. Dort werden zuerst weitere Schaltflächen durch Anwendung der *Add*-Methode zur *Buttons*-Auflistung hinzugefügt.

```
Objekt.Add(Index, Key, Caption, Style, Image)
```

Die Argumente der Methode definieren fünf der Eigenschaften eines *Button*-Objekts. Sie sind alle optional und stellen benannte Argumente dar. Die so erstellte Objektinstanz wird mit der *Set*-Anweisung einer Objektvariablen vom Typ *Button* zugewiesen:

```
Dim btnX As Button

Set btnX = tlbMenüs.Buttons.Add(Key:="Unterstrichen", _
  Style:=tbrCheck, Image:="Unterstrichen")
```

Da kein Wert für *Index* angegeben ist, wird das *Button*-Objekt an das Ende der Auflistung gesetzt. Der Schlüssel (*Key*-Eigenschaft) lautet *"Unterstrichen"*, und die Schaltfläche zeigt keinen Text an (leere *Caption*-Eigenschaft). Die Schaltfläche stellt einen Umschalter dar (*Style = tbrCheck*) und gibt die Grafik der zugeordneten Abbildungsliste wieder, deren Schlüssel den Wert *"Unterstrichen"* besitzt.

Die restlichen Eigenschaften der Schaltflächen (wie *Description* oder *ToolTipText*) müssen gesondert festgelegt werden. Übrig bleibt noch die Aufgabe, das Kombinationsfeld zu füllen und an die vorgesehene Position zu bringen. Ersteres wird in gewohnter Weise durch die *AddItem*-Methode erledigt. Zum Verschieben und Ändern der Abmessungen von Formularen und Steuerelementen bietet sich die *Move*-Methode an:

```
[Objekt.]Move links [, oben[, Breite[, Höhe] ] ]
```

Nur das erste der Argumente (*links*) ist erforderlich, nicht aufgeführte behalten ihren Wert. Durch die drei Zeilen

```
With tlbMenüs.Buttons("Schriftart")
  cboSchrift.Move .Left, .Top, .Width
End With
```

wird das Kombinationsfeld so über der Platzhalter-Schaltfläche (mit dem Schlüssel *Schriftart*) positioniert, daß es links oben bündig mit ihr abschließt und gleichzeitig seine Breite an die Schaltflächenbreite angepaßt wird.

Hinweis: Height-Eigenschaft schreibgeschützt

Die Höhe von Dropdown-Kombinationsfeldern und -Listen kann nicht verändert werden, ihre *Height*-Eigenschaft ist schreibgeschützt.

Der Code der *Form_Load*-Prozedur lautet dann:

```
Private Sub Form_Load()
  Dim btnX As Button

  ' Schaltflächen hinzufügen
  Set btnX = tlbMenüs.Buttons.Add(Key:="Trennfläche2", _
    Style:=tbrSeparator)
  Set btnX = tlbMenüs.Buttons.Add(Key:="Unterstrichen", _
    Style:=tbrCheck, Image:="Unterstrichen")
  Set btnX = tlbMenüs.Buttons.Add(Key:="Trennfläche3", _
    Style:=tbrSeparator)
  Set btnX = tlbMenüs.Buttons.Add(Key:="Ende", _
    Style:=tbrDefault, Image:="Ende")

  ' Eigenschaften der Schaltflächen
  tlbMenüs.Buttons("Trennfläche2").Description = _
    "Trennfläche2"
  tlbMenüs.Buttons("Trennfläche3").Description = _
    "Trennfläche3"
```

```
  With tlbMenüs.Buttons("Unterstrichen")
    .Description = "Unterstrichen"
    .ToolTipText = "Text unterstreichen"
  End With
  With tlbMenüs.Buttons("Ende")
    .Description = "Ende"
    .ToolTipText = "Programmende"
  End With

  ' Kombinationsfeld füllen
  cboSchrift.AddItem "Courier New"
  cboSchrift.AddItem "Symbol"
  cboSchrift.AddItem "Times New Roman"
  cboSchrift.Text = cboSchrift.List(0)

  ' und an die richtige Position bringen
  With tlbMenüs.Buttons("Schriftart")
    cboSchrift.Move .Left, .Top, .Width
  End With

  txtMenü.Text = "Textfeld:" & vbCrLf & _
    "Die Hintergrundfarbe" & vbCrLf & _
    "kann verändert werden."
  txtMenü.BackColor = vbYellow

  lblMenü.Caption = "Bezeichnungsfeld:" & vbCrLf & _
    "Schriftart und Schriftschnitt" & vbCrLf & _
    "sind variabel."
  lblMenü.Font.Name = "Courier New"
End Sub
```

Wenn Sie das Programm probeweise starten, sehen Sie, daß die Abbildungsliste nicht mehr angezeigt wird und die Symbolleiste sämtliche Bedienungselemente aufweist.

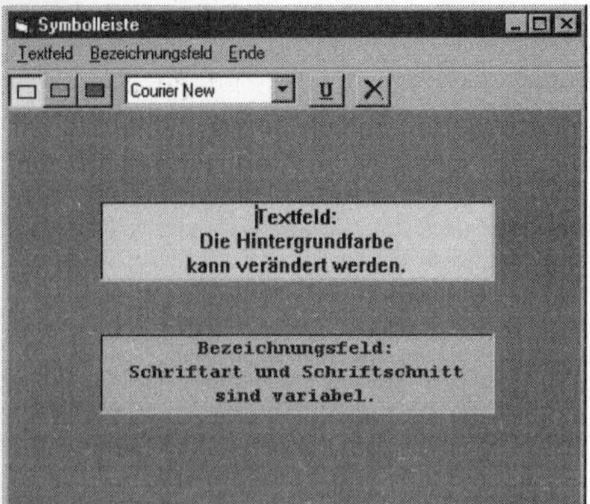

Die Oberfläche von Übung16 zur Laufzeit

Damit die Schaltflächen auf der Symbolleiste die ihnen zugedachten Funktionen ausführen, bedarf es noch zweier Prozeduren. Die im Kombinationsfeld gewählte Schriftart wird durch deren *ListIndex*-Eigenschaft identifiziert, sie wird beim Aufruf der *Menü*-Prozedur *mnuBFeldSchrift_Click* als Argument übergeben.

```
Private Sub cboSchrift_Click()
  mnuBFeldSchrift_Click cboSchrift.ListIndex
End Sub
```

Damit ist gleichzeitig sichergestellt, daß die aktuelle Schrift auch im Menü *Bezeichnungsfeld* korrekt angezeigt wird. Um zu erreichen, daß umgekehrt die im Menü vorgenommene Schriftauswahl im Kombinationsfeld erscheint, fügen Sie am Ende der *If*-Abfrage der Prozedur *mnuBFeld Schrift_Click* (siehe S. 290) folgendes ein:

```
    ' Kombinationsfeld synchronisieren
    cboSchrift.ListIndex = Index
```

Den Code zur Programmierung der Schaltflächen schreiben Sie in die Prozedur des *ButtonClick*-Ereignisses der Symbolleiste. Es tritt ein, wenn auf eine „echte" Schaltfläche (kein Abstand- oder Platzhalter) angeklickt wird.

In einer *Select Case*-Anweisung wird anhand des Schlüssels abgefragt, welche Schaltfläche angeklickt wurde, und dann der entsprechende Menübefehl aufgerufen.

```
Private Sub tlbMenüs_ButtonClick(ByVal _
  Button As MSComctlLib.Button)

  Select Case Button.Key
  Case "Gelb"
    mnuTFeldFarbe_Click (0)
  Case "Cyan"
    mnuTFeldFarbe_Click (1)
  Case "Magenta"
    mnuTFeldFarbe_Click (2)
  Case "Unterstrichen"
    mnuBFeldSchrift_Click (4)
  Case "Ende"
    mnuEnde_Click
  End Select
End Sub
```

Hinweis: Zweifache Verwendung von Button

Lassen Sie sich nicht dadurch verwirren, daß im Argumentteil dieser Prozedur zweimal das Wort *Button* auftaucht. Zum einen wird damit der Variablenname, zum anderen der Objekttyp bezeichnet, dem allerdings mit *MSComctlLib* der Name der zugehörigen Klassenbibliothek vorangestellt ist, was der Klarstellung dient. Selbstverständlich können Sie aber die Variable auch umbenennen.

Die Anwendung ist jetzt fertiggestellt und kann gestartet werden. Wenn Sie auf eine freie Stelle in der Symbolleiste doppelklicken, wird das Dialogfeld *Symbolleiste anpassen* eingeblendet.

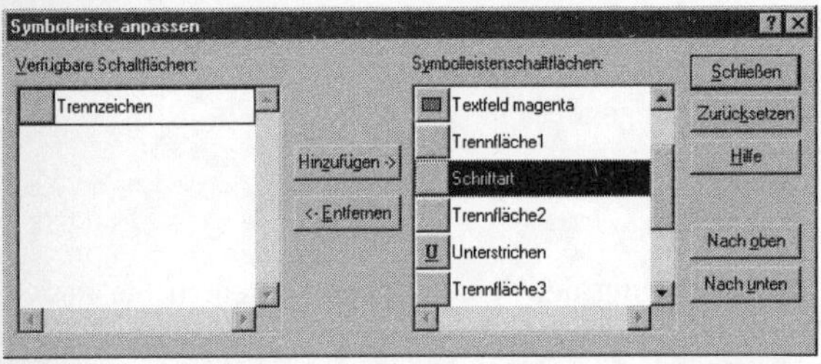

Das Dialogfeld Symbolleiste anpassen

Hier können Sie mit den entsprechenden Befehlsschaltflächen die Symbolleiste umgestalten. In der Liste der vorhandenen Schaltflächen erscheint neben jeder Schaltfläche der Text, der zuvor als *Description*-Eigenschaft festgelegt worden ist.

Weil sich die Schaltflächen der Symbolleiste neu arrangieren lassen (falls die *AllowCustomize*-Eigenschaft auf ihrem voreingestellten Wert *True* belassen wird), kann deren Reihenfolge, die sich in den *Index*-Werten der *Button*-Objekte widerspiegelt, verändert werden. Deshalb folgende Empfehlung, nach der in der *ButtonClick*-Prozedur verfahren worden ist:

Tip: Key-Eigenschaft zur Identifizierung verwenden

Zur Identifizierung der Objekte in einer Auflistung sollten, wenn es vorkommen kann, daß die Reihenfolge geändert wird, die konstant bleibenden Werte der *Key*-Eigenschaft anstelle der veränderlichen *Index*-Werte benutzt werden.

Zu den Verbesserungen am *Symbolleiste*-Steuerelement in der neuen Version von Visual Basic gehört das *ButtonMenu*-Objekt, mit dem auf einer Schaltfläche Dropdown-Menüs erstellt werden können. Um dieses Feature auszuprobieren, können Sie das letzte Anwendungsbeispiel durch wenige Änderungen wie folgt umgestalten.

Übung 17 Symbolleiste mit Dropdown-Menü

Ziel ist es, die Funktionalität der Menüleiste in die Symbolleiste zu kopieren. Dabei sollen die Befehle des *Textfeld*-Menüs durch das neue *ImageCombo*-Steuerelement, die des Menüs *Bezeichnungsfeld* durch ein Dropdown-Menü und der Befehl zum Beenden der Anwendung durch eine normale Schaltfläche realisiert werden.

Löschen Sie zuerst durch mehrmaliges Anklicken von *Schaltfläche entfernen* auf der Karte *Schaltflächen* des *Eigenschaftenseiten*-Dialogs der Symbolleiste (siehe S. 297) alle vorhandenen Schaltflächen und fügen Sie dann vier Schaltflächen gemäß dieser Tabelle hinzu:

Caption	Key	Style	Width	ToolTipText	Image
	Farbe	tbrPlaceholder	1500		
Schrift		tbrDropdown		Schriftart/Schriftstil	
		tbrSeparator			
	Ende	tbrDefault		Programm beenden	5

Die zweite Schaltfläche mit dem Stil *tbrDropdown* versehen Sie unter Verwendung von *ButtonMenu einfügen* im unteren Teil der Registerkarte mit folgenden Menüpunkten, wobei wie gewohnt zur Erzeugung einer Trennlinie ein einzelner Bindestrich genügt:

Index	Text
1	Courier
2	Symbol
3	Times New Roman
4	-
5	Unterstrichen

Zum Schluß zeichnen Sie ein *ImageCombo*-Steuerelement in die Symbolleiste und setzen seine Eigenschaften und die der anderen betroffenen Objekte auf die angegebenen Werte.

Objekt	Eigenschaft	Einstellung
Formular	Name	frmÜbung17
	Caption	Symbolleiste mit Menü
ImageCombo	Name	icboFarbe
	ImageList	ilsSymbolleiste
	Locked	True
	ToolTipText	Textfeld-Farbe
Symbolleiste	Name	tlbMenüs
	AllowCustomize	False
	Style	1 – tbrFlat
	TextAlignment	1 – tbrTextAlignRight

Der Eigenschaft *ImageList* des *ImageCombo*-Steuerelements, die sich nur im Dialogfeld *Eigenschaftenseiten* einstellen läßt, wird die schon für die Symbolleiste verwendete Abbildungsliste zugewiesen.

Im Gegensatz zur normalen Dropdown-Liste, die automatisch für Eingaben gesperrt ist, muß hier die Sperrung explizit erfolgen (*Locked* = *True*).

Um die Symbolleiste möglichst schmal zu halten, wird durch den Wert der *TextAlignment*-Eigenschaft der Schaltflächentext nicht unter einem eventuell vorhandenen Bild, sondern rechts von ihm positioniert.

Die flach dargestellten Schaltflächen (*Style*) können zur Laufzeit nicht neu arrangiert werden (*AllowCustomize*), weil das hier nicht erforderlich ist, und zudem – das soll nicht verschwiegen werden – im Dialogfeld *Symbolleiste anpassen* weder die Darstellung noch das Hinzufügen oder Entfernen von Schaltflächen einwandfrei funktionieren.

Der Grund für dieses Verhalten (vielleicht das Dropdown-Menü?) konnte bisher nicht geklärt werden.

Die Oberfläche der Anwendung hat nun dieses Aussehen:

Die Oberfläche von Übung17

In der *Load*-Prozedur des Formulars wird die Liste des *ImageCombo*-Steuerelements gefüllt, indem der *ComboItems*-Auflistung neue Objekte mit der *Add*-Methode hinzugefügt werden. Von den insgesamt sechs benannten Argumenten diese Methode kommen zwei zum Einsatz: *Text* zur Festlegung der Zeichenfolge und *Image* zur Kennzeichnung des zugehörigen Bilds aus der Abbildungsliste (*Index*- oder *Key*-Wert).

Hinweis: Englische Argumentnamen verwenden

Bei dem im Grunde lobenswerten Unterfangen, die Online-Hilfe ins Deutsche zu übertragen, ist dem Übersetzer auf der Seite, die die *Add*-Methode für die *ComboItems*-Auflistung erläutert, ein Fauxpas unterlaufen: Er hat des Gutgemeinten zuviel getan und auch die Argumentnamen übersetzt. Die Verwendung dieser deutschen Bezeichnungen als benannte Argumente führt zu einem Kompilierungsfehler. Die korrekten Namen finden Sie im Objektkatalog (Details zum Mitglied *Add* der Klasse *ComboItems*).

Vor dem Plazieren des *ImageCombo*-Steuerelements auf der ersten Schaltfläche der Symbolleiste wird noch das erste Listenelement über die *Selected*-Eigenschaft der Auflistung im Textfeldbereich des Steuerelements angezeigt. Die Prozedur enthält somit folgenden Code:

```
Private Sub Form_Load()
  Dim ciX As ComboItem

  ' ImageCombo füllen, 1. Element auswählen
  Set ciX = icboFarbe.ComboItems.Add(Text:="gelb", _
    Image:=1)
  Set ciX = icboFarbe.ComboItems.Add(Text:="cyan", _
    Image:=2)
  Set ciX = icboFarbe.ComboItems.Add(Text:="magenta", _
    Image:=3)
  icboFarbe.ComboItems(1).Selected = True
```

```
  ' und an die richtige Position bringen
  With tlbMenüs.Buttons("Farbe")
    icboFarbe.Move .Left, .Top, .Width
  End With

  txtMenü.Text = "Textfeld:" & vbCrLf & _
    "Die Hintergrundfarbe" & vbCrLf & _
    "kann verändert werden."
  txtMenü.BackColor = vbYellow

  lblMenü.Caption = "Bezeichnungsfeld:" & vbCrLf & _
    "Schriftart und Schriftschnitt" & vbCrLf & _
    "sind variabel."
  lblMenü.Font.Name = "Courier New"
End Sub
```

An die Stelle der *Click*-Prozedur des Kombinationsfelds tritt jetzt die Prozedur *icboFarbe_Click*, die allerdings nicht mit nur einer Anweisung auskommt:

```
Private Sub icboFarbe_Click()
  Dim icX As ComboItem

  For Each icX In icboFarbe.ComboItems
    If icX.Selected Then
      mnuTFeldFarbe_Click icX.Index - 1
      Exit For
    End If
  Next
End Sub
```

Mit einer *For Each*-Schleife werden alle Elemente der *ComboItems*-Auflistung durchlaufen, bis das ausgewählte Element (*Selected* = *True*) gefunden ist. Sein *Index*-Wert wird dann benutzt, um den entsprechenden Befehl des *Textfeld*-Menüs aufzurufen, jedoch erst nach Korrektur dieses Werts, da die Zählung bei Auflistungen generell mit 1, beim *Menü*-Steuerelementefeld aber mit 0 anfängt.

Die zur Synchronisation von Menü und Kombinationsfeld in die Prozedur *mnuBFeldSchrift_Click* eingefügte Anweisung wird gelöscht oder auskommentiert. Um die Anzeigen in *Textfeld*-Menü und *ImageCombo*-Steuerelement zu synchronisieren, wird zu Beginn der *mnuTFeldFarbe_Click*-Prozedur folgende Anweisung eingefügt:

```
  'ImageCombo synchronisieren
  icboFarbe.ComboItems(Index + 1).Selected = True
```

Bei Auswahl eines Befehls im Symbolleisten-Menü *Schrift* tritt das *ButtonMenuClick*-Ereignis ein. In der zugehörigen Prozedur werden Sie auf die Befehle des Menüs *Bezeichnungsfeld* umgeleitet:

```
Private Sub tlbMenüs_ButtonMenuClick(ByVal _
  ButtonMenu As MSComctlLib.ButtonMenu)

  mnuBFeldSchrift_Click ButtonMenu.Index - 1
End Sub
```

In der *ButtonClick*-Ereignisprozedur braucht dann nur noch die Schaltfläche zum Beenden des Programms behandelt zu werden:

```
Private Sub tlbMenüs_ButtonClick(ByVal _
  Button As MSComctlLib.Button)

  If Button.Key = "Ende" Then
    mnuEnde_Click
  End If
End Sub
```

Nach dem Starten der Anwendung können Sie das Menü *Schrift* durch Anklicken der kleinen Pfeil-Schaltfläche rechts von der Beschriftung aufklappen. Sie werden feststellen, daß alle Befehle der normalen Menüs in gleicher Weise auf der Symbolleiste zugänglich sind. Häkchen zur Anzeige der momentanen Einstellung stehen allerdings in Symbolleisten-Menüs nicht zur Verfügung, weil den *ButtonMenu*-Objekten im Unterschied zum *Menü*-Steuerelement neben anderen die *Checked*-Eigenschaft fehlt.

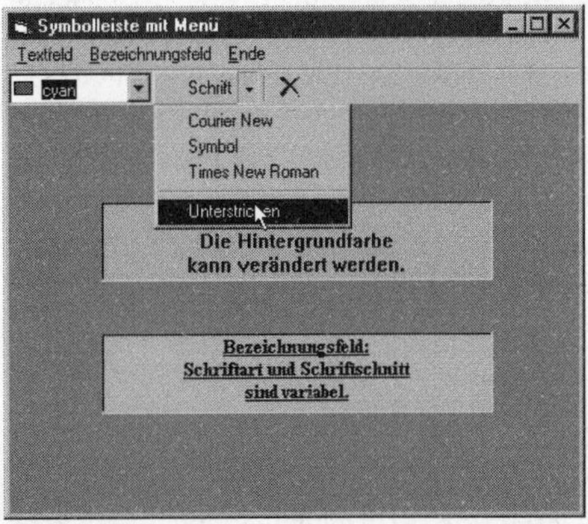

Übung17 zur Laufzeit

6.3 Dialogfelder verwenden

In professionellen Anwendungen - die Entwicklungsumgebung von Visual Basic ist ein gutes Beispiel dafür - werden viele Aktionen des Benutzers über Dialogfelder abgewickelt. Sie stellen ein probates Mittel dar, um den Austausch von Informationen zwischen Programm und Anwender zu bewerkstelligen. Visual Basic unterscheidet drei Arten von Dialogfeldern:

- *Vordefinierte Dialogfelder*, die mit den Funktionen *InputBox* und *MsgBox* angezeigt werden.
- *Standard-Dialogfelder* wie *Speichern unter* oder *Schriftart*, die mit Hilfe des *Standarddialog*-Steuerelements erstellt werden.
- *Benutzerdefinierte Dialogfelder*, die aus einem Formular und den benötigten Steuerelementen selbst hergestellt werden.

Gebunden - ungebunden

Dialogfelder wie auch Formulare allgemein sind entweder gebunden oder ungebunden. Gebundene Dialogfelder - zu ihnen gehört die Mehrzahl - müssen erst geschlossen werden, bevor der Fokus zu einem anderen Teil der Anwendung verschoben und mit diesem weitergearbeitet werden kann. Die Anzeige oder das Einholen wichtiger Informationen sollte stets mit gebundenen Dialogfeldern erfolgen.

Bei ungebundenen Dialogfeldern kann hingegen der Fokus jederzeit in ein anderes Fenster verlagert werden. Online-Hilfen sind Beispiele für ungebundene Formulare. Um die Art der Bindung für ein Formular festzulegen, benutzt man die *Show*-Methode

```
Objekt.Show [Stil [, Umgebungsformular] ]
```

und wählt für das Argument *Stil* einen der nachstehenden Werte.

Argument Show-Methode	Beschreibung
vbModeless	Ungebunden (Voreinstellung)
vbModal	Gebunden

Wenn ein Formular gebunden angezeigt wird, setzt die Ausführung des Programmcodes hinter der Zeile mit der *Show*-Methode nicht eher wieder ein, bis das Formular ausgeblendet (*Hide*-Methode oder *Visible*-Eigenschaft gleich *False*) oder entladen (*Unload*-Methode) worden ist.

In dem gleichfalls optionalen Argument *Umgebungsformular* kann der Name eines übergeordneten Formulars angegeben und dadurch gewährleistet werden, daß das ungebundene Dialogfeld vor dem übergeordneten Formular liegt und automatisch mit diesem minimiert oder entladen wird.

Die beiden vordefinierten Dialogfelder sind immer gebunden. Mit der *MsgBox*-Funktion läßt sich zusätzlich entscheiden, ob das Dialogfeld innerhalb der Anwendung oder systemweit gebunden ist. Im ersten Fall kann man zwar nicht mit der Arbeit in derselben Anwendung weitermachen, ohne das Dialogfeld zu schließen, sehr wohl aber zu einer anderen Anwendung wechseln und mit ihr Aufgaben durchführen. Im anderen Fall ist auch das nicht möglich: Das Betriebssystem reagiert erst wieder auf Aktionen des Benutzers, nachdem der Dialog korrekt beendet worden ist.

InputBox-Funktion

Die *InputBox*-Funktion zeigt in einem gebundenen Dialogfeld eine Eingabeaufforderung an, wartet auf die Eingabe in ein Textfeld oder das Anklicken einer Schaltfläche und liefert den Eingabetext zurück.

```
InputBox(prompt[, title][, default][, xpos][, ypos][,
helpfile, context])
```

Die Funktion verwendet benannte Argumente. Bei entsprechender Nutzung muß man sich daher an die in der Syntax vorgegebenen Bezeichnungen halten.

Das Argument *prompt* definiert den Zeichenfolgenausdruck, der als Meldung im Dialogfeld erscheint. Er kann etwa 1.000 Zeichen lang sein. Durch Einfügen von Steuerzeichen wie *vbCrLf* läßt sich ein Zeilenumbruch an der gewünschten Stelle erzeugen.

Die restlichen Argumente sind optional:

- *title* gibt den Text in der Titelleiste des Dialogfelds an. Wird dieses Argument nicht verwendet, so erscheint dort der Name der Anwendung.
- Mit *default* (Vorgabewert) legt man den anfänglichen Inhalt des Textfelds fest.

- *xpos* und *ypos* bezeichnen die Koordinaten des Dialogfelds auf dem Bildschirm. Wenn sie nicht angegeben werden, erscheint es horizontal in der Mitte und vertikal in Höhe eines Drittels des Schirms.
- Die beiden letzten Argumente können nur gemeinsam benutzt werden oder gar nicht: *helpfile* steht für den Namen der Datei mit der kontextbezogenen Hilfe für das Dialogfeld, und *context* spezifiziert die numerische Kennung für den Hilfekontext. Wenn diese Argumente angegeben werden, wird das Dialogfeld zusätzlich mit der Schaltfläche *Hilfe* versehen.

Mit den Zeilen (zum Testen beispielsweise in die *Load*-Prozedur eines Formulars eingefügt)

```
Dim strIn As String

strIn = InputBox("Welches Datum?", "Datum eingeben", _
  Date, Screen.Width / 4, Screen.Height / 4, _
  "Projekt.hlp", 11050)
```

wird das folgende Dialogfeld erzeugt, dessen linke obere Ecke auf einem Viertel der Bildschirmabmessungen liegt. Vorgabewert ist das aktuelle Datum, und Hilfe wird von der Datei *Projekt.hlp* unter der Kontextnummer *11050* bereitgestellt.

Ein mit der InputBox-Funktion erstelltes Dialogfeld

Hinweis: Schaltflächen des InputBox-Dialogfelds

Zusätzlich zu den beiden Schaltflächen *OK* und *Abbrechen* erscheint hier die *Hilfe*-Schaltfläche. Während die erste als *Standard*-Schaltfläche mit der [Enter]- und die zweite als *Abbrechen*-Schaltfläche mit der [Esc]-Taste gedrückt werden kann, läßt sich die letzte nur per Maus bedienen. Beim Abbrechen des Dialogs gibt die Funktion eine leere Zeichenfolge zurück.

MsgBox-Funktion

Etwas vielseitiger als die *InputBox*-Funktion stellt sich die *MsgBox*-Funktion dar, die in einem Dialogfeld eine Meldung anzeigt, wartet, bis der Benutzer als Reaktion darauf eine Schaltfläche anklickt, und dann einen Wert zurückgibt, der die gewählte Schaltfläche kennzeichnet.

```
MsgBox(prompt[, buttons][, title][, helpfile, context])
```

Die benannten Argumente gleichen Namens haben dieselbe Bedeutung wie zuvor. Weggefallen sind *default*, was hier auch keinen Sinn machen würde, und die Koordinatenwerte, weswegen die Position des Dialogfelds nicht beeinflußt werden kann. Das Argument *buttons*, das unter anderem Zahl und Art der Schaltflächen festlegt, bietet allerdings eine ganze Reihe von Einstellungsmöglichkeiten.

Argument buttons	Beschreibung
vbOKOnly	Nur *OK* (Voreinstellung)
vbOKCancel	*OK* und *Abbrechen* anzeigen
vbAbortRetryIgnore	*Abbrechen, Wiederholen* und *Ignorieren*
vbYesNoCancel	*Ja, Nein* und *Abbrechen*
vbYesNo	*Ja* und *Nein*
vbRetryCancel	*Wiederholen* und *Abbrechen*
vbCritical	Stop-Symbol
vbQuestion	Fragezeichen-Symbol
vbExclamation	Ausrufezeichen-Symbol
vbInformation	Info-Symbol
vbDefaultButton1	1. Schaltfläche ist *Standard*-Schaltfläche (Voreinstellung)
vbDefaultButton2	2. Schaltfläche ist *Standard*-Schaltfläche
vbDefaultButton3	3. Schaltfläche ist *Standard*-Schaltfläche
vbDefaultButton4	4. Schaltfläche ist *Standard*-Schaltfläche
vbApplicationModal	Dialogfeld an Anwendung gebunden (Voreinstellung)
vbSystemModal	Dialogfeld an System gebunden
vbMsgBoxHelpButton	*Hilfe*-Schaltfläche hinzufügen
vbMsgBoxSetForeground	Dialogfeld immer im Vordergrund
vbMsgBoxRight	Text rechts ausgerichtet
vbMsgBoxRtlReading	Text läuft von rechts nach links

Die erste Gruppe von Werten legt Typ und Anzahl der Schaltflächen fest, die zweite das angezeigte Symbol, die dritte die *Standard*-Schaltfläche und die vierte die Art der Bindung des Dialogfelds. Durch Summation jeweils eines Werts aus jeder dieser Gruppen kann ein Gesamtwert für das Argument *buttons* gebildet werden, der mehrere Einstellungen kombiniert. Die Werte aus den beiden nächsten Gruppen können beliebig dazu addiert werden, wobei die letzte Wertegruppe nur Systeme für den arabischen und hebräischen Sprachraum unterstützt.

Hinweis: Unterschied Abort – Cancel

Die in der englischen Version von Visual Basic benutzten Schaltflächenbezeichnungen *Abort* und *Cancel*, deren Bedeutungsunterschied (ersteres drückt ein endgültigeres, umfassenderes Annullieren oder Rückgängigmachen aus) im Deutschen nur schwer zu formulieren ist, sind beide mit *Abbrechen* übersetzt worden. Auf die Funktion der Schaltflächen hat dies keine Auswirkung.

Die von der Funktion zurückgelieferten Werte identifizieren die gedrückte Taste.

Rückgabewert	Gedrückte Taste
vbAbort	Abbrechen
vbCancel	Abbrechen
vbIgnore	Ignorieren
vbNo	Nein
vbOK	OK
vbRetry	Wiederholen
vbYes	Ja

Für das bloße Ausgeben einer Meldung, deren Kenntnisnahme durch *OK* bestätigt wird, genügt es, die Funktion wie eine Prozedur aufzurufen. Ansonsten muß sie in einem Ausdruck verwendet werden, wie zum Beispiel in den Zeilen:

```
Dim intAntwort As Integer
Dim lngStil As Long
Dim strMeldung As String

strMeldung = "Kein Zugriff auf Laufwerk D:"
lngStil = vbAbortRetryIgnore + vbCritical + _
  vbDefaultButton2 + vbMsgBoxHelpButton

intAntwort = MsgBox(strMeldung, lngStil, "Achtung", _
  "Projekt.hlp", 1007)
```

Durch sie wird folgendes Dialogfeld erzeugt:

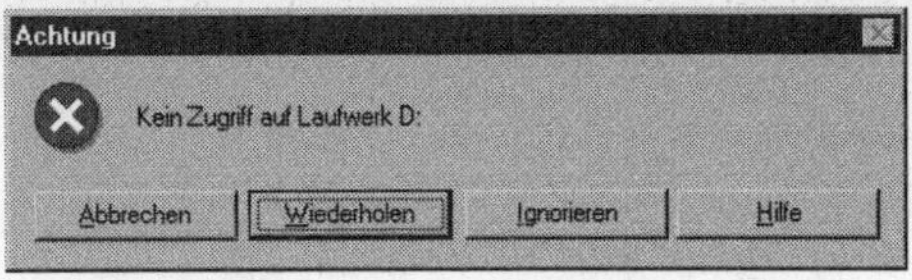

Ein mit der MsgBox-Funktion erstelltes Dialogfeld

Standarddialog-Steuerelement

Das *Standarddialog*-Steuerelement verfügt über sechs Methoden (ihre Namen beginnen alle mit *Show*), durch die fünf der am häufigsten benutzten Dialogfelder dargestellt werden können.

Methode	Dialogfeld
ShowOpen	Öffnen
ShowSave	Speichern unter
ShowColor	Farbe
ShowFont	Schriftart
ShowPrinter	Drucken
ShowHelp	(Aufruf einer Hilfedatei)

Die *ShowHelp*-Methode erstellt keines der üblichen Dialogfelder, sondern aktiviert die Windows-Hilfe, um eine Hilfedatei in Form eines ungebundenen Dialogs anzuzeigen.

Trotz seiner Vielseitigkeit ist die Verwendung dieses Steuerelements grundsätzlich recht einfach: Sie wählen es aus der Werkzeugsammlung und bringen es in ein Formular ein. Sollte das Dialog-Symbol in Ihrer Werkzeugsammlung nicht vorhanden sein, so fügen Sie es mit *Projekt/Komponenten* durch Aktivieren des Listenfeldeintrags *Microsoft Common Dialog Control 6.0* auf der Registerkarte *Steuerelemente* hinzu.

Die Größe des Standarddialogs ist nicht einstellbar, denn auf sie kommt es ebensowenig an wie auf seine Position, weil das Steuerelement zur Laufzeit nicht sichtbar ist. Das ist auch nicht nötig, weil es als Vermittler zwischen Visual Basic und der Windows-Bibliothek *Commdlg.dll* agiert. Die übrigen Eigenschaften, die zum Teil für das anzuzeigende Dialogfeld spezifisch sind, lassen sich im *Eigenschaftenseiten*-Dialog des Steuerelements einstellen.

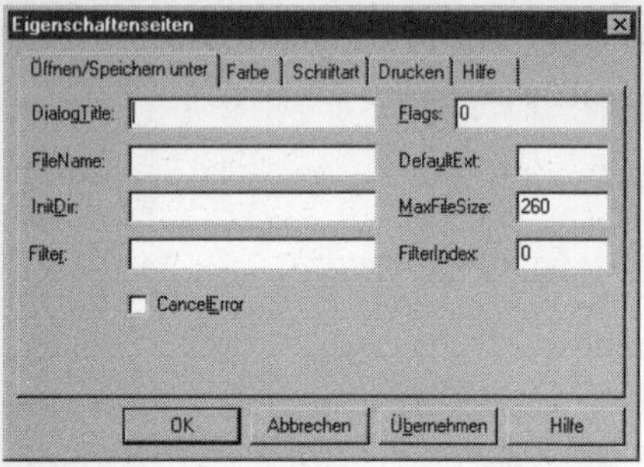

Einstellen der Dialog-Eigenschaften

Auf fünf Registerkarten – *Öffnen* und *Speichern unter* befinden sich auf einer Karte, weil deren Dialogfelder kaum Unterschiede aufweisen – werden die jeweiligen Einstellungsfelder individuell angezeigt. Eine allen Dialogtypen gemeinsame Eigenschaft ist *CancelError*. Ist sie auf *True* eingestellt, wird durch das Anklicken der *Abbrechen*-Schaltfläche ein Fehler ausgelöst, dessen Nummer den Wert der Konstanten *cdlCancel* hat. Durch eine einfache Fehlerbehandlung können dann ungültige oder unsinnige Rückgabewerte des Dialogfelds von der Weiterverarbeitung ausgeschlossen werden.

Tip: Abbrechen in Standard-Dialogfeldern erkennen

Um das Anklicken der *Abbrechen*-Schaltfläche in einem Standard-Dialogfeld erkennen zu können, sollte man routinemäßig die *CancelError*-Eigenschaft des Steuerelements schon im Entwurfsmodus auf *True* setzen. Am einfachsten erfolgt das bei dieser gemeinsamen Eigenschaft aller Dialoge über das normale Einstellungsfeld im Eigenschaftenfenster.

Die zweifellos wichtigste Eigenschaft aller Dialogfeldtypen ist aber die *Flags*-Eigenschaft, denn sie bestimmt Funktion und Aussehen des jeweiligen Dialogs. Diese Eigenschaft wird auf den gewünschten Wert gesetzt, bevor die Methode zum Öffnen des Dialogfelds aufgerufen wird. Es gibt eine Vielzahl von Werten für die *Flags*-Eigenschaft (für den *Schriftart*-Dialog z. B. insgesamt 18), die in der Objektbibliothek *MSComDlg* des Steuerelements im Objektkatalog (F2) übersichtlich aufgelistet sind. Mehrere Werte lassen sich mit dem *Or*-Operator (oder durch Addition) zu einem Wert des Datentyps *Long* kombinieren und dann der *Flags*-Eigenschaft zuweisen, Rückgabewerte können mittels des *And*-Operators ausgewertet werden.

Übung 18 Verwenden des Standarddialog-Steuerelements

Deutlicher als durch eine abstrakte Beschreibung wird der Einsatz des Standarddialogs durch ein Übungsbeispiel erläutert, das den *Öffnen-* und den *Schriftart*-Dialog demonstriert. Dazu versehen Sie ein Formular mit je einem *Anzeige-*, *RTF-* und *Standarddialog*-Steuerelement und mit zwei Menüs. (Das *RTF*-Element finden Sie im *Komponenten*-Dialog unter der Bezeichnung *Microsoft Rich Textbox Control 6.0.*)

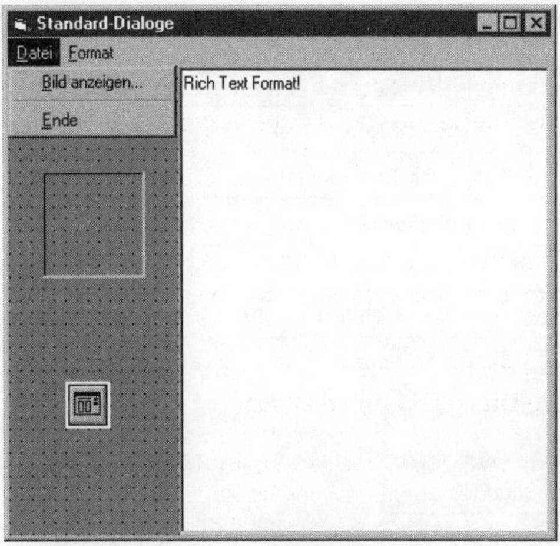

Die Oberfläche von Übung18

Der Name des *RTF*-Steuerelements leitet sich von Rich Text Format ab, einem Standard für das Speichern von Text mit zusätzlichen Attributen wie Schriftart, Farbe oder Absatzrändern. Dieses Format ist reichlich komplex, das Steuerelement aber nimmt dem Programmierer den allergrößten Teil der Arbeit ab.

Das *RTF*-Steuerelement ist rückwärts-kompatibel zum *Textfeld*-Steuerelement, unterstützt also dessen Eigenschaften, Methoden und Ereignisse und bietet eine Reihe zusätzlicher Ausstattungsmerkmale. Den Stellenwert der beiden Steuerelemente kann man sich durch einen Vergleich mit zwei Zubehörprogrammen von Windows klarmachen: Mit dem Textfeld läßt sich ein Texteditor im Stil von *Notepad.exe*, mit dem *RTF*-Steuerelement eine Textverarbeitung à la *Wordpad.exe* erstellen.

Die Objekteigenschaften haben die Werte

Objekt	Eigenschaft	Einstellung
Formular	Name	frmÜbung18
	BackColor	System: Inaktive Titelleiste
	Caption	Standard-Dialoge
Anzeige	Name	imgDemo
	BorderStyle	1 - Fest Einfach
	Stretch	True
RTF	Name	rtfDemo
	ScrollBars	3 - rtfBoth
	Text	Rich Text Format!
Standarddialog	Name	dlgDemo
	CancelError	True
	DialogTitle	Bild anzeigen

und die Menü-Einstellungen sind:

Caption	Name
&Datei	mnuDatei
....&Bild anzeigen...	mnuDateiBild
....-	mnuDateiTrenn
....&Ende	mnuDateiEnde
&Format	mnuFormat
....&Schrift...	mnuFormatSchrift

Auf Modulebene wird eine *String*-Variable deklariert

```
Option Explicit
Dim mstrFilt As String
```

und der Menübefehl *Datei/Ende* entlädt das Formular:

```
Private Sub mnuDateiEnde_Click()
  Unload Me
End Sub
```

In der *Load*-Prozedur werden vorbereitende Arbeiten durchgeführt. Die Variable *mstrFilt* wird mit Zeichenfolgen gefüllt, die im *Öffnen*-Dialog als Filter verwendet werden. Jeder Filter besteht aus einer Beschreibung und der Angabe der Dateinamenerweiterung, jeweils durch ein *Pipe*-Symbol (|) voneinander getrennt.

Dann wird mit Hilfe der *Span*-Methode der Text im *RTF*-Steuerelement markiert. In der Syntax

```
Objekt.Span Zeichenmenge, vorwärts, negieren
```

gibt *Zeichenmenge* die Zeichen an, die beim Markieren gesucht werden sollen, das boolesche Argument *vorwärts* bestimmt die Suchrichtung (von der Position der Einfügemarke aus gesehen) und *negieren* legt fest, ob die in *Zeichenmenge* angegebenen Zeichen zu suchen oder von der Suche auszuschließen sind.

Im Beispiel wird also die Markierung in Vorwärtsrichtung ausgedehnt, bis eines der angeführten Zeichen erreicht ist. Um dieses ebenfalls zu markieren, wird die Anzahl der ausgewählten Zeichen, die in der *SelLength*-Eigenschaft gespeichert wird, um 1 erhöht.

```
Private Sub Form_Load()
  mstrFilt = "Bilddateien|*.bmp;*.gif;*.jpg;*.wmf;*.ico|" _
    & "Bitmaps (*.bmp)|*.bmp|" _
    & "GIF-Bilder (*.gif)|*.gif|" _
    & "JPEG-Bilder (*.jpg)|*.jpg|" _
    & "Metafiles (*.wmf)|*.wmf|" _
    & "Symbole (*.ico)|*.ico"

  rtfDemo.Span ".!?:", True, True
  rtfDemo.SelLength = rtfDemo.SelLength + 1
End Sub
```

In der *Click*-Prozedur des Menübefehls *Datei/Bild anzeigen* wird nach dem Deklarieren der Variablen *blnAbbruch* mit der *On Error*-Anweisung

```
On Error GoTo Zeile
```

eine Fehlerbehandlungsroutine eingerichtet.

Sie bewirkt, daß bei einem hinter dieser Anweisung auftretendem Laufzeitfehler die Programmsteuerung zu der entsprechenden Fehlerbehandlungsroutine verzweigt. (Dies ist einer der ganz wenigen Fälle, in denen die „altehrwürdige“ Basic-Anweisung *GoTo* noch ihre Daseinsberechtigung hat.) *Zeile* ist eine Zeilenmarke (oder Zeilennummer), die aus einer Zeichenkombination mit einem Doppelpunkt am Ende besteht und in der ersten Spalte beginnen muß. Varianten der *On Error*-Anweisung werden später behandelt.

Danach werden die Eigenschaften *Flags* und *Filter* gesetzt. Letztere legt fest, welche Dateitypen im Listenfeld des Dialogfelds erscheinen. Sind mehrere Filter definiert (im Beispiel enthält *mstrFilt* sechs an der Zahl), dann kann durch die *FilterIndex*-Eigenschaft der voreingestellte Filter bestimmt werden (die Zählung beginnt bei 1!). Die *ShowOpen*-Methode blendet schließlich das Dialogfeld ein.

```
Private Sub mnuDateiBild_Click()
  Dim blnAbbruch As Boolean

  On Error GoTo Fehlerbehandlung
  blnAbbruch = False

  ' Nur Namen vorhandener Dateien können
  ' vom Benutzer eingegeben werden
  dlgDemo.Flags = cdlOFNFileMustExist
  dlgDemo.Filter = mstrFilt
  dlgDemo.ShowOpen

  If Not blnAbbruch Then
    imgDemo.Picture = LoadPicture(dlgDemo.filename)
  End If

  Exit Sub

Fehlerbehandlung:
  If Err.Number = cdlCancel Then
    blnAbbruch = True
    Resume Next
  Else
    MsgBox Err.Description
  End If
End Sub
```

Wenn ein Fehler in dieser Prozedur auftritt, wird der Code hinter der Zeilenmarke *Fehlerbehandlung* ausgeführt. Wurde er durch Abbrechen des Dialogs verursacht (*Err.Number = cdlCancel*), dann wird die Variable *blnAbbruch* entsprechend gesetzt und nach der den Fehler auslösenden Zeile fortgefahren (*Resume Next*). Bei einem wirklichen Fehler zeigt eine *MsgBox*-Meldung dessen Beschreibung an.

Ist der *Öffnen*-Dialog nicht abgebrochen worden (*blnAbbruch* gleich *False*), erscheint die gewählte Abbildung im Anzeigefeld, indem seiner

Picture-Eigenschaft der Rückgabewert der *LoadPicture*-Funktion zugewiesen wird. Als Argument benutzt die Funktion den vom Dialog in der *FileName*-Eigenschaft *Funktion* zurückgelieferten vollständigen Dateinamen (Laufwerk, Ordner und Name). Der Dateiname allein ist in der *FileTitle*-Eigenschaft gespeichert. Um die Fehlerbehandlungsroutine zu überspringen, muß die Prozedur mit *Exit Sub* verlassen werden.

Das Dialogfeld präsentiert sich in folgender Form:

Das Dialogfeld Bild anzeigen

In der Titelleiste erscheint die der *DialogTitle*-Eigenschaft zugewiesene Bezeichnung. Sie gilt nur für die beiden Dateidialoge; wenn sie nicht angegeben wird, erscheint der Standardtitel *Öffnen* oder *Speichern unter*.

Der Wert *cdlOFNFileMustExist*, mit dem die *Flags*-Eigenschaft versehen wird, hat zur Folge, daß das Dialogfeld darauf achtet, ob ein in seinem Textbereich eingegebener Name auf eine vorhandene Datei verweist. Trifft das nicht zu, dann reagiert es mit einer Fehlermeldung wie der folgenden.

Fehlermeldung des Dialogfelds bei nicht existierender Datei

Läßt man diesen Wert für die *Flags*-Eigenschaft weg, erscheint eine Fehlermeldung dieser Art:

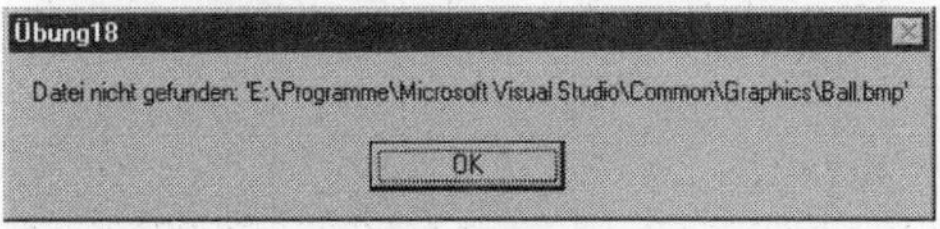

Meldung der Fehlerbehandlungsroutine

Der Unterschied mag nur unwesentlich erscheinen, ist aber wichtig: Im ersten Fall fängt nämlich das Dialogfeld den Fehler ab und ermöglicht eine Korrektur (oder das Abbrechen des Dialogs), im zweiten Fall stammt die Meldung von der eingerichteten Fehlerbehandlungsroutine. Ohne sie würde gar kein Hinweis erfolgen, nur am Mißlingen der Aktion – es wird kein (neues) Bild angezeigt – wäre zu erkennen, daß etwas schiefgelaufen ist.

Die andere Menüprozedur (*Format/Schrift*) besitzt die gleiche Struktur wie die erste. Durch die Kombination dreier Werte für die *Flags*-Eigenschaft wird erreicht, daß im Dialog TrueType-Drucker- und Bildschirmschriften aufgelistet und Schrifteffekte (Durchgestrichen, Unterstrichen, Farbe) aktiviert werden können. Der markierte Text (seine Eigenschaften beginnen alle mit der Vorsilbe *Sel*) wird dann mit den ausgewählten Schriftattributen versehen. Wenn kein Text markiert ist, gelten die eingestellten Attribute ab der aktuellen Position der Einfügemarke.

Hinweis: Flags-Eigenschaft beim Schriftart-Dialog

Während bei den anderen Dialogfeldtypen die *Flags*-Eigenschaft leer bleiben darf, muß sie für den *Schriftart*-Dialog auf *cdlCFScreenFonts, cdlCFPrinterFonts, cdlCFBoth* oder eine Kombination dieser Werte gesetzt werden, sonst reagiert das mit der *ShowFont*-Methode aufgerufene *Schriftart*-Dialogfeld mit folgender (in die Irre führenden) Meldung.

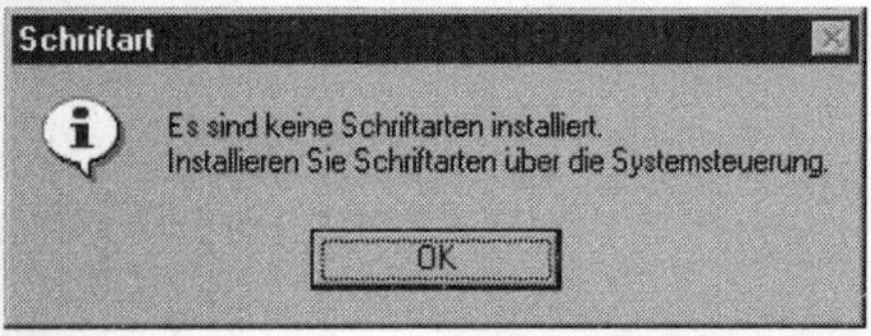

Fehlermeldung des Schriftart-Dialogs

Die Prozedur lautet insgesamt:

```
Private Sub mnuFormatSchrift_Click()
  Dim blnAbbruch As Boolean

  On Error GoTo Fehlerbehandlung
  blnAbbruch = False

  ' Bildschirm- und Druckerschriften, die TrueType-
  ' Schriftarten sind, mit Effekten anzeigen
  dlgDemo.Flags = cdlCFBoth Or cdlCFTTOnly Or cdlCFEffects
  dlgDemo.ShowFont
```

```
  If Not blnAbbruch Then
    With rtfDemo
      .SelFontName = dlgDemo.FontName
      .SelFontSize = dlgDemo.FontSize
      .SelBold = dlgDemo.FontBold
      .SelItalic = dlgDemo.FontItalic
      .SelStrikeThru = dlgDemo.FontStrikethru
      .SelUnderline = dlgDemo.FontUnderline
      .SelColor = dlgDemo.Color
    End With
  End If

  Exit Sub

Fehlerbehandlung:
  If Err.Number = cdlCancel Then
    blnAbbruch = True
    Resume Next
  Else
    MsgBox Err.Description
  End If
End Sub
```

Zur Laufzeit können Sie feststellen, daß jede Abbildung wegen der auf *True* gesetzten *Stretch*-Eigenschaft des *Anzeige*-Steuerelements an dessen Größe angepaßt wird. Erst wenn die Textmenge für das *RTF*-Steuerelement in Breite oder Höhe zu umfangreich wird, erscheinen die mit der *ScrollBars*-Eigenschaft eingestellten Bildlaufleisten. Wenn jedoch der Vorgabewert *False* für die Eigenschaft *DisableNoScroll* in *True* geändert wird, erscheinen Bildlaufleisten auch schon vorher, aber abgeblendet. Mit einer Abbildung und unterschiedlich formatierten Wörtern könnte die Anwendung folgendermaßen aussehen.

Übung18 zur Laufzeit

Benutzerdefinierte Dialogfelder

Wenn vordefinierte und Standard-Dialogfelder die vorgesehene Aufgabe nicht erfüllen - z. B. ist die Position, an der Standard-Dialoge auf dem Bildschirm erscheinen, nicht zu beeinflussen - oder wenn ihre grafische Gestaltung keinen Gefallen findet, kann man auf der Basis eines Formulars unter Verwendung der passenden Steuerelemente selbst ein Dialogfeld erstellen, das in verschiedenen Projekten eingesetzt werden kann. Ein paar Leitlinien für den Entwurf sind dabei zu bedenken.

Im allgemeinen wird ein Dialogfeld nur kurzzeitig angezeigt und braucht daher in seiner Größe nicht verändert zu werden. Das läßt sich am einfachsten dadurch erreichen, daß man die *BorderStyle*-Eigenschaft des Formulars auf den Wert *4 - Festes Werkzeug* setzt. Dadurch werden Größenänderungen verhindert, die Schaltflächen zum Maximieren und Minimieren werden nicht angezeigt, und die *Schließen*-Schaltfläche und der Titelleistentext erscheinen in kleinerer Schrift. Soll auch ein Verschieben verhindert werden, weist man der Eigenschaft *Moveable* den Wert *False* zu.

Ein ganz ähnliches Erscheinungsbild erzielt man, wenn man mit den Einstellungen *1 - Fest Einfach* für die *BorderStyle*- und *False* für die *ControlBox*-Eigenschaft (kein Systemmenü, damit auch keine Schaltflächen zum Minimieren oder Maximieren) arbeitet. Ein solches Formular erscheint aber im Gegensatz zum ersten in der Windows-Task-Leiste.

Tip: Formular ohne Titelleiste anzeigen

Wenn Sie ein Formular ohne Titelleiste anzeigen möchten, setzen Sie die *BorderStyle*-Eigenschaft auf einen festen Wert, schalten das Systemmenü aus (*ControlBox = False*) und löschen sämtliche Zeichen in der *Caption*-Eigenschaft.

Normalerweise enthält ein Dialogfeld mindestens zwei Befehlsschaltflächen. Die erste, häufig mit *OK* beschriftet, führt eine Aktion durch, die zweite, im allgemeinen mit der Aufschrift *Abbrechen*, dient zum Schließen des Dialogfelds ohne jede Änderung. Die Definition von *Standard*- und *Abbrechen*-Schaltfläche (Eigenschaften *Default* und *Cancel*) sollte unter Sicherheitsaspekten erfolgen, ebenso die Festlegung, welche Schaltfläche beim Starten des Dialogfelds den Fokus besitzt (*SetFocus*-Methode oder *TabIndex = 0* und *TabStop = True*).

6.4 Maus- und Tastaturereignisse handhaben

Mit der Maus werden Steuerelemente betätigt, beispielsweise durch Anklicken einer Befehlsschaltfläche. Das dadurch ausgelöste *Click*-Ereignis, das auch durch einen Tastendruck aktiviert werden kann, ist kein Mausereignis (allenfalls ein indirektes). Mausereignisse sind vielmehr solche, die Informationen über die Maus (z. B. die Position des Mauszeigers oder den Tastenstatus) liefern. Sie können von den meisten Objekten registriert werden, ebenso wie die durch das Bedienen der Tastatur hervorgerufenen Tastaturereignisse.

Mausereignisse

Visual Basic verfügt über fünf Mausereignisse.

Ereignis	Ausgelöst durch
MouseDown	Maustaste drücken
MouseUp	Maustaste loslassen
MouseMove	Bewegen des Mauszeigers
DragDrop	Ablegen eines Steuerelements auf einem Objekt
DragOver	Ziehen eines Steuerelements über ein Objekt

Voraussetzung für das Erkennen eines Mausereignisses durch ein Objekt ist, daß sich der Mauszeiger zum Zeitpunkt des Eintretens des Ereignisses innerhalb der Begrenzungen des betreffenden Objekts befindet. Ein Formular erkennt ein Mausereignis nur, wenn der Mauszeiger an einer freien Stelle positioniert ist.

Die Deklarationen der ersten drei Ereignisprozeduren - die letzten zwei werden später thematisiert - besitzen dieselbe Syntaxstruktur. Für das *MouseDown*-Ereignis lautet sie:

```
Private Sub Objekt_MouseDown([Index As Integer,] Button
_
As Integer, Shift As Integer, X As Single, Y As Single)
```

Das Ersetzen des Ereignisnamens durch *MouseUp* und *MouseMove* ergibt die Deklarationen der beiden anderen Mausereignisse. Die Argumente *Objekt* und *Index* erklären sich von selbst, die anderen bedürfen der Erläuterung.

Das Argument *Button* stellt einen Bitfeld-Wert dar, dessen drei niederwertigste Bits (in Binärdarstellung) den Zustand der drei Maustasten widerspiegeln. Ist das Bit mit der Nummer 0 gesetzt (entspricht einem Wert von 1), dann ist die linke Taste gedrückt. Eine gedrückte rechte Maustaste setzt das Bit 1 (Wert gleich 2), und mit dem Drücken der mittleren Maustaste (einer Maus mit drei Tasten) wird Bit 2 (Wert gleich 4) eingeschaltet.

Es empfiehlt sich, statt der numerischen Werte die folgenden integrierten Konstanten als Bitmasken zu benutzen.

Masken für Button	Beschreibung
vbLeftButton	Linke Maustaste
vbRightButton	Rechte Maustaste
vbMiddleButton	Mittlere Maustaste

Bei einer Zweitasten-Maus ist *vbMiddleButton* bedeutungslos, das entsprechende Bit ist immer 0.

Hinweis: Unterschied MouseMove – MouseDown/MouseUp

Zwischen den Ereignissen *MouseDown* und *MouseUp* einerseits und dem *MouseMove*-Ereignis andererseits besteht ein prinzipieller Unterschied. Mit ersteren läßt sich zwar feststellen, welche Taste gedrückt oder losgelassen wurde, das Drücken mehrerer Maustasten löst aber für jede ein separates Ereignis aus. Im Gegensatz dazu gibt *Button* beim *MouseMove*-Ereignis den Status aller Maustasten wieder, so daß man prüfen kann, welche Tasten gleichzeitig gedrückt wurden.

Das Argument *Shift* hat denselben Aufbau wie *Button* und auch die gleiche Funktion, jedoch in bezug auf die drei Umschalttasten der PC-Tastatur. Bei *Shift* können die nachstehenden Konstanten verwendet werden.

Masken für Shift	Beschreibung
vbShiftMask	[Umschalt]-Taste
vbCtrlMask	[Strg]-Taste
vbAltMask	[Alt]-Taste

Die Argumente *X* und *Y* sind die aktuellen Koordinaten der Position des Mauszeigers.

Drag & Drop

Die beiden bisher noch nicht behandelten Mausereignisse treten im Zusammenhang mit Drag & Drop-Operationen (Ziehen und Ablegen) eines Objekts auf. (Die etwas langatmigen deutschen Bezeichnungen haben sich gegen die handlichere Originalbezeichnung nicht durchsetzen können.) Die Deklarationen der Ereignisprozeduren haben folgende Syntax:

```
Private Sub Objekt_DragDrop([Index As Integer,] Source
_
As Control,  X As Single, Y As Single)
```

und

```
Private Sub Objekt_DragOver([Index As Integer,] Source
_
As Control,  X As Single, Y As Single, State As Single)
```

Fast jedes Visual Basic-Objekt kann an die Stelle des Arguments *Objekt* treten, ausgenommen sind außer den zur Laufzeit unsichtbaren auch das *Figur-*, *Linien-* und *Menü*-Steuerelement. *Source* (Quelle) bezeichnet das Steuerelement, das momentan auf einem *Objekt* (dem Ziel der Mausaktion) abgelegt wird oder sich über diesem befindet. *X* und *Y* geben die Koordinaten des Mauszeigers im Bereich des Zielobjekts an.

Das Argument *State* gibt Auskunft über die Bewegung der Quelle in bezug auf das Zielobjekt und hat einen der folgenden Werte:

State (DragOver-Ereignis)	Beschreibung
vbEnter	Quelle in Ziel hineinbewegt
vbLeave	Quelle aus Ziel herausbewegt
vbOver	Quelle innerhalb des Zielbereichs bewegt

Alle Steuerelemente (die genannten sowie Formulare ausgenommen) verfügen über zwei Eigenschaften und eine Methode, mit denen sich der Ablauf von Drag & Drop-Operationen näher spezifizieren läßt.

Die *DragMode*-Eigenschaft legt fest, ob die Möglichkeit zum Ziehen eines Steuerelements immer vorhanden ist (automatisch) oder durch die *Drag*-Methode aktiviert werden muß (manuell). Die möglichen Werte für diese Eigenschaft sind:

DragMode-Eigenschaft	Beschreibung
vbManual	Manuell (Voreinstellung)
vbAutomatic	Automatisch

Den während einer Drag & Drop-Aktion angezeigten Mauszeiger kann man mit der *DragIcon*-Eigenschaft auswählen. Im Normalfall wird die Quelle beim Ziehen durch einen grauen Rahmen dargestellt. Um zugelassene Zielbereiche zu signalisieren oder den Standardumriß, der bei hellfarbigem Hintergrund nur schwer oder überhaupt nicht auszumachen ist, zu ersetzen, teilt man der *DragIcon*-Eigenschaft ein Symbol zu. Dies kann zur Laufzeit mit der *LoadPicture*-Funktion oder durch Zuweisen der *DragIcon-*, *Icon-* oder *Picture*-Eigenschaft eines anderen Objekts erfolgen.

Mit der *Drag*-Methode

```
Objekt.Drag Aktion
```

hat man volle Kontrolle über eine Ziehoperation, indem man dem Argument *Aktion* einen der nachstehenden Werte zuweist:

Aktion (Drag-Methode)	Beschreibung
vbCancel	Ziehen abbrechen
vbBeginDrag	Ziehen beginnen (Voreinstellung)
vbEndDrag	Ziehen beenden und Objekt ablegen

Mit *vbBeginDrag* wird das Ziehen initialisiert; beim Ablegen eines Steuerelements durch *vbEndDrag* (oder durch Lösen der Maustaste) wird das *DragDrop*-Ereignis ausgelöst; *vbCancel* deaktiviert den Ziehvorgang und löst kein Ereignis aus.

Drag ist eine synchrone Methode, d. h., nachfolgende Anweisungen werden erst dann ausgeführt, wenn die Ziehoperation beendet ist.

Tip: Kontrolle über Drag & Drop-Operationen

Wenn Sie nur mit der auf automatisches Ziehen eingestellten *DragMode*-Eigenschaft Drag & Drop-Operationen durchführen, verhalten sich die Steuerelemente anders als gewohnt. Eine Befehlsschaltfläche reagiert beispielsweise nicht mehr auf den Mausklick. Um die Kontrolle über solche Aktionen in der Hand zu behalten, sollten Sie im Programmcode die *Drag*-Methode mit dem passenden Argument verwenden, was auch bei auf *vbAutomatic* gesetztem *DragMode* machbar ist.

Übung 19 Drag & Drop

Diese Übung veranschaulicht Drag & Drop anhand eines Formulars mit je einem *Anzeige-*, *Abbildungsliste-* und *Rahmen-*Steuerelement sowie einer Befehlsschaltfläche.

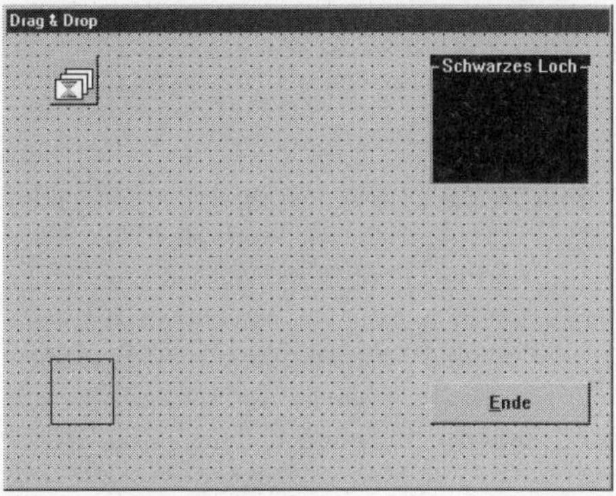

Die Oberfläche von Übung19

Die Objekteigenschaften sind wie folgt festgelegt:

Objekt	Eigenschaft	Einstellung
Formular	Name	frmÜbung19
	BackColor	(Hellblau): &H00FFFF80&
	BorderStyle	3 - Fester Dialog
	Caption	Drag & Drop
	ControlBox	False
Abbildungsliste	Name	ilsSymbole
Anzeige	Name	imgDrag
	BorderStyle	1 - Fest Einfach
	Stretch	True
Rahmen	Name	fraLoch
	BackColor	(Schwarz)): &H00000000&
	Caption	Schwarzes Loch
	ForeColor	(Weiß)): &H00FFFFFF&
Befehlsschaltfläche	Name	cmdEnde
	Caption	&Ende

Die Abbildungsliste dient als Container für vier Symboldateien aus dem Lieferumfang von Visual Basic:

Bilder der Abbildungsliste	Key
...\Graphics\Icons\Elements\Sun.ico	Sonne
...\Graphics\Icons\Elements\Rain.ico	Regen
...\Graphics\Icons\Computer\Msgbox03.ico	Achtung
...\Graphics\Icons\Computer\Msgbox01.ico	Stop

Im Deklarationsteil werden zunächst zwei Farbkonstanten des Typs *Long* definiert, eine für einen hellen (himmelblauen) und eine für einen dunklen (dunkelgrauen) Hintergrund des Formulars. Die hexadezimalen Zahlenwerte werden einfach nach Einstellung der jeweiligen Farbe im Entwurfsmodus aus dem Einstellungsfeld an die entsprechende Stelle im Codefenster kopiert. Die Boolesche Variable *blnHell* soll den augenblicklichen Zustand des Hintergrunds und die beiden restlichen Variablen sollen die Ausgangskoordinaten des Anzeige-Elements speichern. Die *Ende*-Schaltfläche funktioniert in gewohnter Weise.

```
Option Explicit
' Konstanten für Formular-Hintergrund
Const cHellBlau As Long = &HFFFF80
Const cDunkelGrau As Long = &H808080

Dim blnHell As Boolean
Dim sngX As Single
Dim sngY As Single

Private Sub cmdEnde_Click()
  Unload Me
End Sub
```

In der *Load*-Prozedur werden die Variablen initialisiert, und das Anzeigefeld wird mit einem Bild aus der Abbildungsliste versehen.

```
Private Sub Form_Load()
  blnHell = True

  imgDrag.Picture = ilsSymbole.ListImages("Sonne").Picture

  sngX = imgDrag.Left
  sngY = imgDrag.Top
End Sub
```

Bei einem Klick auf das *Anzeige*-Steuerelement wird in seinem *MouseDown*-Ereignis der *DragIcon*-Eigenschaft ebenfalls das durch die *Picture*-

Eigenschaft angezeigte Symbol zugewiesen und dann mit Hilfe der *Drag*-Methode der Ziehvorgang aktiviert.

```
Private Sub imgDrag_MouseDown(Button As Integer, _
  Shift As Integer, X As Single, Y As Single)

  ' Initiales DragIcon setzen, Drag & Drop beginnen
  imgDrag.DragIcon = imgDrag.Picture
  imgDrag.Drag vbBeginDrag
End Sub
```

In der Titelleiste oder außerhalb des Formulars kann das gezogene Steuerelement nicht abgelegt werden, was durch einen automatischen Wechsel des Mauszeigers in das *NoDrop*-Symbol signalisiert wird. Auf der Befehlsschaltfläche soll ebenfalls kein Drop-Vorgang erlaubt sein, daher wird bei Eintreten ihres *DragOver*-Ereignisses als Ziehsymbol ein Stoppzeichen angezeigt. Die entsprechende Anweisung greift auf die *DragIcon*-Eigenschaft über das als *Control*-Variable deklarierte Argument *Source* zu, und zwar unabhängig davon, welches Steuerelement gezogen wird.

Tip: Gezogenes Steuerelement identifizieren

Wenn das gezogene Element eins von mehreren Steuerelementen sein kann, die unterschiedlich behandelt werden, läßt sich ihre Identifizierung anhand des *Source*-Arguments folgendermaßen vornehmen: Mit *If TypeOf Source Is ...* stellen Sie den Objekttyp fest, und durch Abfrage einer zuvor in der *Tag*-Eigenschaft gespeicherten Zeichenfolge (*If Source.Tag ...*) können Sie das Steuerelement überprüfen.

```
Private Sub cmdEnde_DragOver(Source As Control, X As _
  Single, Y As Single, State As Integer)

  ' Droppen verboten
  Source.DragIcon = ilsSymbole.ListImages("Stop").Picture
End Sub
```

Über dem *Rahmen*-Steuerelement verwandelt sich der Mauszeiger in das Symbol *Achtung*.

```
Private Sub fraLoch_DragOver(Source As Control, X As _
  Single, Y As Single, State As Integer)

  ' Droppen erlaubt, aber Vorsicht!
  Source.DragIcon = _
    ilsSymbole.ListImages("Achtung").Picture
End Sub
```

Das Loslassen des Steuerelements über dem Rahmen aktiviert dessen *DragDrop*-Ereignis. In der zugehörigen Prozedur werden die Variable *blnHell* und der Farbhintergrund des Formulars umgeschaltet, und das Steuerelement, dessen Bild ebenfalls wechselt, wird durch die *Move*-Methode zur Ausgangsposition beim Programmstart verschoben.

```
Private Sub fraLoch_DragDrop(Source As Control, _
  X As Single, Y As Single)

  ' Hintergrund und Bild umschalten
  If blnHell Then
    blnHell = False
    BackColor = cDunkelGrau
    Source.Picture = ilsSymbole.ListImages("Regen").Picture
  Else
    blnHell = True
    BackColor = cHellBlau
    Source.Picture = ilsSymbole.ListImages("Sonne").Picture
  End If

  ' Steuerelement zurück zum Ausgangspunkt
  Source.Move sngX, sngY
End Sub
```

Hinweis: Objekt nicht angegeben

Wenn, wie hier geschehen, Eigenschaften (*BackColor*) oder Methoden ohne Angabe eines Objekts verwendet werden, werden sie von Visual Basic dem Formular zugeordnet, in dem die Prozedur angesiedelt ist.

Das *DragOver*-Ereignis des Formulars sorgt dafür, daß der Mauszeiger nach einer Veränderung beim Ziehen in „verbotenes" Gebiet wieder restauriert wird.

```
Private Sub Form_DragOver(Source As Control, _
  X As Single, Y As Single, State As Integer)

  ' DragIcon setzen
  If blnHell Then
    Source.DragIcon = _
      ilsSymbole.ListImages("Sonne").Picture
  Else
    Source.DragIcon = _
      ilsSymbole.ListImages("Regen").Picture
  End If
End Sub
```

Beim Loslassen über dem Formular wird das Steuerelement durch die Anweisung in der *DragDrop*-Prozedur so abgelegt, daß sein Mittelpunkt auf der Position des Mauszeigers liegt.

```
Private Sub Form_DragDrop(Source As Control, _
  X As Single, Y As Single)

  ' Zur aktuellen Position verschieben
  Source.Move (X - Source.Width / 2), _
    (Y - Source.Height / 2)
End Sub
```

Wenn Sie zur Laufzeit das Ausgangsbild (Sonne) zum Rahmen ziehen und dort ablegen, bietet die Oberfläche folgenden Anblick.

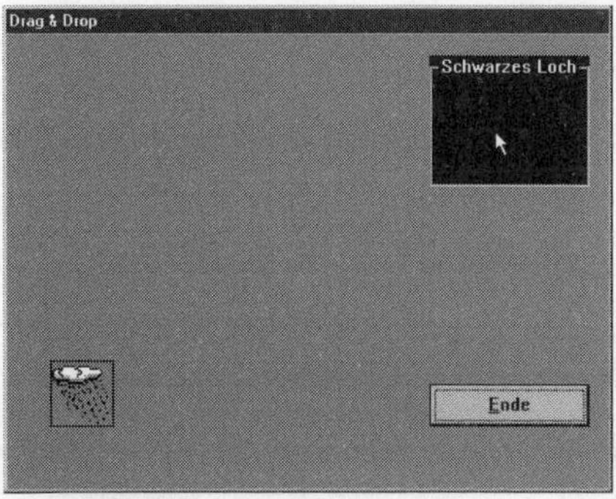

Die Sonne ist im schwarzen Loch verschwunden!

Hinweis: OLE-Drag & Drop

Viele Steuerelemente verfügen zusätzlich (in unterschiedlicher Ausprägung) über OLE-Drag & Drop. Diese Technik basiert ebenfalls auf dem Modell von Quelle und Ziel, mit ihr werden aber keine Steuerelemente verschoben, sondern Daten von einem Steuerelement zu einem anderen oder aus einer Anwendung in eine andere bewegt. Erläuterungen und Tips finden Sie in der Online-Dokumentation.

Tastaturereignisse

Das Drücken der Tastatur löst bei allen Objekten, die Tastatureingaben akzeptieren, eins dieser Ereignisse aus:

Ereignis	Ausgelöst durch
KeyPress	Drücken einer ANSI-Taste
KeyDown	Drücken einer Taste
KeyUp	Loslassen einer Taste

Mit ANSI-Taste ist eine Taste gemeint, die ein Zeichen des ANSI-Zeichensatzes erzeugt. Er unterscheidet sich von dem unter DOS üblichen erweiterten ASCII-Zeichensatz in der zweiten Hälfte (Zeichencodes > 127), in der Sonderzeichen angesiedelt sind. Ein Tastaturereignis wird von dem Objekt erkannt, das gerade den Fokus besitzt. Ein Formular kann nur dann den Fokus erhalten, wenn ihn kein Steuerelement besitzt. Das ist im Grunde nur in einem Formular der Fall, dessen Steuerelemente komplett gesperrt sind, oder aber in einem leeren Formular. Wenn allerdings seine *KeyPreview*-Eigenschaft auf *True* gesetzt wird, werden alle Tastaturereignisse zuerst an das Formular und dann an das Steuerelement mit dem Fokus gesendet. Auf diese Weise ist es möglich, eine generelle Behandlungsroutine für die Tastatur zu schreiben, die für das gesamte Formular wirksam ist.

KeyPress-Ereignis

Nachdem eine Taste losgelassen wurde, wird in der Prozedur dieses Ereignisses

```
Private Sub Objekt_KeyPress([Index As Integer,] KeyA-
scii As Integer)
```

im Argument *KeyAscii* der Code des Zeichens übergeben, das durch den Tastendruck erzeugt wurde. Dieser Wert kann abgefragt werden, um ungültige Zeichen abzufangen und durch die Anweisung

```
KeyAscii = 0
```

in ein Null-Zeichen umzuwandeln. Dieses Verfahren wurde in *Übung03* angewendet, um nur Zahleneingaben zuzulassen. Mit den Zeilen

```
If KeyAscii = Asc("O") Then KeyAscii = Asc("A")
If KeyAscii = Asc("o") Then KeyAscii = Asc("a")
If KeyAscii = Asc("t") Then KeyAscii = Asc("n")
```

in der *KeyPress*-Prozedur eines Textfelds wird bei Eingabe von „Otto“ das Wort „Anna“ im Eingabefeld erscheinen.

KeyDown-, KeyUp-Ereignis

Die *KeyDown*- und *KeyUp*-Ereignisse erkennen Tastaturaktionen auf einer physikalischen Ebene. Ihre Syntax, hier für die *KeyDown*-Prozedur wiedergegeben,

```
Private Sub Objekt_KeyDown([Index As Integer,] _
KeyCode As Integer, Shift As Integer)
```

weist die beiden Argumente *KeyCode* und *Shift* auf. *KeyCode* liefert den numerischen Code der gedrückten Taste, der für jede Taste, die auf der Tastatur vorhanden ist, einen eindeutigen Wert besitzt. Es werden also auch alle Sondertasten wie Pfeil- oder Funktionstasten erkannt. In der Laufzeit-Bibliothek von Visual Basic sind sämtliche Tastencodes als Konstanten definiert. Ihre Bezeichnungen beginnen alle mit dem Präfix *vbKey*, dem die Kennzeichnung der jeweiligen Taste folgt (z. B. *vbKeyA*, *vbKey9*, *vbKeyF11* usw.).

Das Argument *Shift* stimmt mit dem gleichnamigen Argument überein, das in den Prozeduren der Mausereignisse auftritt. Es liefert ebenfalls den Zustand von [Umschalt]-, [Strg]- und [Alt]-Taste und läßt sich in gleicher Weise mit den integrierten Bitmasken-Konstanten überprüfen.

6.5 Eigene Objekte generieren: Klassenmodule

Ein Weg, eigene Objekte in Visual Basic zu erstellen, besteht darin, einem existierenden Formular benutzerdefinierte Eigenschaften hinzuzufügen und dieses Formular als Klasse zu verwenden, um neue Instanzen mit den neuen Eigenschaften zu erzeugen. Diese Vorgehensweise haben Sie im Ansatz in *Übung13* kennengelernt.

Eine andere Möglichkeit bieten Klassenmodule, die zwar keine sichtbaren Komponenten besitzen können, sich aber separat kompilieren lassen und so auch von anderen Windows-Applikationen zu benutzen sind. Ein Klassenmodul enthält den Code für die benutzerdefinierten Eigenschaften (in Form von *Property*-Prozeduren) und Methoden (in Form von öffentlichen *Sub*- und *Function*-Prozeduren), die alle auf der Basis dieser Klasse definierten Objekte aufweisen.

Ein Klassenmodul reagiert nur auf die beiden Ereignisse *Initialize* und *Terminate*, die eintreten, wenn eine Instanz der Klasse erzeugt bzw. wenn dieses Objekt wieder gelöscht wird.

Übung 20 Klassenmodule

Stellen Sie sich vor, daß Sie ein Spiel programmieren wollen, kein rasantes Actionspiel (dafür ist Visual Basic auch nicht unbedingt die geeignete Entwicklungsplattform), sondern ein Kartenspiel, das auch auf Computern, die nicht dem High-End-Bereich zuzuordnen sind, schnell genug ausgeführt werden. Dabei soll es sich um ein Spiel mit 32 (französischen) Karten handeln, das aus den acht Kartenwerten As, König, Dame, Bube, Zehn, Neun, Acht und Sieben in jeder der vier Farben Kreuz, Pik, Herz und Karo besteht.

Jede dieser Karten kann als Objekt betrachtet werden, dessen Klassenname *Spielkarte* lauten soll. Das gesamte Spiel namens *Kartenspiel* läßt sich dann als Feld von 32 *Spielkarte*-Objekten darstellen, die durch den Index unterschieden werden. Beginnen Sie ein neues Standard-EXE-Projekt, das Sie mit *Projekt/Klassenmodul hinzufügen* um ein Klassenmodul erweitern. Den Namen des Klassenmoduls ändern Sie in *Spielkarte*.

Die Klasse besitzt eine Methode namens *Generieren*, die jeder Spielkarte einen spezifischen Wert (nämlich einen Index) zuordnet.

```
Option Explicit
Private mintIndex As Integer

Public Sub Generieren(intX As Integer)
  mintIndex = intX
End Sub
```

Ferner verfügt sie über eine Eigenschaft mit dem Namen *Karte*, in der Farbe und Wert zu einer Zeichenfolge zusammengefaßt sind. Sie wird aus dem Index durch die *Function*-Prozedur *KarteErmitteln* berechnet.

```
Public Property Get Karte() As String
  Karte = KarteErmitteln(mintIndex)
End Property

Private Function KarteErmitteln(intX As Integer) As String
  Dim intFarbe As Integer
  Dim intWert As Integer
  Dim strKarte As String

  intFarbe = (intX - 1) \ 8
  Select Case intFarbe
  Case 0
    strKarte = "Kreuz "
  Case 1
    strKarte = "Pik "
  Case 2
    strKarte = "Herz "
  Case 3
    strKarte = "Karo "
  End Select
```

```
  intWert = intX Mod 8
  Select Case intWert
  Case 0 To 3
    strKarte = strKarte & Format$(intWert + 7)
  Case 4
    strKarte = strKarte & "Bube"
  Case 5
    strKarte = strKarte & "Dame"
  Case 6
    strKarte = strKarte & "König"
  Case 7
    strKarte = strKarte & "As"
  End Select

  KarteErmitteln = strKarte
End Function
```

Beachten Sie, daß die Eigenschaft *Karte* nicht verändert werden darf und deshalb als schreibgeschützt implementiert ist (es gibt keine entsprechende *Property Let*-Prozedur).

Fügen Sie dem Projekt ein weiteres Klassenmodul hinzu, dem Sie den Namen *Kartenspiel* geben. In seiner *Initialize*-Prozedur wird das Datenfeld *Kartenspiel* mit 32 Elementen gefüllt, indem in der *Set*-Anweisung unter Verwendung des Schlüsselworts *New* der temporären Variablen *Temp* ein Verweis auf eine neue Instanz von *Spielkarte* zugewiesen und diese dann durch die *Generieren*-Methode mit einem eindeutigen Indexwert versehen wird.

```
Option Explicit
Private Kartenspiel(1 To 32) As Spielkarte

Private Sub Class_Initialize()
  Dim I As Integer
  Dim Temp As Spielkarte

  For I = 1 To 32

    Set Temp = New Spielkarte
    Temp.Generieren I
    Set Kartenspiel(I) = Temp
  Next
End Sub
```

Die wiederum nur abrufbare Eigenschaft *Karte* ist analog zur Eigenschaft der Klasse *Spielkarte* definiert.

```
Public Property Get Karte(intX As Integer) As String
  Karte = Kartenspiel(intX).Karte
End Property
```

Spielkarten werden normalerweise vor dem Austeilen gemischt. Die Methode *Mischen* wird durch die gleichnamige Prozedur zur Verfügung gestellt. Wie oft der Kartenstapel zu durchmischen ist, wird durch ein optionales Argument bestimmt. Ist es nicht angegeben, wird es auf den Vorgabewert *5* gesetzt.

Das Mischen erfolgt durch Vertauschen je zweier Karten unter Zuhilfenahme der als Zwischenspeicher dienenden Variablen *Temp*. Mit der *Rnd*-Funktion wird ein zufälliger Wert im Bereich von 1 bis 32 erzeugt, der als Kartenindex des jeweiligen Tauschpartners dient. Durch die Anweisung *Randomize* wird dafür gesorgt, daß die Sequenz der erzeugten Zufallszahlen unterschiedlich ist, indem der zur Generierung verwendete Startwert aus der aktuellen Systemzeit abgeleitet wird.

```
Public Sub Mischen(Optional intWieOft As Integer = 5)
  Dim I As Integer
  Dim intX As Integer
  Dim intPos As Integer
  Dim Temp As Spielkarte

  Randomize
  For I = 1 To 32 * intWieOft
    intPos = I Mod 32 + 1
    intX = Int(32 * Rnd) + 1
    Set Temp = Kartenspiel(intPos)
    Set Kartenspiel(intPos) = Kartenspiel(intX)
    Set Kartenspiel(intX) = Temp
  Next
End Sub
```

Um die fertiggestellten Klassen zu testen, stellen Sie sich bitte vor, Sie wollten das Kartenspiel Skat für den PC programmieren. Bei diesem Spiel erhält jeder der drei Spieler zehn Karten, die restlichen zwei werden im sogenannten Skat abgelegt. Zur Demonstration des Mischens und der Verteilung der Karten wird das Formular mit zunächst fünf Bezeichnungsfeldern versehen. Die ersten vier sind als Steuerelementefeld angelegt, dessen Komponenten sich außer im Index nur durch Beschriftung unterscheiden. Das fünfte Bezeichnungsfeld bildet die Basis eines Felds mit 32 Elementen zur Darstellung der Karten, das zur Laufzeit aufgebaut wird, was oft weniger Arbeit macht als die Erstellung in der Entwurfsphase und diese Technik noch einmal vorführt.

Objekt	Eigenschaft	Einstellung
Formular	Name	frmÜbung20
	BackColor	(Mittelgrün): &H00008000&
	BorderStyle	3 - Fester Dialog
	Caption	Karten
1. Bezeichnungsfeld	Name	lblSpieler
	Alignment	2 - Zentriert
	BorderStyle	1 - Fest Einfach
	Caption	Spieler 1
	Index	0
2. Bezeichnungsfeld	Caption	Spieler 2
	Index	1
3. Bezeichnungsfeld	Caption	Spieler 3
	Index	2
4. Bezeichnungsfeld	Caption	Skat
	Index	3
5. Bezeichnungsfeld	Name	lblKarte
	Alignment	2 - Zentriert
	Appearance	0 - 2D
	BorderStyle	1 - Fest Einfach
	Caption	(Leer)
	Index	1

Ferner erhält das Formular dieses Menü,

Caption	Name
&Datei	mnuDatei
...&Neues Spiel	mnuDateiNeu
...-	mnuDateiTrenn
...&Ende	mnuDateiEnde

so daß es folgendes Aussehen hat:

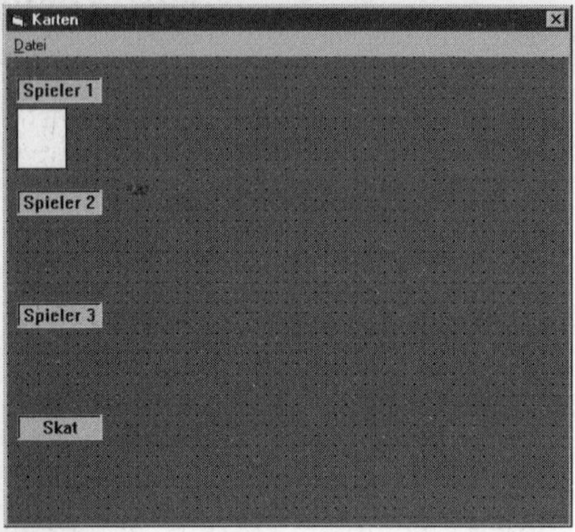

Die Oberfläche von Übung20

Im Deklarationsabschnitt des Formularmoduls wird die Variable *DiesesSpiel* definiert, die auf ein Objekt der Klasse *Kartenspiel* verweist, und mit dem Menübefehl *Ende* wird die Anwendung geschlossen.

```
Option Explicit
Dim DiesesSpiel As New Kartenspiel

Private Sub mnuDateiEnde_Click()
  Unload Me
End Sub
```

In der *Load*-Prozedur werden die restlichen Bezeichnungsfelder erstellt und auf dem Formular positioniert. Die für den horizontalen und vertikalen Abstand benutzten Werte müssen eventuell an die von Ihnen verwendeten Abmessungen für die Steuerelemente angepaßt werden.

```
Private Sub Form_Load()
  Dim I As Integer
  Dim intHor As Integer

  intHor = lblKarte(1).Width + 60
  For I = 2 To 32
    Load lblKarte(I)

    Select Case I
    Case 11, 21, 31
      lblKarte(I).Top = lblKarte(I - 10).Top + 1320
      lblKarte(I).Left = lblKarte(I - 10).Left
```

```
    Case Else
      lblKarte(I).Top = lblKarte(I - 1).Top
      lblKarte(I).Left = lblKarte(I - 1).Left + intHor
    End Select

    lblKarte(I).Visible = True
  Next
End Sub
```

Der Befehl *Neues Spiel* bewirkt, daß das Kartenspiel zehnmal durchmischt wird. Sodann wird einmal für jede Spielkarte die Eigenschaft *Karte* abgerufen und in *strKarte* gespeichert. Die durch die *InStr*-Funktion ermittelte Position des Leerzeichens innerhalb dieser Zeichenkette ermöglicht deren Trennung in zwei Teile, von denen der erste (mit der *Left$*-Funktion abgetrennt) die Kartenfarbe und der zweite (durch die *Mid$*-Funktion extrahiert) den Kartenwert enthält. Beide werden mit Zeilenvorschubzeichen versehen in *strText* gespeichert.

Die Zuteilung der Karten erfolgt innerhalb der *Select Case*-Struktur in der Weise, daß jeder Spieler fünf aufeinanderfolgende Karten erhält, dann zwei Karten abgelegt werden und die restlichen wieder zu je fünf an die Spieler ausgegeben werden. Durch Zuweisung der Zeichenfolge an die *Caption*-Eigenschaft des jeweiligen Bezeichnungsfelds wird die Kartenverteilung dargestellt.

```
Private Sub mnuDateiNeu_Click()
  Dim I As Integer
  Dim intX As Integer
  Dim strKarte As String
  Dim strText As String

  DiesesSpiel.Mischen 10

  For I = 1 To 32
    strKarte = DiesesSpiel.Karte(I)
    intX = InStr(strKarte, " ")
    strText = vbCrLf & Left$(strKarte, intX - 1) _
      & vbCrLf & Mid$(strKarte, intX + 1)

    Select Case I
    Case 1 To 5
      lblKarte(I).Caption = strText
    Case 6 To 10
      lblKarte(I + 5).Caption = strText
    Case 11 To 15
      lblKarte(I + 10).Caption = strText
```

```
    Case 16, 17
      lblKarte(I + 15).Caption = strText
    Case 18 To 22
      lblKarte(I - 12).Caption = strText
    Case 23 To 27
      lblKarte(I - 7).Caption = strText
    Case 28 To 32
      lblKarte(I - 2).Caption = strText
    End Select
  Next
End Sub
```

Nach dem Starten der Anwendung und Anklicken von *Datei/Neues Spiel* sehen Sie, welche Karten jeder Spieler bekommen hat.

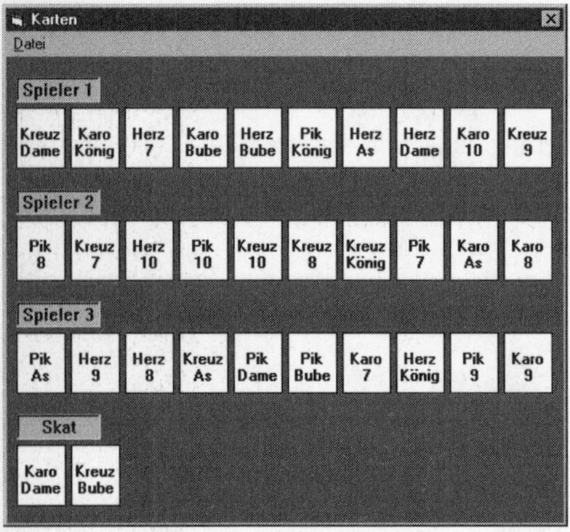

Eine mögliche Verteilung der Karten

Für ein richtiges Spielprogramm würde man sich selbstverständlich mit der Textdarstellung der Karten nicht zufriedengeben. Grafische Darstellungen von Spielkarten findet man in Symbolbibliotheken, oder man kreiert mit einem Grafikprogramm eigene.

Sie können in einem *Abbildungsliste*-Steuerelement abgelegt und in *Anzeige*- oder *Bildfeld*-Steuerelementen, die an die Stelle der hier benutzten Bezeichnungsfelder treten, wiedergegeben werden.

6.6 ActiveX-Steuerelemente verstehen und erstellen

Seit Visual Basic dem Entwickler die Möglichkeit eröffnet, selbst Steuerelemente zu erstellen, nimmt die Zahl verfügbarer ActiveX-Steuerelemente stetig zu. Weshalb dann noch selbst programmieren? Bedeutet das nicht, das sprichwörtliche Rad neu zu erfinden?

Die Antwort hierauf lautet „sowohl - als auch". Wenn Sie ein spezielles Steuerelement suchen und bei Ihrer Suche (Drittanbieter, Internet, CDs) fündig werden und Zeit- und Kostenaufwand angemessen erscheinen, besteht keine Notwendigkeit, eigene Steuerelemente zu entwickeln. Wenn das gebotene Funktionsspektrum aber doch nicht genau mit der Zielvorstellung übereinstimmt oder man sich einfach dafür interessiert, wie die Konstruktion von Steuerelementen vonstatten gehen kann, ist Eigenarbeit angesagt.

Übung 21 ActiveX-Steuerelement

Ein einfaches Beispiel soll Sie in die grundlegenden Techniken einführen. Erstellt werden soll ein Eingabefeld, das nur Zahlen akzeptiert und als Eigenschaften den aktuellen Wert sowie eine Unter- und Obergrenze für die einzugebende Zahl besitzt. Das Steuerelement verfügt über keine Methoden, wohl aber über zwei benutzerdefinierte Ereignisse, die durch Eingabefehler (nichtnumerische Zeichen oder Bereichsüberschreitung) ausgelöst werden.

Starten Sie ein neues Projekt vom Typ *ActiveX-Steuerelement*. Die Entwicklungsumgebung zeigt das vertraute Bild, nur in der Titelleiste des Formularfensters erscheint *UserControl* (Benutzer-Steuerelement) als Klassenname des Formulars. Auf dem Formular plazieren Sie in gewohnter Weise vorhandene Steuerelemente, legen deren Eigenschaften im Eigenschaftenfenster fest und geben Programmcode im Editorfenster ein. Die zur Herstellung des ActiveX-Steuerelements verwendeten und ihm die gewünschte Funktionalität verleihenden Steuerelemente werden konstituierende Steuerelemente genannt.

Zeichnen Sie ein Textfeld in das Formular und geben Sie den beiden Objekten folgende Eigenschaftswerte, wobei die Farbeinstellungen lediglich einen optischen Hinweis auf das selbsterstellte Steuerelement liefern sollen.

Objekt	Eigenschaft	Einstellung
Benutzer-Steuerelement	Name	NumBox
	BackColor	(Mittelblau): &H00C00000&
Textfeld	Name	txtZahl
	BackColor	(System): QuickInfo
	Text	(Leer)

Wenn Sie das Textfeld oben links im verkleinerten Formular positionieren und Projekt wie ActiveX-Steuerelement unter dem Namen *NumInput* (letzteres mit der Erweiterung *clt*) speichern, hat das Designfenster in etwa dieses Aussehen:

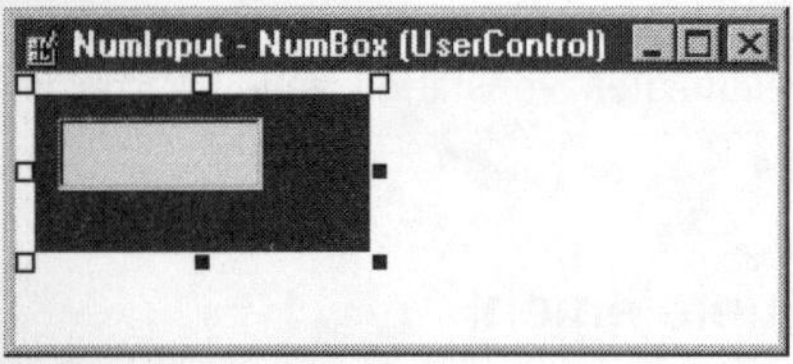

Die Oberfläche des Steuerelements

Die bequemste Art, ein in der Entwicklungsphase befindliches Steuerelement zu testen, besteht im Hinzufügen eines Testprojekts. Klicken Sie dazu in der Voreinstellung-Symbolleiste auf *Standard EXE-Projekt hinzufügen*. Damit haben Sie eine Projektgruppe gebildet, die nach Umbenennung von Projektgruppe, Projekt und Formular im Projekt-Explorer wie folgt dargestellt wird.

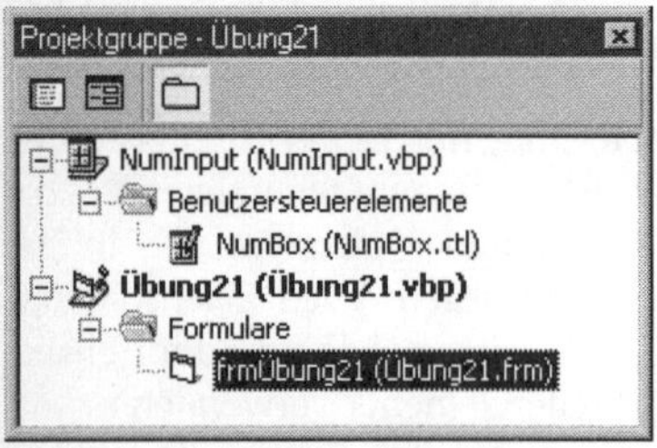

Der Projekt-Explorer mit Benutzer-Steuerelement und Testprojekt

In der Werkzeugsammlung ist als letztes Symbol der graue Umriß einer Schaltfläche für das neue Steuerelement zu sehen, als dessen QuickInfo der Klassenname *NumBox* erscheint. Um mehrere benutzerdefinierte Steuerelemente, für die Visual Basic immer dasselbe Symbol verwendet, auf den ersten Blick voneinander zu unterscheiden, läßt sich der *ToolboxBitmap*-Eigenschaft eine passende Grafik (16 x 15 Pixel) zuordnen.

Wenn Sie zur Probe das Benutzer-Steuerelement mehrmals in das Testformular *frmÜbung21* zeichnen, sehen Sie im Eigenschaftenfenster, daß Visual Basic bei der Namenszuweisung die übliche Nomenklatur einhält, indem es an den Klassennamen *NumBox* kennzeichnende Ziffern anhängt. Ferner offenbart eine Größenänderung der Steuerelemente ein sehr unschönes Bild, denn die Dimensionen der konstituierenden Textfelder ändern sich nicht. Ein paar Zeilen in der *UserControl_Resize*-Prozedur helfen diesem Übel ab. Nach der Festlegung von Mindestwerten für Höhe und Breite des Steuerelements (die Zahlen differieren je nach Schriftart und -größe des Textfelds) wird das Textfeld mit Hilfe der *Move*-Methode so ausgerichtet, daß auf allen Seiten ein Rand der Breite 30 bleibt.

```
Private Sub UserControl_Resize()
  ' Minimalgröße nicht unterschreiten
  If Height < 420 Or Width < 510 Then
    Height = 420
    Width = 510
  End If
  ' Rand um Textfeld
  txtZahl.Move 30, 30, Width - 60, Height - 60
End Sub
```

Nun muß das Steuerelement mit der gewünschten Funktionalität ausgestattet werden. Im Deklarationsabschnitt des Steuerelement-Moduls werden Konstanten für Standardwerte der drei benutzerdefinierten Eigenschaften und zwei Fehlerwerte definiert. Daran schließt sich die Deklaration von drei internen Variablen für die Eigenschaftswerte sowie der beiden öffentlichen Ereignisse *FehlerZahl* und *FehlerZeichen* an.

```
Option Explicit

' Standardwerte
Const cStandardWert = 0
Const cStandardMin = 0
Const cStandardMax = 100
' Fehlerkonstanten
Const cKeineZahl = 1
Const cNichtInBereich = 2

' Eigenschafts-Variablen
Private mdblWert As Double
Private mdblMin As Double
Private mdblMax As Double

' Ereignisse
Public Event FehlerZahl(FWert As Integer)
Public Event FehlerZeichen(KAscii As Integer)
```

Um dem Benutzer nur die Eingabe zulässiger Zeichen zu erlauben, wird im *KeyPress*-Ereignis des Textfelds das Argument *KeyAscii* ausgewertet. Weil die Zahl der zugelassenen Zeichen kleiner als die der nicht erlaubten ist, werden sie in den *Case*-Zweigen explizit abgefragt, ohne daß für sie Code ausgeführt wird. Dabei finden zwar meistenteils die integrierten Konstanten des Typs *vbKey...* Verwendung, wenn man jedoch die passende Konstante nicht kennt, erhält man den Zeichencode als Rückgabewert der auf das Zeichen selbst angewendeten *Asc*-Funktion.

Die statischen Variablen *blnKomma* und *blnMinus* (Boolesche Variablen werden mit *False* initialisiert!) dienen zur Überprüfung, daß die eingegebene Zahl nur ein Komma und ein Minuszeichen (an der ersten Stelle) enthält. Beim Löschen von Zeichen mit der [Rück]-Taste werden diese Variablen gegebenenfalls zurückgesetzt. Falls der Benutzer ein inkorrektes Zeichen eingibt, löst die *RaiseEvent*-Anweisung das Ereignis *FehlerZeichen* aus, dem als Argument der betreffende Zeichencode übergeben wird, und das Zeichen wird gelöscht.

```
Private Sub txtZahl_KeyPress(KeyAscii As Integer)
  Static blnKomma As Boolean
  Static blnMinus As Boolean

  Select Case KeyAscii
  Case vbKey0 To vbKey9
  Case vbKeyRight, vbKeyLeft, vbKeyReturn
  Case Asc("-")
    If blnMinus Or txtZahl.SelStart <> 0 Then
      RaiseEvent FehlerZeichen(KeyAscii)
      KeyAscii = 0
    Else
      blnMinus = True
    End If
  Case Asc(",")
    If blnKomma Then
      RaiseEvent FehlerZeichen(KeyAscii)
      KeyAscii = 0
    Else
      blnKomma = True
    End If
  Case vbKeyBack
    If Right$(txtZahl.Text, 1) = "," Then
      blnKomma = False
    ElseIf Right$(txtZahl.Text, 1) = "-" Then
      blnMinus = False
    End If
```

```
  Case Else
    RaiseEvent FehlerZeichen(KeyAscii)
    KeyAscii = 0
  End Select
End Sub
```

Zeichen können auch mit der [Entf]-Taste gelöscht werden, ihr Tastencode stimmt aber mit dem Zeichencode eines Punkts (.) überein, beide haben einen Wert von 46. In diesem Beispiel wird das Problem auf etwas radikale Art gelöst, indem die [Entf]-Taste in der *KeyDown*-Prozedur einfach ausgeschaltet wird. Betrachten Sie es als kleine Übungsaufgabe, eine elegantere Lösung zu finden.

```
Private Sub txtZahl_KeyDown(KeyCode As Integer, _
  Shift As Integer)

If KeyCode = vbKeyDelete Then
    KeyCode = 0
  End If
End Sub
```

Ob das Textfeld eine gültige Zahl enthält, wird in seiner *Change*-Prozedur untersucht, denn der Benutzer könnte ja Daten über die Windows-Zwischenablage in das Steuerelement kopieren. (Die Prüfung könnte auch beim Eintreten des *LostFocus*- oder des *Validate*-Ereignisses erfolgen.) Enthält das Textfeld nur ein Minuszeichen oder ist es leer, so erhält die Eigenschaftsvariable *mdblWert* den Wert *0*. Stellt die Zeichenfolge keine Zahl dar oder liegt die Zahl außerhalb der Bereichsgrenzen, tritt das Ereignis *FehlerZahl* mit dem entsprechenden Argumentwert ein.

```
Private Sub txtZahl_Change()
  Dim strWert As String

   If txtZahl.Text = "-" Or txtZahl.Text = "" Then
    mdblWert = 0
    Exit Sub
  End If

  strWert = KommaZuPunkt(txtZahl.Text)

  If Not IsNumeric(strWert) Then
    RaiseEvent FehlerZahl(cKeineZahl)
    txtZahl.Text = mdblWert
  ElseIf Val(strWert) < mdblMin Then
    RaiseEvent FehlerZahl(cNichtInBereich)
    txtZahl.Text = mdblMin
```

```
  ElseIf Val(strWert) > mdblMax Then
    RaiseEvent FehlerZahl(cNichtInBereich)
    txtZahl.Text = mdblMax
  Else
    mdblWert = Val(strWert)
  End If
End Sub
```

Sie werden bemerkt haben, daß die Kontrolle nicht mit der im Textfeld enthaltenen Zeichenfolge operiert. Visual Basic gibt zwar numerische Informationen passend zur Ländereinstellung des Systems mit dem richtigen Dezimaltrennzeichen (in Europa also dem Komma) aus, bei der Eingabe wird aber das US-englische Trennzeichen (der Punkt) erwartet. Der Austausch der beiden Zeichen erfolgt in der allgemeinen *Function*-Prozedur *KommaZuPunkt* mit Hilfe der *Replace*-Funktion.

```
Private Function KommaZuPunkt(strX As String) As String
  KommaZuPunkt = Replace(strX, ",", ".")
End Function
```

Die benutzerdefinierten Eigenschaften *Wert*, *Minimum* und *Maximum* werden durch je ein *Property Get/Let*-Prozedurpaar implementiert. In den *Property Let*-Prozeduren findet jedoch die bisher nicht benutzte Anweisung *PropertyChanged* Verwendung. Sie ist unbedingt erforderlich, damit die im Eigenschaftenfenster angezeigten Einstellungen mit den Eigenschaftswerten des Steuerelements synchronisiert werden.

```
Public Property Get Wert() As Double
  Wert = mdblWert
End Property

Public Property Let Wert(ByVal dblNeuWert As Double)
  If dblNeuWert < mdblMin Then
    mdblWert = mdblMin
  ElseIf dblNeuWert > mdblMax Then
    mdblWert = mdblMax
  Else
    mdblWert = dblNeuWert
  End If

  txtZahl.Text = mdblWert
  PropertyChanged "Wert"
End Property

Public Property Get Minimum() As Double
  Minimum = mdblMin
End Property
```

```
Public Property Let Minimum(ByVal dblNeuMin As Double)
  If dblNeuMin > mdblMax Then
    MsgBox "Minimum größer als Maximum!"
  Else
    mdblMin = dblNeuMin
    PropertyChanged "Minimum"
  End If
End Property

Public Property Get Maximum() As Double
  Maximum = mdblMax
End Property

Public Property Let Maximum(ByVal dblNeuMax As Double)
  If dblNeuMax < mdblMin Then
    MsgBox "Maximum kleiner als Minimum!"
  Else
    mdblMax = dblNeuMax
    PropertyChanged "Maximum"
  End If
End Property
```

Um die Eigenschaften einer neuen Instanz des Steuerelements auf die Standardwerte zu setzen, bietet sich sein *InitProperties*-Ereignis an.

```
Private Sub UserControl_InitProperties()
  mdblWert = cStandardWert
  mdblMin = cStandardMin
  mdblMax = cStandardMax
End Sub
```

Die zur Entwurfszeit veränderten Eigenschaftswerte sollten gespeichert werden können, um sie beim erneuten Öffnen der Formulardatei, die eine Beschreibung des Formulars und der verwendeten Steuerelemente enthält, wieder restaurieren zu können. Den Speicher für diese Informationen stellt Visual Basic in Form des *PropertyBag*-Objekts zur Verfügung.

Das Auslesen findet in der *ReadProperties*-Ereignisprozedur durch die *ReadProperty*-Methode statt, die als Argumente den Namen, unter dem die jeweilige Information gespeichert ist, und optional den Standardwert enthält, der benutzt wird, wenn (noch) kein Wert gespeichert wurde.

```
Private Sub UserControl_ReadProperties(PropBag _
  As PropertyBag)

 ' Eigenschaftswerte lesen
  mdblMin = PropBag.ReadProperty("Minimum", cStandardMin)
  mdblMax = PropBag.ReadProperty("Maximum", cStandardMax)
  mdblWert = PropBag.ReadProperty("Wert", cStandardWert)
End Sub
```

Das Abspeichern der Eigenschaftswerte erfolgt durch die *WriteProperty*-Methode, die beim Eintreten des *WriteProperties*-Ereignisses ausgeführt wird. Diese Methode benötigt als zusätzliches Argument den im Speicher abzulegenden Datenwert.

```
Private Sub UserControl_WriteProperties(PropBag _
  As PropertyBag)

  ' Eigenschaftswerte speichern
  PropBag.WriteProperty "Minimum", mdblMin, cStandardMin
  PropBag.WriteProperty "Maximum", mdblMax, cStandardMax
  PropBag.WriteProperty "Wert", mdblWert, cStandardWert
End Sub
```

Schließlich wird der Cursor im Textfeld hinter die vorhandene Zeichenfolge gesetzt

```
Private Sub txtZahl_GotFocus()
  txtZahl.SelStart = Len(txtZahl.Text) + 1
End Sub
```

und in der *Show*-Prozedur des Steuerelements dafür gesorgt, daß zu Beginn die der Eigenschaft *Wert* entsprechende Zahl, falls sie von Null verschieden ist, angezeigt wird.

```
Private Sub UserControl_Show()
  If mdblWert = 0 Then
    txtZahl.Text = ""
  Else
    txtZahl.Text = mdblWert
  End If
End Sub
```

Zum Testen des fertiggestellten Steuerelements wird das Formular mit einem Steuerelement dieses Typs, einem Textfeld und einer Befehlsschaltfläche versehen, die auf diese Weise angeordnet sind:

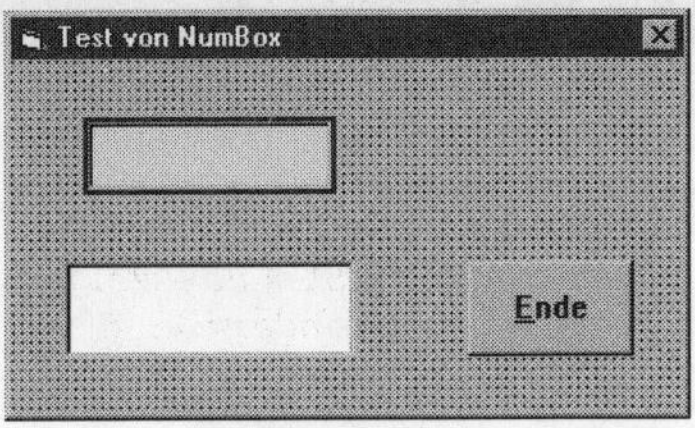

Die Oberfläche von Übung21

Die Werte der Objekteigenschaften sind der nachstehenden Tabelle zu entnehmen:

Objekt	Eigenschaft	Einstellung
Formular	Name	frmÜbung21
	BorderStyle	3 - Fester Dialog
	Caption	Test von NumBox
NumBox	Name	nbxTest
	Maximum	500
Textfeld	Name	txtMeldung
	Alignment	2 - Zentriert
	Locked	True
	MultiLine	True
	Text	(Leer)
Befehlsschaltfläche	Name	cmdEnde
	Cancel	True
	Caption	&Ende
	TabStop	False

Das Formularmodul enthält nur wenige Zeilen Code. Mit der Schaltfläche *Ende* wird die Anwendung geschlossen, und in der *Load*-Prozedur wird der minimal akzeptierte Wert auf *-200* gesetzt (Eigenschaftsänderung zur Laufzeit).

```
Private Sub cmdEnde_Click()
  Unload Me
End Sub

Private Sub Form_Load()
  nbxTest.Minimum = -200
End Sub
```

Die beiden Ereignisprozeduren des neuen Steuerelements stellen Fehlermeldungen im Textfeld dar.

```
Private Sub nbxTest_FehlerZahl(FWert As Integer)
  If FWert = 1 Then
    txtMeldung.Text = "Keine Zahl"
  Else
    txtMeldung.Text = "Bereich überschritten"
  End If
End Sub

Private Sub nbxTest_FehlerZeichen(KAscii As Integer)
  txtMeldung.Text = "Ungültiges Zeichen " & Chr$(KAscii)
End Sub
```

Tritt kein Fehler auf und erhält das Textfeld den Fokus, so zeigt es die *Wert*-Eigenschaft des Benutzer-Steuerelements an. Die Aktivierung des neuen Steuerelements bewirkt, daß der Inhalt des Textfelds gelöscht wird. Beide Aktionen vollziehen sich jeweils in der zugehörigen *GotFocus*-Prozedur.

```
Private Sub nbxTest_GotFocus()
  txtMeldung.Text = ""
End Sub

Private Sub txtMeldung_GotFocus()
  txtMeldung.Text = nbxTest.Wert
End Sub
```

Nun können Sie das Testprojekt starten und ausprobieren, ob das neue Steuerelement wie geplant reagiert. Die *TabStop*-Eigenschaft der Befehlsschaltfläche ist auf *False* gesetzt, damit Sie leicht per [Tab]-Taste zwischen den beiden anderen Steuerelementen hin- und herschalten können. Geben Sie ein nicht zugelassenes Zeichen ein, so erhalten Sie eine Meldung ähnlich der folgenden.

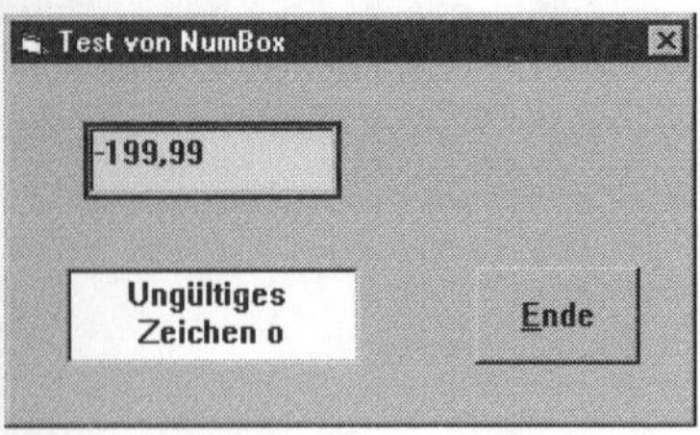

Die Reaktion auf die Eingabe eines unzulässigen Zeichens

Um das Steuerelement auch anderen Programmiersystemen und Anwendern zur Verfügung zu stellen, können Sie es zu Systemcode kompilieren. Markieren Sie dazu im Projekt-Explorer das Projekt *NumInput* und rufen Sie im *Projekt*-Menü den Eigenschaften-Dialog auf. Auf der Registerkarte *Allgemein* sollte als Projekttyp *ActiveX-Steuerelement* eingestellt sein, und als Projektbeschreibung können Sie z. B. *Numerisches Eingabefeld* eintragen. Mit dem Befehl *Datei/NumInput.ocx erstellen* starten Sie die Kompilierung, nachdem Sie den Ordner für die unter dem vorgeschlagenen Namen zu speichernde Datei angegeben haben. Die generierte Datei *NumInput.ocx* hat eine Größe von ungefähr 28 KByte.

Visual Basic kümmert sich selbständig um die notwendigen Einträge in der Registrierdatenbank von Windows. Wenn Sie ein neues Projekt starten, finden Sie das neue Steuerelement in der Liste der verfügbaren Steuerelemente (*Projekt/Komponenten*) unter dem in der Projektbeschreibung angegebenen Namen *Numerisches Eingabefeld*.

Hinweis: Assistenten benutzen

Es soll nicht unerwähnt bleiben, daß Visual Basic für das Erstellen von Klassen und ActiveX-Steuerelementen Assistenten zur Verfügung stellt (die Add-Ins Klassengenerator und ActiveX-Schnittstellenassistent). Sie sind in den beiden vorigen Übungen nicht benutzt worden, weil der schnelle Erfolg, den man mit ihnen erzielt, oft den Blick von den grundlegenden Zusammenhängen und Techniken ablenkt. Da Sie sich jetzt das Basiswissen erarbeitet haben, spricht selbstverständlich nichts mehr gegen den Einsatz der Assistenten.

---

7. Daten und Dateien: Eine Bank fürs Leben

Der Zweck vieler Anwendungen besteht darin, Informationen (z. B. Eingaben des Benutzers, Meßdaten von Sensoren oder Resultate aus Internet-Recherchen) zu beschaffen, sie in spezifischer Weise zu verarbeiten und die Ergebnisse (etwa in Tabellenform oder als Grafik) auf dem Bildschirm oder in gedruckter Form zu präsentieren. In den meisten Fällen ist es zumindest wünschenswert, wenn nicht gar erforderlich, daß diese Daten nach Beenden der Applikation nicht verlorengehen, sondern sich dauerhaft speichern lassen. Die verschiedenen Mittel, die Visual Basic hierfür bereithält, sind Gegenstand dieses Kapitels.

7.1 Die Dateisystem-Steuerelemente im Einsatz

Um eine Datei einlesen oder speichern zu können, müssen ihr Laufwerk, ihr Ordner und ihr Dateiname gewählt werden. Für jede dieser Angaben stellt Visual Basic das passende Steuerelement in Form von drei speziellen Listenfeldern zur Verfügung. Die Aufgabe, die jeweilige Komponente des Dateisystems zu lesen und anzuzeigen, wird von ihnen automatisch erledigt.

Laufwerklistenfeld

Mit dem Laufwerklistenfeld lassen sich alle gültigen Laufwerke auf dem System des Benutzers (auch im Netzwerk) anzeigen. Aus dieser Liste kann der Benutzer ein Laufwerk auswählen.

Die wichtigste unter den Eigenschaften des Laufwerklistenfelds ist die *Drive*-Eigenschaft, in der das in dem Dropdown-Listenfeld ausgewählte Laufwerk zurückgegeben wird. Standardmäßig wird im Textbereich des Steuerelements das aktuelle Laufwerk angezeigt, doch läßt sich durch Zuweisen einer Laufwerkbezeichnung bestimmen, welches Laufwerk dort erscheint. Bei einem Laufwerklistenfeld namens *drvLaufwerk* könnte eine solche Anweisung

```
drvLaufwerk.Drive = "D:\"
```

lauten. Relevant ist aber nur der erste Buchstabe, ohne daß zwischen Groß- und Kleinschreibung ein Unterschied besteht. Dieselbe Wirkung wird also durch die nächste Zeile erreicht.

```
drvLaufwerk.Drive = "d"
```

Die Auswahl eines Laufwerks aus der Liste hat nicht zur Folge, daß auch zu ihm gewechselt wird. Eine Änderung des aktuellen Laufwerks kann man mit Hilfe der *ChDrive*-Anweisung vornehmen:

```
ChDrive drvLaufwerk.Drive
```

Verzeichnislistenfeld

Das Verzeichnislistenfeld stellt die Ordnerstruktur (in alter Terminologie: Verzeichnisstruktur) des aktuellen Laufwerks als hierarchische Liste dar. Der aktuelle Ordner ist markiert.

Die *Path*-Eigenschaft enthält den kompletten Suchpfad, beginnend beim Stammordner und inklusive Laufwerk. Nach Zuweisung einer Pfadangabe (im Beispiel hat das Steuerelement den Namen *dirOrdner*) durch

```
dirOrdner.Path = " F:\Eigene Dateien\Texte"
```

zeigt das Verzeichnislistenfeld alle Ordner höherer Ebene und alle Unterordner an. Um in einen ausgewählten Ordner zu wechseln, benutzt man die Anweisung *ChDir*:

```
ChDir dirOrdner.Path
```

Um innerhalb eines Programms in den Ordner zu wechseln, in dem sich die ausführbare Datei befindet, kann man das *App*-Objekt heranziehen. Dieses globale Objekt, das keine Ereignisse und nur zwei Methoden besitzt, liefert zur Laufzeit mit Hilfe seiner Eigenschaftswerte einige Informationen über die Anwendung. Der Ordnerwechsel wird durch diese beiden Anweisungen vollzogen:

```
ChDrive App.Path
ChDir App.Path
```

Ein Klick auf ein Element der Liste markiert dieses nur, ein Doppelklick weist es der *Path*-Eigenschaft zu und öffnet die Sicht auf seine Unterordner.

Die Werte der *ListIndex*-Eigenschaft werden den Elementen in einem Verzeichnislistenfeld nach folgendem Schema zugeordnet: Der in der *Path*-Eigenschaft angegebene Ordner erhält den Wert -1; die in der Hierarchie über ihm angesiedelten Ordner haben aufsteigende negative Werte (-2, -3 usw.); den eine Ebene unter ihm liegenden Ordnern werden als Werte die natürlichen Zahlen 0, 1 usw. zugewiesen.

Dateilistenfeld

Das Dateilistenfeld zeigt Dateien in dem Ordner an, der zur Laufzeit in seiner *Path*-Eigenschaft angegeben ist. Die vom Benutzer ausgewählte Datei wird in der *FileName*-Eigenschaft zurückgegeben.

Mit Hilfe der *Pattern*-Eigenschaft läßt sich die Anzeige auf bestimmte Dateitypen beschränken. Der voreingestellte Eigenschaftswert ist "*.*", es werden also sämtliche Dateien in der Liste aufgeführt. Wird dem Dateilistenfeld *filDatei* durch die Anweisung

```
filDatei.Pattern = "*.vbp; *.frm"
```

dieser Wert der *Pattern*-Eigenschaft zugewiesen, so enthält die Liste nur Projekt- und Formulardateien.

Die Aufnahme von Dateien in die dargestellte Liste kann über die Festlegung der Dateiattribute noch weiter gefiltert werden. Die Standardeinstellungen der entsprechenden Eigenschaften, die durch Boolesche Werte festgelegt werden, sind:

Dateiattribut (Dateilistenfeld)	Standardwert
Archive	True
Hidden (versteckt)	False
Normal	True
ReadOnly (schreibgeschützt)	True
System	False

Um z. B. auch die normalerweise nicht angezeigten Systemdateien wiederzugeben, setzt man die zugehörige Eigenschaft auf *True*:

```
filDatei.System = True
```

Um die Attribute einer Datei zu verändern, wird die Anweisung

```
SetAttr pathname, attributes
```

verwendet. Die Anweisung verwendet zwei benannte Argumente: *pathname* enthält den Dateinamen, eventuell auch Ordner- und Laufwerkbezeichnung, und *attributes* wird durch eine der folgenden Konstanten oder eine Kombination aus ihnen festgelegt.

attributes-Argument (SetAttr)	Beschreibung
vbNormal	Normal (Voreinstellung)
vbReadOnly	Schreibgeschützt
vbHidden	Versteckt
vbSystem	Systemdatei
vbArchive	Seit letzter Sicherung geändert

Das Dateilistenfeld besitzt wie das normale Listenfeld die *MultiSelect*-Eigenschaft, mit der dem Benutzer die gleichzeitige Auswahl mehrerer Dateien ermöglicht werden kann.

Kombinieren der Steuerelemente

Üblicherweise werden die drei *Dateisystem*-Steuerelemente im Verbund eingesetzt und bilden die Hauptkomponenten eines benutzerdefinierten Dialogfelds, wie es etwa zum Durchsuchen des Dateisystems nach bestimmten Dateien eingesetzt wird. Um die Anzeigen in den Listenfeldern zu synchronisieren, können ihre *Change*-Ereignisprozeduren in folgender Weise miteinander verkettet werden.

1. Sobald aus dem Listenfeld *drvLaufwerk* ein Laufwerk gewählt wird, tritt sein *Change*-Ereignis ein, und die Anzeige wird aktualisiert.
2. In der dazugehörenden Ereignisprozedur wird das ausgewählte Laufwerk der *Path*-Eigenschaft des Verzeichnislistenfelds *dirOrdner* zugewiesen.

```
Private Sub drvLaufwerk_Change()
  dirOrdner.Path = drvLaufwerk.Drive
End Sub
```

3. Die Festlegung der *Path*-Eigenschaft von *dirOrdner* bewirkt, daß der aktuelle Ordner des neuen Laufwerks im Verzeichnislistenfeld dargestellt wird und sein *Change*-Ereignis eintritt.
4. Die entsprechende Ereignisprozedur wird benutzt, um die *Path*-Eigenschaft des Dateilistenfelds *filDatei* auf den neuen Ordner zu setzen.

```
Private Sub dirOrdner_Change()
  filDatei.Path = dirOrdner.Path
End Sub
```

5. Hiernach erscheinen die Dateien des aktuellen Ordners im Listenfeld *filDatei*.

Die *Dateisystem*-Steuerelemente lassen sich wegen der Vielzahl an Eigenschaften und Ereignissen sehr flexibel einsetzen. Weniger anpassungsfähig, dafür aber bequemer in der Anwendung sind das *Öffnen*- und *Speichern unter*-Dialogfeld, die das *Standarddialog*-Steuerelement zur Verfügung stellt.

Mehr Infos: Dialogfelder verwenden ➡ Kapitel 6.3

7.2 Dateien bearbeiten: Dateisystem-Objekte und Open-Anweisung

Eine Aufeinanderfolge von zusammengehörenden Bytes, die unter einem eindeutigen Namen auf einem Datenträger gespeichert sind, bilden eine Datei. Je nach Art der in ihr enthaltenen Informationen bietet Visual Basic unterschiedliche Zugriffsmethoden.

Dateisystem-Objekte

Die neuen Dateisystem-Objekte ermöglichen mit einem umfangreichen Satz von Eigenschaften und Methoden einen einfachen und objektorientierten Zugang zu vielen Funktionen, mit denen Laufwerke, Ordner und Dateien bearbeitet werden können. Es gibt folgende Objekte:

- **FileSystemObject**: Hauptobjekt des Dateisystem-Modells mit Methoden, die Operationen (Erstellen, Löschen usw.) mit Ordnern und Dateien sowie das Abrufen von Informationen über Laufwerke ermöglichen
- **Drive**: Abfrage von Informationen über alle angeschlossenen Laufwerke
- **Folder**: Erstellen, Löschen und Verschieben von Ordnern sowie Informationsabfrage
- **File**: Erstellen, Löschen und Verschieben von Dateien sowie Informationsabfrage
- **TextStream**: Schreiben und Lesen von Textdateien

Viele durch die *FileSystemObject*-Methoden bereitgestellte Funktionen stehen auch als eigene Methoden des *Folder*- und *Drive*-Objekts zur Verfügung. Das an der Spitze der Objekthierarchie stehende Hauptobjekt bildet die Quelle für die Erzeugung der anderen Objekte. Deshalb wird man im allgemeinen mit *Public ... As New* eine globale Variable dieses Typs definieren, um die Funktionen des Dateisystems in der gesamten Anwendung zur Verfügung zu haben.

```
Public fso As New FileSystemObject
```

Hinweis: Bibliothek Scrrun.dll

Die Dateisystem-Objekte befinden sich in der separaten Datei *Scrrun.dll*. Vor ihrer Verwendung muß sie deshalb im Dialogfeld *Projekt/Verweise* als *Microsoft Scripting Runtime* aktiviert und bei Weitergabe der fertigen Anwendung mit ausgeliefert werden.

Drive-Objekt

Eine gestraffte Übersicht über das Dateisystem-Modell liefert der Objektkatalog, wenn man die Anzeige auf die Bibliothek *Scripting* beschränkt. Sie ersehen dort, daß das *Drive*-Objekt keine Methoden, aber insgesamt zwölf Eigenschaften besitzt. Ihre Verwendung wird im folgenden Beispiel gezeigt.

Übung 22 Laufwerks-Informationen

Zeichnen Sie ein Listenfeld und eine Befehlsschaltfläche in ein Formular

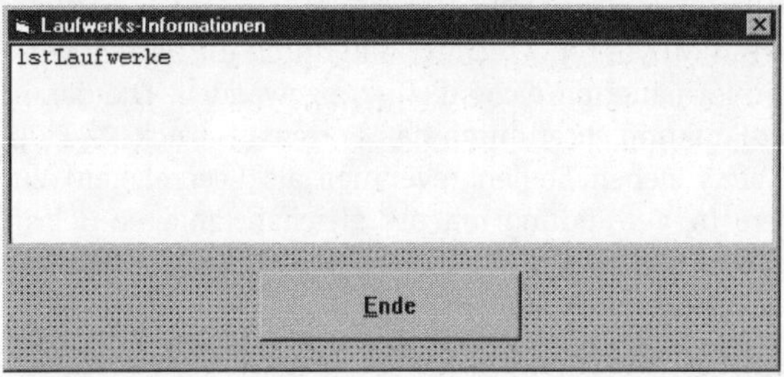

Die Oberfläche von Übung22

und geben Sie diesen Objekten folgende Eigenschaftswerte:

Objekt	Eigenschaft	Einstellung
Formular	Name	frmÜbung22
	BorderStyle	3 – Fester Dialog
	Caption	Laufwerks-Informationen
Listenfeld	Name	lstLaufwerke
	Font	Courier New, 10

Objekt	Eigenschaft	Einstellung
Befehlsschaltfläche	Name	cmdEnde
	Cancel	True
	Caption	&Ende

Als erstes wird eine *FileSystemObject*-Variable deklariert und die *Ende*-Schaltfläche mit der bekannten Anweisung versorgt:

```
Option Explicit
Public fso As New FileSystemObject

Private Sub cmdEnde_Click()
  Unload Me
End Sub
```

Zu Beginn der *Form_Load*-Prozedur werden eine *Drive*- und eine *String*-Variable definiert. In der *For Each...Next*-Schleife werden in der *Drives*-Auflistung alle angeschlossenen Laufwerke und Partitionen durchlaufen. Die Abfrage der *IsReady*-Eigenschaft des *Drive*-Objekts verhindert das Eintreten des Laufzeitfehlers 71 (*Datenträger nicht bereit*), wenn das Diskettenlaufwerk nicht bestückt ist.

Die Eigenschaften *FreeSpace* und *TotalSize* liefern den verfügbaren Speicherplatz und die Gesamtkapazität des jeweiligen Laufwerks in Byte. Diese Werte werden in MByte umgerechnet und durch die *FormatNumber*-Funktion in eine formatierte Zeichenkette umgewandelt. Die darauf angewandte *Format*-Funktion sorgt durch den Formatausdruck *"@@@@ @@@"* dafür, daß stets sieben Stellen (eventuell als Leerzeichen) zurückgeliefert werden. In Verbindung mit der gleichabständigen Schrift Courier New des Listenfelds werden die Zahlen so ausgegeben, daß ihre Dezimaltrennzeichen genau untereinander stehen.

```
Private Sub Form_Load()
  Dim drv As Drive
  Dim strInf As String

  For Each drv In fso.Drives
    If drv.IsReady Then
      strInf = ""
      strInf = drv.DriveLetter & ": " _
      & Format(FormatNumber(drv.FreeSpace / 1024 ^ 2, 1), _
        "@@@@@@@") & " MB frei von " _
      & Format(FormatNumber(drv.TotalSize / 1024 ^ 2, 1), _
        "@@@@@@@") & " MB ("
```

In einer *Select Case*-Konstruktion wird der in der *DriveType*-Eigenschaft gespeicherte Laufwerktyp ermittelt und schließlich für jedes verfügbare Laufwerk die in der *String*-Variablen zusammengetragene Information nach Ergänzung durch den Datenträgernamen (*VolumeName*-Eigenschaft) dem Listenfeld hinzugefügt.

```
      Select Case drv.DriveType
      Case Removable
        strInf = strInf & "Diskette"
      Case Fixed
        strInf = strInf & "Festplatte"
      Case CDRom
        strInf = strInf & "CDRom"
      End Select

      strInf = strInf & ": " & vbTab & drv.VolumeName & ")"
      lstLaufwerke.AddItem strInf
    End If
  Next
End Sub
```

Wenn Sie Formular und Listenfeld groß genug gemacht haben, erscheinen kurz nach dem Starten des Projekts die gewünschten Daten:

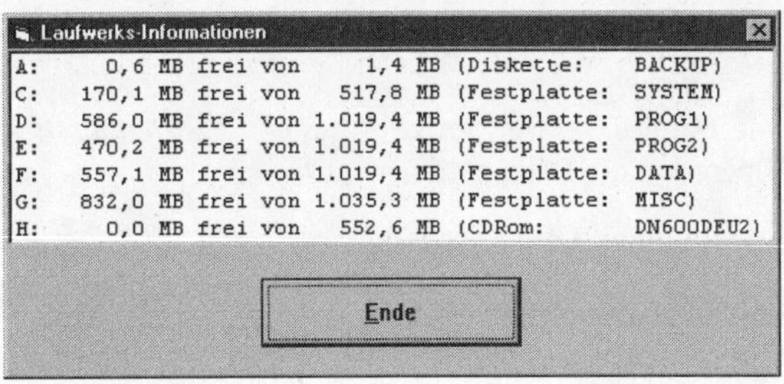

Die abgerufenen Laufwerks-Informationen

TextStream-Objekt

Das *TextStream*-Objekt ermöglicht es, in Textdateien zu schreiben und aus ihnen zu lesen. Der Zugriff erfolgt dabei sequentiell, um etwa eine bestimmte Stelle im „Datenstrom" zu lesen, muß also stets am Dateianfang begonnen werden.

Angelegt wird eine Textdatei mit der *CreateTextFile*-Methode,

```
Objekt.CreateTextFile(Dateiname[, überschreiben[, Unicode]])
```

die sowohl für das *FileSystemObject*- wie für das *Folder*-Objekt zur Verfügung steht und ein *TextStream*-Objekt zurückliefert. Das Argument *Dateiname* enthält den vollständigen Namen der zu erstellenden Datei (d. h. einschließlich Laufwerk- und Ordnerangaben). Die beiden optionalen Argumente sind Boolesche Werte. Das Argument *überschreiben* mit dem Standardwert *True* bestimmt, ob eine bestehende Datei desselben Namens überschrieben werden soll, und durch das Argument *Unicode*, standardmäßig auf *False* eingestellt, läßt sich festlegen, daß die Datei statt im ANSI- im Unicode-Format erzeugt wird.

Tip: Unbeabsichtigtes Löschen einer Textdatei vermeiden

Wenn Sie mit der *CreateTextFile*-Methode eine Textdatei erstellen und als einziges Argument den Namen einer existierenden Datei übergeben, wird die bestehende Datei gelöscht. Setzen Sie deshalb zur Vorsicht das Argument *überschreiben* auf *False*, was bei Namensgleichheit zu einem auffangbaren Laufzeitfehler führt, oder überprüfen Sie vorab das Vorhandensein mit der *FileExists*-Methode.

Die *OpenTextFile*-Methode (nur von *FileSystemObject* bereitgestellt) mit der Syntax

```
Objekt.OpenTextFile(Dateiname[, E/A-Modus[, erstellen[,
Format]]])
```

öffnet die angegebene Datei. Das dreiwertige Argument *E/A-Modus* bestimmt, für welche Operation die Datei geöffnet wird:

- *ForReading* (Voreinstellung): Lesen aus Datei
- *ForAppending*: Schreiben ans Dateiende
- *ForWriting*: Schreiben ab Dateibeginn

Mit dem auf *True* gesetzten Wert für das Argument *erstellen* kann man bewirken, daß die angegebene Datei erzeugt wird, falls sie noch nicht existiert. Das Argument *Format* unterscheidet zwischen ANSI und Unicode, diesmal aber anhand der Konstanten *TristateFalse* für ANSI (Voreinstellung), *TristateTrue* für Unicode und *TristateUseDefault* für das vom System vorgegebene Format. Um Zeichen in eine geöffnete Datei zu schreiben oder aus ihr zu lesen, verwendet man die Methoden des *TextStream*-Objekts. Die nächste Übung demonstriert ihren Einsatz.

Übung 23 Textdatei schreiben und lesen

Ein Formular enthält ein Text- und ein Bezeichnungsfeld sowie zwei Befehlsschalflächen in folgender Anordnung:

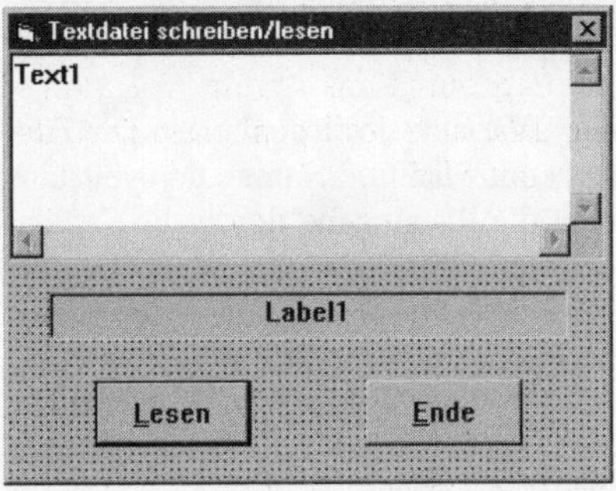

Die Oberfläche von Übung23

Die Objekteigenschaften haben diese Werte:

Objekt	Eigenschaft	Einstellung
Formular	Name	frmÜbung23
	BorderStyle	3 – Fester Dialog
	Caption	Textdatei schreiben/lesen
Textfeld	Name	txtAnzeige
	Multiline	True
	ScrollBars	3 - Beides
Bezeichnungsfeld	Name	lblDateiname
	Alignment	2 - Zentriert
	BorderStyle	1 – Fest Einfach
1. Befehlsschaltfläche	Name	cmdLesen
	Caption	&Lesen
	Default	True
2. Befehlsschaltfläche	Name	cmdEnde
	Cancel	True
	Caption	&Ende

Im Deklarationsabschnitt werden eine *FileSystemObject*-Variable und eine *String*-Variable für den Dateinamen definiert:

```
Option Explicit

Public fso As New FileSystemObject
Dim strName As String
```

Im *Load*-Ereignis wird die *TextStream*-Variable *strm* deklariert. Die *FileSystemObject*-Methode *BuildPath* setzt aus Pfad und Namen den vollständigen Dateinamen zusammen, wobei die Pfadangabe durch die *GetSpecialFolder*-Methode ermittelt wird. Diese Methode liefert, aufgerufen mit dem entsprechenden Argumentwert, den Windows-Ordner (*Windows Folder*), den System-Ordner (*SystemFolder*) oder den Ordner für temporäre Dateien (*TemporaryFolder*). Mit der Methode *CreateTextFile* wird dann die Datei *Test.txt* im temporären Ordner erstellt und das zurückgegebene *TextStream*-Objekt der Variablen *strm* zugewiesen.

```
Private Sub Form_Load()
  Dim strm As TextStream

  With fso
    strName = .BuildPath(.GetSpecialFolder _
      (TemporaryFolder), "Test.txt")
    Set strm = .CreateTextFile(strName, False)
  End With
```

Nach Anzeigen des vollständigen Namens der Textdatei im Bezeichnungsfeld wird die Datei mit Text versehen. Im Gegensatz zu *Write* schreibt die *WriteLine*-Methode die angegebene Zeichenfolge unter Anfügen eines Zeilenumbruchs in die *TextStream*-Datei, während durch *WriteBlankLines* nur Zeilenumbruchzeichen, also Leerzeilen, ausgegeben werden. *Close* schließt dann die Datei.

```
  lblDateiname.Caption = "Datei: " & strName

  With strm
    .Write "Dies ist ein Test. "
    .WriteLine "Und nun mit Zeilenende."
    .WriteLine "Es folgen 2 Leerzeilen:"
    .WriteBlankLines 2
    .WriteLine "Dateiende"
    .Close
  End With
End Sub
```

Um aus einer Textdatei zu lesen, benutzt man die Methoden *Read* (bestimmte Zahl von Zeichen), *ReadLine* (ganze Zeile) oder *ReadAll* (gesamte Datei). *ReadAll* verbraucht bei größeren Dateien allerdings eine Menge an Systemressourcen. Im Beispiel öffnet *OpenTextFile* nach Anklicken der Befehlsschaltfläche *Lesen* die Datei zum Lesen (*ForReading* ist voreingestellt). Weil die Methode *ReadLine* des *TextStream*-Objekts die jeweilige Zeile ohne Zeilenumbruchzeichen zurückgibt, wird dieses bei der Darstellung im Textfeld hinzugefügt. Die Eigenschaft *AtEndOfStream* signalisiert das Dateiende.

```
Private Sub cmdLesen_Click()
  Dim strm As TextStream

  txtAnzeige.Text = ""
  Set strm = fso.OpenTextFile(strName)

  With strm
    Do
      txtAnzeige.Text = txtAnzeige.Text & _
        .ReadLine & vbCrLf
    Loop Until .AtEndOfStream
    .Close
  End With
End Sub
```

Im *Click*-Ereignis der *Ende*-Schaltfläche wird vor Beenden des Programms die Textdatei mit Hilfe der *DeleteFile*-Methode gelöscht.

```
Private Sub cmdEnde_Click()
  fso.DeleteFile strName
  Unload Me
End Sub
```

Wenn Sie das Beispiel starten und auf *Lesen* klicken, erscheint der Inhalt der Datei im Textfeld.

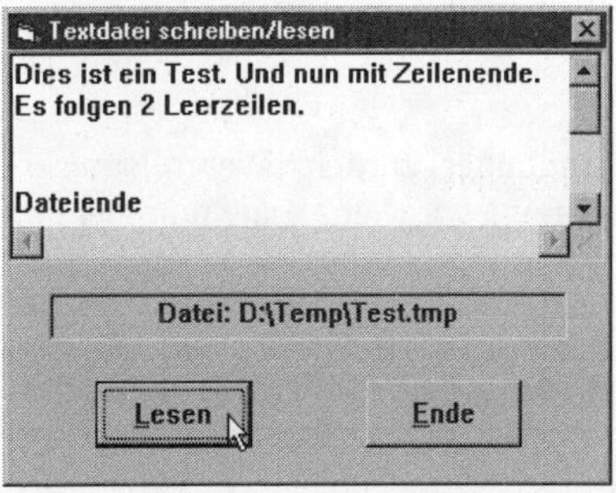

Nach dem Einlesen der Textdatei

Open-Anweisung

Wenn Sie Nicht-Textdateien bearbeiten wollen, müssen Sie (noch) auf das herkömmliche Verfahren zurückgreifen. Der erste Schritt besteht dabei im Öffnen der Datei mit Hilfe der *Open*-Anweisung, wodurch ein Puffer (Zwischenspeicher) für das Kopieren von Daten zwischen Programm und Datei angelegt wird.

```
Open Datei For Modus [Access Zugriff] [Sperre] _
  As Dateinummer [Len = Satzlänge]
```

Die Argumente in dieser Syntax bedeuten:

- **Datei**: Name der Datei, wobei auch Laufwerk und Ordner angegeben sein können
- **Modus**: Art der Datenübertragung, festgelegt durch eins der Schlüsselwörter *Append, Binary, Input, Output* oder *Random*
- **Zugriff**: Regelt zulässige Operation auf geöffneter Datei durch die öffnende Anwendung mit Hilfe von *Read, Write* oder *ReadWrite*
- **Sperre**: Legt zulässige Operation auf geöffneter Datei seitens anderer Prozesse mit Hilfe von *Lock Read, Lock Write, Lock ReadWrite* oder *Shared* fest
- **Dateinummer**: Ganzzahl im Bereich von 1 bis 511, die zur Identifizierung der Datei dient. Zahlen von 1 bis 255 werden für Dateien benutzt, auf die andere Anwendungen nicht zugreifen sollen; auf Dateien mit höheren Nummern können sie zugreifen
- **Satzlänge**: Ganze Zahl zwischen 1 und 32.767, welche die Anzahl der übertragenen Bytes bestimmt

Über die nach dem Öffnen mehrerer Dateien bereits vergebenen Dateinummern braucht man nicht selbst Buch zu führen, denn die Funktion

```
FreeFile[(Bereichsnummer)]
```

liefert die nächste unbelegte Dateinummer zurück. Wenn *Bereichsnummer* den Wert *0* hat (Voreinstellung) wird eine Dateinummer bis 255, beim Wert *1* über 255 zurückgegeben.

Mehr Infos: **Passender Ausdruck: Operatoren, Funktionen und Anweisungen ➡ Kapitel 5.3**

Beendet werden Dateiausgaben und -eingaben durch die *Close*-Anweisung, der eine oder mehrere (durch Kommata getrennte) Dateinummern folgen können. Ohne Angabe eines Arguments werden alle geöffneten Dateien geschlossen. Durch den Wert des *Modus*-Arguments in der *Open*-Anweisung wird der Zugriffstyp festgelegt:

- Sequentiell: Die Schlüsselwörter *Input*, *Output* und *Append*, die mit den ähnlich lautenden Argumentkonstanten der *OpenTextFile*-Methode korrespondieren, regeln den Zugriff auf Textdateien.
- Wahlfrei (*Random*): Bearbeiten von Dateien, die aus einer Folge gleichartiger und gleichlanger Datensätze bestehen (Voreinstellung).
- Binär (*Binary*): Lesen und Schreiben beliebig strukturierter Dateien.

Random-Dateien verlieren zunehmend an Bedeutung, weil man es in der Praxis meist mit vielen Datensätzen von komplexer Struktur zu tun hat. Sie mit den herkömmlichen Ein-/Ausgabe-Operationen zu bearbeiten wäre unhandlich und wenig effektiv. Deshalb wird für ihre Speicherung und Verwaltung ein Datenbanksystem eingesetzt. Dazu später mehr.

Binärer Zugriff

Beim binären Zugriff werden die Informationen Byte für Byte gelesen oder geschrieben. Diese Zugriffsart ist die flexibelste und platzsparendste, erfordert jedoch die genaue Kenntnis der Bedeutung der einzelnen Daten, um sie richtig interpretieren zu können. Geöffnet wird eine Datei (*Test.dat*) für den binären Zugriff durch (*intDat* ist die Dateinummer):

```
Open "Test.dat" For Binary As intDat
```

Wenn die Datei nicht existiert, wird sie durch diese Anweisung erstellt. Geschrieben werden Bytes in eine geöffnete Datei mit der *Put*-Anweisung. Die Codezeile

```
Put intDat, 55, bytTest
```

schreibt an der Position *55* in der mit der Nummer *intDat* geöffneten Datei den in der Variablen *bytTest* enthaltenen Wert. Die Position in der Datei wird automatisch auf das nächste freie Byte verschoben. Zum Lesen von Bytes wird die syntaktisch analoge *Get*-Anweisung benutzt. Mit

```
Get intDat, 25, lngTest
```

werden in die Variable *lngTest* ab Position *25* genau 4 Bytes eingelesen, weil Variablen vom Typ *Long* vier Bytes lang sind.

Übung 24 Binärer Dateizugriff

Hierzu ein kleines Beispiel. Erstellen Sie ein neues Projekt, bestehend aus einem Formular mit einem Bezeichnungsfeld, zwei Befehlsschaltflächen und einem *Standarddialog*-Steuerelement,

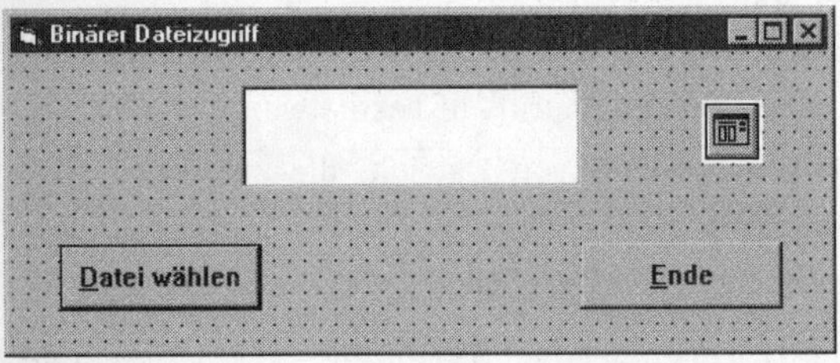

Die Oberfläche von Übung24

und weisen Sie den Eigenschaften nachstehende Werte zu.

Objekt	Eigenschaft	Einstellung
Formular	Name	frmÜbung24
	Caption	Binärer Dateizugriff
Bezeichnungsfeld	Name	lblAnzeige
	Alignment	2 - Zentriert
	BackColor	System: Fensterhintergrund
	BorderStyle	1 - Fest Einfach
Standarddialog	Name	dlgWav
	CancelError	True
	DialogTitle	wav-Datei auswählen
	Filter	wav-Datei|*.wav
	InitDir	C:\Windows\Media
1. Befehlsschaltfläche	Name	cmdWav
	Caption	&Datei wählen
	Default	True
2. Befehlsschaltfläche	Name	cmdEnde
	Cancel	True
	Caption	&Ende

Die Einstellungen für den Standarddialog (mit Ausnahme der *Name*-Eigenschaft) nehmen Sie am komfortabelsten nach Auswahl von *Benutzerdefiniert* auf der Registerkarte *Öffnen/Speichern unter* vor. Sounddateien mit der Dateinamenerweiterung *wav* enthalten die bei ihrer Digitalisierung verwendete Abtastfrequenz als *Integer*-Zahl, die bei Position 25 beginnt. Die Anwendung soll diese Frequenz aus einer beliebig zu wählenden *wav*-Datei lesen und anzeigen. Fügen Sie die folgenden Codezeilen in die *Click*-Prozeduren der beiden Befehlsschaltflächen ein.

```
Private Sub cmdEnde_Click()
  Unload Me
End Sub

Private Sub cmdWav_Click()
  Dim intDat As Integer
  Dim intFrequenz As Integer

  On Error GoTo Fehlerbehandlung

  dlgWav.Flags = cdlOFNFileMustExist
  dlgWav.ShowOpen

  intDat = FreeFile
  Open dlgWav.filename For Binary As intDat
  Get intDatNum, 25, intFrequenz
  Close intDat

  lblAnzeige.Caption = "Abtastfrequenz von " _
    & vbCrLf & dlgWav.FileTitle & vbCrLf _
    & FormatNumber(intFrequenz, 0) & " Hz"

  Exit Sub

Fehlerbehandlung:
  If Err.Number = cdlCancel Then
    Exit Sub
  End If
End Sub
```

Nach Auswahl einer Datei wird die nächste unbenutzte Dateinummer ermittelt und in der Variablen *intDat* gespeichert. Sodann wird die Sounddatei unter Angabe von Laufwerk und Ordner (*FileName*-Eigenschaft) für den binären Zugriff geöffnet. Die *Get*-Anweisung überträgt ab Position *25* zwei Bytes in die Variable vom Typ *Integer*, und die Datei wird geschlossen. Das Bezeichnungsfeld gibt schließlich den Dateinamen (Eigenschaft *FileTitle*) und den Frequenzwert wieder.

Anzeigen der Abtastfrequenz einer wav-Datei

7.3 Daten- und datengebundene Steuerelemente

Eine Datenbank besteht aus einer oder mehreren Tabellen. Jede Zeile der Tabelle stellt einen Datensatz, jede Spalte ein Datenfeld dar. In einer Tabelle besitzen alle Datensätze dieselbe Struktur. Das in Visual Basic implementierte neue ADO-Modell (ActiveX Daten Objekte) ist geeignet, den Zugriff auf die ganze Palette unterschiedlicher Datenbanksysteme zu vereinheitlichen und zu vereinfachen.

Mit dem *ADO-Daten*-Steuerelement, das die Verbindung zwischen Datenanbietern und datengebundenen Steuerelementen herstellt, lassen sich Datenbankanwendungen mit einem Minimum an Code erstellen. Das Steuerelement kann folgende Aufgaben übernehmen:

- Verbindung zu einer lokalen oder entfernten Datenbank einrichten
- Öffnen einer Tabelle oder einer Gruppe von Datensätzen anhand von Auswahlkriterien
- Übergabe von Datenfeldern an gebundene Steuerelemente zur Anzeige und Bearbeitung
- Zurückschreiben geänderter Daten in die Datenbank oder Hinzufügen neuer Datensätze
- Auffangen von Datenzugriffsfehlern
- Schließen der Datenbank

Das in früheren Versionen von Visual Basic vorhandene integrierte *Daten*-Steuerelement wird aus Gründen der Abwärtskompatibiltät weiter unterstützt. Neue Projekte sollten aber das *ADO-Daten*-Steuerelement verwenden, unter anderem weil es wegen der Möglichkeit, die benutzte Datenbank zur Laufzeit neu festzulegen, flexibler einzusetzen ist.

Die Darstellung der Datenbankdaten erfolgt durch datengebundene (auch: datenbezogene) Steuerelemente, welche die vom *ADO-Daten-*Steuerelement gelieferten Informationen als Eigenschaftswerte speichern. Alle Steuerelemente, die über die *DataSource*-Eigenschaft verfügen, können als datengebundene Steuerelemente verwendet werden. Zu ihnen gehören Steuerelemente wie Textfeld, Kontrollkästchen, oder *MonthView*-Steuerelement, die jeweils ein Datensatzfeld anzeigen, ebenso wie solche, mit denen sich ganze Datensatzgruppen verwalten lassen (etwa Kombinationsfeld oder *MSFlexGrid*-Steuerelement). Zudem ist es möglich, mit Hilfe des *DataBinding*-Objekts eigene, datenbezogene Steuerelemente zu erstellen.

Im Lieferumfang von Visual Basic sind zwei Beispieldatenbanken enthalten, die als Anschauungs- und Experimentiermaterial für selbständige Versuche der Datenbankprogrammierung gut geeignet sind. Die Datei *Biblio.mdb* ist eine Datenbank im Access-Format mit Angaben zu PC-Büchern. Die folgende Abbildung zeigt ihre Struktur.

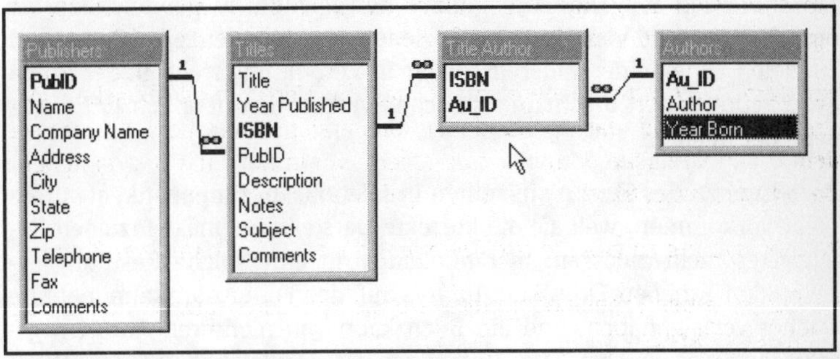

Die Struktur von Biblio.mdb

Wie Sie sehen, ist das gesamte Informationsvolumen nicht in einer einzigen Tabelle untergebracht, sondern auf vier Tabellen verteilt. Wenn man alle Angaben zu einem bestimmten Buch (Titel, Autor, Verlag usw.) in jeweils einem Datensatz zusammenfaßt, speichert man in der daraus gebildeten Datenbank viele redundante Informationen: Für einen zweiten Buchtitel desselben Autors etwa müssen die Angaben zu seiner Person auch ein zweites Mal eingegeben werden. Dadurch wird der Umfang der Datenbank aufgebläht und der Zugriff verlangsamt; vor allem aber wird die Wartung des Datenbestands mühsam, weil zur Änderung nur einer Information (etwa der Telefonnummer eines Verlags) mehrere Datensätze aktualisiert werden müssen.

In relationalen Datenbanksystemen wird Redundanz vermieden, indem die Gesamtmenge der Daten in Informationsblöcke aufgespalten wird, die in Beziehung zueinander stehen. Die Blöcke bilden jeweils eine Tabelle, die Beziehung zwischen ihnen wird durch Felder gleichen Inhalts etabliert. Jede Tabelle besitzt normalerweise einen Primärschlüssel oder Primärindex, der aus einem Datensatzfeld oder einer Kombination mehrerer besteht und zur eindeutigen Identifizierung der einzelnen Datensätze dient. Ferner legt er das Kriterium fest, nach dem die Datensätze einer Tabelle sortiert werden. Indizierte Tabellen (außer dem Hauptindex lassen sich noch weitere Index-Werte definieren) können das Leistungsverhalten bei der Auswertung umfangreicher Datenbanken merklich beschleunigen.

In der Strukturansicht sind diese Schlüsselfelder fett dargestellt. So hat zum Beispiel die Tabelle mit den Verlagsdaten (*Publishers*) einen Primärschlüssel namens *PubID* und die Tabelle der Buchtitel (*Titles*) die ISBN-Nummer als Primärindex. Die Beziehungen der Tabellen untereinander werden mit Hilfe der Indizes hergestellt. Die gebräuchlichsten Beziehungen sind vom Typ 1 : n, in denen eine Tabellenzeile (Datensatz) zu vielen Zeilen einer anderen Tabelle in Verbindung steht. In der Abbildung repräsentiert das mathematische Symbol für Unendlich (∞) die n-Seite der Relation.

Beziehungen des Typs n : m sollten in relationalen Datenbankentwürfen nicht vorkommen, weil sie die korrekte Darstellung eines einzelnen Datensatzes nicht zulassen. In *Biblio.mdb* tritt eine solche Relation zwischen den Tabellen *Titles* und *Authors* auf, denn ein Autor kann mehrere Bücher verfaßt haben, und ein Buch kann von mehreren Autoren, geschrieben worden sein. Das Hinzufügen einer Hilfstabelle (*TitleAuthor*), die als Bindeglied zwischen den beiden Tabellen nur aus deren Primärschlüsseln besteht, löst das Problem.

Übung 25 Datenbankzugriff ohne Code

Daß es tatsächlich ohne eine einzige Programmzeile möglich ist, auf Informationen aus Datenbanken zuzugreifen, demonstriert dieses Beispiel. Wenn Sie die verwendete Datei *Biblio.mdb* im Originalzustand erhalten wollen, fertigen Sie zuvor eine Kopie an. Plazieren Sie auf einem Formular drei Bezeichnungs- und Textfelder sowie ein *ADO-Daten*-Steuerelement.

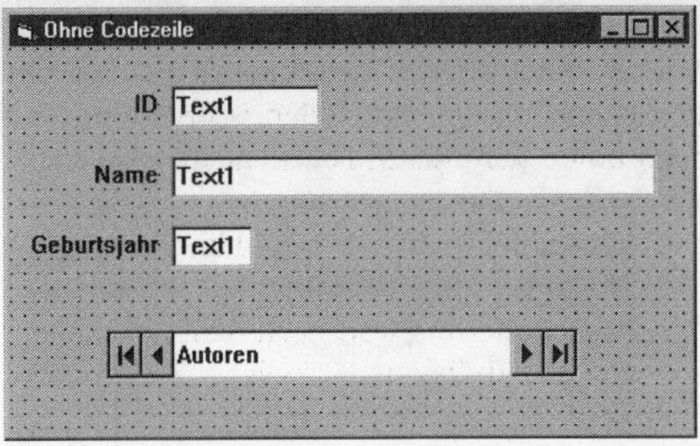

Die Oberfläche von Übung25

Die zum Einrichten der Datenbankanbindung erforderlichen Informationen werden in der *ConnectionString*-Eigenschaft des *ADO-Daten*-Steuerelements abgelegt. Ein Doppelklick im Eigenschaftenfenster auf diese Eigenschaft öffnet einen Dialog, in dem Sie die Option *Verbindungszeichenfolge verwenden* wählen und die Schaltfläche *Erstellen* anklicken. In der Liste der verfügbaren Datenprovider im nun erscheinenden Dialogfeld *Datenlinkeigenschaften* markieren Sie *Microsoft Jet 3.51 OLE DB Provider* und wählen auf der nächsten Registerkarte als Datenbank *Biblio.mdb* im Stammordner von Visual Basic aus. Mit der Schaltfläche *Verbindung testen* läßt sich prüfen, ob die Verbindung zustande kommt.

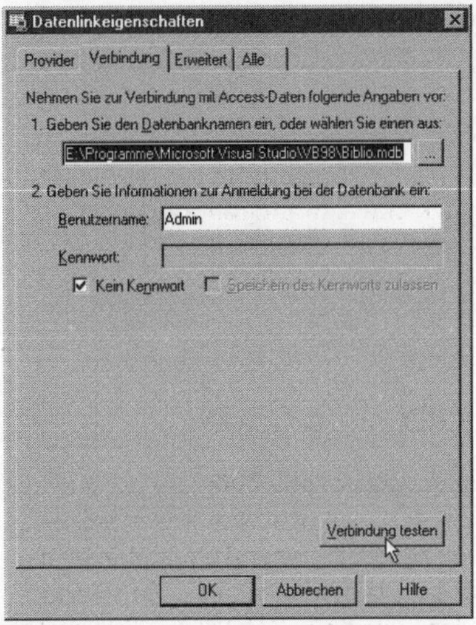

Das Dialogfeld Datenlinkeigenschaften nach Auswahl von Biblio.mdb

Der *RecordSource*-Eigenschaft wird der Name der Datenbanktabelle zugewiesen, auf die zugegriffen werden soll. Ein neuerlicher Doppelklick im Eigenschaftenfenster zeigt den Dialog an, in dem Sie aus Dropdown-

Listen den Befehlstyp (*CommandType*) *adCmdTable* und die Tabelle *Authors* wählen können. Bei der Anbindung der Textfelder wird zuerst die *DataSource*-Eigenschaft auf das *ADO-Daten*-Steuerelement und dann die *DataField*-Eigenschaft auf das zu verknüpfende Tabellenfeld eingestellt. Hier alle Objekteigenschaften in der Zusammenfassung:

Objekt	Eigenschaft	Einstellung
Formular	Name	frmÜbung25
	Caption	Ohne Codezeile
ADO-Daten-Steuerelement	Name	adoBiblio
	Caption	Autorenr
	CommandType	2 - adCmdTable
	ConnectionString	Provider=Microsoft Jet ...VB98\Biblio.mdb
	RecordSource	Authors
1. Bezeichnungsfeld	Name	lblID
	Alignment	1 - Rechts
	Caption	ID
2. Bezeichnungsfeld	Name	lblName
	Alignment	1 - Rechts
	Caption	Name
3. Bezeichnungsfeld	Name	lblGeburtsjahr
	Alignment	1 - Rechts
	Caption	Geburtsjahr
1. Textfeld	Name	txtID
	DataField	AU_ID
	DataSource	adoBiblio
2. Textfeld	Name	txtName
	DataField	Author
	DataSource	adoBiblio
3. Textfeld	Name	txtGeburtsjahr
	DataField	Year Born
	DataSource	adoBiblio

Nach dem Starten der Anwendung wird die Datenbank geöffnet, und die Werte des ersten Datensatzes erscheinen in den Textfeldern. Mit den Pfeil-Schaltflächen des *ADO-Daten*-Steuerelements (die Symbole sind Ihnen sicherlich vom Audio- oder Videorecorder her bekannt) kann man sich zum ersten, vorigen, nächsten oder letzten Datensatz der Tabelle bewegen. Die in den gebundenen Steuerelementen angezeigten Werte können editiert werden, durch den Wechsel zu einem anderen Datensatz werden die geänderten Daten gespeichert. Das Beenden der Anwendung schließt auch die Datenbank.

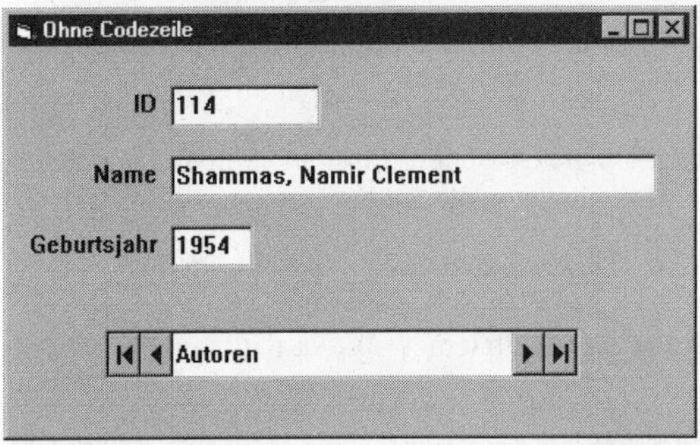

Die Anzeige eines Datensatzes der Tabelle Authors

Es ist sogar möglich, die Tabelle ohne explizite Programmierung um neue Datensätze zu erweitern. Dazu muß lediglich *adDoAddNew* als Wert der *EOFAction*-Eigenschaft des *ADO-Daten*-Steuerelements festgelegt werden. Wenn dann das Tabellenende erreicht ist, wird beim Klick auf die Schaltfläche *Nächster Datensatz* ein neuer (leerer) Datensatz angefügt. Dieser Automatismus bietet einerseits dem Anwendungsentwickler große Bequemlichkeit, bringt aber andererseits das Risiko mit sich, daß ein Benutzer unwissentlich leere Datensätze erzeugt.

7.4 Datenobjekte: ADO & Co

Eine halbwegs professionelle Datenbankanwendung kommt ohne Programmcode nicht aus. Die erforderliche Funktionalität stellt das ADO-Objektmodell bereit, das aus drei Haupt- und vier Unterobjekten besteht:

- *Connection*: Dieses Objekt an der Spitze der Objekthierarchie stellt die Verbindung zu einer Datenquelle dar. Es ist zuständig für das Öffnen und Schließen der Datenbank, die Durchführung von Transaktionen und die Fehlermeldung.

- *Command*: Definiert die auf der Datenquelle auszuführende Operation, meist eine Abfrage, die Datensätze zurückgibt.
- *Recordset*: Repräsentiert eine Gruppe von Datensätzen (gesamte Tabelle/Ergebnis einer Abfrage) und stellt Methoden zum Bearbeiten des aktuellen Datensatzes sowie zum Bewegen in der Datensatzgruppe zur Verfügung.
- *Property*: Alle drei Hauptobjekte besitzen *Property*-Objekte, die in einer *Properties*-Auflistung verwaltet werden. Die einzelnen Objekte dienen dazu, das ADO-Modell durch das Hinzufügen von auf den jeweiligen Datenbanktyp abgestimmten Eigenschaften flexibel zu halten.
- *Error*: Das *Connection*-Objekt speichert in einer Auflistung solcher Objekte Informationen zu Fehlern, die bei der Datenquelle auftreten.
- *Parameter*: Wenn die Datenquelle Operationen unterstützt, deren Einzelheiten durch Variablen geändert werden können, legt das *Command*-Objekt diese Werte in einer Auflistung von *Parameter*-Objekten ab.
- *Field*: Das *Recordset*-Objekt besitzt eine Auflistung aus diesen Objekten, in denen Angaben zu jeweils einer Tabellenspalte gespeichert sind. Zur Anpassung an den jeweiligen Datenprovider ist auch jedes *Field*-Objekt mit einer *Properties*-Auflistung ausgestattet.

Zwar stellt das *Connection*-Objekt den Ausgangspunkt für einen programmierten Datenzugriff dar, es muß aber nicht immer explizit erstellt werden. Zum Beispiel wird beim Öffnen eines *Recordset*-Objekts unter Angabe einer Verbindungszeichenfolge automatisch ein *Connection*-Objekt angelegt. Ähnliches gilt für das *Command*-Objekt.

Methoden und Eigenschaften des Recordset-Objekts

Mindestens ein *Recordset*-Objekt ist für die Datenbearbeitung jedoch erforderlich. Nachdem es mit der *Open*-Methode geöffnet ist, wird der erste Datensatz zum aktuellen und die Objekteigenschaften *BOF* (**B**egin **O**f **F**ile)und *EOF* (**E**nd **O**f **F**ile) werden auf *False* gesetzt. Mit dem Wert *True* signalisieren diese Eigenschaften, daß die Position des aktuellen Datensatzes vor dem ersten bzw. hinter dem letzten Datensatz liegt; sind beide *True*, dann enthält das *Recordset*-Objekt keine Datensätze.

Mit den *Move*-Methoden des *Recordset*-Objekts wird der aktuelle Datensatz neu plaziert: *MoveFirst*, *MoveNext*, *MovePrevious* und *MoveLast* entsprechen den Aktionen, die mit den Schaltflächen des *ADO-Daten*-Steuerelements bewirkt werden. Mit der Methode

```
Recordset.Move NumRecords[, Start]
```

läßt sich die aktuelle Datensatzposition um eine bestimmte Zahl von Datensätzen (Argument *NumRecords*) verschieben. Das optionale Argument *Start* ist ein Lesezeichen, das den Startpunkt der Bewegung festlegt. Das Lesezeichen eines Datensatzes wird als *Variant*-Wert in seiner *Bookmark*-Eigenschaft gespeichert.

Zum Löschen von Datensätzen dient die *Delete*-, zum Hinzufügen von Datensätzen die *AddNew*-Methode. Änderungen am aktuellen Datensatz werden durch die *Update*-Methode gespeichert. ADO ruft diese Methode aber auch automatisch auf, wenn ein geänderter Datensatz verlassen wird.

Zur Suche nach Datensätzen steht die *Find*-Methode zur Verfügung:

```
Find (criteria[, SkipRows[, searchDirection[, start]]])
```

Wenn ein Datensatz das Suchkriterium *criteria* erfüllt, wird er zum aktuellen Datensatz des *Recordset*-Objekts. Durch die übrigen Argumente wird angegeben, nach wieviel Zeilen die Suche beginnt, und die Suchrichtung (*adSearchForward* oder *adSearchBackward*) sowie der durch ein Lesezeichen definierte Startpunkt festgelegt.

Das Suchkriterium besteht aus einem Zeichenfolgenausdruck, der ein Datenfeld mit einem bestimmten Wert vergleicht. Dabei können die üblichen Vergleichsoperatoren und der *Like*-Operator (Mustervergleich) eingesetzt werden. Um innerhalb der in der letzten Übung verwendeten Tabelle *Authors* einen Autor mit dem Geburtsjahr 1954 zu finden, formuliert man als Suchkriterium:

```
"[Year Born] = 1954"
```

Da der Spaltenname ein Leerzeichen enthält, wird er in eckige Klammern gesetzt. Ein Datum als Vergleichswert wird in Doppelkreuze (#), eine Zeichenfolge in Apostrophe (') eingeschlossen. Das Suchkriterium für Autoren, deren Name mit *S* beginnt, lautet:

```
"Author Like 'S*'"
```

Dabei steht das Zeichen * für das Auftreten eines oder mehrerer beliebiger Zeichen.

Um die Datensätze im *Recordset*-Objekt in einer bestimmten Reihenfolge anzuordnen, weist man seiner *Sort*-Eigenschaft die Namen der Felder zu, nach denen sortiert werden soll.

Die optional angefügten Schlüsselwörter *ASCENDING* und *DESCENDING* (bzw. ihre Kurzformen *ASC* und *DESC*) bestimmen, ob die Sortierung im jeweiligen Feld auf- oder absteigend erfolgt. (*ASC* ist die Vorgabe, braucht also nicht eigens angegeben zu werden.)

Mit der *Filter*-Eigenschaft läßt sich eine Untermenge aller Datensätze bilden. Das Filterkriterium ist wie das Suchkriterium der *Find*-Methode aufgebaut und kann aus einzelnen Zeichenfolgen bestehen, die mit Hilfe der logischen Operatoren *And* und/oder *Or* zusammengesetzt sind.

SQL

Bei den Such- und Filterkriterien haben Sie bereits Syntaxelemente kennengelernt, die auch in SQL-Anweisungen auftreten. SQL (**S**tructured **Q**uery **L**anguage) ist eine weitgehend normierte Datenbankprogrammiersprache, die mit Hilfe weniger Anweisungen zur Erzeugung, Aktualisierung und Verwaltung von Datenbanken verwendet wird.

SQL-Anweisungen, die Befehle an den Datenprovider darstellen, werden häufig als Zeichenfolge der *CommandText*-Eigenschaft des *Command*-Objekts zugewiesen.

Die meistbenutzte SQL-Anweisung ist die *SELECT*-Anweisung. Sie lautet in der einfachsten Form z. B.:

```
"SELECT *" _
& " FROM Authors"
```

Diese Abfrage liefert alle Spalten (dies besagt das Sternchen) sämtlicher Datensätze der Tabelle *Authors*. Sollen nur bestimmte Spalten abgerufen werden, so gibt man sie als Liste an:

```
"SELECT [Author], [Year Born]" _
& " FROM Authors"
```

Die Daten erscheinen in der Reihenfolge der Spaltennamen. Der die Datenherkunft spezifizierende *FROM*-Abschnitt ist Bestandteil jeder SELECT-Anweisung.

Hinweis: Schreibweise von SQL-Anweisungen

Spalten- und Tabellennamen, die Leer- oder Satzzeichen enthalten, müssen von eckigen Klammern umschlossen werden. Um die Lesbarkeit von SQL-Anweisungen zu erhöhen, werden diese Namen häufig grundsätzlich geklammert. Ebenso ist die Verwendung von Großbuchstaben für SQL-Schlüsselwörter oder die Aufteilung einer Anweisung auf mehrere Zeilen nicht notwendig, sie sollen bloß die Übersichtlichkeit verbessern.

Tip: Auf Leerzeichen in SQL-Anweisungen achten

Syntaxfehler in SQL-Zeichenfolgen werden erst zur Laufzeit diagnostiziert. Eine triviale, aber besonders bei mehrzeiligen Anweisungen häufige Fehlerquelle sind fehlende Leerzeichen zwischen den einzelnen Abschnitten. Deshalb sollte man sich angewöhnen, vor die einen Abschnitt einleitenden Schlüsselwörter stets ein Leerzeichen zu setzen.

Zur Filterung von Datensätzen fügt man dem *FROM-* einen *WHERE*-Abschnitt hinzu, der das Kriterium vorgibt, dem die ausgewählten Datensätze genügen sollen. Die Anweisung

```
"SELECT [Author], [Year Born]" _
& " FROM Authors" _
& " WHERE [Author] LIKE 'S*' AND [Year Born] > 1946"
```

liefert alle Verfasser, deren Namen mit einem *S* beginnen und die nach 1946 geboren sind.

Ein zusätzlicher *ORDER BY*-Abschnitt legt die Sortierreihenfolge der Datensätze fest. Mit der Anweisung

```
"SELECT [Author], [Year Born]" _
& " FROM Authors" _
& " WHERE [Author] LIKE 'S*' AND [Year Born] > 1946" _
& " ORDER BY [Author], [Year Born] DESC"
```

werden die Datensätze zuerst nach Verfassernamen aufsteigend sortiert, und Autoren mit gleichem Namen erscheinen in absteigender Reihenfolge ihres Geburtsjahrs.

Übung 26 ADO-Beispiel

In dieser Übung werden Sie mehrere Methoden und Eigenschaften von ADO-Objekten anwenden. Bestücken Sie ein Formular mit vier Text- und vier zugeordneten Bezeichnungsfeldern, zwei Rahmen mit je drei Optionsfeldern, zwei Gruppen zu je vier Befehlsschaltflächen und einem zusätzlichen Bezeichnungsfeld. Ordnen Sie die Elemente wie in dieser Abbildung an

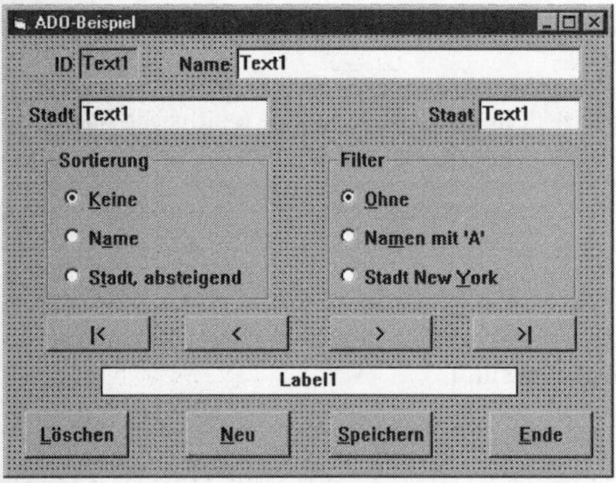

Die Oberfläche von Übung26

und versehen Sie ihre Eigenschaften mit folgenden Werten:

Objekt	Eigenschaft	Einstellung
Formular	Name	frmÜbung26
	Caption	ADO-Beispiel
1. Bezeichnungsfeld	Name	lblFeld
	Alignment	1 - Rechts
	Caption	ID
	Index	0
1. Textfeld	Name	txtID
	BackColor	System: Menüleiste
	Locked	True
2. Bezeichnungsfeld	Name	lblFeld
	Alignment	1 - Rechts
	Caption	Name

Objekt	Eigenschaft	Einstellung
	Index	1
2. Textfeld	Name	txtName
3. Bezeichnungsfeld	Name	lblFeld
	Alignment	1 - Rechts
	Caption	Stadt
	Index	2
3. Textfeld	Name	txtStadt
4. Bezeichnungsfeld	Name	lblFeld
	Alignment	1 - Rechts
	Caption	Staat
	Index	3
4. Textfeld	Name	txtStaat
1. Rahmen	Name	fraSort
	Caption	Sortierung
Optionsfeld	Name	optSort
	Caption	&Keine
	Index	0
Optionsfeld	Name	optSort
	Caption	N&ame
	Index	1
Optionsfeld	Name	optSort
	Caption	S&tadt, absteigend
	Index	2
2. Rahmen	Name	fraFilter
	Caption	Filter
Optionsfeld	Name	optFilter
	Caption	&Ohne
	Index	0
Optionsfeld	Name	optFilter
	Caption	Na&men mit 'A'

<table>
<tr><th>Objekt</th><th>Eigenschaft</th><th>Einstellung</th></tr>
<tr><td></td><td>Index</td><td>1</td></tr>
<tr><td>Optionsfeld</td><td>Name</td><td>optFilter</td></tr>
<tr><td></td><td>Caption</td><td>Stadt New &York</td></tr>
<tr><td></td><td>Index</td><td>2</td></tr>
<tr><td>1. Befehlsschaltfläche</td><td>Name</td><td>cmdMove</td></tr>
<tr><td></td><td>Caption</td><td>|<</td></tr>
<tr><td></td><td>Index</td><td>0</td></tr>
<tr><td>2. Befehlsschaltfläche</td><td>Name</td><td>cmdMove</td></tr>
<tr><td></td><td>Caption</td><td><</td></tr>
<tr><td></td><td>Index</td><td>1</td></tr>
<tr><td>3. Befehlsschaltfläche</td><td>Name</td><td>cmdMove</td></tr>
<tr><td></td><td>Caption</td><td>></td></tr>
<tr><td></td><td>Index</td><td>2</td></tr>
<tr><td>4. Befehlsschaltfläche</td><td>Name</td><td>cmdMove</td></tr>
<tr><td></td><td>Caption</td><td>>|</td></tr>
<tr><td></td><td>Index</td><td>3</td></tr>
<tr><td>5. Bezeichnungsfeld</td><td>Name</td><td>lblNr</td></tr>
<tr><td></td><td>Alignment</td><td>2 - Zentriert</td></tr>
<tr><td></td><td>Appearance</td><td>0 – 2D</td></tr>
<tr><td>5. Befehlsschaltfläche</td><td>Name</td><td>cmdEdit</td></tr>
<tr><td></td><td>Caption</td><td>&Löschen</td></tr>
<tr><td></td><td>Index</td><td>0</td></tr>
<tr><td>6. Befehlsschaltfläche</td><td>Name</td><td>cmdEdit</td></tr>
<tr><td></td><td>Caption</td><td>&Neu</td></tr>
<tr><td></td><td>Index</td><td>1</td></tr>
<tr><td>7. Befehlsschaltfläche</td><td>Name</td><td>cmdEdit</td></tr>
<tr><td></td><td>Caption</td><td>&Speichern</td></tr>
<tr><td></td><td>Index</td><td>2</td></tr>
<tr><td>8. Befehlsschaltfläche</td><td>Name</td><td>cmdEdit</td></tr>
<tr><td></td><td>Cancel</td><td>True</td></tr>
</table>

Objekt	Eigenschaft	Einstellung
	Caption	&Ende
	Index	3

In den vier Textfeldern sollen aus der Datenbank *Biblio.mdb* einige Verlagsdaten (Tabelle *Publishers*) zur Bearbeitung angezeigt werden. Der erste Wert *PubID* ist ein *Long*-Wert, der einen Datensatz eindeutig kennzeichnet und vom Datenbankmodul automatisch zugewiesen wird.

Da er vom Benutzer nicht verändert werden kann, wird das entsprechende Textfeld (durch die abweichende Hintergrundfarbe auch visuell wahrnehmbar) gesperrt.

Als erstes muß die ADO-Bibliothek in das Projekt eingebunden werden, was durch *Projekt/Verweise* und Wahl von *Microsoft ActiveX Data Objects 2.0 Library* schnell erledigt ist. Im Deklarationsteil des Programms wird je eine Variable vom Typ des *Connection-*, *Command-* und *Recordset-*Objekts definiert.

Durch das Deklarieren unter Benutzung von *New* wird das Erstellen der betreffenden Objektinstanz vorbereitet und beim ersten Verweis darauf durchgeführt, so daß auf die Verwendung der *Set*-Anweisung beim Festlegen des Objektverweises verzichtet werden kann.

```
Option Explicit

Dim cnnADO As New ADODB.Connection
Dim cmdADO As New ADODB.Command
Dim rsADO As New ADODB.Recordset
```

Beim Start der Anwendung wird durch Zuweisung von Zeichenfolgen an die Eigenschaften *Provider* und *ConnectionString* die Datenquelle festgelegt. Den Inhalt dieser Zeichenketten können Sie aus dem vorigen Beispiel übernehmen, indem Sie bei unterbrochener Programmausführung die *ConnectionString*-Eigenschaft des *ADO-Daten*-Steuerelements aus dem Direktfenster kopieren. Die *Open*-Methode stellt dann die Verbindung her.

Mit der *ActiveConnection*-Eigenschaft wird das *Command*-Objekt der geöffneten Verbindung zugeordnet. Als *CommandText* wird eine SQL-Anweisung verwendet, die vier Spalten der Tabelle *Publishers* auswählt.

```
Private Sub Form_Load()
  ' Verbindung herstellen
  cnnADO.Provider = "Microsoft.Jet.OLEDB.3.51"
  cnnADO.ConnectionString = "E:\Programme\Microsoft " _
    & "Visual Studio\VB98\Biblio.mdb"
  cnnADO.Open

  ' Befehl konfigurieren
  cmdADO.ActiveConnection = cnnADO
  cmdADO.CommandText = "SELECT PubID, [Company Name], " _
    & " City, State FROM Publishers"
```

Im Datenbankbereich kennzeichnet ein Cursor die aktuelle Position in der Ergebnismenge einer Abfrage. Im Beispiel wird ein clientseitiger (*CursorLocation*) dynamischer Cursor (*CursorType*) verwendet, der alle Bewegungsarten in der Datensatzgruppe erlaubt. Die Eigenschaft *LockType* spezifiziert, wie gerade bearbeitete Datensätze vor dem Zugriff anderer Benutzer geschützt werden. Beim benutzten Sperrtyp *adLockPessimistic* sperrt der Provider die Datensätze in der Datenquelle sofort beim Bearbeiten. Zum Öffnen des *Recordset*-Objekts wird der *Open*-Methode das *Command*-Objekt mit dem Abfragebefehl übergeben.

```
  ' Recordset konfigurieren und öffnen
  rsADO.CursorLocation = adUseClient
  rsADO.CursorType = adOpenDynamic
  rsADO.LockType = adLockPessimistic
  rsADO.Open cmdADO

  ' 1. Datensatz lesen
  ReadRecord
End Sub
```

Beim Beenden des Programms wird die Verbindung mit der *Close*-Methode geschlossen.

```
Private Sub Form_Unload(Cancel As Integer)
  cnnADO.Close
End Sub
```

Nach dem Füllen einer Datensatzgruppe ist das *Recordset* stets auf den ersten Datensatz positioniert. Zu seiner Anzeige wird am Ende der *Load*-Prozedur die Prozedur *ReadRecord* aufgerufen. Sie weist den Textfeldern die Inhalte der Datenfelder zu. Der Zugriff auf diese erfolgt, indem an das *Recordset*-Objekt mit dem Operator **!** der Name der Tabellenspalte angehängt wird. Das dafür vorgesehene Bezeichnungsfeld gibt die aktuelle Position (*AbsolutePosition*) und die Gesamtzahl an Datensätzen (*Record Count*) wieder.

```
Private Sub ReadRecord()
  txtID.Text = GetValue(rsADO!PubID)
  txtName.Text = GetValue(rsADO![Company Name])
  txtStadt.Text = GetValue(rsADO!City)
  txtStaat.Text = GetValue(rsADO!State)

  lblNr.Caption = "Datensatz " & rsADO.AbsolutePosition _
    & " von " & rsADO.RecordCount
End Sub
```

Die Darstellung der Feldinhalte in den Textfeldern findet unter Vermittlung der Funktion *GetValue* statt. Felder in Access-Datenbanken, in die noch nichts eingegeben wurde, sind nämlich standardmäßig durch den Wert *Null* gekennzeichnet, der im Textfeld nicht angezeigt werden kann. Liegt ein solcher Wert vor (*IsNull*-Funktion), so liefert *GetValue* eine leere Zeichenfolge, sonst den (als Datentyp *String* definierten) Wert.

```
Private Function GetValue(fld As Field) As String
  If IsNull(fld) Then
    GetValue = ""
  Else
    GetValue = fld
  End If
End Function
```

Zur Wahl des aktuellen Datensatzes dienen die in einem Steuerelementefeld zusammengefaßten Bewegungsschaltflächen. Ihr Anklicken ruft die entsprechende *Move*-Methode des *Recordset*-Objekts auf, wobei der Versuch, vor den ersten (*BOF*) oder hinter den letzten (*EOF*) Datensatz zu gelangen, akustisch signalisiert und abgewiesen wird.

```
Private Sub cmdMove_Click(Index As Integer)
  Select Case Index
  Case 0  ' Erster
    rsADO.MoveFirst
  Case 1  ' Voriger
    rsADO.MovePrevious
    If rsADO.BOF Then
      Beep
      rsADO.MoveFirst
    End If
  Case 2  ' Nächster
    rsADO.MoveNext
    If rsADO.EOF Then
      Beep
      rsADO.MoveLast
    End If
```

```
  Case 3  ' Letzter
    rsADO.MoveLast
  End Select

  ReadRecord
End Sub
```

Die vier anderen Schaltflächen dienen zum Bearbeiten von Datensätzen und zum Beenden des Programms. Die Methoden zum Löschen (*Delete*) und zum Anlegen eines neuen Datensatzes (*AddNew*) brauchen nicht erläutert zu werden. Ein geänderter Datensatz wird mit der *Update*-Methode in die Tabelle geschrieben. Dazu werden die Inhalte der drei dem Benutzer zugänglichen Textfelder an die Datenfelder übergeben und die Datensatzposition (*Bookmark*) in einer Variablen gerettet. Die *Requery*-Methode aktualisiert das *Recordset* durch erneutes Ausführen der Abfrage und durch das Setzen der *Bookmark*-Eigenschaft ist der bearbeitete Datensatz wieder im Zugriff.

```
Private Sub cmdEdit_Click(Index As Integer)
  Dim vntZeichen As Variant

  Select Case Index
  Case 0  'Löschen
    If rsADO.RecordCount > 0 Then
      rsADO.Delete
      cmdMove_Click 2
    End If
  Case 1  'Neu
    rsADO.AddNew
    ReadRecord
    txtName.SetFocus
  Case 2  'Speichern
    rsADO![Company Name] = SetValue(txtName.Text)
    rsADO!City = SetValue(txtStadt.Text)
    rsADO!State = SetValue(txtStaat.Text)

    vntZeichen = rsADO.Bookmark
    rsADO.Update
    rsADO.Requery
    rsADO.Bookmark = vntZeichen
    ReadRecord
  Case 3  'Ende
    Unload Me
  End Select
End Sub
```

Die Funktion *SetValue* stellt das Pendant zu *GetValue* dar. Wenn ein Textfeld außer Leerzeichen (*Trim*$-Funktion) nichts enthält, wird der

Wert *Null*, ansonsten die von irrelevanten Leerzeichen bereinigte Zeichenfolge zurückgegeben.

```
Private Function SetValue(str As String) As Variant
  If Trim$(str) = "" Then
    SetValue = Null
  Else
    SetValue = Trim$(str)
  End If
End Function
```

Die Wahl einer Option aus der Gruppe *Sortierung* weist der *Sort*-Eigenschaft den entsprechenden Spaltennamen oder, um die Sortierung aufzuheben, eine leere Zeichenfolge zu. Das *Recordset*-Objekt wird neu gefüllt und auf den ersten Datensatz positioniert.

```
Private Sub optSort_Click(Index As Integer)
  Select Case Index
  Case 0  ' Keine
    rsADO.Sort = ""
  Case 1  ' Name
    rsADO.Sort = "[Company Name]"
  Case 2  ' Stadt, absteigend
    rsADO.Sort = "City DESC"
  End Select

  ' Abfrage erneut ausführen
  rsADO.Requery
  cmdMove_Click 1
End Sub
```

Das Einstellen eines Filters erfolgt analog durch Zuweisung einer Zeichenfolge an die *Filter*-Eigenschaft, wie sie auch im *WHERE*-Abschnitt einer SQL-Anweisung verwendet wird.

```
Private Sub optFilter_Click(Index As Integer)
  Select Case Index
  Case 0  ' Ohne
    rsADO.Filter = ""
  Case 1  ' Name mit A
    rsADO.Filter = "[Company Name] Like 'A*'"
  Case 2  ' Stadt New York
    rsADO.Filter = "City = 'New York'"
  End Select

  ' Abfrage erneut ausführen
  rsADO.Requery
  cmdMove_Click 1
End Sub
```

Die folgende Abbildung zeigt die Darstellung eines Datensatzes aus der Gruppe der nach Namen sortierten Verlage in New York.

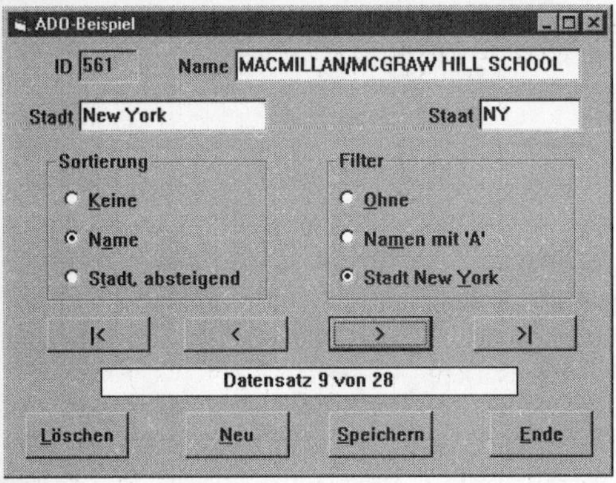

Anzeige eines Datensatzes aus einem sortierten und gefilterten Recordset

7.5 Entwurf eines Datenbankprojekts in der Praxis

Der letzte Teil dieses Kapitels zeigt in mehreren Übungsteilen, wie Sie eine Datenbank-Applikation entwickeln können.

Gegeben sei folgendes Szenario: Für die Mitarbeiter eines Unternehmens der EDV-Branche wird in täglichen Arbeitsprotokollen festgehalten, wie lange sie für welchen Kunden tätig sind. Die Protokolle sollen in einer relationalen Datenbank verwaltet werden. Ihre Struktur ist in folgender Abbildung dargestellt.

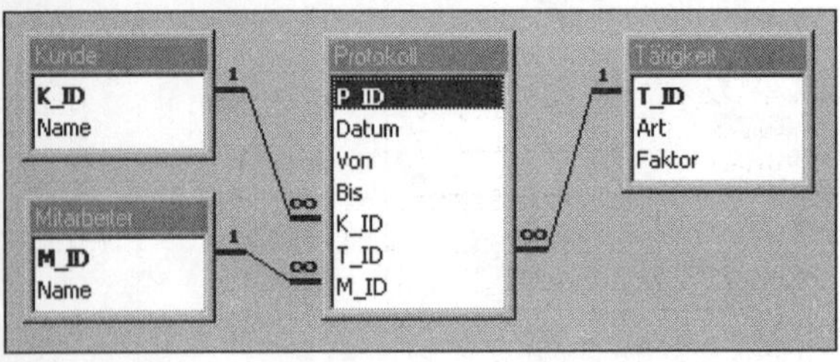

Die Struktur der Datenbank

Drei Tabellen stehen über ihre Primärschlüssel in Beziehung zur zentralen Tabelle *Protokoll*. Um sie anzulegen, kann man auf den in die Entwicklungsumgebung integrierten Visual Data Manager zurückgreifen, dessen Funktionen für einfache Datenbankstrukturen ausreichen.

Tip: Beispiele zur Datenbankprogrammierung

Der Daten-Manager wird auch als ziemlich umfangreiches Beispielprojekt *Visdata.vbp* mitgeliefert und stellt einen reichen Fundus an Informationen zu vielen Themen der Datenbankprogrammierung dar.

Wie Sie eine Datenbank für die geplante Anwendung erzeugen, wird nun Schritt für Schritt erläutert.

Übung 27-1 Datenbank anlegen

1. Starten Sie den Visual Data Manager mit dem gleichnamigen Befehl aus dem Menü *Add-Ins* und wählen sie den Befehl *Datei/Neu/Microsoft Access/Version 7.0 MDB*. In dem nun eingeblendeten Dialogfeld selektieren Sie den Ordner *_Übungen* und geben *Proto* als Dateinamen an, die Erweiterung *.mdb* wird automatisch ergänzt.

2. Das Formular *SQL-Anweisung* wird nicht benötigt und kann geschlossen werden. Das Datenbankfenster stellt die Informationen zur Datenbank im Explorer-Stil dar und zeigt nur die Eigenschaften (*Properties*) der Datenbank selbst, weil noch keine Tabellen erstellt sind. Um eine Tabelle anzulegen, wählen Sie aus dem Kontextmenü des Datenbankfensters *Neue Tabelle*.

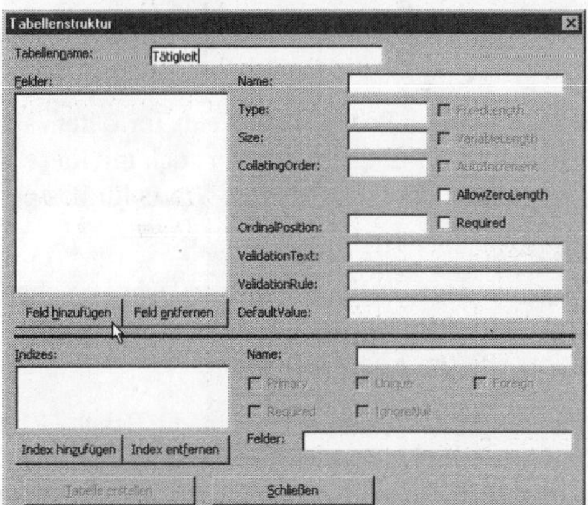

Das Dialogfeld zur Tabellendefinition

3. Im Dialogfeld *Tabellenstruktur* geben Sie als Tabellennamen *Tätigkeit* ein und öffnen dann mit der Schaltfläche *Feld hinzufügen* ein weiteres Dialogfeld, in dem die Datenfelder der Tabelle definiert werden, und

zwar mindestens durch Angabe von Name und Datentyp, der aus der Dropdown-Liste *Type* ausgesucht wird. Für Felder des Typs *Text* ist die Größe (*Size*) wählbar, bei allen anderen Feldern ist sie durch den Datentyp determiniert.

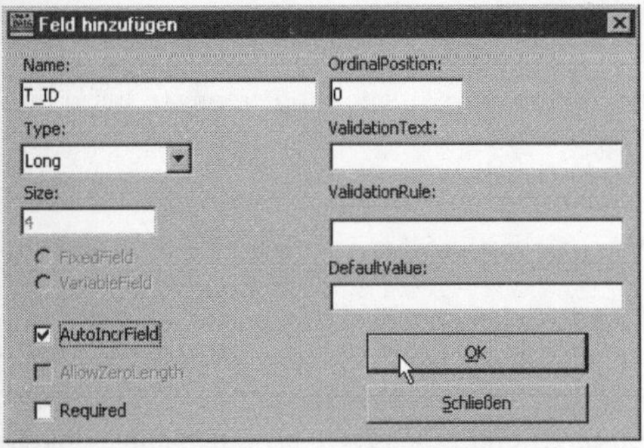

Das Dialogfeld zur Felddefinition

Legen Sie nun die folgenden drei Felder an und übertragen Sie jedes von ihnen, nachdem seine Eigenschaften eingegeben sind, mit einem Klick auf *OK* in die Tabellenstruktur.

Name	Type	Ordinal-Position	Required	AutoIncrField	Size
T_ID	Long	0		✓	
Art	Text	1	✓		30
Faktor	Single	2	✓		

Die Eigenschaft *OrdinalPosition* gibt die Position des Felds im Datensatz an und ermöglicht es, auf das Feld statt mit dem Namen auch mit diesem Index zuzugreifen. *Required* verlangt die Eingabe eines Werts für das betreffende Feld.

Wenn Felder des Typs *Long* mit dem Attribut *AutoIncr Field* versehen sind, werden sie vom Datenbankmodul verwaltet, indem z. B. ihr Wert bei jedem hinzugefügten Datensatz um 1 vergrößert wird.

4. Beenden Sie die Felddefinition mit einem Klick auf die Schaltfläche *Schließen* und öffnen Sie mit *Index hinzufügen* einen Dialog, mit dem Tabellenindizes definiert werden.

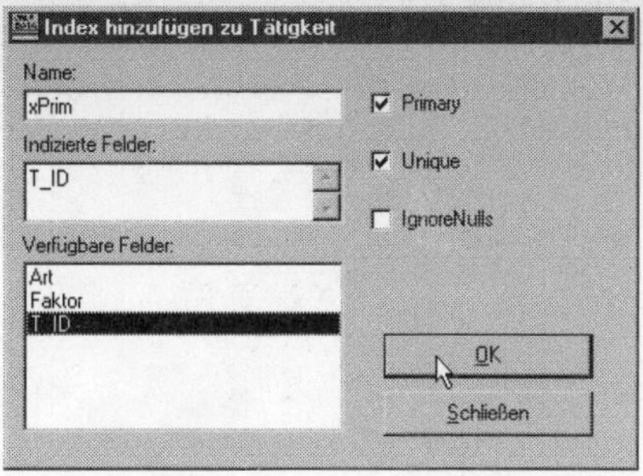

Das Dialogfeld zur Indexdefinition

Aus der Liste der verfügbaren Felder wählen Sie den Eintrag *T_ID*, nennen den Index *xPrim* und klicken erst auf *OK* und dann auf *Schließen*.

Damit ist die Tabelle mit einem eindeutigen (*Unique*), primären (*Primary*) Index versehen worden.

5. Die Definition der Tabelle ist damit abgeschlossen und alle Informationen zur Tabelle werden im Dialogfeld *Tabellenstruktur* angezeigt. Nun genügt das Anklicken von *Tabelle erstellen*, um die Tabelle schließlich zu erzeugen.

6. Auf die gleiche Weise erstellen Sie die übrigen Tabellen, wobei auch jeweils auf das *AutoIncrement*-Feld ein Primärindex gesetzt wird. Zuerst die Tabelle *Kunde* mit den beiden Feldern ...

Name	Type	Ordinal-Position	Required	AutoIncrField	Size
K_ID	Long	0		✓	
Name	Text	1	✓		30

dann die strukturgleiche Tabelle *Mitarbeiter*

Name	Type	Ordinal-Position	Required	AutoIncrField	Size
M_ID	Long	0		✓	
Name	Text	1	✓		30

... und zum Schluß die Tabelle *Protokoll*:

Name	Type	Ordinal-Position	Required	AutoIncr-Field
P_ID	Long	0		✓
Datum	Date/Time	1	✓	
Von	Date/Time	2	✓	
Bis	Date/Time	3	✓	
K_ID	Long	4		
T_ID	Long	5		
M_ID	Long	6		

7. Um die Beziehungen zwischen den Tabellen zu etablieren, wählen Sie den Befehl *Dienstprogramme/Abfragegenerator*, markieren in der Liste *Tabellen* alle vier Einträge und klicken auf die Schaltfläche *Verknüpfungen festlegen*.

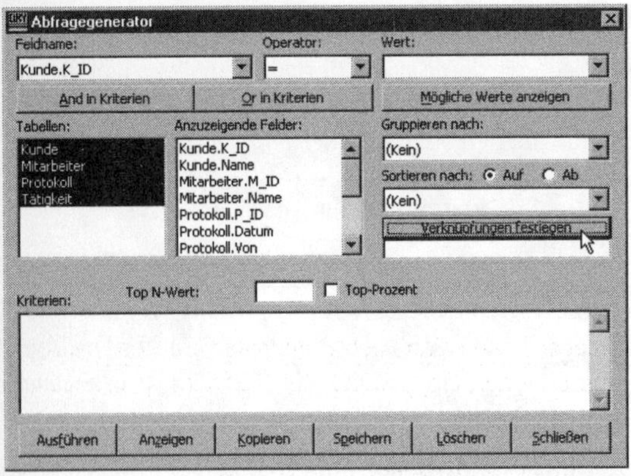

Das Dialogfeld des Abfragegenerators

8. In dem jetzt geöffneten Dialogfeld wählen Sie paarweise die zu verknüpfenden Tabellen, wobei *Protokoll* immer einer der Partner ist, markieren die (in unserem Fall gleichnamigen) Verknüpfungsfelder und stellen mit *Verknüpfung hinzufügen* die Beziehung her.

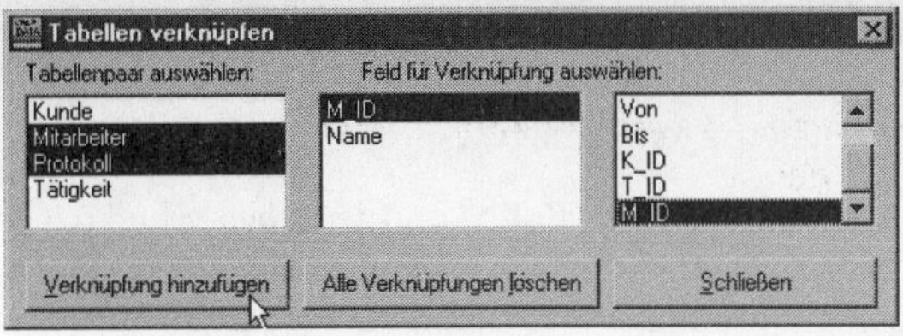

Das Dialogfeld zum Festlegen von Verknüpfungen

Durch Anklicken der jeweiligen *Schließen*-Schaltfläche wird dieser Arbeitsschritt abgeschlossen.

9. Im Datenbankfenster werden nun alle vier Tabellen aufgelistet. Einzelheiten wie die Feldattribute kann man sich ansehen oder auch direkt hier editieren, indem man die entsprechenden Listenzweige durch die Schaltflächen mit dem Pluszeichen öffnet und dann den *Bearbeiten*-Befehl des Kontextmenüs wählt.

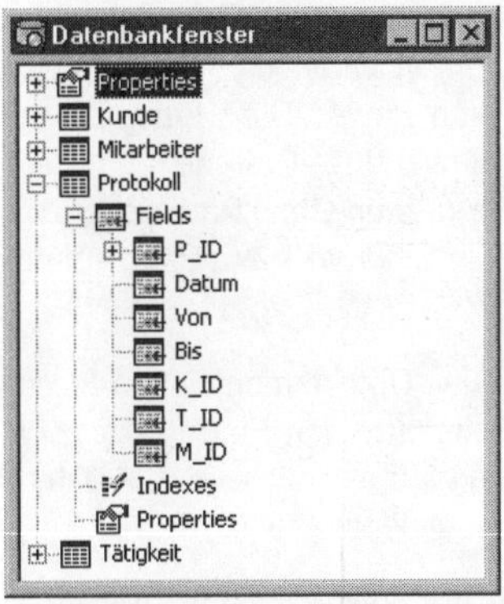

Die Tabellenliste im Datenbankfenster

10. Mit dem Daten-Manager lassen sich auch Datensätze anlegen, bearbeiten und löschen. Durch einen Doppelklick auf *Tätigkeit* wird ein kleines Datenformular eingeblendet.

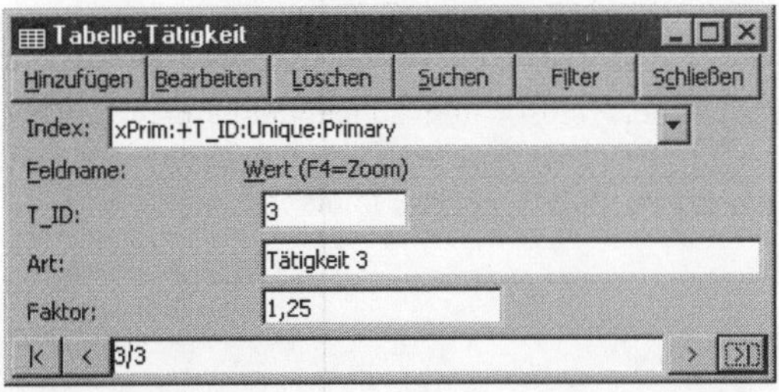

Das Datenformular des Daten-Managers

In ihm erstellen Sie mit der Schaltfläche *Hinzufügen* einen neuen Datensatz, in dessen Felder (bis auf das erste) Sie Werte eingeben und mit *Aktualisieren* in die Tabelle übertragen können.

Nachdem Sie in den Tabellen *Tätigkeit, Kunde* und *Mitarbeiter* und dann in *Protokoll* (mit korrekten Werten für die Verknüpfungsfelder) einige wenige Datensätze angelegt haben, ist die Datenbank vorbereitet und der Daten-Manager kann geschlossen werden.

Übung 27-2 Datenumgebung einrichten

Von den Methoden zur Festlegung einer Datenquelle ist das mit dem Datenumgebungs-Designer verbundene visuelle Verfahren besonders einfach und übersichtlich.

1. Erstellen Sie ein neues Projekt und vergewissern Sie sich, daß auf der Registerkarte *Designer* im Dialogfeld *Komponenten* der Eintrag *Data Environment* markiert ist. Nach Wahl von *Projekt/Data Environment hinzufügen* wird das Fenster des Datenumgebungs-Designers mit dem *DataEnvironment*-Objekt und einem *Connection*-Objekt angezeigt. Im Eigenschaftenfenster können Sie diese in *DEProto* bzw. *Proto* umbenennen.

2. Wenn Sie im Kontextmenü des *Connection*-Objekts den Befehl *Eigenschaften* anklicken, auf der ersten Registerkarte den Eintrag *Microsoft Jet 3.51 OLE DB Provider* markieren und auf der nächsten die Datenbank *Proto.mdb* auswählen, ist die Datenquelle festgelegt.

3. Öffnen Sie das Datenansichtfenster mit der entsprechenden Schaltfläche auf der Symbolleiste. Die soeben definierte Verbindung *Proto* wird angezeigt und nach Einblenden ihrer Struktur (mit Pluszeichen gekennzeichnete Schaltflächen) erscheinen neben den selbst angelegten Tabellen zwei Systemtabellen, um die Sie sich nicht zu kümmern brauchen. Um nun *Command*-Objekte zu erstellen, brauchen Sie nur die Tabellensymbole aus dem Fenster *Datenansicht* in den Datenumgebungs-Designer zu ziehen.

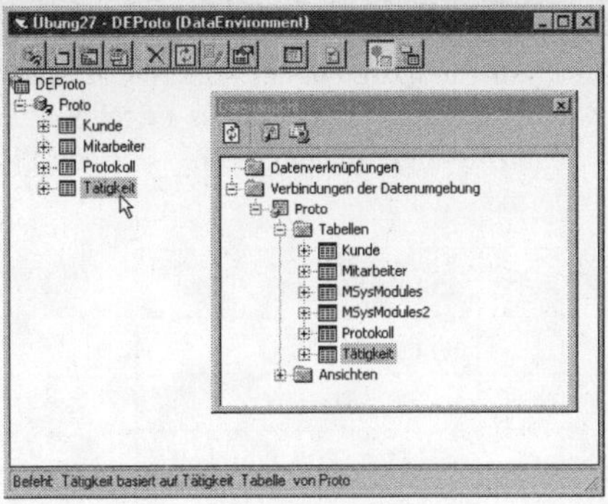

Erstellen von Command-Objekten durch Ziehen aus dem Datenansichtfenster

Die *Command*-Objekte erhalten die Namen der jeweiligen Tabelle und die ebenfalls automatisch generierten *Recordset*-Objekte werden durch das Präfix *rs* gekennzeichnet.

4. Standardmäßig kann mit den erzeugten *Command*-Objekten nur lesend auf die Datenbank zugegriffen werden. Dies ändern Sie für *Protokoll* ab, indem Sie dessen Eigenschaft *LockType* auf den Wert *adLockOptimistic* einstellen.

Übung 27-3 Datenformular anlegen

Durch Ziehen der *Command*-Objekte vom Datenumgebungs-Designer in ein Formular, erstellt Visual Basic dort automatisch gebundene Steuerelemente. Für die Darstellung der in der Tabelle *Protokoll* gespeicherten Daten bietet sich die Tabellenform an.

1. Ziehen Sie mit der rechten Maustaste das zugehörige Symbol aus der Datenumgebung in das beim Anlegen des Projekts hinzugefügte Formular und wählen Sie im Kontextmenü *Datentabelle*. Das Formular wird daraufhin mit einem *DataGrid*-Steuerelement versehen, das über die Eigenschaften *DataSource* und *DataMember* an die Datenumgebung *DEProto* und den Befehl *Protokoll* gebunden ist.

2. Vergrößern Sie das Steuerelement, bis es die gesamte Innenfläche des Formulars belegt, und starten Sie das Programm. Zuvor speichern Sie die Datenumgebung unter dem Namen *DEProto*. (Insgesamt legt Visual Basic drei Dateien dieses Namens an, und zwar mit den Erweiterungen *dsr*, *dsx* und *dca*.) Die Datensätze der Tabelle *Protokoll* werden angezeigt, das Layout ist aber noch unbefriedigend.

3. Um zu zeigen, wie man in einem Projekt mit unterschiedlichen Datenquellen operiert, zeichnen Sie auf die Datentabelle ein *ADO-Daten-*Steuerelement. Wie in Schritt 3 des vorigen Übungsteils erstellen Sie den Wert für dessen *ConnectionString*-Eigenschaft und die übrigen Eigenschaften ändern Sie folgendermaßen ab:

Objekt	Eigenschaft	Einstellung
ADO-Daten-Steuerelement	Name	adoPro
	CommandType	1 - adCmdText
	RecordSource	SELECT * FROM Protokoll
	Visible	False

Binden Sie das *DataGrid*-Element über die *DataSource*-Einstellung an *adoPro* und löschen Sie den Wert von *DataMember*.

4. In der Entwicklungsumgebung zeigt die Datentabelle anfangs nur zwei Spalten an. Durch Anklicken von *Felder abrufen* im Kontextmenü des *DataGrid*-Elements und Bestätigen der Nachfrage erscheinen alle Felder. Jede Spalte wird durch ein *Column*-Objekt repräsentiert, mit dessen Eigenschaften ihr Erscheinungsbild und Verhalten definiert werden. Um die erste Spalte mit dem *AutoIncrement*-Wert *P_ID* auszublenden, öffnen Sie über das Kontextmenü der Datentabelle das Dialogfeld *Eigenschaftenseiten*, wechseln auf die Registerkarte *Layout* und deaktivieren die *Visible*-Eigenschaft. (Die Zählung der Spalten in der *Columns*-Auflistung beginnt bei 0.)

5. Auf der Karte *Spalten* ersetzen Sie die aus den Feldnamen übernommenen Überschriften für die letzten drei Spalten, indem Sie *Kunde, Tätigkeit* und *Mitarbeiter* als *Caption*-Eigenschaft festlegen. Wechseln Sie zur Registerkarte *Format*, um die Werte in Spalte 1 als Datum mit vierstelliger Jahreszahl und die in den nächsten beiden Spalten als Zeitangaben ohne Sekunden darzustellen.

6. Eigenschaften, die das Steuerelement als ganzes betreffen, lassen sich auch im Eigenschaftenfenster der Entwicklungsumgebung einstellen. Weisen Sie dem Formular und der Datentabelle die folgenden Werte zu:

Objekt	Eigenschaft	Einstellung
Formular	Name	frmProtokoll
	BorderStyle	3 – Fester Dialog
	Icon	..\Graphics\Icons\Writing\Note06.ico
DataGrid	Name	datgrdProtokoll
	Align	1 - vbAlignTop
	Appearance	0 – dgbFlat
	DataSource	adoPro
	TabAction	2 – dbgGridNavigation
	WrapCellPointer	True

Bei den gewählten Einstellungen für die Eigenschaften *TabAction* und *WrapCellPointers* kann man sich mit der [Tab]-Taste in der Tabelle von Zelle zu Zelle vorwärts oder bei gedrückter [Umschalt]-Taste rückwärts bewegen, wobei am Ende/Anfang einer Zeile der Übergang auf die nächste/vorige Zeile erfolgt.

7. Die Schriftattribute der Datentabelle können für Tabellenteil (*Font*) und Tabellenkopf (*HeadFont*) unterschiedlich definiert werden. Die Spaltenbreite läßt sich visuell einstellen, indem Sie im Kontextmenü *Bearbeiten* wählen und die Spaltentrennlinien (der Mauszeiger ändert auf ihnen seine Form) verschieben. Numerisch können Sie die Spaltenbreiten als *Width*-Eigenschaft auf der Karte *Layout* des Eigenschaftendialogs festlegen. Wenn sie zur Laufzeit nicht verändert werden sollen, so müssen Sie *AllowSizing* deaktivieren.

8. Wie Sie sich durch einen Testlauf überzeugen können, ist die Präsentation der Daten zwar korrekt, eine Eingabe von Werten in die Spalten *Kunde* und *Tätigkeit* wäre aber nicht benutzerfreundlich, weil nur Kennzahlen akzeptiert werden. Ergänzen Sie daher das Formular um zwei *DataCombo*-Steuerelemente (Komponente: *Microsoft DataList Controls 6.0*), die Sie in die Titelzeile dieser Spalten möglichst paßgenau einsetzen, so daß sich folgende Oberfläche ergibt:

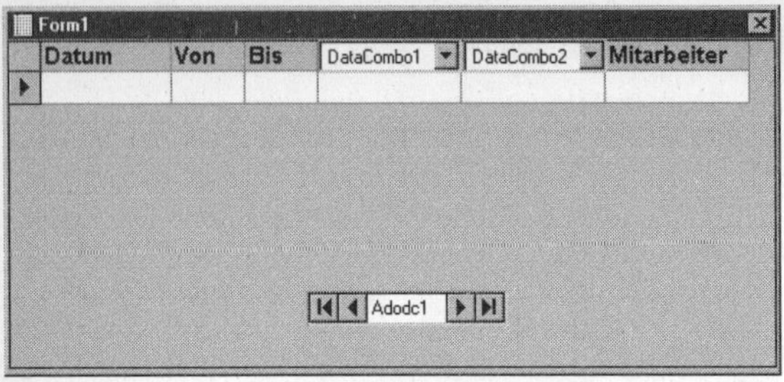

Die Oberfläche des Datenformulars

9. Schalten Sie im Eigenschaftendialog (*Layout*) der Datentabelle für die Spalten 4 und 5 die Eigenschaften *Locked* und *Button* auf *True*. Dadurch werden die Zellen dieser Spalten für die direkte Dateneingabe gesperrt, und bei ihrer Aktivierung erscheinen Pfeilschaltflächen, die ein *Click*-Ereignis auslösen können. Die beiden datengebundenen Kombinationsfelder versehen Sie mit diesen Eigenschaftswerten:

Objekt	Eigenschaft	Einstellung
DataCombo1	Name	datcboKunde
	Style	dbcDropdownList
	Visible	False
	DataSource	adoPro
	DataField	K_ID
	RowSource	DEProto
	RowMember	Kunde
	BoundColumn	K_ID
	ListField	Name
DataCombo2	Name	datcboTätigkeit
	Style	dbcDropdownList
	Visible	False
	DataSource	adoPro
	DataField	T_ID
	RowSource	DEProto
	RowMember	Tätigkeit
	BoundColumn	T_ID
	ListField	Art

Diese Steuerelemente sind jeweils an zwei Datensatzgruppen gebunden:

- Die erste, durch den Wert von *DataSource* definiert, stimmt mit der des *DataGrid*-Steuerelements überein und liefert den *DataField*-Wert (*K_ID* oder *T_ID*).
- Die zweite, mit *RowSource* und *RowMember* festgelegt, ist die mit Hilfe von *BoundColumn* verknüpfte Tabelle (*Kunde* oder *Tätigkeit*) aus der Datenumgebung. Die Kombinationsfelder zeigen das in der *ListField*-Eigenschaft benannte Datenfeld (*Name* oder *Art*) an und geben umgekehrt beim Wählen eines Listeneintrags das zugeordnete Datenfeld (*K_ID* oder *T_ID*) zurück.

Übung 27-4 MDI-Formular erstellen

Zahlreiche Anwendungen unterschiedlichen Genres benutzen die MDI-Technik (**M**ultiple **D**ocument **I**nterface). Das Charakteristikum solcher Applikationen besteht darin, daß ein übergeordnetes Fenster, das MDI-Formular, einen Arbeitsbereich zur Verfügung stellt, in dem viele gleichartige untergeordnete Formulare erstellt und dargestellt werden können. Dabei kann der Benutzer jedes einzelne Fenster beliebig positionieren und seine Größe verändern, stets aber innerhalb der Grenzen des MDI-Fensters. Hiermit sind Sie vertraut, wenn Sie die Entwicklungsumgebung von Visual Basic nicht gerade im SDI-Modus betreiben.

Eine MDI-Anwendung besteht aus genau einem MDI-Formular und mindestens einem untergeordneten Formular.

1. Fügen Sie dem Projekt mit dem entsprechenden Befehl des *Projekt*-Menüs ein MDI-Formular hinzu. Es hat standardmäßig den Namen *MDIForm1* und hebt sich durch den dunkleren Hintergrund von dem vorhandenen Formular ab.
2. Machen Sie *frmProtokoll* zu einem untergeordneten Formular, indem Sie seine *MDIChild*-Eigenschaft auf *True* setzen.

Ein MDI-Projekt kann auch Standardformulare enthalten, die vornehmlich als gebundene Dialogfelder dienen, denn untergeordnete Formulare können nicht gebunden angezeigt werden. Zur Unterscheidung versieht Visual Basic jeden der drei Formulartypen mit eigenen Symbolen in den Titelleisten und im Projekt-Explorer.

Hinweis: Align-Eigenschaft

In einem MDI-Formular können, von Menü-Steuerelementen abgesehen, nur Steuerelemente plaziert werden, die über die *Align*-Eigenschaft verfügen. Dazu gehören neben einer Reihe von ActiveX-Steuerelementen wie Symbolleiste, Statusleiste und *ADO-Daten*-Steuerelement auch das Bildfeld, nicht aber die übrigen integrierten Steuerelemente. Eine Funktionseinschränkung geht damit aber nicht einher, weil z. B. das Bildfeld als Container für andere Steuerelemente dienen kann.

MDI-Applikationen sind meist mit einer Symbolleiste oben und einer Statusleiste unten im Formular ausgestattet. Für die auf der Symbolleiste wiedergegebenen Bilder wird zudem eine Abbildungsliste benötigt. Bringen Sie diese drei Steuerelemente in das MDI-Formular ein (Komponente: *Microsoft Windows Common Controls 6.0*) und wählen Sie die folgenden Bitmaps für die Abbildungsliste aus:

Bilder der Abbildungsliste	Key
...\Graphics\Bitmaps\OffCtlBr\Small\Color \Open.bmp	Open
...\Graphics\Bitmaps\OffCtlBr\Small\Color \Save.bmp	Close
...\Graphics\Bitmaps\OffCtlBr\Small\Color \Preview.bmp	Report
...\Graphics\Icons\Office\Graph09.ico	Diagram
...\Graphics\Bitmaps\OffCtlBr\Small\Color \New.bmp	New

Als nächstes sind die folgenden Menüs zu erstellen:

Caption	Name	Checked	Shortcut
&Datei	mnuDatei		
...&Öffnen...	mnuDÖffnen		Strg+O
...&Schließen	mnuDSchließen		Strg+S
...-	mnuDTrenn1		
...&Bericht	mnuDBericht		Strg+B
...&Diagramm	mnuDDiagramm		Strg+D
...-	mnuDTrenn2		
...B&eenden	mnuDBeenden		
&Bearbeiten	mnuBearbeiten		
...&Neuer Datensatz	mnuBNeu		
&Ansicht	mnuAnsicht		

Caption	Name	Checked	Shortcut
...S&ymbolleiste	mnuASymbol	True	
...St&atusleiste	mnuAStatus	True	
&Fenster	mnuFenster		
...&Überlappend	mnuFÜberlappend		
...&Nebeneinander	mnuFNebeneinander		
...&Untereinander	mnuFUntereinander		

Für das *Fenster*-Menü (*mnuFenster*) wird die *WindowList*-Eigenschaft aktiviert, um dort unter den Menübefehlen die momentan geöffneten Fenster aufzulisten.

Formular und Steuerelemente erhalten diese Eigenschaftswerte:

Objekt	Eigenschaft	Einstellung
MDI-Formular	Name	frmMDI
	AutoShowChildren	False
	Caption	MDI-Anwendung
	Icon	..\Icons\Writing\Note05.ico
Abbildungsliste	Name	ilstMDI
Symbolleiste	Name	tlbMDI
	Appearance	0 - ccFlat
	Style	1 - tbrFlat
	TextAlignment	1 - tbrTextAlignRight
Statusleiste	Name	stbMDI

MDI-Formulare haben weniger Eigenschaften als andere Formulare, sind grundsätzlich in der Größe veränderbar, enthalten eine Titelleiste mit allen Schaltflächen und besitzen einen breiteren Rahmen. Die *AutoShowChildren*-Eigenschaft legt fest, ob ein geladenes untergeordnetes Formular sofort angezeigt wird (*True*, Voreinstellung) oder ausgeblendet bleibt. Im zweiten Fall lassen sich vor dem Anzeigen mit der *Show*-Methode einige Eigenschaften auf den aktuellen Stand bringen.

Im *Eigenschaften*-Dialog der Symbolleiste stellen Sie über die Eigenschaft *ImageList* die Verbindung zur Abbildungsliste her und fügen dann folgende Schaltflächen hinzu:

Key	Style	ToolTipText	Image
Öffnen	0 - tbrDefault	Formular öffnen	Open
Schließen	0 - tbrDefault	Formular schließen	Close
	3 - tbrSeparator		
Bericht	0 - tbrDefault	Bericht erstellen	Report
Diagramm	0 - tbrDefault	Diagramm anzeigen	Diagram
	3 - tbrSeparator		
Neu	0 - tbrDefault	Neuer Datensatz	New

Die mit der Symbolleiste verwandte Statusleiste kann bis zu 16 Grundflächen (*Panel*-Objekte) aufnehmen, die frei wählbaren Text nebst Bild oder Statusinformationen wiedergeben. Die Art der Information wird durch den Wert der *Style*-Eigenschaft festgelegt:

Style (Statuszeile)	Beschreibung
sbrText	Text und/oder Bitmap (Voreinstellung)
sbrCaps	[Umschalt]-Feststelltaste: FEST
sbrNum	[Num]-Feststelltaste: NUM
sbrIns	[Einfg]-Taste: EINF
sbrScrl	[Rollen]-Taste: ROLL
sbrTime	Uhrzeit im Systemformat
sbrDate	Datum im Systemformat

Die für den Status der jeweiligen Taste angegebenen Buchstaben werden bei aktiver Taste in Normalschrift, sonst abgeblendet dargestellt.

Das statische Erscheinungsbild der Grundflächen läßt sich durch die Eigenschaften *Alignment* (Textausrichtung) und *Bevel* (plan, vertieft oder erhöht) gestalten. Das Verhalten eines *Panel*-Objekts bei einer Breitenänderung des Formulars zur Laufzeit wird von der *AutoSize*-Eigenschaft bestimmt: Die Grundfläche kann ihre Breite beibehalten (*sbrNoAutoSize*), proportional verändern (*sbrSpring*) - aber nie die minimale Breite (*MinWidth*) unterschreiten - oder an den Inhalt anpassen (*sbrContents*).

Nachdem Sie in der Statusleiste folgende Grundflächen mit einer minimalen Breite von jeweils 1 angelegt haben,

Index	Style	Alignment	AutoSize
1	0 - sbrText	0 - sbrLeft	1 - sbrSpring
2	1 - sbrCaps	1 - sbrCenter	2 - sbrContents
3	2 - sbrNum	1 - sbrCenter	2 - sbrContents
4	3 - sbrIns	1 - sbrCenter	2 - sbrContents
5	6 - sbrDate	1 - sbrCenter	2 - sbrContents
6	5 - sbrTime	1 - sbrCenter	2 - sbrContents

ist das MDI-Formular fertig und hat dieses Aussehen:

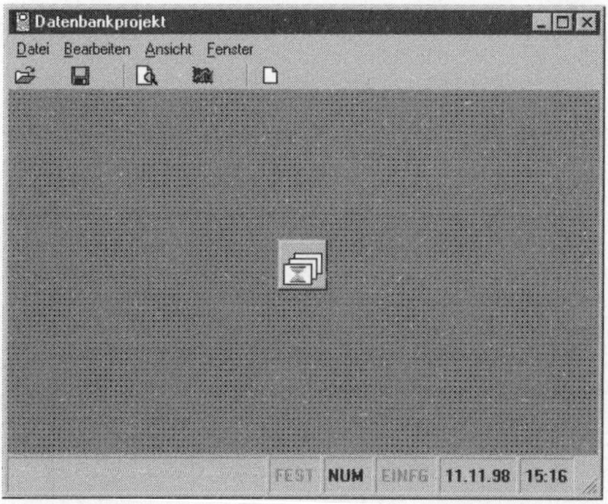

Das Erscheinungsbild des MDI-Formulars

Übung 27-5 Anmeldeformular entwerfen

Das dritte Formular des Projekts soll in Form eines Dialogfelds den Zugang zur Datenbank regeln. Es enthält je zwei Bezeichnungs- und Textfelder sowie zwei Befehlsschaltflächen in dieser Anordnung:

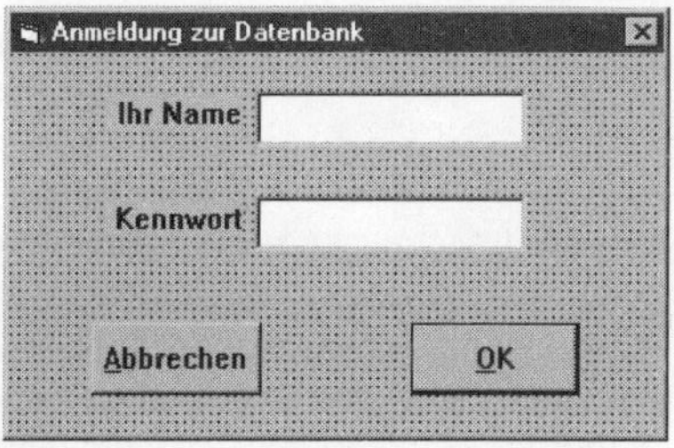

Die Oberfläche des Anmeldeformulars

Die Objekte erhalten folgende Eigenschaftswerte:

Objekt	Eigenschaft	Einstellung
Formular	Name	frmAnmeldung
	BorderStyle	3 - Fester Dialog
	Caption	Anmeldung zur Datenbank
1. Bezeichnungsfeld	Name	lblBez
	Alignment	1 - Rechts
	Caption	Ihr Name
	Index	0
2. Bezeichnungsfeld	Name	lblBez
	Alignment	1 - Rechts
	Caption	Kennwort
	Index	1
1. Textfeld	Name	txtName
	MaxLength	15
	Text	(Leer)
2. Textfeld	Name	txtKennwort
	MaxLength	15
	PasswordChar	*
	Text	(Leer)
1. Befehlsschaltfläche	Name	cmdAbbrechen
	Cancel	True
	Caption	&Abbrechen
2. Befehlsschaltfläche	Name	cmdOK
	Caption	&OK
	Default	True

Name wie Kennwort des Benutzers sind auf 15 Zeichen beschränkt, (*MaxLength*) und die Kennworteingabe erfolgt verdeckt, denn wegen der Einstellung für die *PasswordChar*-Eigenschaft erscheint im Textfeld bei jedem Tastendruck ein Sternchen. Im Deklarationsabschnitt wird festgelegt, daß beim Vergleich von Zeichenfolgen Klein- und Großbuchstaben gleichberechtigt sind.

```
Option Explicit
Option Compare Text
```

Wenn der Unterschied relevant sein soll, streichen Sie die Anweisung *Option Compare*, um die Standardeinstellung zu erhalten.

Ein Abbrechen des Dialogs löscht das Textfeld und blendet das Anmeldeformular mit der *Hide*-Methode aus.

```
Private Sub cmdAbbrechen_Click()
  txtName.Text = ""
  Me.Hide
End Sub
```

In der *Click*-Prozedur der Schaltfläche *OK* wird geprüft, ob der eingegebene (von unnötigen Leerzeichen befreite) Benutzername in der Tabelle *Mitarbeiter* vorhanden ist. Die Suche wird mit der *Find*-Methode des von der Datenumgebung gelieferten *Recordset*-Objekts *rsMitarbeiter* durchgeführt. Hat seine *EOF*-Eigenschaft den Wert *True*, dann war die Suche erfolglos. Das Textfeld wird gelöscht und eine Meldung eingeblendet, es sei denn, die in der inneren *If*-Konstruktion abgefragten Bedingungen treffen zu: Der Administrator, dessen Name und Kennwort in globalen Konstanten gespeichert sind, erhält die Zugangsberechtigung.

```
Private Sub cmdOK_Click()
  txtName.Text = Trim$(txtName.Text)

  With DEProto.rsMitarbeiter
    .Open
    .Find "Name ='" & txtName.Text & "'"

    If .EOF Then
      If txtName.Text = gcstrAdminName And _
        txtKennwort.Text = gcstrAdminKennwort Then
        Me.Hide
        .Close
        Exit Sub
      End If
      txtName.Text = ""
      MsgBox "Zugang verweigert!", , "Anmeldung"
    Else
      glngMID = .Fields("M_ID")
    End If

    Me.Hide
    .Close
  End With
End Sub
```

Die Kennzahl eines angemeldeten Mitarbeiters wird in der globalen Variablen *glngMID* gespeichert. Falls auch für Mitarbeiter ein Kennwort abgefragt werden soll, fügen Sie der *Mitarbeiter*-Tabelle ein Feld hinzu und erweitern Sie den Code um die Überprüfung.

Übung 27-6 Standardmodul hinzufügen

Die Anmeldung sollte zu Beginn der Anwendung durchgeführt werden. Erstellen Sie ein Standardmodul (*Projekt/Modul hinzufügen*), das Sie mit einer Prozedur *Sub Main* versehen (*Extras/Prozedur hinzufügen*) und machen Sie diese zum Startobjekt des Projekts (*Projekt/Eigenschaften*).

Das Modul, das Sie z. B. *modÜbung27* nennen und unter dem Namen *Übung27.bas* abspeichern können, enthält nur wenige Zeilen. Der Deklarationsteil definiert die beiden in der Anmeldeprozedur benutzen Konstanten und drei globale Variablen.

```
Option Explicit

Public Const gcstrAdminName = "Chef"
Public Const gcstrAdminKennwort = "Boss"

Public glngMID As Long
Public gstrAnmeldung As String
Public gstrKriterium As String
```

In *Sub Main* wird der Anmeldedialog als gebundenes Fenster angezeigt (*Show*-Methode mit dem Argument *vbModal*). Der Inhalt seines Namensfelds dient als Indikator für eine zulässige Anmeldung, deshalb durfte das Formular auch noch nicht entladen, sondern nur versteckt werden.

Das Fehlschlagen der Anmeldung (leeres Textfeld) beendet sofort die Applikation, im anderen Fall wird der Anmeldename in *gstrAnmeldung* gespeichert, das Anmeldeformular aus dem Speicher entfernt und die eigentliche Anwendung gestartet.

```
Private Sub Main()
  frmAnmeldung.Show vbModal
  If frmAnmeldung.txtName.Text = "" Then
    End
  Else
    gstrAnmeldung = frmAnmeldung.txtName.Text
  End If
  Unload frmAnmeldung
```

```
  Load frmAuswahl
  frmMDI.Show
End Sub
```

Das Formular *frmAuswahl* ist noch nicht vorhanden. Kommentieren Sie die entsprechende Anweisung mit einem vorangestellten Apostroph aus, wenn Sie den bisher geschriebenen Code testen.

Dieses Vorgehen ist zu empfehlen, weil Fehler in kleinen Code-Einheiten einfacher aufzufinden sind als der gesamte Programmcode.

Übung 27-7 MDI-Formular mit Code versehen

Beim Laden des MDI-Formulars wird die benutzerdefinierte Prozedur *NeuesProtokoll* aufgerufen.

```
Private Sub MDIForm_Load()
  NeuesProtokoll
End Sub
```

Sie erzeugt bei jedem Aufruf ein neues Objekt vom Typ des untergeordneten Formulars *frmProtokoll*. Damit das Formular auch wieder geschlossen werden kann, werden der entsprechende Menübefehl und die zugehörige Schaltfläche der Symbolleiste freigeschaltet.

Mitarbeiter sollen nur ein Datenformular laden (nämlich ihr eigenes) und weder Berichte noch Diagramme erstellen, und daher werden die entsprechenden Befehle gesperrt. Umgekehrt soll der Administrator keine Veränderungen an den Protokollen vornehmen, deshalb wird für ihn der Befehl *Neuer Datensatz* deaktiviert.

Die erste *If*-Abfrage dient dazu, das Datenformular nach Abbrechen des demnächst anzufertigen Auswahldialogs ohne Anzeige zu entladen.

```
Private Sub NeuesProtokoll()
  Dim frmP As frmProtokoll

  Set frmP = New frmProtokoll
  Load frmP

  If gstrKriterium = "0" Then  'Abbrechen
    Unload frmP
    Set frmP = Nothing
    Exit Sub
  End If
```

```
  If gstrAnmeldung <> gcstrAdminName Then
    mnuDÖffnen.Enabled = False
    mnuDSchließen.Enabled = False
    mnuDBericht.Enabled = False
    mnuDDiagramm.Enabled = False
    tlbMDI.Buttons("Öffnen").Enabled = False
    tlbMDI.Buttons("Schließen").Enabled = False
    tlbMDI.Buttons("Bericht").Enabled = False
    tlbMDI.Buttons("Diagramm").Enabled = False
  Else
    mnuDSchließen.Enabled = True
    tlbMDI.Buttons("Schließen").Enabled = True
    mnuBNeu.Enabled = False
    tlbMDI.Buttons("Neu").Enabled = False
  End If
End Sub
```

Um sicherzugehen, daß mit dem Schließen des MDI-Fensters alle im Verlauf der Anwendung geladenen Formulare aus dem Speicher entfernt werden, wird in der *Unload*-Prozedur in einer Schleife die *Forms*-Auflistung von ihrem Maximum *Count - 1* an rückwärts durchlaufen und jedes noch geladene Formular explizit entladen.

```
Private Sub MDIForm_Unload(Cancel As Integer)
  Dim i As Integer

  For i = Forms.Count - 1 To 0 Step -1
    Unload Forms(i)
  Next
End Sub
```

Die *Resize*-Prozedur limitiert Größenänderungen des MDI-Formulars auf Mindestwerte.

```
Private Sub MDIForm_Resize()
  On Error Resume Next

  If Me.Height < 6000 Or Me.Width < 7800 Then
    Me.Height = 6000
    Me.Width = 7800
  End If
End Sub
```

Die Prozeduren der Menübefehle *Beenden* und *Öffnen* bieten keine Besonderheiten,

```
Private Sub mnuDBeenden_Click()
  Unload Me
End Sub

Private Sub mnuDÖffnen_Click()
  NeuesProtokoll
End Sub
```

während beim *Schließen*-Befehl die *ActiveForm*-Eigenschaft verwendet wird, um auf das momentan aktive untergeordnete Fenster Bezug zu nehmen.

Außerdem wird der *Öffnen*-Befehl entsperrt und, wenn keine untergeordneten Formulare mehr existieren, der dann sinnlose Befehl *Schließen* gesperrt.

```
Private Sub mnuDSchließen_Click()
  Unload Me.ActiveForm
  mnuDÖffnen.Enabled = True
  tlbMDI.Buttons("Öffnen").Enabled = True

  If Forms.Count < 3 Then
    mnuDSchließen.Enabled = False
    tlbMDI.Buttons("Schließen").Enabled = False
  End If
End Sub
```

Die Befehle des *Fenster*-Menüs benutzen die nur auf MDI-Formulare anwendbare *Arrange*-Methode, um die untergeordneten Fenster entsprechend dem übergebenen Argument anzuordnen.

Hinweis: vbTileHorizontal – vbTileVertical

Die Online-Hilfe führt Sie bei der Erläuterung dieser beiden Argument-Konstanten der *Arrange*-Methode (immer noch) in die Irre: *vbTileHorizontal* bedeutet, daß die Fenster untereinander, und *vbTileVertical*, daß sie nebeneinander zu liegen kommen. Der Objektkatalog liefert die korrekte Beschreibung.

```
Private Sub mnuFNebeneinander_Click()
  Me.Arrange vbTileVertical
End SubPrivate Sub mnuFÜberlappend_Click()
  Me.Arrange vbCascade
End Sub
```

```
Private Sub mnuFUntereinander_Click()
  Me.Arrange vbTileHorizontal
End Sub
```

Über das *Ansicht*-Menü lassen sich Symbol- und Statusleiste ein- oder ausblenden. Das Umschalten zwischen den beiden Zuständen sowie die Anzeige und das Löschen des Häkchens vor der Menübeschriftung erledigen jeweils zwei analoge Codezeilen.

```
Private Sub mnuAStatus_Click()
  stbMDI.Visible = Not stbMDI.Visible
  mnuAStatus.Checked = Not mnuAStatus.Checked
End Sub

Private Sub mnuASymbol_Click()
  tlbMDI.Visible = Not tlbMDI.Visible
  mnuASymbol.Checked = Not mnuASymbol.Checked
End Sub
```

Das Anklicken einer Symbolschaltfläche ruft den korrespondierenden Menübefehl auf, wobei die Identifikation der jeweiligen Schaltfläche anhand der *Key*-Eigenschaft des *Button*-Objekts erfolgt.

```
Private Sub tlbMDI_ButtonClick(ByVal _
  Button As MSComctlLib.Button)

  Select Case Button.Key
  Case "Öffnen"
    mnuDÖffnen_Click
  Case "Schließen"
    mnuDSchließen_Click
  Case "Bericht"
    mnuDBericht_Click
  Case "Diagramm"
    mnuDDiagramm_Click
  Case "Neu"
    mnuBNeu_Click
  End Select
End Sub
```

Die letzten drei hier angesprochenen Prozeduren müssen später noch mit Code versehen werden.

Übung 27-8 Auswahldialog anfertigen

Der als Administrator angemeldete Benutzer kann sich mehrere Datenformulare unterschiedlichen Inhalts ansehen. Das Formular enthält drei Optionsfelder sowie je zwei *DataCombo*-Steuerelemente und Befehlsschaltflächen mit diesen Eigenschaften:

Objekt	Eigenschaft	Einstellung
Formular	Name	frmAuswahl
	BorderStyle	3 - Fester Dialog
	Caption	Datensatz-Auswahl
1. Optionsfeld	Name	optAlle
	Caption	Alle
	Value	True
2. Optionsfeld	Name	optKunde
	Caption	Kunde
3. Optionsfeld	Name	optMitarbeiter
	Caption	Mitarbeiter
DataCombo1	Name	datcboKunde
	Style	2 - dbcDropdownList
	RowSource	DEProto
	RowMember	Kunde
	ListField	Name
DataCombo2	Name	datcboMitarbeiter
	Style	2 - dbcDropdownList
	RowSource	DEProto
	RowMember	Mitarbeiter
	ListField	Name
1. Befehlsschaltfläche	Name	cmdAbbrechen
	Cancel	True
	Caption	&Abbrechen
2. Befehlsschaltfläche	Name	cmdOK
	Caption	&OK
	Default	True

Die möglichen Optionen werden ihm in einem Dialogfeld präsentiert, das zur Entwurfszeit folgendermaßen aussieht:

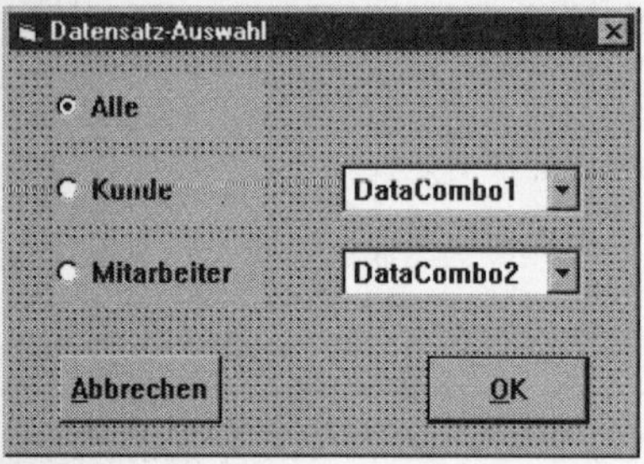

Die Oberfläche des Dialogfelds zur Datensatz-Auswahl

Die *Command*-Objekte *Kunde* und *Mitarbeiter* der Datenumgebung füllen den Listenteil der beiden datengebundenen Kombinationsfelder mit den im jeweiligen Datenfeld *Name* gespeicherten Einträgen.

In der *Click*-Prozedur der *Abbrechen*-Schaltfläche wird der globalen Variablen *gstrKriterium* eine den Abbruch signalisierende Zeichenfolge zugewiesen und das Formular ausgeblendet.

```
Private Sub cmdAbbrechen_Click()
  gstrKriterium = "0"
  Me.Hide
End Sub
```

Nach Anklicken von *OK* wird in der äußeren *If*-Struktur das gewählte Optionsfeld ermittelt. Daraufhin werden in *gstrKriterium* unterschiedliche Zeichenfolgen abgelegt. Ist z. B. die Option *Kunde* gewählt und in der zugehörigen Liste ein Eintrag markiert (dies prüft die *If*-Abfrage seiner *Text*-Eigenschaft), so wird der Datensatzzeiger des *Recordset*-Objekts auf den entsprechenden Datensatz gesetzt (Zuweisung des *SelectedItem* gelieferten Lesezeichens an die Eigenschaft *Bookmark*) und ein den Wert von *K_ID* betreffendes Selektionskriterium in *gstrKriterium* gespeichert. Die Verwendung von *rsTemp* und ihr explizites Zerstören durch Zuweisen von *Nothing* verdeutlicht Ihnen noch einmal den Umgang mit Objektvariablen.

```
Private Sub cmdOK_Click()
  Dim rsTemp As Recordset

  If optAlle.Value Then
    gstrKriterium = ""
  ElseIf optKunde.Value Then
```

```
    If datcboKunde.Text <> "" Then
      Set rsTemp = DEProto.rsKunde

      rsTemp.Bookmark = datcboKunde.SelectedItem
      gstrKriterium = "K_ID=" & rsTemp!K_ID
    End If
  Else
    If datcboMitarbeiter.Text <> "" Then
      Set rsTemp = DEProto.rsMitarbeiter

      rsTemp.Bookmark = datcboMitarbeiter.SelectedItem
      gstrKriterium = "M_ID=" & rsTemp!M_ID
    End If
  End If

  Set rsTemp = Nothing
  Me.Hide
End Sub
```

Das Anklicken der Optionsfelder *Kunde* und *Mitarbeiter* bewirkt für den Fall, daß noch kein Eintrag aus dem Kombinationsfeld ausgewählt ist, das Aufklappen der Dropdown-Liste. Dazu wird der Fokus auf das Kombinationsfeld gesetzt (*SetFocus*-Methode) und durch die *SendKeys*-Anweisung das Drücken der Tastenkombination [Alt]+[↓] simuliert. In der Syntax

```
    SendKeys string[, wait]
```

legt das Argument *string* die zu sendenden Tastenanschläge fest und das Boolesche *wait* bestimmt, ob nach dem Abschicken der Tastenfolge auf deren Bearbeitung durch das aktive Fenster gewartet wird oder nicht. Einzelheiten zur Codierung der Tasten können in der Online-Hilfe nachgelesen werden.

```
Private Sub optKunde_Click()
  If datcboKunde.Text = "" Then
    datcboKunde.SetFocus
    SendKeys "%{DOWN}"
  End If
End Sub

Private Sub optMitarbeiter_Click()
  If datcboMitarbeiter.Text = "" Then
    datcboMitarbeiter.SetFocus
    SendKeys "%{DOWN}"
  End If
End Sub
```

Übung 27-9 Datenformular mit Code ausstatten

Auf Modulebene wird eine Zeichenfolge-Konstante deklariert.

```
Option Explicit
Option Compare Text

Const cstrTitel = "Protokoll ["
```

In der *Load*-Prozedur werden aus dem Ergebnis von Anmelde- und Auswahldialog eine SQL-Abfrage und der Formulartitel gebildet. Ein Mitarbeiter bekommt nur die von ihm angelegten Datensätze zu Gesicht, wobei die redundante letzte Spalte (*M_ID*) ausgeblendet und die Formularbreite entsprechend angepaßt wird.

Der als Administrator angemeldete Benutzer kann im Auswahldialog die anzuzeigenden Datensätze selektieren, aber keine Veränderungen an ihnen vornehmen (*AllowUpdate*- und *Button*-Eigenschaft). Zum Schluß wird die SQL-Anweisung dem *Daten*-Steuerelement als neue *RecordSource*-Eigenschaft zugewiesen und die Auswahl der nach Datum (absteigend) und Tätigkeitsbeginn sortierten Datensätze mit der *Refresh*-Methode gestartet.

```
Private Sub Form_Load()
  Dim strOrder As String
  Dim strTemp As String

  strOrder = " ORDER BY Datum DESC, Von"

  If gstrAnmeldung <> gcstrAdminName Then
    Width = Width - datgrdProtokoll.Columns(6).Width
    datgrdProtokoll.Columns(6).Visible = False

    Caption = cstrTitel & gstrAnmeldung & "]"
    gstrKriterium = "M_ID=" & glngMID
  Else
    datgrdProtokoll.AllowUpdate = False
    datgrdProtokoll.Columns(4).Button = False
    datgrdProtokoll.Columns(5).Button = False
    frmAuswahl.Show vbModal

    If gstrKriterium = "0" Then  ' Abbrechen
      Exit Sub
    ElseIf gstrKriterium = "" Then
      Caption = cstrTitel & "Alle]"
```

```
    Else
      If frmAuswahl.optKunde.Value Then
        Caption = cstrTitel & _
          frmAuswahl.datcboKunde.Text & "]"
      Else
        Caption = cstrTitel & _
          frmAuswahl.datcboMitarbeiter.Text & "]"
      End If
    End If
  End If

  With adoPro
    If gstrKriterium = "" Then
      .RecordSource = .RecordSource & strOrder
    Else
      .RecordSource = .RecordSource & " WHERE " _
        & gstrKriterium & strOrder
    End If
    .Refresh
  End With

  Me.Show
End Sub
```

Ein Klick auf die Schaltfläche in Spalte 4 oder 5 macht die jeweilige Dropdown-Liste sichtbar und öffnet sie.

```
Private Sub dbgrdProtokoll_ButtonClick(ByVal _
  ColIndex As Integer)

  If ColIndex = 4 Then
    datcboKunde.Visible = True
    datcboKunde.SetFocus
  ElseIf ColIndex = 5 Then
    datcboTätigkeit.Visible = True
    datcboTätigkeit.SetFocus
  End If

  SendKeys "%{DOWN}"
End Sub
```

Nach Auswahl eines Listeneintrags übermittelt das Kombinationsfeld automatisch die richtige Kennzahl an die Datensatzgruppe des *Daten*-Steuerelements.

Das *MouseUp*-Ereignis blendet das Kombinationsfeld aus und bringt die in der Datentabelle angezeigten Daten mit Hilfe der Prozedur *Aktualisieren* auf den neuesten Stand.

```
Private Sub datcboKunde_MouseUp(Button As Integer, _
  Shift As Integer, x As Single, y As Single)

  datcboKunde.Visible = False
  Aktualisieren
End Sub

Private Sub datcboTätigkeit_MouseUp(Button As Integer, _
  Shift As Integer, x As Single, y As Single)

  datcboTätigkeit.Visible = False
  Aktualisieren
End Sub
```

Gleiches geschieht auch in der *AfterColUpdate*-Prozedur, wenn ein Spaltenwert durch eine Tastatureingabe editiert wurde.

```
Private Sub datgrdProtokoll_AfterColUpdate(ByVal _
  ColIndex As Integer)

  Aktualisieren
End Sub
```

Die Aktualisierung der Anzeige in der Datentabelle erfolgt, indem zu einer benachbarte Zeile und dann wieder zurück gewechselt wird.

```
Private Sub Aktualisieren()
  On Error Resume Next

  With datgrdProtokoll
    If .Row > 0 Then
      .Row = .Row - 1
      .Row = .Row + 1
    Else
      .Row = .Row + 1
      .Row = .Row - 1
    End If
  End With
End Sub
```

Wenn ein Datenformular den Fokus erhält (*Activate*-Ereignis) oder eine Bewegung in der Datensatzgruppe des Datensteuerelements voll- zogen wurde (*MoveComplete*-Ereignis), werden die Position des aktuellen Datensatzes und die Gesamtzahl an Datensätzen auf der ersten Grundfläche der Statusleiste wiedergegeben.

```
Private Sub Form_Activate()
  With adoPro.Recordset
    frmMDI.stbMDI.Panels(1).Text = "Datensatz " _
      & .AbsolutePosition & " / " & .RecordCount
  End With
End Sub

Private Sub adoPro_MoveComplete(ByVal adReason As _
  ADODB.EventReasonEnum, ByVal pError As ADODB.Error, _
  adStatus As ADODB.EventStatusEnum, ByVal pRecordset _
  As ADODB.Recordset)

  With pRecordset
    frmMDI.stbMDI.Panels(1).Text = "Datensatz " _
      & .AbsolutePosition & " / " & .RecordCount
  End With
End Sub
```

Zum Anfügen eines Datensatzes werden die folgenden Zeilen in das MDI-Modul geschrieben. Die *AddNew*-Methode erzeugt einen leeren Datensatz, dessen Felder dann vor dem Speichern (*Update*-Methode) in der Tabelle Protokoll mit Vorgabewerten versehen werden.

```
Private Sub mnuBNeu_Click()
  With ActiveForm.adoPro.Recordset
    .AddNew
    .Fields("Datum") = Date
    .Fields("Von") = Time
    .Fields("Bis") = Time
    .Fields("K_ID") = 1
    .Fields("T_ID") = 1
    .Fields("M_ID") = glngMID
    .Update
  End With
End Sub
```

Die Anwendung ist jetzt funktionsfähig. Melden Sie sich unter den verschiedenen Mitarbeiternamen an und geben Sie einige Datensätze ein.

Wenn Sie sich dann als Administrator (Name: *Chef*, Kennwort: *Boss*) anmelden und verschiedene Datensatzgruppen auswählen, ergibt sich ein Bild ähnlich dem folgenden.

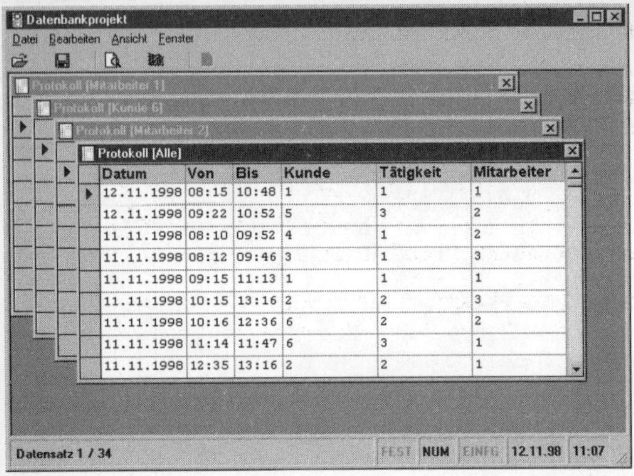

Das MDI-Formular mit mehreren Datenformularen

Falls die Größe einer Datentabelle zur Anzeige aller Datensätze nicht ausreicht, erscheinen wegen der Standardeinstellung *dbgAutomatic* ihrer *ScrollBars*-Eigenschaft Bildlaufleisten.

Natürlich fehlen der Applikation noch einige Features, um komfortabel genutzt werden zu können. So fehlt z. B. eine Plausibilitäts- und Validitätsprüfung der Datums- und Zeitangaben. Immerhin erscheint wegen der Festlegung des Datenformats in der Datentabelle bei Eingabe nicht interpretierbarer Werte die folgende Meldung.

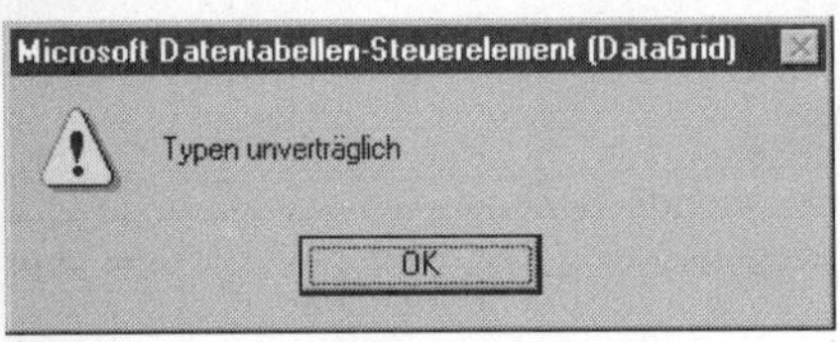

Der Hinweis auf formal nicht korrekte Datums- und Zeitangaben

Übung 27-10 Bericht generieren

Wie erwähnt ist nun der Datenbericht-Designer die für die Erzeugung von Reports zuständige Komponente. Nutzer von Microsoft Access fühlen sich wegen der Gemeinsamkeiten in Aussehen und Bedienung mit dessen Reportmodul sofort heimisch. Aufsteiger von einer älteren Visual Basic-Version werden aber auch schnell mit dem neuen Generator zurechtkommen, u. a. weil er eng mit der Datenumgebung verzahnt ist.

Hinweis: Crystal Reports 6.0 frei erhältlich

Gute Kunde für alle, die Crystal Reports die Treue halten möchten oder seinen etwas größeren Funktionsumfang nutzen wollen: Der Hersteller Seagate bietet die Version 6.0 im Internet zum kostenlosen Download an.

Um einen einfachen Bericht mit sämtlichen Protokolldaten zu erstellen, der statt der Kennziffern für Kunden, Tätigkeiten und Mitarbeiter die entsprechenden Bezeichnungen enthält, können Sie wie folgt vorgehen.

1. Im Datenumgebungs-Designer wählen Sie im Kontextmenü der Verbindung *Proto* den Eintrag *Befehl hinzufügen* und den neuen Befehl benennen Sie in *ProtokollText* um.
2. Im Kontextmenü dieses *Command*-Objekts klicken Sie auf *Eigenschaften* und auf der ersten Karte des geöffneten Dialogfelds wählen Sie die Option *SQL-Anweisung*. In das jetzt zugängliche Textfeld geben Sie die als Datenquelle fungierende SQL-Abfrage ein:

```
SELECT Kunde.Name, Datum, Von, Bis, Art, Mitarbeiter.Name
FROM Kunde, Protokoll, Mitarbeiter, Tätigkeit
WHERE Kunde.K_ID = Protokoll.K_ID
  AND Mitarbeiter.M_ID = Protokoll.M_ID
  AND Tätigkeit.T_ID = Protokoll.T_ID
ORDER BY Kunde.Name, Datum, Von
```

Da die Feldbezeichnung *Name* in zwei Tabellen vorkommt, muß ihr zur Unterscheidung der Tabellenname vorangestellt werden. Die Verknüpfungsfelder der Tabellen werden im *WHERE*- und die Sortierfelder im *ORDER BY*-Abschnitt festgelegt.

3. Nach Schließen des Eigenschaftendialogs mit *OK* wird das neue *Command*-Objekt mit seinen Feldern im Fenster der Datenumgebung angezeigt.

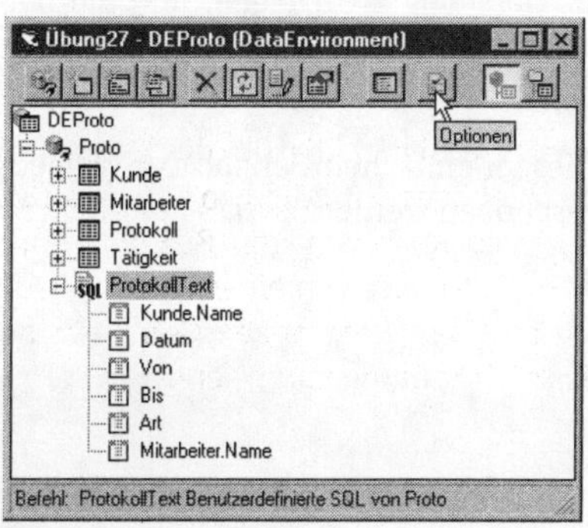

Die Datenumgebung mit dem neuen Command-Objekt

Öffnen Sie mit Hilfe der *Symbolleisten*-Schaltfläche den *Optionen*-Dialog des Datenumgebungs-Designers und schalten Sie auf der Karte *Klassenzuordnung zu Feldern* das Kontrollkästchen *Feldbeschriftungen ziehen und ablegen* aus. Damit ist die Datenumgebung für die Berichtserstellung vorbereitet.

4. Falls der Datenbericht-Designer nicht in die Entwicklungsumgebung eingebunden ist, holen Sie dies jetzt nach, indem Sie *Data Report* auf der Karte *Designer* des *Komponenten*-Dialogs aktivieren. Erweitern Sie das Übungsbeispiel mit *Projekt/Data Report hinzufügen* um einen Datenbericht. Er erscheint als eigenständiges Formular und kann im Eigenschaftenfenster mit folgenden Einstellungen versehen werden:

Objekt	Eigenschaft	Einstellung
DataReport	Name	rptProtokoll
	Caption	Protokolle gesamt
	DataSource	DEProto
	DataMember	ProtokollText
	MDIChild	True

5. Ziehen Sie aus der Datenumgebung nacheinander die Felder von *ProtokollText* in den mittleren Abschnitt (*Detail*) des Formulars *rptProtokoll* und plazieren Sie sie nebeneinander. Dadurch werden Textfelder des Typs *RptTextBox* mit der *DataMember*-Eigenschaft *ProtokollText* in das Formular eingefügt, deren Name (mit dem Präfix *txt*) und der *DataField*-Eigenschaft vom Namen des entsprechenden Datenfelds übernommen wird.

Das Darstellungsformat für *txtDatum* können Sie von *Allgemein* in *dd. MM.yyyy* ändern, um Jahreszahlen vierstellig anzuzeigen, und die beiden Zeitwerte im Format *HH:mm "Uhr"* darstellen. Das läßt sich bequem in dem Dialogfeld der *DataFormat*-Eigenschaft erledigen.

Weil die anderen Abschnitte bei diesem einfachen Bericht leer bleiben, können sie nach oben zusammengeschoben werden, so daß nur die Zeile mit Textfeldern sichtbar bleibt.

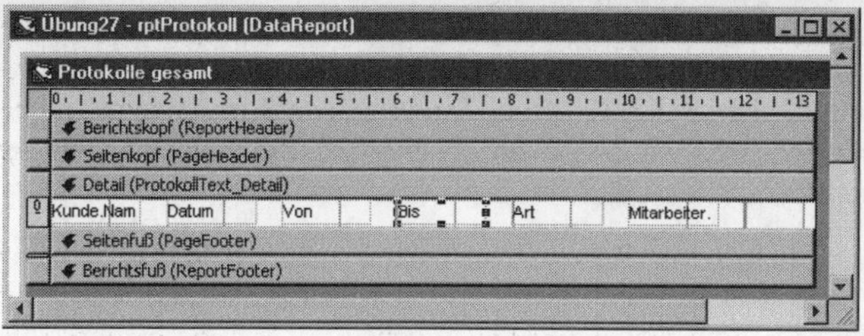

Das Designerfenster mit dem fertigen Bericht

6. Um den Bericht anzuzeigen, verwenden Sie in der Prozedur des Menübefehls *Bericht* die *Show*-Methode.

```
Private Sub mnuDBericht_Click()
  rptProtokoll.Show
End Sub
```

7. Zur Laufzeit wird der Bericht in der Seitenansicht wiedergegeben, deren Zoomfaktor anhand einer Dropdown-Liste eingestellt werden kann. Mit den beiden Schaltflächen in der Symbolleiste läßt sich der Bericht drucken und als Text- oder HTML-Datei (beides im ANSI oder Unicode) exportieren.

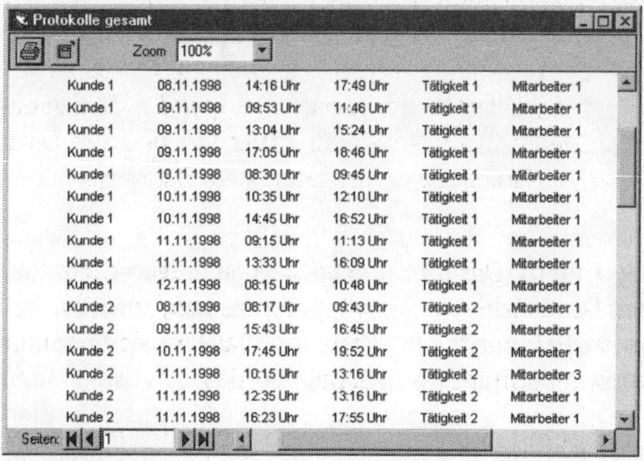

Der Datenbericht zur Laufzeit

Übung 27-11 Diagramm erstellen

Mit dem *MSChart*-Steuerelement enthält Visual Basic ein Werkzeug, das zur Umsetzung von numerischen Werten in eine grafische Darstellung geeignet ist. Seine *ChartType*-Eigenschaft bestimmt, welcher der 12 Diagrammtypen (sieben 2-D, fünf 3-D) erzeugt wird.

Um die große Zahl von Eigenschaften, Ereignissen und Methoden, über die das Steuerelement verfügt, in allen Facetten zu beherrschen, braucht es schon eine gewisse Zeit. Die Online-Dokumentation ist dabei nicht besonders hilfreich, weil sie zu diesem Thema nicht genügend sinnvolle Querverweise anbietet, so daß die zugrundeliegende Objektstruktur oft nur zu erahnen ist. Genauere Informationen erhalten Sie im Objektkatalog, wenn Sie als Bibliothek *MSChart20Lib* einstellen.

Am einfachsten kommt man zu einer grafischen Darstellung, indem man die anzuzeigenden Werte in einem *Variant*-Datenfeld speichert und dieses der *ChartData*-Eigenschaft des Steuerelements zuweist. Wenn das Datenfeld mehrdimensional ist und in der ersten Zeile bzw. Spalte Zeichenfolgen enthält, werden diese als Spalten- bzw. Zeilenbeschriftungen verwendet. Fügen Sie dem Projekt ein neues Formular hinzu, zeichnen Sie in dieses ein *MSChart*-Steuerelement, das seinen Innenbereich ausfüllt, und weisen Sie den Eigenschaften diese Werte zu:

Objekt	Eigenschaft	Einstellung
Formular	Name	frmDiagramm
	BorderStyle	3 – Fester Dialog
	Caption	Diagramm
	Icon	..\Icons\Office\Graph07.ico
	MDIChild	True
MSChart	Name	chtAufwand
	ShowLegend	True

Das Diagramm zeigt bereits im Entwurfsmodus Daten an, so daß eine Reihe von Eigenschaftsänderungen unmittelbar begutachtet werden können, so auch die durch Setzen der *ShowLegend*-Eigenschaft bewirkte Anzeige einer Legende im Diagramm. Im ersten Teil der *Load*-Prozedur wird zunächst die Auswahlabfrage formuliert, die die darzustellenden Daten liefert. Aus der Differenz von Ende und Beginn einer protokollierten Tätigkeit berechnet sich deren Dauer, die mit dem *Faktor* multipliziert das neue Feld namens *Aufwand* ergibt. Die Aggregatfunktion *SUM* summiert deren Werte auf. Durch den *GROUP BY*-Abschnitt werden die Datensätze, deren Werte im Feld *Name* übereinstimmen, zu einem Datensatz verdichtet.

Das *Recordset*-Objekt *rsTemp* wird unter Angabe aller Argumente (das zweite bezeichnet die aktive Verbindung) mit Hilfe der *Open*-Methode geöffnet. Der Wert von *RecordCount* dient zur dynamischen Dimensionierung des Datenfelds *varaDaten*, dessen erste Zeile mit den Kundennamen und dessen zweite Zeile mit Werten des Datenfelds *Aufwand* gefüllt werden. Um diese Zahlen, die in Bruchteilen eines Tages angegeben sind, in Stunden umzurechnen, werden sie noch mit 24 multipliziert.

```
Private Sub Form_Load()
  Dim i As Integer
  Dim intZahl As Integer
  Dim rsTemp As ADODB.Recordset
  Dim strSQL As String
  Dim varaDaten() As Variant

  strSQL = "SELECT Name, SUM((Bis - Von)*Faktor)" & _
    " AS Aufwand" & _
    " FROM Kunde, Protokoll, Tätigkeit" & _
    " WHERE Kunde.K_ID = Protokoll.K_ID" & _
    " AND Tätigkeit.T_ID = Protokoll.T_ID" & _
    " GROUP BY Name"
  Set rsTemp = New ADODB.Recordset
  rsTemp.Open strSQL, DEProto.Connections(1), _
    adOpenStatic, adLockReadOnly, adCmdText

  intZahl = rsTemp.RecordCount
  ReDim varaDaten(1, intZahl)

  For i = 1 To intZahl
    varaDaten(0, i) = rsTemp!Name
    varaDaten(1, i) = rsTemp!Aufwand * 24
    rsTemp.MoveNext
  Next
  rsTemp.Close

  varaDaten(1, 0) = "in Stunden"
```

Die Codezeilen im zweiten Teil der Prozedur setzen Schrift und Text des Diagrammtitels fest und füllen den Hintergrund zwischen den Achsen gleichmäßig weiß, bevor das Diagramm mit den darzustellenden Daten versorgt wird.

```
  With chtAufwand
    With .Title
      .VtFont.Name = "Arial"
      .VtFont.Size = 10
      .VtFont.Style = VtFontStyleBold
      .Text = "Aufwand pro Kunde"
    End With
```

```
    With .Plot.Wall.Brush
      .Style = VtBrushStyleSolid
      .FillColor.Red = 255
      .FillColor.Green = 255
      .FillColor.Blue = 255
    End With

    .ChartData = varaDaten
  End With
End Sub
```

Nachdem Sie den Menübefehl *Diagramm* mit dem Code zum Anzeigen des *Diagramm*-Formulars versorgt

```
Private Sub mnuDDiagramm_Click()
  frmDiagramm.Show
End Sub
```

und im *Click*-Ereignis der korrespondierenden Symbolschaltfläche einen Verweis auf die Menüprozedur gesetzt haben, ist mit dem Diagrammteil auch das Projekt insgesamt fertiggestellt.

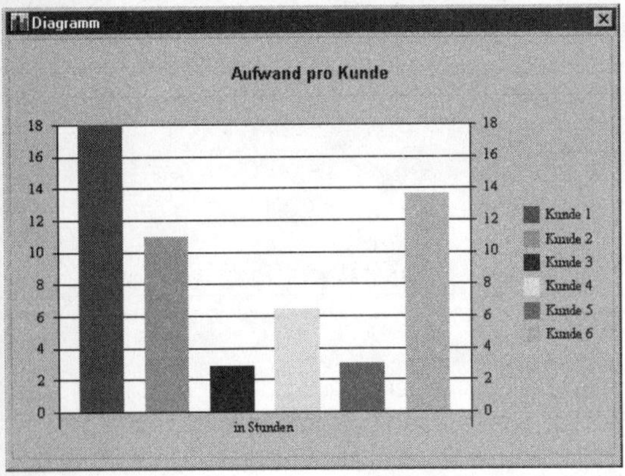

Die Darstellung des Zeitaufwands im Diagramm

Die soeben erstellte Anwendung ist zu Lernzwecken mit verschiedenen Methoden des Datenzugriffs ausgestattet und darf deshalb nicht als „Kochrezept“ mißverstanden werden. Sie soll Ihnen aber eine Vorstellung von der Leistungsfähigkeit vermitteln, die Visual Basic als Entwicklungswerkzeug für Datenbank-Frontends auszeichnet.

8. Weltweite Kommunikation ist programmierbar

Isolierte Arbeitsplatzrechner und einsam vor sich hin werkelnde PC-Benutzer sind seit längerem out, Kommunikation ist angesagt. Die Kommunikationsmöglichkeiten sind vielfältig: Der PC kann als Telefonzentrale dienen; mit ihm können Videokonferenzen durchgeführt werden; er läßt sich mit anderen Rechnern vernetzen, angefangen bei einer einfacher Direktverbindung zwischen Desktop- und Laptop-Rechner über ein unternehmensweites Intranet bis hin zum weltumspannenden Internet.

8.1 Kommunikations-Steuerelemente vorgestellt

Visual Basic stellt eine Reihe von Steuerelementen zur Verfügung, mit denen bestehende Anwendungen durch Kommunikationsmodule erweitert oder eigenständige Kommunikationsprogramme geschrieben werden können.

Das Kommunikation-Steuerelement

Dieses Steuerelement ermöglicht den einfachen Zugriff auf die seriellen Schnittstellen des Rechners und damit auf die dort angeschlossenen Kommunikationsgeräte. Es besitzt nur ein Ereignis (*OnComm*), das bei jeder Änderung des anliegenden Signals ausgelöst wird und eine ordnungsgemäße Kommunikation ebenso wie den Empfang eines bestimmten Zeichens oder einen Übertragungsfehler melden kann.

Kontrolliert werden die Funktionen des *Kommunikation*-Steuerelements über das Setzen von Eigenschaften. Zum Einrichten einer Verbindung zu einem Modem an COM2: genügen die folgenden Zeilen (*comNr2* sei der Steuerelementename):

```
' Serielle Schnittstelle 2 verwenden
comNr2.CommPort = 2

' 57.600 Bits/s, keine Parität, 8 Datenbits, 1 Stoppbit
comNr2.Settings = "57600,N,8,1"

' Anschluß öffnen
comNr2.PortOpen = True
```

Die *CommPort*-Eigenschaft legt die Nummer des seriellen Anschlusses fest, die *Settings*-Eigenschaft definiert die Verbindungsparameter (Datenrate, Parität, Zahl der Daten- und Stoppbits). Mit der Eigenschaft *PortOpen* wird der Anschluß geöffnet oder geschlossen.

Die Parameterwerte werden an den UART-Baustein des Rechners (**U**niversal **A**synchronous **R**eceiver **T**ransmitter) übermittelt, der für die Umwandlung zwischen parallelem (8 Bits pro Zeittakt) und seriellem Datenformat (1 Bit pro Zeittakt) zuständig ist.

Das Senden von Daten erfolgt mit Hilfe der *Output*-Eigenschaft. Um z. B. das Modem zu initialisieren und eine bestimmte Telefonnummer wählen zu lassen, wird der entsprechende Hayes-kompatible Befehl als Zeichenfolge an diese Eigenschaft überwiesen:

```
comNr2.Output = "ATDT 99999" & vbCr
```

Beachten Sie, daß AT-Befehle mit dem Wagenrücklauf-Zeichen abgeschlossen werden müssen.

Der Datenempfang läßt sich durch die beiden Zeilen

```
comNr2.InputLen = 0
strInput = comNr2.Input
```

bewerkstelligen. Die Eigenschaft *InputLen* bestimmt, wieviel Zeichen die *Input*-Eigenschaft aus dem Empfangspuffer liest. Ein Wert von *0* bedeutet, daß der gesamte Pufferinhalt gelesen wird.

Unter den mitgelieferten Anwendungsbeispielen sind zwei, die sich mit der Programmierung des *MSComm*-Steuerelements befassen: *Dialer.vbp* (im gleichnamigen Ordner) ist ein einfaches Wählprogramm, während *Vbterm.vbp* (im Ordner *MSComm*) ein gut ausgestattetes Terminalprogramm darstellt.

Die MAPI-Steuerelemente

Zwei MAPI-Steuerelemente (**M**essaging **A**pplication **P**rogram **I**nterface), die stets im Verbund benutzt werden, eröffnen Ihnen die Möglichkeit, Ihre Visual Basic-Anwendungen mit E-Mail-Funktionen auszustatten. Beide sind zur Laufzeit unsichtbar und lösen keine Ereignisse aus. Sie werden mit Hilfe ihrer Eigenschaften und Methoden programmiert.

Voraussetzung für das Funktionieren der Steuerelemente ist, daß auf dem ausführenden PC ein MAPI-Dienst (z. B. Microsoft Exchange) installiert ist.

Zur Anmeldung an einem Mail-Server werden die *UserName-* und *Password*-Eigenschaft des *MAPI-Sitzung*-Steuerelements auf den Namen und das Kennwort des registrierten Benutzers eingestellt und durch Anwenden der *SignOn*-Methode die Sitzung begonnen. (Die komplementäre Methode *SignOff* beendet eine Sitzung.) Bei erfolgreicher Anmeldung wird die Zugriffsnummer der Sitzung in der *SessionID*-Eigenschaft abgelegt.

Nach Zuweisen dieser Zugriffsnummer an die *SessionID*-Eigenschaft des *MAPI-Nachrichten*-Steuerelements können die im Postfach vorhandenen Nachrichten mit entsprechenden Methoden verwaltet und neue Nachrichten verfaßt werden. Eine ausführlich kommentierte Anwendung hierzu finden Sie unter dem Namen *Prjmapi.vbp* im Beispielordner *Misc\ Vbmail.*

Für die Kommunikation im Intra- und Internet verfügt Visual Basic über drei Steuerelemente, die im folgenden vorgestellt werden.

Das Winsock-Steuerelement

Mit dem *Winsock*-Steuerelement steht Ihnen ein einfach zu handhabendes Werkzeug zur Verfügung, um Daten mit anderen Rechnern in TCP/IP-Netzwerken auszutauschen. Dabei können Sie zwischen den beiden Protokollen TCP und UDP wählen, mit denen Client- wie Server-Anwendungen entwickelt werden können.

Ganz easy: TCP, UDP, IP

TCP/IP bezeichnet eine Gruppe von Netzwerkprotokollen, die unabhängig von einem bestimmten Betriebssystem sind und u. a. folgende Protokolle enthalten:

TCP (**T**ransmission **C**ontrol **P**rotocol) ist ein verbindungsorientierter Übertragungsdienst, der eine einmal aufgebaute Verbindung aufrecht erhält und die Integrität der Datenpakete garantiert. Wegen seiner Stabilität ist TCP das bevorzugte Protokoll für eine Vielzahl von Netzwerk-Anwendungen wie E-Mail und Client-Server-Applikationen.

UDP (**U**ser **D**atagram **P**rotocol) stellt demgegenüber ein verbindungsloses Protokoll dar, das die korrekte Übermittlung der Daten nicht gewährleistet, dafür aber die Netzwerkressourcen weniger belastet.

IP (**I**nternet **P**rotocol) ist die für die Verteilung der Datenpakete zuständige Komponente der TCP/IP-Klasse, deren Zuverlässigkeit nur in Verbindung mit höheren Protokollen wie TCP sichergestellt wird.

Ganz easy: Server, Host, Client

Mit Server oder Host wird der Rechner (Hard- u. Software) bezeichnet, der Dienste bzw. Daten anbietet, und Client ist der Rechner, der die Dienste oder Daten nutzt.

Eine TCP-Server-Anwendung definiert zunächst über die *LocalPort*-Eigenschaft des *Winsock*-Steuerelements einen Anschluß, an dem sie auf einen Verbindungsauftrag wartet (*Listen*-Methode). Geht eine Anforderung von einem Client ein, genehmigt sie der Server durch die *Accept*-Methode und stellt so die Verbindung her. Eine Client-Anwendung legt als erstes fest, mit welchem Rechner sie kommunizieren möchte, entweder durch den Namen (*RemoteHost*-Eigenschaft) oder die Internet Protokoll Adressnummer (Eigenschaft *RemoteHostIP*), und welcher Anschluß (*RemotePort*-Eigenschaft) verwendet werden soll. Die Verbindungsanforderung erfolgt durch Ausführen der *Connect*-Methode. Das Senden und Empfangen von Daten wird auf beiden Seiten der Verbindung mit Hilfe der Methoden *SendData* und *GetData* realisiert. Zum *Winsock*-Steuerelement wird zwar kein Beispiel-Projekt mitgeliefert, die Online-Dokumentation enthält aber eine Anleitung, wie man das Skelett einer TCP- oder UDP-Anwendung erstellen kann.

Das Internet-Transfer-Steuerelement

Durch das *Internet-Transfer*-Steuerelement werden die beiden wichtigsten Internet-Protokolle FTP und HTTP auf leichte Art für eigene Anwendungen zugänglich gemacht.

Ganz easy: FTP, HTTP, URL

FTP (**F**ile **T**ransfer **P**rotocol) wird für die Übertragung von Dateien im Text- oder Binärformat verwendet. Wenn die nötigen Zugriffsrechte vorhanden sind, können über eine FTP-Verbindung Dateien auf den Server heraufgeladen oder dort Verzeichnisse und Dateien umbenannt und gelöscht werden.

HTTP (**H**yper**T**ext **T**ransfer **P**rotocol) ist das vom populärsten Internet-Dienst, dem World Wide Web (WWW), benutzte Übertragungsprotokoll.

Die Adresse einer Ressource im Internet wird meistens nicht als unhandliche aus vier dreiziffrigen Zahlen bestehende IP-Nummer, sondern als besser zu merkende Textfolge in Form der zugehörigen URL-Adresse (**U**niform **R**esource **L**ocator) angegeben.

Das *Internet-Transfer*-Steuerelement besitzt mit *StateChanged* nur ein Ereignis, insgesamt fünf Methoden und eine Reihe von Eigenschaften, so daß sein Einsatz recht einfach ist. Wenn zum Zugriff auf das Host-Dokument die *OpenURL*-Methode benutzt wird, erfolgt der Datenaustausch synchron, die Programmausführung stoppt also bis zu deren Abschluß. Mit der *Execute*-Methode wird eine asynchrone Übertragung angestoßen, die im Hintergrund läuft und deren momentaner Zustand im *StateChanged*-Ereignis geprüft werden kann. Das nächste Beispiel umreißt die grundlegenden Verfahren, um eine FTP-Client-Anwendung zu erstellen.

Übung 28 Entwurf eines FTP-Clients

Ordnen Sie auf einem Formular je zwei Textfelder und Befehlsschaltflächen sowie ein *Internet-Transfer*-Steuerelement so an, wie es die nachstehende Abbildung zeigt

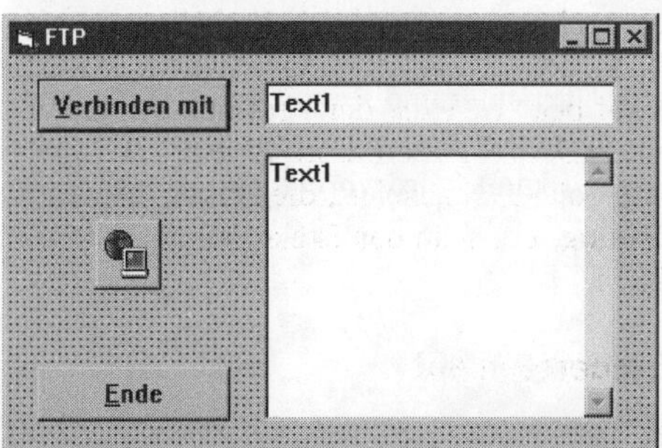

Die Oberfläche von Übung28

und legen Sie die Objekteigenschaften folgendermaßen fest:

Objekt	Eigenschaft	Einstellung
Formular	Name	frmÜbung28
	BorderStyle	3 – Fester Dialog
	Caption	FTP
1. Befehlsschaltfläche	Name	cmdVerbinden
	Caption	&Verbinden mit
	Default	True
2. Befehlsschaltfläche	Name	cmdEnde
	Cancel	True
	Caption	&Ende
	CausesValidation	False
1. Textfeld	Name	txtURL
2. Textfeld	Name	txtDaten
	Locked	True
	MultiLine	True
	ScrollBars	2 - Vertikal
Internet-Transfer	Name	netFTP
	Protocol	2 – icFTP

Unter Umständen muß der für *RequestTimeout* vorgegebene Wert von 60 (Sekunden) vergrößert werden, wenn Anforderungen an den FTP-Server aufgrund einer langsamen Verbindung nicht innerhalb dieser Frist beantwortet werden können.

Die *Load*-Prozedur löscht beide Textfelder und sorgt dafür, daß das erste Textfeld eine Eingabe erwartet. Weil die *SetFocus*-Methode nur auf sichtbare Objekte angewendet werden kann, wird vorher das Formular mit seinen Steuerelementen angezeigt.

```
Private Sub Form_Load()
  txtURL = ""
  txtDaten = ""

  Me.Show
  txtURL.SetFocus
End Sub
```

Das Anklicken der Schaltfläche *Verbinden mit* stellt die Verbindung zu dem im ersten Textfeld angegebenen FTP-Server mit Hilfe der *Execute*-Methode her. Deren zweites Argument legt die auszuführende Operation fest: In unserem Fall liefert *DIR* eine Auflistung des Startverzeichnisses. Fehler beim Verbindungsaufbau werden als Zeichenfolge (*Description*-Eigenschaft) des *Err*-Objekts im zweiten Textfeld angezeigt.

```
Private Sub cmdVerbinden_Click()
  On Error GoTo Fehler

  netFTP.Execute txtURL.Text, "DIR"
  Exit Sub

Fehler:
  txtDaten.Text = "Fehler: " & Err.Description
End Sub
```

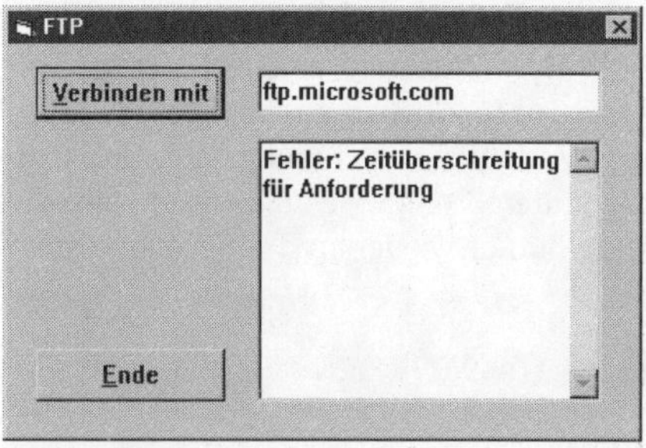

Die Anzeige von Fehlermeldungen

Eine Überprüfung der Server-Adresse findet beim Eintreten des Ereignisses *Validate* in der Form statt, daß bei leerem oder nicht mindestens ein Trennzeichen enthaltendem Eintrag *Cancel* auf *False* gesetzt und so ein Verschieben des Fokus verhindert wird. Das Ereignis wird beim Aktivieren eines anderen Steuerelements ausgelöst, dessen *CausesValidation*-Eigenschaft den Standardwert *True* hat.

```
Private Sub txtURL_Validate(Cancel As Boolean)
  If Trim$(txtURL.Text) = "" Or _
    InStr(txtURL.Text, ".") = 0 Then

    MsgBox "Bitte Adresse eingeben", _
      vbOKOnly + vbExclamation, "FTP"
    Cancel = True
  End If
End Sub
```

Damit aber trotz Fehlschlagen der Validitätsprüfung das Programm mit der *Ende*-Schaltfläche verlassen werden kann, wurde bei ihr die *Causes*-

Validation-Eigenschaft auf *False* eingestellt. Vor dem Schließen des Formulars bricht die *Cancel*-Methode die aktuelle Anforderung ab und schließt alle offenen Verbindungen.

```
Private Sub cmdEnde_Click()
  netFTP.Cancel
  Unload Me
End Sub
```

Die vom Host empfangenen Daten werden im *StateChanged*-Ereignis des *Internet-Transfer*-Steuerelements ausgewertet. Über einen während der Kommunikation vom Server gemeldeten Fehler - der Verbindungszustand hat den Wert *icError* - gibt der Inhalt der Eigenschaft *ResponseInfo* Aufschluß. Der Status *icResponseCompleted* signalisiert, daß alle Daten empfangen wurden und zum Abholen mit der *GetChunk*-Methode bereitstehen. Das erste Argument gibt die Größe des zurückzugebenden Datenblocks an, das optionale zweite Argument legt fest, ob die Daten als Zeichenfolge (Voreinstellung) oder Byte-Datenfeld geliefert werden sollen. Die Daten vom Typ *Variant* werden in Blöcken zu maximal 1024 Zeichen abgerufen und in einer *String*-Variablen zusammengefaßt. Um während der Hintergrundverarbeitung andere Ereignisse zuzulassen, gibt die *DoEvents*-Anweisung die Steuerung immer wieder an das Betriebssystem ab.

```
Private Sub netFTP_StateChanged(ByVal State As Integer)
  Dim vntDaten As Variant
  Dim strDaten As String

  Select Case State
  Case icError
    ' Bei Fehler Info ausgeben
    txtDaten.Text = "Fehler: " & netFTP.ResponseInfo
  Case icResponseCompleted
    ' Ersten Datenblock holen
    vntDaten = netFTP.GetChunk(1024)

    Do Until Len(vntDaten) = 0
      strDaten = strDaten & vntDaten
      ' Nächsten Datenblock holen
      vntDaten = netFTP.GetChunk(1024)
      DoEvents
    Loop

    txtDaten.Text = strDaten
  End Select
End Sub
```

Nach fehlerfreier Verbindungsaufnahme zu einem Server erscheint der Inhalt seines Startverzeichnisses im zweiten Textfeld.

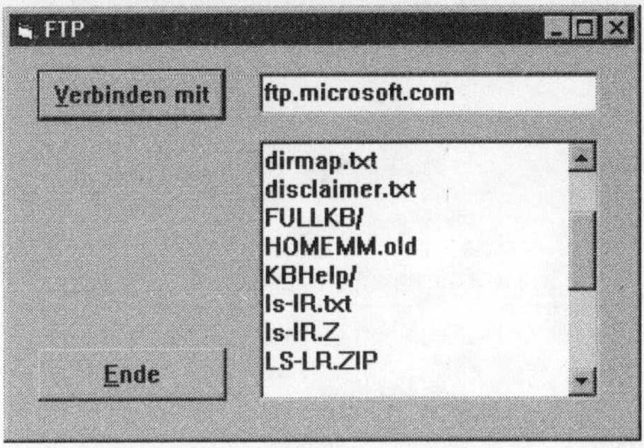

Die Anzeige des Startverzeichnissses eines Servers

Die Anmeldung an anderen, insbesondere nicht-öffentlichen FTP-Hosts erfordert die Zuweisung von Benutzernamen und Kennwort an die *UserName*- und *Password*-Eigenschaft des Steuerelements.

Das Beispiel um die benötigten Textfelder und weitere Befehlsschaltflächen für andere Operationen zu erweitern, wird Ihnen gewiß nicht schwerfallen.

Mit dem *Internet-Transfer*-Steuerelement läßt sich bei Einstellung des HTTP-Protokolls in der *Protocol*-Eigenschaft auf das World Wide Web zugreifen. Um einen Internet-Browser in Ihr Projekt einzubinden, der auch aufwendig gestaltete HTML-Seiten detailgetreu darstellt, gibt es aber eine einfachere Möglichkeit.

Das WebBrowser-Steuerelement

Nachdem Sie im Zuge der Installation von Visual Basic den Internet Explorer auf Ihren Rechner gebracht haben, verfügen Sie auch über ein vollwertiges *WebBrowser*-Steuerelement, das neben anderen Objekten in der Datei *Shdocvw.dll* enthalten ist.

Die Informationen zu diesem Steuerelement sind zwar inzwischen zahlreich vorhanden, leider aber weit verstreut. Der Objektkatalog (Bibliothek *SHDocVwCtl*) listet eine Fülle von Eigenschaften, Methoden, Ereignissen und Konstanten auf, und die Suche nach dem Stichwort *Web Browser* in der MSDN-Library fördert 500 Fundstellen zutage.

Mit der Version 4.x des Internet Explorer sind zudem noch einige Neuerungen hinzugekommen. Die folgende Übersicht, die neben den Standardfeatures auch solche wegläßt, über die das Steuerelement formal zwar verfügt, die es aber ignoriert, mag als Orientierungshilfe zur aktuellen Version dienen.

Eigenschaften	Methoden	Ereignisse
Application	ExecWB	BeforeNavigate2
Busy	GoBack	CommandStateChange
Container	GoForward	DocumentComplete
Document	GoHome	DownloadBegin
LocationName	GoSearch	DownloadComplete
LocationURL	Navigate	NavigateComplete2
Offline	QueryStatusWB	NewWindow2
Parent	Refresh	ProgressChange
Path	Refresh2	PropertyChange
ReadyState	Stop	StatusTextChange
RegisterAsBrowser		TitleChange
RegisterAsDropTarget		
Silent		
TopLevelContainer		
Type		

Lassen Sie sich durch die vielfältigen Möglichkeiten nicht unnötig beeindrucken, denn nur wenige Eigenschaften, Methoden und Ereignisse reichen im Anfang völlig aus. Im Prinzip genügt sogar eine einzige Codezeile, in der mit der *Navigate*-Methode eine Adresse angesteuert wird.

In der Entwicklungsumgebung könnten Sie auch auf die Formular-Vorlage *Web-Browser* zurückgreifen. Ihr Programmcode müßte aber bearbeitet werden, da er noch für die alte Steuerelement-Version verfaßt wurde. Informativer ist es, ein solches Formular selbst zu gestalten und dabei die Schritte, die zur Einbindung von Browser-Funktionen in eigene Projekte notwendig sind, nachzuvollziehen.

Übung 29 Einen Web-Browser erstellen

Ein MDI-Formular hat die Aufgabe, den Browser zu starten und die Anwendung zu beenden. Seine Eigenschaften sind:

Objekt	Eigenschaft	Einstellung
MDI-Formular	Name	frmMDI
	AutoShowChildren	False
	Caption	World Wide Web
	Icon	..Icons\Writing\Books02.ico

Als Steuerelemente enthält es nur zwei Menüs:

Caption	Name	Shortcut
&Datei	mnuDatei	
...&Beenden	mnuDBeenden	Strg+W
&Ansicht	mnuAnsicht	
...&World Wide Web	mnuAWWW	

Nach dem Start erscheint das Formular mit einer Größe von 80 % des Bildschirms in dessen Zentrum:

```
Private Sub MDIForm_Load()
  With Screen
    Me.Move 0.1 * .Width, 0.1 * .Height, _
    0.8 * .Width, 0.8 * .Height
  End With
End Sub
```

Der erste Menübefehl beendet die Anwendung, der andere lädt den Browser:

```
Private Sub mnuDBeenden_Click()
  Unload Me
End Sub

Private Sub mnuAWWW_Click()
  Load frmWWW
End Sub
```

Weil in einer MDI-Umgebung grundsätzlich mehrere Formulare geladen sein können, werden sie in der *Unload*-Prozedur einzeln geschlossen:

```
Private Sub MDIForm_Unload(Cancel As Integer)
  Dim i As Integer

  For i = Forms.Count - 1 To 1 Step -1
    Unload Forms(i)
  Next
End Sub
```

Binden Sie die Komponenten *Microsoft Internet Controls* und *Microsoft Windows Common Controls 6.0* in das Projekt ein und statten Sie das Formular mit je einem Exemplar der Steuerelemente *Symbolleiste, Kombinationsfeld, Statusleiste, Zeitgeber* und *WebBrowser* aus.

Um schnell an passende Bilder für die Schaltflächen zu gelangen, erweitern Sie die Anwendung temporär um ein Formular des Typs *Web-Browser*, markieren dessen Abbildungsliste im Eigenschaftenfenster und machen Sie mit *Format/Reihenfolge/In den Vordergrund* sichtbar. Nun kopieren Sie sie in das eigene Browser-Formular und entfernen das andere Formular ohne Speicherung der Änderungen wieder aus dem Projekt. Die Objekteigenschaften gibt die nächste Tabelle wieder.

Objekt	Eigenschaft	Einstellung
Formular	Name	frmWWW
	Caption	Browser
	Icon	..\Icons\Elements\Earth.ico
	MDIChild	True
Abbildungsliste	Name	ilsWWW
Symbolleiste	Name	tlbWWW
	AllowCustomize	False
	Appearance	0 – ccFlat
	Style	1 – tbrFlat
WebBrowser	Name	brwWWW
Kombinationsfeld	Name	cboURL
Zeitgeber	Name	timWWW
	Enabled	False
	Interval	30000
Statusleiste	Name	stbWWW
	Style	1 - sbrSimple

Im Eigenschaften-Dialog der Symbolleiste weisen Sie der *ImageList*-Eigenschaft die Abbildungsliste *ilsWWW* zu und fügen auf der zweiten Registerkarte sechs Standard-Schaltflächen ein:

Index	Key	ToolTipText	Image
1	Zurück	Zurück	1
2	Vorwärts	Vorwärts	2
3	Abbrechen	Abbrechen	3
4	Aktualisieren	Aktualisieren	4
5	Startseite	Startseite	5
6	Suchen	Suchen	6

Die Statusleiste wird von einem einzigen Textbereich eingenommen, der über die *SimpleText*-Eigenschaft angesprochen wird. Das Formular hat jetzt in etwa dieses Erscheinungsbild:

Die Oberfläche des Browser-Formulars

Der Deklarationsabschnitt definiert eine Boolesche Variable.

```
Option Explicit

Dim mblnNavigieren As Boolean
```

Das *Load*-Ereignis sorgt in Verbindung mit der *Resize*-Prozedur zunächst dafür, daß Formular, Kombinationsfeld und *WebBrowser*-Steuerelement in der richtigen Größe und an der korrekten Position erscheinen.

Dann wird mit der *Navigate*-Methode durch Angabe der „Adresse" *about:blank* eine leere Startseite angezeigt. Es steht Ihnen natürlich frei, statt dessen Ihre bevorzugte Startadresse einzugeben. Eventuelle Fehlermeldungen erscheinen in der Statusleiste.

```
Private Sub Form_Load()
  On Error Resume Next

  mblnNavigieren = True
  Me.WindowState = vbMaximized
  cboURL.Text = ""
  Me.Show

  brwWWW.Navigate "about:blank"

  If Err.Number <> 0 Then
    stbWWW.SimpleText = "Fehler: " & Err.Description
  End If
End Sub

Private Sub Form_Resize()
  If Me.WindowState <> vbMinimized Then
    ' Kombinationsfeld und ...
    cboURL.Move 0, tlbWWW.Height, Me.ScaleWidth
    ' WebBrowser positionieren
    brwWWW.Move 0, cboURL.Top + cboURL.Height + 60, _
      Me.ScaleWidth, Me.ScaleHeight - tlbWWW.Height - _
      cboURL.Height - stbWWW.Height - 120
  End If
End Sub
```

Im *BeforeNavigate2*-Ereignis sehen Sie ein Beispiel dafür, wie man den Zugang zu unerwünschten Internet-Adressen sperren kann. Bei Wahl einer erlaubten Adresse wird der auf 30 s gesetzte Zeitgeber gestartet und der Mauszeiger als Sanduhr dargestellt.

```
Private Sub brwWWW_BeforeNavigate2(ByVal pDisp As Object, _
  URL As Variant, Flags As Variant, _
  TargetFrameName As Variant, PostData As Variant, _
  Headers As Variant, Cancel As Boolean)

  If InStr(URL, "playboy.com") > 0 Then
    MsgBox "Sorry, diese Seite ist gesperrt!", _
      vbOKOnly + vbExclamation + vbMsgBoxSetForeground
    Cancel = True
  Else
    timWWW.Enabled = True
    Me.MousePointer = vbHourglass
  End If
End Sub
```

Falls die für den Aufbau der Verbindung eingeräumte Zeit abgelaufen ist, wird die Operation mit der *Stop*-Methode abgebrochen.

```
Private Sub timWWW_Timer()
  brwWWW.Stop
  Me.MousePointer = vbDefault

  MsgBox "Abbruch wegen Zeitüberschreitung!", _
    vbOKOnly + vbExclamation + vbMsgBoxSetForeground
  timWWW.Enabled = False
End Sub
```

Wenn die Verbindung zur vorgesehenen Adresse fristgerecht hergestellt ist, wird das *NavigateComplete2*-Ereignis ausgelöst. Dort wird der Zeitgeber angehalten und die momentane URL-Adresse in die Liste des Kombinationsfelds aufgenommen. Um Mehrfacheinträge derselben Adresse zu vermeiden und die neue Adresse zuoberst in der Liste erscheinen zu lassen, wird der schon vorhandene Eintrag gelöscht und an erster Stelle neu eingefügt. Während dieser Aktion wird die Boolesche Variable so gesetzt, daß ein Ansteuern einer weiteren Adresse unterbunden wird.

```
Private Sub brwWWW_NavigateComplete2 _
  (ByVal pDisp As Object, URL As Variant)

  Dim i As Integer
  Dim blnVorhanden As Boolean

  timWWW.Enabled = False
  blnVorhanden = False
  Me.Caption = "Browser - " & brwWWW.LocationName

  For i = 0 To cboURL.ListCount - 1
    If cboURL.List(i) = brwWWW.LocationURL Then
      blnVorhanden = True
      Exit For
    End If
  Next

  mblnNavigieren = False
  If blnVorhanden Then cboURL.RemoveItem i
  cboURL.AddItem brwWWW.LocationURL, 0
  cboURL.ListIndex = 0
  mblnNavigieren = True
End Sub
```

Die Variable *mblnNavigieren* wird nämlich abgefragt, bevor durch Auswahl eines Listeneintrags oder Drücken der Enter-Taste zu der Adresse gewechselt wird, die im Textteil des Kombinationsfelds steht.

```
Private Sub cboURL_Click()
  On Error Resume Next

  If Not mblnNavigieren Then Exit Sub
  brwWWW.Navigate cboURL.Text

  If Err.Number <> 0 Then
    stbWWW.SimpleText = "Fehler: " & Err.Description
  End If
End Sub

Private Sub cboURL_KeyPress(KeyAscii As Integer)
  If KeyAscii = vbKeyReturn Then
    cboURL_Click
  End If
End Sub
```

Im *DownloadComplete*-Ereignis, das anders als *NavigateComplete2* auch eintritt, wenn die Navigation fehlschlug oder angehalten wurde, erhält der Mauszeiger seine normale Form zurück und die aktuelle Adresse (Eigenschaft *LocationName*) wird im Fenstertitel angezeigt.

```
Private Sub brwWWW_DownloadComplete()
  MousePointer = vbDefault
  Me.Caption = "Browser - " & brwWWW.LocationName
End Sub
```

Im *ProgressChange*-Ereignis kann festgestellt werden, wie weit ein Ladevorgang gediehen ist. In unserem Beispiel wird der aus den Argumenten *Progress* und *ProgressMax* berechnete Prozentwert in der Statusleiste angezeigt. Wenn *ProgressMax* den Wert –1 hat, ist die Operation beendet.

```
Private Sub brwWWW_ProgressChange(ByVal Progress As Long, _
  ByVal ProgressMax As Long)

  If Progress = -1 Then
    stbWWW.SimpleText = "Fertig"
  ElseIf ProgressMax = 0 Then
    stbWWW.SimpleText = ""
  Else
    stbWWW.SimpleText = 100 * Progress / ProgressMax & "%"
  End If
End Sub
```

Die im *StatusTextChange*-Ereignis bereitgestellten Zustandsmeldungen werden ebenfalls in der Statusleiste wiedergegeben.

```
Private Sub brwWWW_StatusTextChange(ByVal Text As String)
  stbWWW.SimpleText = Text
End Sub
```

Durch Anklicken einer Schaltfläche in der Symbolleiste wird eine der Navigationsmethoden, deren Funktion aus dem Namen hervorgeht, bzw. die *Stop*- oder *Refresh*-Methode aufgerufen.

```
Private Sub tlbWWW_ButtonClick _
  (ByVal Button As MSComctlLib.Button)

  On Error Resume Next

  Select Case Button.Key
  Case "Zurück"
    brwWWW.GoBack
  Case "Vorwärts"
    brwWWW.GoForward
  Case "Abbrechen"
    brwWWW.Stop
  Case "Aktualisieren"
    brwWWW.Refresh
  Case "Startseite"
    brwWWW.GoHome
  Case "Suchen"
    brwWWW.GoSearch
  End Select

  If Err.Number <> 0 Then
    stbWWW.SimpleText = "Fehler: " & Err.Description
  End If
End Sub
```

Das im Windows-Ordner *Verlauf* gespeicherte Logbuch mit den im WWW kontaktierten Adressen liefert die Informationen für die Methoden *GoBack* und *GoForward*. Die Startseite für *GoHome* und die Suchseite für *GoSearch* werden der Windows-Registrierung entnommen, in die sie der Internet Explorer gemäß den Einstellungen in seinem *Optionen*-Dialogfeld geschrieben hat. Um die Ansicht der angezeigten Web-Seite zu aktualisieren, kann man statt der *Refresh*-Methode auch die Variante *Refresh2* benutzen, bei der sich z. B. festlegen läßt, daß die Aktualisierung nicht vom Server, sondern aus dem lokalen Speicher (Cache) erfolgt.

Tip: Komplette Aktualisierung einer Web-Seite

Wenn sich die Informationen auf einer Web-Seite häufig ändern, bringt die Aktualisierung aus dem Cache keinen Vorteil. Deshalb sollte dann mit der normalen *Refresh*-Methode eine komplette Aktualisierung vorgenommen werden.

Wenn Sie eine Internet-Adresse in Ihren Web-Browser eingeben, (die einleitenden Zeichen *http://* zur Kennzeichnung des Protokolls werden übrigens automatisch ergänzt), baut das *WebBrowser*-Steuerelement die im Internet-Explorer angegebene Verbindung zum Provider auf und stellt schließlich die Web-Seite so dar, wie Sie es von seinem großen Bruder gewohnt sind.

Die Darstellung der Web-Seite www.basicworld.com im eigenen Browser

8.2 (D)HTML-Seiten und Visual Basic verbinden

Neben dem Thema Datenbanken bildet der Internet-Bereich einen zweiten Schwerpunkt, dem sich die aktuelle Visual Basic-Version besonders intensiv zuwendet, indem sie zwei neue Typen von Anwendungen zur

Verfügung stellt: serverseitige IIS-Anwendungen und clientseitige DHTML-Anwendungen (s. Kap. 2). Auf letztere soll etwas näher eingegangen werden.

Ganz easy: IIS, DHTML
IIS ist die Abkürzung für Microsofts **I**nternet **I**nformation **S**erver und DHTML steht für die Erweiterung von HTML um das Attribut dynamisch (**D**ynamic **H**yper**T**ext **M**arkup **L**anguage).

Jede DHTML-Anwendung besteht aus einer oder mehreren zusammengehörenden HTML-Seiten. Beim Anzeigen dieser Seiten im Browser ausgelöste Ereignisse (Bewegung der Maus in einer Seitenregion, Anklicken einer Schaltfläche usw.) werden mit ganz normalem Visual Basic-Code verarbeitet. Damit darf dem in den Augen vieler Programmierer sperrigen und langsamen Script-Code endlich ade gesagt werden.

Die weiteren Vorteile sind vielfältig. Durch die Implementierung des neuen DHTML-Seiten-Designers für die Gestaltung der Web-Seiten bleibt man innerhalb der gewohnten Entwicklungsumgebung und kann deren Features wie IntelliSense-Unterstützung, Syntaxprüfung in der Entwicklungsphase und Debugging nutzen. Kompiliert wird der Programmcode in eine *dll*-Datei, die ein Ausspähen des Codes weitgehend verhindert. Die *htm*-Dateien enthalten nur die in HTML verfaßte Layout-Darstellung, und das erledigt der Seiten-Designer.

Das folgende Beispiel wird das Gesagte veranschaulichen.

Übung 30 Eine DHTML-Anwendung entwickeln

Öffnen Sie ein neues Projekt vom Typ *DHTML-Anwendung*. Wie der Projekt-Explorer offenbart, wird das Projekt mit dem Modul *modDHTML.bas* und dem Designer *DHTMLPage1.dsr* ausgestattet. Beide lassen sich wie das Projekt selbst nach Belieben umbenennen.

Drei Hauptobjekte sind charakteristisch für eine DHTML-Anwendung: Das *BaseWindow*-Objekt verkörpert eine Instanz des Browsers und sorgt für die Anzeige des *Document*-Objekts, das die darzustellende HTML-Seite repräsentiert. In ihm ist das *DHTMLPage*-Objekt enthalten, das zur Laufzeit für die Verknüpfung von Seite und Programmcode zuständig ist.

Das linke Teilfenster des Designers gibt die Struktur der aktuellen Seite nach dem Objektmodell wieder, im rechten Teil werden die Elemente zur Seitengestaltung wie im Formular-Designer plaziert. Die integrierten HTML-Elemente finden Sie als Gruppe *HTML* in der Werkzeugleiste. Sie haben zwar etwas andere Namen und besitzen andere Eigenschaften, Methoden und Ereignisse als die entsprechenden Visual Basic-Steuerelemente, sind ihnen aber durchaus ähnlich.

In dem Dialogfeld, das mit der Schaltfläche *DHTML-Seiteneigenschaften* der zweiten Symbolleiste geöffnet wird, wählen Sie die Option *HTML in externer Datei speichern*, um eine separate, als URL-Adresse für einen Browser festzulegende Datei zu erzeugen.

Gestalten Sie nun eine HTML-Seite, indem Sie feststehenden Text direkt eingeben (ein Pendant zum Bezeichnungsfeld wird nicht benötigt) und zwei *TextField-*, ein *PasswordField-*, ein *HorizontalRule-* und zwei *Button-*Elemente so positionieren, wie es die nächste Abbildung zeigt.

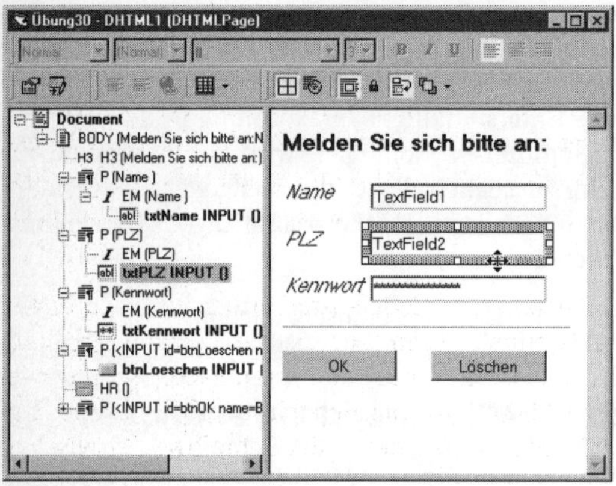

Die Darstellung der ersten Seite im Seiten-Designer

Die einzelnen Textteile können Sie nach Markierung mit Hilfe der Schaltflächen und Dropdown-Listen in der obersten Symbolleiste formatieren. Die für den programmierten Zugriff auf HTML-Elemente wesentliche Eigenschaft ist *Id* und der Inhalt von Textfeldern wie die Beschriftung von Schaltflächen ist als *Value-*Eigenschaft erreichbar.

Ändern Sie die Eigenschaften der Elemente im Eigenschaftenfenster folgendermaßen ab, wobei Sonderzeichen (Umlaute) für die *Id-*Eigenschaft vermieden werden sollten:

Objekt	Eigenschaft	Einstellung
TextField1	Id	txtName
	tabIndex	1
TextField2	Id	txtPLZ
	tabIndex	2
PasswordField1	Id	txtKennwort
	tabIndex	3
Button1	Id	cmdOK
	tabIndex	4
	value	OK
Button2	Id	cmdLoeschen
	tabIndex	5
	value	Löschen

Um auch Zugriff auf die einzelnen Textsegmente zu haben, markieren Sie sie und weisen ihrer *Id*-Eigenschaften Werte zu: der ersten Zeile *Anmeldung* und den anderen drei Textstücken die Zeichenfolgen *lblName, lblPLZ* bzw. *lblKennwort*. Das Design ist damit abgeschlossen und das Projekt kann gespeichert werden. Als Namen für die HTML-Seite geben Sie *Seite1* ein.

Wie gewohnt können Sie nun das Codefenster öffnen und die ersten Zeilen eingeben. Im Deklarationsabschnitt definieren Sie zwei Farb–konstanten durch Angabe des blauen, grünen und roten Farbanteils, der jeweils in einem Byte gespeichert wird. Der Bereich möglicher Werte liegt also zwischen 0 und 255, oder in hexadezimaler Schreibweise zwischen 00 und FF.

Hinweis: Farbzuordnung auf HTML-Seiten

Visual Basic-Objekte erwarten die Werte für Farbeigenschaften als Zahlen vom Typ *Long*, HTML-Objekte als *String*-Werte. Der Internet-Explorer kann 140 verschiedene Farben anzeigen, bei anderen Browsern kann die Zahl geringer sein. Dann sollte man sich auf die 16 Basisfarben beschränken.

```
Option Explicit

Const DunkelRot As String = "8B0000"
Const DunkelBlau As String = "000080"
```

Fügen Sie dem Projekt eine Prozedur hinzu, die alle Textfelder löscht (*Value = Empty*) und durch die *Select*-Methode das erste aktiviert (entspricht *SetFocus*).

```
Private Sub TextLöschen()
  txtName.Value = Empty
  txtPLZ.Value = Empty
  txtKennwort.Value = Empty
  txtName.Select
End Sub
```

Wenn (beim standardmäßig eingestellten synchronen Laden) alle Elemente einer HTML-Seite erzeugt sind, tritt das *Load*-Ereignis des *DHTML Page*-Objekts ein. In seiner Prozedur wird die Hintergrundfarbe *bgColor* des Dokuments direkt (nicht durch eine deklarierte Konstante) gesetzt und die Prozedur *TextLöschen* aufgerufen.

```
Private Sub DHTMLPage_Load()
  Document.bgColor = "87CEFA"
  TextLöschen
End Sub
```

Ein Klick auf *Löschen* führt ebenfalls diese benutzerdefinierte Prozedur aus. Beachten Sie, daß Ereignisse des *DHTMLPage*-Objekts die herkömmliche Bezeichnung haben (sie befinden sich quasi auf der Visual Basic-Seite), während Ereignisse von HTML-Elementen stets mit *on* beginnen.

```
Private Function btnLoeschen_onclick() As Boolean
  TextLöschen
End Function
```

Die beiden nächsten Ereignisprozeduren des Elements *Anmeldung* verändern die Farbe der ersten Zeile (*Color*-Eigenschaft des *Style*-Objekts), wenn die Maus den Text überstreicht (*onmouseover*) bzw. wieder verläßt (*onmouseout*).

```
Private Sub Anmeldung_onmouseout()
  Anmeldung.Style.Color = DunkelBlau
End Sub

Private Sub Anmeldung_onmouseover()
  Anmeldung.Style.Color = "800000"
End Sub
```

Beim Anklicken von *OK* wird eine knappe Validitätsprüfung der eingegebenen Daten vorgenommen. Bei Zurückweisung von Daten wird der Text vor dem entsprechenden Textfeld farblich hervorgehoben und das Textfeld aktiviert.

Falls es keine Beanstandungen gibt, kommt mit *PutProperty* die erste Prozedur des Moduls zum Einsatz. Sie speichert in einem als *Cookie* bezeichneten Text-Informationsblock, den der Browser verwaltet, Namen und Wert einer Eigenschaft ab, in diesem Fall den Inhalt der einzelnen Textfelder.

Mit der Methode *navigate* des *BaseWindow*-Objekts wird dann die nächste HTML-Seite geladen.

```
Private Function btnOK_onclick() As Boolean
  If Trim$(txtName.Value) = "" Then
    lblName.Style.Color = DunkelRot
    txtName.Select
  ElseIf Not IsNumeric(txtPLZ.Value) _
    Or Len(txtPLZ.Value) <> 5 Then
    lblPLZ.Style.Color = DunkelRot
    txtPLZ.Select
  ElseIf Trim$(txtKennwort.Value) = "" Then
    lblKennwort.Style.Color = DunkelRot
    txtKennwort.Select
  Else
    PutProperty BaseWindow.Document, "Name", _
      txtName.Value
    PutProperty BaseWindow.Document, "PLZ", _
      txtPLZ.Value
    PutProperty BaseWindow.Document, "Kennwort", _
      txtKennwort.Value

    BaseWindow.navigate "Seite2.htm"
  End If
End Function
```

Um die neue Seite zu erstellen, erweitern Sie die Anwendung mit dem Befehl *Projekt/DHTML Page hinzufügen* um einen weiteren Designer und entscheiden sich wieder dafür, die HTML-Seite als separate Datei zu speichern. Geben Sie nun Text wie in der Abbildung gezeigt ein.

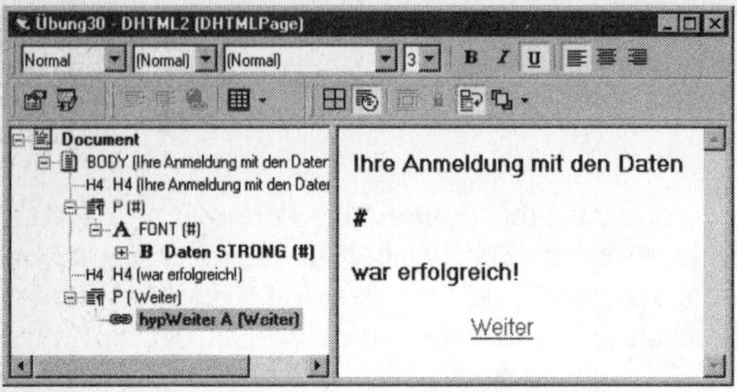

Die im Designer gestaltete zweite Seite

Markieren Sie das letzte Wort (*Weiter*) und wählen Sie auf der unteren Symbolleiste *Auswahl in Hyperlink umwandeln*. *Hyperlinks* sind Verweise auf URL-Adressen oder zu Sprungmarken auf derselben Seite. Dieses Element erhält den *Id*-Wert *hypWeiter* und das Doppelkreuz (#) den *Id*-Wert *Daten*. Als Dateinamen beim Abspeichern der HTML-Seite verwenden Sie *Seite2*. Nach dem Laden der Seite liest die zweite Modul-Prozedur die im Cookie abgelegten Werte wieder aus und stellt sie anstelle des Doppelkreuzes unter Beibehaltung der Formatierung als Eigenschaft *innerText* dar.

```
Private Sub DHTMLPage_Load()
  Dim s As String

  s = GetProperty(BaseWindow.Document, "Name") & ", " & _
      GetProperty(BaseWindow.Document, "PLZ") & ", " & _
      GetProperty(BaseWindow.Document, "Kennwort")
  Daten.innerText = s
End Sub
```

Mit dem Hyperlink navigieren Sie zur ersten Seite zurück.

```
Private Function hypWeiter_onclick() As Boolean
  BaseWindow.navigate "Seite1.htm"
End Function
```

Nach Starten des Projekts wird der Internet-Explorer geöffnet und die erste Seite geladen. Falls er versucht, eine Internet-Verbindung zu etablieren, schalten Sie ihn in den Offline-Modus. Testen Sie, ob alle Funktionen ordnungsgemäß ausgeführt werden. Das fehlerfreie Projekt können Sie dann mit dem Befehl *Datei/Übung30.dll erstellen* kompilieren, nachdem Sie auf der ersten Karte des Eigenschaften-Dialogs als Projektbeschreibung *Übung30-DHTML* eingegeben haben.

Um die kompilierte Version z. B. mit dem in der vorigen Übung erzeugten Browser zu benutzen, müssen Sie der Anwendung mit dem Befehl des *Projekt*-Menüs zwei Verweise hinzufügen, nämlich auf die gerade erstellte *dll*-Datei (Listeneintrag *Übung30-DHTML*) und auf die Bibliothek *Microsoft DHTML Page Runtime Library 1.0*.

Darüber hinaus ist es zweckmäßig, die beiden Dateien *Seite1.htm* und *Seite2.htm* in ein leicht zugängliches Verzeichnis zu kopieren, damit Sie im Browser-Formular von *Übung29* keine überlange Adresse einzugeben brauchen. Füllen Sie die Anmeldung aus und klicken Sie auf *OK*, ...

Die erste Seite der DHTML-Anwendung im eigenen Web-Browser

... und auf der nächsten Seite werden Ihre Eingaben angezeigt.

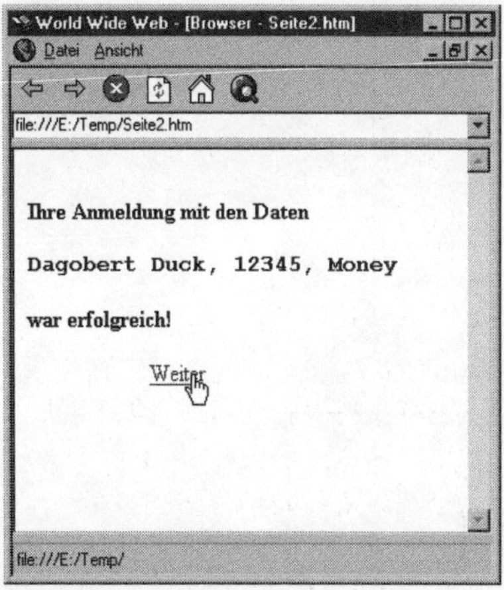

Die Folgeseite zeigt die Eingaben der ersten Seite an

DHTML-Anwendungen sind ein interessantes Thema, das voll in dem Trend liegt, Benutzeroberflächen nicht nur funktional, sondern auch attraktiv zu gestalten. Und das ist mit den Möglichkeiten, die HTML-Seiten bieten, besser realisierbar als in Visual Basic allein. Für die Erstellung von Web-Seiten sind Sie nicht an den Seiten-Designer gebunden, sondern können externe Werkzeuge benutzen und die selbst oder von Spezialisten generierten Seiten importieren.

In einem Taschenbuch wie diesem konnte längst nicht alles, was Visual Basic 6.0 zu bieten hat oder der Autor gerne behandelt hätte, vorgestellt werden. Manches wurde nur skizziert, anderes gar nicht angesprochen. Doch sehen Sie es positiv: Ihnen bleibt auf diese Weise viel Freiraum für eigene Entdeckungstouren durch die Welt von Visual Basic und Sie werden feststellen können, daß mit zunehmendem Kenntnisstand und unterstützt durch kreative Phantasie immer neue Anwendungsbereiche erschlossen werden.

9. Die besten Visual Basic-Tips

Thema	Tip	Seite
Argument	Argumentübergabe als Wert ohne *ByVal*	266
Auflistung	Key-Eigenschaft zur Identifizierung verwenden	302
Code	Code durch Einrücken übersichtlich gestalten	95
Datenbank	Auf Leerzeichen in SQL-Anweisungen achten	379
	Beispiele zur Datenbankprogrammierung	389
Dialogfeld	Abbrechen in Standard-Dialogfeldern erkennen	314
Drag & Drop	Kontrolle über Drag & Drop-Operationen	326
Ereigniskette	Ereignisketten vermeiden	213
Formular	Formular ohne Titelleiste anzeigen	322
Hilfe	Rascher Zugriff auf das Hilfesystem	102
Installation	Unterbrochene Installation fortsetzen	14
Kompilieren	Kompilierungszeit verkürzen	85
Kontrollstruktur	Möglichst *For...Next* verwenden	277
	Möglichst *Select Case* verwenden	272
Listenfeld	Listenfeldgröße einstellen	234
Löschen	Mehrfach vorkommenden Text schnell löschen	78
	Unbeabsichtigtes Löschen einer Textdatei vermeiden	362
Menü	Untermenüs vermeiden	285
Neue Features	Neuerungen vor dem Einsatz testen	62
Objektname	Objektnamen ohne Unterstrich	143
	Objektnamen vor Code-Erstellung ändern	254
OLE	Richtiges OLE-Objekt bei Namensgleichheit ansprechen	86
Operator	Vorrangregeln für Operatoren umgehen	239
Optionsfeld	Bestehende Optionsfelder gruppieren	181
Projekt	Komplettsicherung eines Projekts anfertigen	72
	Vor Ausführung Dateien speichern	98

Thema	Tip	Seite
SDI-Modus	Entwicklungsumgebung in den SDI-Modus schalten	67
Steuerelement	Gezogenes Steuerelement identifizieren	329
	Homogenes Erscheinungsbild in einem Steuer-elementefeld	199
	Maße eines Steuerelements im Blickfeld anzeigen	107
	Mehrere Steuerelemente markieren	147
	Mehrfaches Einfügen eines Steuerelements	146
	Position und Größe von Steuerelementen exakt ändern	151
Variable	Variablen eindeutige Namen geben	219
WWW	Komplette Aktualisierung einer Web-Seite	442
Zeichenfolge	Lange Zeichenfolgen auf mehrere Zeilen verteilen	159
Zugriffstaste	Eindeutige Zugriffstasten definieren	157

Stichwortverzeichnis

B

C

D

E

G

H

I

K

L

M

N

O

P

Q

R

S

T

U

V

W

Z